Geschlechterverhält

Geschlecht und Gesellschaft

Herausgegeben von

Ilse Lenz
Michiko Mae
Sigrid Metz-Göckel
Ursula Müller
Mechtild Oechsle
Marlene Stein-Hilbers (†)

Band 26

Eva Schäfer · Bettina Fritzsche
Claudia Nagode (Hrsg.)

Geschlechterverhältnisse im sozialen Wandel

Interdisziplinäre Analysen zu Geschlecht und Modernisierung

Leske + Budrich, Opladen 2002

Gedruckt auf säurefreiem und alterungsbeständigem Papier.

Die Deutsche Bibliothek – CIP-Einheitsaufnahme
Ein Titeldatensatz für die Publikation ist bei
Der Deutschen Bibliothek erhältlich

ISBN 978-3-8100-3010-8 ISBN 978-3-322-99617-6 (eBook)
DOI 10.1007/978-3-322-99617-6

Inhalt

Einleitung
Sigrid Metz-Göckel/Ursula Müller

Eine Kultur der Anerkennung und Kritik –

Das Graduiertenkolleg „Geschlechterverhältnis und sozialer Wandel. Handlungsspielräume und Definitionsmacht von Frauen“ als Lehr-Lern-Erfahrung

Feministische Debatten der Gegenwart scheinen sich über die aktuellen Zauberworte einig zu sein. Sie lauten Vielfalt und Unterschiedlichkeit, Relationalität, Dezentralität u.ä..[1] Mit diesen Begriffen wird versucht, sowohl die Lebenspraxis von Frauen als auch die Frauen- und Geschlechterforschung mit ihren theoretischen Zugängen zu beschreiben (Lenz in diesem Band). Wie Haltestellen, von denen die Fahrten in sehr unterschiedliche Richtungen gehen können, sind diese Begriffe abstrakt geworden, verglichen mit den kämpferischen und pathetischen Begriffen wie Autonomie und Emanzipation aus den Anfängen des Feminismus und der Frauenbewegung. Was sie jedoch gegenüber der Startphase auszeichnet, ist, dass sie bereits eine Geschichte haben und somit auf eine Traditionsbildung zurückblicken können. Neue konkretisierende Debatten der internationalen Frauenbewegung und Geschlechterforschung zeigen jedoch, dass diese Begrifflichkeiten mehr in den Blick nehmen, als noch vor einer Weile gedacht, z.B. die Vielfalt der Lebenskonzepte, dass sie aber auch aus dem Blick verlieren können, was früher zentral war, nämlich die Ungleichheit zwischen den Geschlechtern und den Menschen weltweit.

Bemerkenswert an der aktuellen Geschlechterdebatte ist die *Ausweitung* ihrer Forschungsfelder, ihr *kritischer Selbstbezug* und ihre *widersprüchliche Rezeption im Mainstream* sozialwissenschaftlicher Forschung, von der sie in der Bundesrepublik ihren Ausgang nahm. Innerhalb der Frauen- und Geschlechterforschung haben sich über die thematische Ausdifferenzierung und transnationale Perspektive hinaus unterschiedliche methodische und theoretische Zugänge entwickelt, die zur Zeit in einer eher friedlichen Koexistenz nebeneinander bestehen, verglichen mit dem Methoden- und Theo-

1 Formeln hierfür lauten z. B.: Einheit in der Vielfalt, Vielgestaltigkeit biographischer Entwürfe jenseits von Vereinheitlichung, Feminismen im Sinne unterschiedlicher Interpretationen (Selbst- und Fremddefinitionen).

riestreit der Anfangsjahre[2]. Die kritische Selbstreflexivität der Frauenforschung befördert eine Abgrenzung zu ihren Anfängen, die manche als Distanzierung, andere als Differenzierung sehen. Im Blick auf den sozialwissenschaftlichen Mainstream der Bundesrepublik ist zu bemerken, dass die Rezeption der Frauen- und Geschlechterforschung insgesamt zu wünschen übrig lässt. Der Tatbestand einer Frauen- bzw. Geschlechterdimension von sozialen Strukturen und Verhältnissen wird jedoch grundsätzlich mehr und mehr anerkannt und hat Eingang in viele Disziplinen und Studiengänge gefunden.

Der unübersehbare Zusammenhang zwischen wachsender Frauenbeteiligung in der Wissenschaft und der Entwicklung der Frauenforschung bzw. die personelle Übereinstimmung zwischen dem Geschlecht der Forschenden und der frauen- und geschlechterthematischen Schwerpunktsetzung betrifft nur einen kleinen Teil der weiblichen und einen noch viel kleineren der männlichen Wissenschaftler. Die meisten Wissenschaftlerinnen betreiben keine Frauen- bzw. Geschlechterforschung, gleichwohl stellt ihre wachsende wissenschaftliche Beteiligung die Reproduktion von Geschlechterungleichheit in und durch Wissenschaft in Frage und führt dazu, dass strukturelle Rahmenbedingungen und kulturelle Gewohnheiten, die bisher einen Geschlechtertraditionalismus unterstützt haben, dank gewonnener Handlungsspielräume und Definitionsmacht von Frauen delegitimiert werden. Frauenforschung und Frauenförderung sind heute zwei getrennte Sachverhalte, wenn auch mit einer gemeinsamen Schnittfläche. Diese hatte allerdings im Graduiertenkolleg „Geschlechterverhältnis und sozialer Wandel“, dessen Abschlussband hier eingeführt wird, eine besondere Ausdehnung, auf die wir näher eingehen wollen.

Das Graduiertenkolleg hatte als Untertitel *Handlungsspielräume und Definitionsmacht von Frauen*[3]. Wenn wir im Folgenden unsere sozialen Erfahrungen als Sprecherinnen und Initiatorinnen dieses Kollegs sowie Ergebnisse der wissenschaftlichen Zusammenarbeit mit den Doktorandinnen und Habilitandinnen reflektieren, beziehen wir die Begriffe *Handlungsspielräume* und *Definitionsmacht* im ersten Schritt auf das Graduiertenkolleg selbst. Dieses hat sich als exzeptioneller homosozialer Raum entwickelt, dessen Qualität wir in Wirkungen nach innen und im wissenschaftlichen Außenraum unterscheiden. In einem zweiten Schritt gehen wir auf wissenschaftli-

---

2 Vgl. hierzu Althoff/Bereswill/Riegraf 2001.

3 Der Begriff „Definitionsmacht“ im Untertitel der Antragsfassung des Kollegs erregte in den universitären Gremien Widerstand bis Entsetzen und musste mehrfach als sozialwissenschaftlicher Fachterminus kräftig verteidigt werden. Macht habe nichts mit Wissenschaft zu tun, war das durchgängige Argument, welches aber ignoriert, dass Wissenschaft in ihrer sozialen Organisationsform sehr wohl mit Macht ausgestattet ist zu definieren, was ihr zugehörig ist, und was sie ausgrenzt. Warum dies jedoch nur schwer thematisierbar ist und wie es handlungsmächtigen Akteuren in der Wissenschaft gelingt, dies auch vor sich selbst zu verbergen, thematisiert u.a. Karin Zimmermann (2000).

che Ergebnisse zum Wandel der Geschlechterverhältnisse durch die Forschungsarbeiten des Graduiertenkollegs ein. Zum ersten gehört das feministische Selbstverständnis, die Einschätzung seiner sozialisatorischen Einflüsse und seine wissenschaftsorganisatorische Rahmung; zum zweiten gehören vor allem die Forschungsergebnisse der Kollegiatinnen, ihre Beziehung zu- und aufeinander sowie ihr Verhältnis zum sozialwissenschaftlichen Mainstream.

2. Zur Bedeutung eines anregenden Kontextes für die Produktivität von Wissenschaftlerinnen

Die in diesen Band aufgenommenen Beiträge sind im Kontext des ersten Graduiertenkollegs der sozialwissenschaftlichen Frauen- und Geschlechterforschung entstanden, das exklusiv aus Frauen bestand.[4] Graduiertenkollegs haben das Ziel, den wissenschaftlichen Nachwuchs auszubilden und zwar nach Kriterien von Exzellenz, wozu ein Bewerbungs- und Auswahlverfahren gehört. Graduierten- wie Promotionskollegs[5] sollen Ressourcen bündeln und fachliche wie soziale Kontexte schaffen, in denen die Qualifizierung des wissenschaftlichen Nachwuchses zügiger und besser als in einer breit gestreuten Einzelförderung gelingt.[6] Eine besondere Aufmerksamkeit gilt zur Zeit, auch über die Landesgrenzen hinaus, dem weiblichen wissenschaftlichen Nachwuchs, um „der strukturell bedingten Unterbetreuung und Nicht-Integration von Doktorandinnen gegenzusteuern" (Leemann/Maurer 2000:13).[7] Um wissenschaftlich erfolgreich zu sein, bedarf es mehr als nur

4 Es wurde vom 01.01.1993-31.12.1999 von der Deutschen Forschungsgemeinschaft finanziert und verfügte insgesamt über 18 Drei-Jahres- und vier Ein-Jahres-Promotionsstipendien, hat aber insgesamt 446 Wissenschaftlerinnen mit ihren Promotionen gefördert sowie mit drei Drei-Jahres-Postdoc-Stipendien und zwei Vier-Monats-Postdoc-Stipendien 10 habilitierende Wissenschaftlerinnen.

5 Als eine Wirkung der Graduiertenkollegs, die von der Deutschen Forschungsgemeinschaft gefördert werden, haben sich jetzt auch die bundesweiten Stiftungen mit ihren Studienwerken dazu entschlossen, Promotionskollegs für ihre StipendiatInnen einzurichten, z.B. die Heinrich Böll Stiftung und die Hans Böckler Stiftung.

6 Dieser Gedanke wird weiter entwickelt in den nunmehr entwickelten Richtlinien der DFG zur Errichtung von Promotionszentren an Hochschulen; die zukünftige Bewilligung von Graduiertenkollegs soll von der Einrichtung dieser Zentren abhängig gemacht werden, die als Dokumentation des Willens der Hochschule gewertet wird, die Doktorandenausbildung zu systematisieren, höher zu gewichten und zu internationalisieren (vgl. DFG-Konzept zu Promotionszentren).

7 Die Schweiz hat an der Universität Zürich mit dem Graduiertenkolleg *Wissen – Geschlecht – Professionalisierung* ein Modellprojekt zur geschlechtergleichberechtigenden Forschungseinrichtung entwickelt und in seine Prozessevaluation gleichstellungspolitische Zielsetzungen explizit integriert: Gender-mainstreaming ist in diesen Prozess eingebaut, während unser Graduiertenkolleg Frauenförderung als Forschungsgegenstand und implizite Praxis hatte und von hier aus den Brückenschlag zum Gender-mainstreaming anvisierte.

der exzellenten Fähigkeiten und Willensstärke der einzelnen Frau, sondern auch eines anregenden und herausfordernden intellektuellen Kontextes sowie einer Einbettung in soziale und wissenschaftliche Beziehungsnetze.

Das Graduiertenkolleg „*Geschlechterverhältnis und sozialer Wandel. Handlungsspielräume und Definitionsmacht von Frauen*“[8] hat mit seiner materiellen und ideellen Förderung für mehr als 50 Frauen einen wissenschaftlichen Kontext geschaffen, in dem zwei Drittel der Kollegiatinnen ihre Qualifikationsarbeiten im Förderzeitraum abschließen konnten und sieben einen Ruf auf eine Professur erhielten[9]. Ein und ein halbes Jahr später hatten 85% der Doktorandinnen ihre Arbeit abgeschlossen oder standen unmittelbar davor. Diese Zwischenbilanz verschönt sich weiter beim Blick auf den beruflichen Verbleib der Promovierten und Habilitierten sowie der noch Promovierenden und Habilitierenden. Die große Mehrheit der Kollegiatinnen ist im Wissenschaftssystem tätig, und so gut wie alle sind ausbildungsadäquat, d.h. auf Positionen mit Verantwortung und Gestaltungsspielräumen beschäftigt. Dabei sind die Differenzen zwischen den bereits promovierten und noch promovierenden Kollegiatinnen unerheblich.

Das Graduiertenkolleg hat die Berufsentscheidung zur Hochschullehrerin für die Kollegiatinnen in den Horizont des Möglichen gerückt, indem es individuelle und diskursive Auseinandersetzungen mit diesem Berufsfeld förderte. Die Gruppe der beteiligten Hochschullehrerinnen lieferte in der Wahrnehmung der Kollegiatinnen in ihrer Unterschiedlichkeit und individuellen Vielseitigkeit Anregungen und Anstoß zugleich.[10] Die vielfältigen Herausforderungen und Belastungen der Professorinnen mit der Gleichzeitigkeit eines Zeit-, Sach und Personen-Managements wirkte auf die Kollegiatinnen durchaus widersprüchlich bis abschreckend im Hinblick auf die Attraktivität des Professorinnenberufs für die eigene Biographie. Anregend wirkte vor allem die Erfahrung der Machbarkeit und Bewältigung der vielfältigen beruflichen Ansprüche sowie das Zutrauen in das Wachsen individueller Fähigkeiten. Dies zumindest ist der Eindruck, den wir Sprecherinnen durch die Rückmeldungen der Kollegiatinnen in Betreuung, Supervision

---

8 Es handelt sich um eine Kooperation von elf Hochschullehrerinnen der vier Universitäten Bielefeld, Bochum, Dortmund und Essen mit der Koordination in Dortmund.

9 Siehe die genaue Auswertung in: Dokumentation Graduiertenkolleg *Geschlechterverhältnis und sozialer Wandel. Handlungsspielräume und Definitionsmacht von Frauen 1993-1999*. Hrsg. Sigrid Metz-Göckel/Angelika Kalbitz 2000

10 Begonnen wurde das Kolleg von Sigrid Metz-Göckel/Ursula Beer/Elke Nyssen/Ursula Schumm-Garling von der Universität Dortmund, Ursula Müller von der Universität Bielefeld, Ilse Lenz von der Ruhr-Universität Bochum sowie Doris Janshen/Barbara Mettler-v. Meibom von der Universität Essen. In der zweiten Phase waren Doris Jansen, Ursula Beer und Elke Nyssen nicht mehr dabei, während Ruth Becker und Renate Schulz-Zander von der Universität Dortmund und Mechtild Oechsle von der Universität Bielefeld hinzukamen. Ursula Schumm-Garling blieb als assoziierte Kollegin mit Beteiligungsoption Mitglied in der zweiten Phase, zuletzt auch Barbara Mettler- v.Meibom.

und Evaluation sowie die Reflexion unserer siebenjährigen Arbeit für dieses Kolleg gewannen.

In der kollegintemen Evaluation (vgl. Metz-Göckel/Kalbitz 2000) nannte ein Drittel der Kollegiatinnen *Professorin* als angestrebten und erstrebenswerten Beruf. Ob dies viele oder wenige sind, hängt von der visionären Position der Betrachtenden ab. Das Berufsziel „Professorin" ist erst wenige Jahrzehnte überhaupt denkbar und impliziert für die Einzelne einen langwierigen, riskanten und hürdenreichen Weg. Dass ein Drittel der Kollegiatinnen sich zu diesem Berufsziel demonstrativ ins Verhältnis setzt, ist ein hoher Prozentsatz angesichts des gegenwärtigen Frauenanteils an den Professuren (11%). Hätten 80-100% positiv geantwortet, würden wir uns fragen, welche Ansprüche dieser Erwartung zugrunde liegen und welche Optionen ausgegrenzt wurden. Zudem möchten wir betonen, dass Wissenschaft als Beruf nicht die einzige Option für die Kollegiatinnen darstellt; einige sind in politiknahe Berufsfelder übergewechselt oder haben in wissenschaftsnahen Einrichtungen von der Schulleitung bis zur Beratungsstelle ein Betätigungsfeld gefunden.

Die interne Evaluation gibt auch Auskunft darüber, was den Kollegiatinnen im Rückblick während der Kollegzeit besonders wichtig war. Hierbei erwies sich der *Diskussionskontext* mit 89% Nennungen als besonders relevant, gefolgt von der *Betreuung durch die Hochschullehrerinnen* (68%), dem *Austausch und den informellen Kontakten* (66%) sowie der *Finanzierung* (51%).[11]

Dieses Ergebnis unterstreicht insgesamt auch die Relevanz des Diskussionskontextes. Ein intellektuell anspruchsvolles Förderklima, das die Herausforderung und Verortung der eigenen Gedanken in einen verlässlichen sozialen Kontext stellt, erweist sich als hoch bedeutsam. Das *Seminarprogramm* umfasste stets die Auseinandersetzung mit aktuellen Debatten der Frauen- und Geschlechterforschung und des sozialwissenschaftlichen Mainstream, jeweils bezogen auf die Weiterentwicklung der theoretisch-methodologischen Zugänge und die Forschungsfelder des Kollegs einschließlich der relevanten geschlechterpolitischen Entwicklungen. Dieser Diskussionskontext wurde durch die beteiligten Hochschullehrerinnen, die Kollegiatinnen und Gastwissenschaftler/innen des Kollegs gestaltet, wobei die Kollegiatinnen bei der Auswahl von Gastwissenschaftler/Innen, der Konzeption von Tagungen und Workshops sowie der Planung des Kollegprogramms im Verlauf des Kollegs immer mehr beteiligt waren. Auf diese Weise entwickelten sie auch auf der Ebene der Organisation von Lehr-Lern-Prozessen Eigenverantwortung und Professionalität.

Das obligatorische *Kolloquienprogramm*, das der Diskussion der Forschungsarbeiten der Kollegiatinnen vorbehalten war, ermöglichte es jeder

---

11 Mehrfachnennungen möglich. Etwa die Hälfte der Kollegiatinnen wurde lediglich ideell gefördert.

Kollegiatin, mindestens einmal im Jahr eine ausführliche und je nach aktuellem Bedarf mehrfache kurze Präsentation ihrer Arbeiten zur Diskussion zu stellen. Diese Präsentationen erfolgten nach einem gemeinsam mit den Kollegiatinnen erarbeiteten Konzept[12]. Bei jeder Sitzung des Forschungskolloquiums gaben *alle* Teilnehmenden zu Beginn eine kurze Beschreibung des aktuellen Standes ihrer Arbeit und ihrer aktuellen Befindlichkeit und beendeten das Kolloquium mit einer „Blitzlicht-Runde", wovon sich auch die immer im Team anwesenden Hochschullehrerinnen nicht ausschlossen. Auf diese Weise wurden Austausch, soziale Integration und Positionierung des eigenen Arbeitsstandes im Kollegkontext entwickelt und schnelle Reaktionen auf sich gegebenenfalls andeutende Probleme ermöglicht. Die Referentinnen für den jeweiligen Termin benannten sodann je eine *Mentorin* aus dem Kreis der Kollegiatinnen und formulierten die wichtigsten Fragen, die sie mit ihrem Vortrag verbanden und zu deren Beantwortung sie von anschließenden Diskussion Beiträge erhofften. Aufgabe der Mentorin war es, die Diskussion daraufhin zu überprüfen und gegebenenfalls so zu lenken, dass die Interessen der Vortragenden Berücksichtigung fanden, und diese zum Abschluss ausdrücklich zu fragen, ob sie die Diskussion als nützlich erfahren hatten, welche Fragen offen blieben und welche Anregungen sie weiter verfolgen würden.

Dieser Ablauf wird hier deshalb ausführlicher geschildert, weil er unserem Eindruck nach eine zentrale Rolle für die Organisation der Diskussion und die Diskussionskultur des Kollegs gespielt hat. Die vortragende Kollegiatin formuliert Anforderungen an ihr kritisches Publikum, wodurch sie zu einer aktiven Gestaltung der Rezeption ihrer Arbeit beiträgt. Die Zuhörenden sind gefordert, ihre Kritik und ihre Anregungen auf die Rezipierbarkeit angesichts eines aktuellen Arbeitsstandes hin zu überprüfen, und die Mentorin beobachtet Vortrag und Diskussion insgesamt als Gruppenaufgabe und bilanziert zum Schluss, wie sie gelöst wurde. Kritik annehmen und andererseits so formulieren zu können, dass sie annehmbar ist und konstruktiv weiterführt, ist ein wesentliches Element einer – noch nicht unbedingt weit verbreiteten – Wissenschaftskultur der wechselseitigen Anerkennung und Wertschätzung, der sich das Graduiertenkolleg verpflichtet fühlte. Mit der „Erfindung" sozialer Regeln für den wissenschaftlichen und sozialen Umgang und einem Angebot von Methoden, wie deren einzelne Elemente erlernt und erprobt werden können, hat das Kolleg neue Wege beschritten, die sich als produktiv erwiesen haben.[13]

---

12 Dieses war unter Federführung von Barbara Mettler-v. Meibom in der Anfangsphase entwickelt worden und wurde bis zum Kollegende beibehalten

13 Eine weitere Innovation war die Durchführung von Rhetorik-, Präsentations- und Moderationsseminaren sowie einer professionell moderierten Supervision. Weitere Innovationen waren das im Normalbetrieb der Hochschulen noch eher seltene Co-Teaching der HochschullehrerIn-

Das Graduiertenkolleg hat den Kollegiatinnen intellektuelle Neugier und Lust am Promovieren und Habilitieren vermitteln können und ihnen einen Spalt weit Türen in die Wissenschaft geöffnet, die ihnen z.T. ebenso schwergängig erschienen wie der dahinter liegende Raum zunächst unbegehbar. Es hat eine Diskussionskultur der Anerkennung und Ermutigung befördert, die Heterogenität und vielfache Differenzen zuließ. Mit dem Begriff „Anerkennung" belegen wir den Versuch einer Praxis, die der asymmetrischen Geschlechterkultur in den Hochschulen (Müller 1999) ein widerständiges Moment entgegen zu setzen versucht. Sie bezieht sich darauf, dass eigensinnige Subjektpotenziale der reflexiven Vergewisserung durch wichtige Andere bedürfen.[14] Diese relevanten Anderen waren zum einen die beteiligten Hochschullehrerinnen und GastwissenschaftlerInnen, nicht zuletzt aber die jeweiligen „anderen" Kollegiatinnen.

3. Definitionsmacht und wissenschaftsorganisatorische Handlungsspielräume

Handlungsmächtigkeit im Sinne von Agency hat das Graduiertenkolleg nach außen und nach innen aktiviert, indem es wissenschaftliche Definitionsmacht vermittelte und Handlungsspielräume erweitert hat. Wir stellen im Folgenden zunächst die kolleginternen Kooperationen dar und danach seine Wirksamkeit nach außen.

3.1. Wissenschaftssozialisation im homosozialen Kontext

Sozialisation für den Beruf der Wissenschaftlerin vollzieht sich als 'learning by doing' mit der Möglichkeit, diese Prozesse zu reflektieren und Schlüsselqualifikationen für den *Umgang mit der sozialen Organisation von Wissenschaft* zu erwerben. Die reflexive Vermittlung von wissenschaftlicher Professionalität ist eine Bedingung dafür, dass die Einzelnen ihre Handlungsspielräume erkennen und dann auch nutzen bzw. gegebenenfalls erweitern können.[15] Zumindest für diese Dimension wissenschaftlicher Qualifizierung ist Kommunikation auch im Interesse innovativer Forschungsergebnisse existenziell. Die eigenständige Doktorarbeit oder Habilitationsschrift als 'Meisterstück' für den Eintritt in die wissenschaftliche Zunft ist daher zwar eine

---

nen, in das auch die Habilitandinnen einbezogen waren, und die Netzwerkbildung zwischen noch im Kolleg befindlichen Kollegiatinnen und denen, die es bereits abgeschlossen hatten.

14 „Anerkennung" war auch das Dissertationsthema der Kollegiatin Gabriele Wagner.

15 Das Angebot von Moderations-, Rhetorik-, Schreib-, Englisch- u.a. Kursen ist nicht nur als Erweiterung von Techniken zu sehen, sondern als eine wichtige Bedingung, die Regeln des Wissenschaftssystems handhaben zu lernen, um darin mehr als nur zu überleben.

Einzelleistung, in gewisser Weise aber auch ein Ergebnis des sozialen und intellektuellen Umfeldes, in dem die Arbeit entstand.

Wissenschaftliche Sozialisation vermittelt zwischen Förderung von Einzelleistungen und wissenschaftlicher Vergemeinschaftung im Sinne einer Bezugnahme auf relevante Andere. Die Vorstellung von genialen Einzelpersonen, an der sich das gelehrte akademische Gespräch orientiert, mag eine Fiktion sein, sie beeinflusst aber immer noch Personalentscheidungen, z.B. bei Berufungsverfahren. Zeitgemäße Analysen zum Forschungsprozess zeigen diese jedoch nicht nur als Angelegenheit von Theoriewahl und Methode, sondern auch der „Standpunkte“ und vor allem kommunikativer sozialer Leistungen.[16] Dies gilt auch, wie Anne Witz in jüngster Zeit argumentiert hat, für den feministisch inspirierten Diskurs in Auseinandersetzung mit der traditionellen Wissenschaft (Witz 1998).

Graduierten- und Promotionskollegs generell liegt ein avanciertes Konzept forschenden Studierens zugrunde, das in unserem Kolleg in einem thematisch konstituierten Frauenkontext umgesetzt wurde.[17] Gerade der anregende und wertschätzende Kontext hat den Frauen in der Geschichte der Wissenschaft bisher weitgehend gefehlt (Lerner 1993) und sich erst seit den 70er Jahren entwickelt. Forschendes Studieren im Gruppenverbund ist daher für promovierende Frauen in doppelter Hinsicht etwas Neues: Allgemein als Aufhebung des isolierten Promovierens durch den institutionalisierten Gruppenzusammenhang und im besonderen durch den homosozialen weiblichen Kontext auf Zeit, womit wissenschaftspolitisch eine Provokation verbunden ist, auf die wir etwas ausführlicher eingehen.

Die Geschlechtsneutralität ist ein Essential in der universitären Vorstellung forschenden Studierens. Ebenso wird die Mündigkeit der Studierenden in einer Weise antizipiert, die individuellen Bildungsprozessen einen Einfluss auf Einstellungen und Verhalten unterstellt (Habermas 1969: 97). Das Graduiertenkolleg folgte diesem Verständnis von Bildung durch Wissenschaft, indem es den Kollegiatinnen Autonomie in der Wahl ihrer Forschungsthemen und Erkenntniswege im Rahmen des Kollegprogramms zugestand. Daher gibt es eine bemerkenswerte Spannbreite der Themen und Theoriewahlen, deren innere Leitlinien in den drei thematischen Blöcken dieses Bandes herausgearbeitet werden[18].

---

16 Das bereits erwähnte Züricher Graduiertenkolleg hat hierzu in einer Selbst- und Prozessevaluation eine Ideenbörse entwickelt, die sehr viele konkrete Handlungsanleitungen zur Verfügung stellt, wie die Geschlechtergleichstellung und Interdisziplinarität umgesetzt werden könnten.

17 Angesichts der intensiven Kommunikation zwischen Kollegiatinnen und zwischen ihnen und den HochschullehrerInnen haben wir den Eindruck, dass die Idee des gelehrten Gesprächs sich gegenwärtig in die Graduiertenkollegs zurückgezogen zu haben scheint.

18 Die Vielfalt der Themen ist den kreativen Einfällen zuzuschreiben, mit denen sich die Kollegiatinnen beworben haben und die eine Eigendynamik entwickelten, die erst in der dritten, leider zu kurzen Kollegzeit wieder zusammengebunden werden konnte.

In Einsamkeit und Freiheit würde an deutschen Universitäten geforscht, meinte noch in den 60er Jahren Helmut Schelsky (1971) und legte neben dem gelehrten Gespräch den Akzent auf die sozialen Bedingungen und Wege der Forschung. Die soziale Organisation von Wissenschaft und Forschung spielt daher neben der Themenwahl eine entscheidende Rolle. In unserem Graduiertenkolleg war der formalisierte und informelle Gruppenzusammenhang für die individuellen Lern- und Forschungsprozesse ein Medium, sich in den Anderen zu spiegeln, sich selbst in Beziehung zu anderen zu positionieren, Andere in ihrer Differenz anzuerkennen sowie Gruppen-Verantwortlichkeit zu übernehmen, die wir in der Ausdifferenzierung sozialer Kompetenz-Rollen der Moderatorin, Mentorin, Sprecherin bereits beschrieben haben. Für diese wurden darüber hinaus entsprechend qualifizierende Kursangebote gemacht. Nicht die Einsamkeit beim Forschen wurde aufgehoben, wohl aber konnte die Auseinandersetzung über das Forschen in gemeinschaftlicher wie konkurrierender Weise vor sich gehen und damit den *Eremitenstatus* beim Promovieren (Henne 2000: 51) mildern.

Im Prozess wissenschaftlichen Arbeitens wird nicht nur ein Produkt erstellt, sondern ein Habitus erworben, der als Individuierung und Vergesellschaftung zugleich weiter wirkt. Zu dieser gehört die Wertschätzung der Kreativität und intellektuellen Leistungen von Wissenschaftlerinnen mit dem Versuch, zwischen Programmatik und der tatsächlichen Strukturierung der Arbeitsbeziehungen mehr Übereinstimmung herzustellen, als es üblicherweise an Hochschulen der Fall ist.

In diesem Kontext kann die *Vielfältigkeit als kritisches Konzept* fungieren. Im sozialen Feld Wissenschaft sind die weiblichen Akteure weder gleich noch homogen, ebenso wenig waren sie es in unserem Graduiertenkolleg. Je mehr Übereinstimmung, desto feiner zeigten sich soziale, kulturelle, Alters- und fachliche Unterschiede[19]. Diese Unterschiede und solche in Kompetenzen wie internationaler Versiertheit, Leichtigkeit des Schreibens und Fähigkeit zur Selbstdarstellung verlangten Verständnis und Aushandlungen zur je individuellen intellektuellen Positionierung, bei denen stereotype Selbst- und Fremdbilder aufzulösen, Anerkennung und Unterstützung für Andere zu gewähren und zu lernen waren ebenso wie Vernetzungen vor Ort und weltweit. Mit dem Blick auf die differenten Lebensverhältnisse von Frauen in diesem Land (Gutiérrez Rodriguez, Philipper, Hänsch, Nagode, Brück) und auf die Lebensverhältnisse von Frauen in anderen Ländern (Belinszki, Kröhnert-Othman, Holthaus, Bauhardt) fokussierte das Graduiertenkolleg Differenzen und Übereinstimmungen zwischen Frauen, seien es intellektuelle Migrantinnen oder Lehrerinnen aus anderen Kulturen, und trug so bei aller Differenzierung zur intellektuellen Vergemeinschaftung von Frauen bei.

19 Das Graduiertenkolleg hatte eine soziologische Dominanz, hat aber in seinem Forschungsprogramm auch erziehungs- und politikwissenschaftliche sowie raumplanerische Fragestellungen verfolgt.

Homosoziale Kontexte für Frauen haben sich erst jüngst im Hochschulbereich in mehreren Varianten konkretisiert, obwohl sich der separatistische Feminismus weitgehend überholt hat (Teubner 2000, Metz-Göckel 2000). Im Graduiertenkolleg war die Exklusivität für Frauen eine auf Zeit und Probe, mit der die Kollegiatinnen gelassen umgingen. Ein weiteres Experiment stellt die Internationale Frauenuniversität „Technik und Kultur" dar,[20] die mit ihrer globalen Ausrichtung auf Frauen ein Hochschulreformkonzept mit Blick auf beide Geschlechter entwickelt hat[21]. Im Unterschied dazu nehmen einige Hochschulen der Bundesrepublik die *statistische Geschlechterdifferenz in den Studienfachwahlen* zum Anknüpfungspunkt, parallel oder exklusiv Studiengänge für Frauen zu entwickeln, ihnen vorzubehalten und gezielt um Studentinnen zu werben (Schumacher 2000, Siegele 2000). Solche Studiengänge haben zur Zeit sogar Konjunktur in Fächern, an denen sich Frauen bisher nur marginal beteiligen. Zu ihrer Begründung greifen die Akteure pragmatisch auf die Frauenforschung zurück, die sie institutionspolitisch für sich wenden, indem sie die Geschlechterdifferenzen dramatisieren[22]. Dabei treten sie mit Frauenforscherinnen als den Expertinnen für Geschlechterfragen in einen Dialog und praktizieren eine Rezeption, die sich erstere nicht haben träumen lassen. Auch wenn ein 'Geschlechterpragmatismus' diese Studienreformprojekte vor anderen auszeichnet, eröffnet er doch zugleich ein neues Praxisfeld, das die Frauenforschung nicht nur reflektieren, sondern in dem sie sich auch bewähren kann. Der Ausgang dieser Experimente ist allerdings offen[23]. In den erwähnten Studiengangs-Projekten sind Frauen zwar indirekt wie direkt Akteurinnen mit erweiterten Options- und Hand-

---

20 Diesem scheinbar veralteten Studien-Modus hat die Internationale Frauenuniversität „Technik und Kultur" während der Weltausstellung 2000 in Hannover eine neue Wendung gegeben. Sie war ein Hochschulreformprojekt der globalen wissenschaftlichen Nachwuchsförderung von Frauen, bei dem für die Planerinnen die reformerischen Aspekte vorrangig waren und die Geschlechterperspektive in die sechs problemzentrierten Studiengänge/Projektbereiche (Arbeit, Körper, Information, Migration, Stadt und Wasser) integriert war. Sie war insofern ein avantgardistisches Konzept, als sie prinzipiell ein Modell für eine allgemeine, beide Geschlechter einschließende Universitätskonzeption entwickelt hat.

21 Die Evaluation zeigt, dass die Vielfältigkeit der Konstellationen, in denen Frauen weltweit leben, als „unbeabsichtigte Nebenfolge" kritische Potenziale provoziert, die den Geltungsbereich bestimmter Theorien problematisieren und differenzieren.

22 Solche Studiengänge für Frauen, die meistens an Fachhochschulen angeboten werden und bisher auf Resonanz stoßen, gibt es z.B. an der Fachhochschule Wilhelmshaven (Wirtschaftsingenieurwesen), an der Fachhochschule Bielefeld (Elektrotechnik und Marketing), an der Fachhochschule Bremen (Informatik und Internationalisierung) und sind auch an einigen Universitäten im Gespräch.

23 Dabei lässt sich teils eine Verkehrung der Argumentation erkennen, die einer solchen paradoxen Intervention paradoxe Folgen bescheren könnte, denn es intensivieren sich gleichzeitig auch Widerstände gegen eine unterstellte ‚Privilegierung von Studentinnen' (Gransee 2000). Die Instrumentalisierung von Geschlechterdifferenzen als Politikstrategie zur Studentenwerbung kann zur Verfestigung stereotyper Geschlechter-Bilder beitragen, macht aber auch deren flexiblen Einsatz und damit ihre soziale Konstruktion im jeweiligen Kontext sichtbar.

lungsspielräumen. Dieser Spielraum ist jedoch u.a. durch die zurückgehende Nachfrage männlicher Bewerber und eine institutionelle Krisensituation entstanden, die neue Wege der Rekrutierung von Studierenden nahe legte. Allerdings ist zu vermuten, dass gleichwohl die Bedeutung der nun entstehenden Praxis den Entstehungsgrund hinter sich lässt und zur wechselseitigen Differenzierung von Geschlechterbildern beiträgt.

3.2. Innovative Handlungsmächtigkeit im wissenschaftsorganisatorischen Rahmen

Die Förderkriterien und -praxis der Deutschen Forschungsgemeinschaft (DFG) sind selbstredend geschlechtsneutral. Wie sehr sie jedoch einer bestimmten Form der Lebenspraxis verhaftet sind, zeigt die Tatsache, dass es zu Beginn des Graduiertenkollegs einen Verheiratetenzuschlag zum Stipendium gab, jedoch keine finanzielle Berücksichtigung von alleinerziehenden Müttern. Insofern wurden weibliche Wissenschaftler ohne Ansehen ihrer Person und Lebenssituation gefördert, männliche dagegen in Anbetracht ihres Personalstands und in Beziehung zu ihrer Ehefrau, die zu versorgen ist. Dieser 'ungerechten' Förderpraxis hat sich das Graduiertenkolleg auf dreierlei Weise widersetzt: Erstens durch eine wissenschaftspolitische Aktion, zweitens durch das Sich-Hinwegsetzen über Altersgrenzen und drittens in seinen Forschungen zu Lebensplanungen und -konzepten, die neben die traditionellen Lebensmodelle getreten sind.

In einer gemeinsamen Aktion von Kollegiatinnen und Hochschullehrerinnen hat das Graduiertenkolleg die „Anerkennung von Müttern" durch die DFG erwirkt, indem der Verheiratetenzuschlag auch auf alleinerziehende Mütter ausgedehnt wurde. Damit hat es den veränderten weiblichen Lebenszusammenhängen Rechnung getragen und zugleich der Deutschen Forschungsgemeinschaft zur eigenen Beweglichkeit verholfen.

Zweitens hat sich das Graduiertenkolleg bei der Aufnahme seiner Kollegiatinnen über die von der DFG vorgegebenen Altersgrenzen hinweggesetzt. Diese Ignorierung von Altersgrenzen geschah weniger intentional als en passant, jedoch mit guten Gründen. Vorrangiges Kriterium für die Aufnahme ins Kolleg waren die Qualität der thematischen Exposés und der Eindruck, den die Bewerberin hinterließ, unbeschadet ihres Alters. Der Blick auf den weiteren wissenschaftlichen Weg derjenigen Kollegiatinnen, die bei strikter Anwendung der Altersgrenzen nicht hätten aufgenommen werden dürfen – darunter sind mehrere bereits berufene Professorinnen – zeigt uns, dass wichtige inhaltliche Beiträge und auch Karrierechancen verloren gegangen wären. Die Kollegiatinnen haben mit ihren Promotionen und Habilitationen trotz ihres Alters eine nächste Karrierestufe erreicht, auch wenn sie nicht „stromlinienförmig" gespurtet sind. So sie nicht direkt in der Wissenschaft blieben, haben sie mit ihrer wissenschaftlichen Weiterqualifikation in ihrem beruflichen Umfeld eine herausragende Position erworben oder sind nach einem kürzeren Umweg wieder wissenschaftlich tätig geworden.[24]

Über das passende Lebensalter, in dem die wissenschaftlichen Karrierestufen zu erklimmen sind, gibt es bereits seit längerem eine Debatte, in der die Veralterung der WissenschaftlerInnen beklagt wird, bevor sie eine Professur erhalten. Junge und planvoll ohne Umschweife ihre Karriere verfolgende WissenschaftlerInnen erhalten einen Bonus, während Ältere 'bestraft' werden, indem rigide Altergrenzen für einzelne Förderstufen und Karriereschritte vorgesehen sind. Diese Altersgrenzen zu ignorieren, ist z. Zt. in der deutschen Wissenschaftslandschaft unerwünscht. Daher sollen sie auf dem Hintergrund unserer Erfahrungen ausführlicher kommentiert werden. Das Alterslimit zu übergehen, legitimiert sich u. E. im Offenhalten folgender drei Optionen, nämlich unterschiedlicher Karrieremodelle, biographischer Umwege und einer sozialen Chancengerechtigkeit.

Vielfältige Karrieremodelle: In den Geistes-, Kultur- und Sozialwissenschaften, aber nicht nur da, halten wir es für unabdingbar, nicht nur ein einziges, bisher vor allem für Männer gültiges und auf Frauen verallgemeinertes Karrieremodell gelten zu lassen. Die systematisch geplante Karriere und ausschließliche Orientierung auf diese passt nicht in die Vielfalt moderner Lebensentwürfe und schließt Personen aus, die keine gradlinigen Biographien vorzuweisen haben und diese auch nicht wollen. Dies kann – nicht nur, aber insbesondere – in all den Fällen die Chance eines weiteren Erkenntniszugewinns eröffnen, in denen zwischen der Lebenserfahrung von Menschen und dem gewählten Forschungsgegenstand ein innerer Zusammenhang besteht. Die Frauen/Geschlechterforschung ist selbst ein Forschungsbereich, der seine Entstehung den Erfahrungen von Frauen verdankt, die bisher in der Wissenschaft nicht artikuliert werden konnten.

Biographische Lernprozesse im Lebensalter über 30: Lebenslanges Lernen zur Aufrechterhaltung einer kontinuierlichen qualifizierten Berufstätigkeit ist mehr und mehr eine Erwartung, der die Individuen nachkommen müssen, besonders aber im Feld der Wissenschaften. Diese Bedeutung von Qualifikation steht in Zusammenhang mit gesellschaftlichen Entwicklungen, die „wissenschaftliche Lebensläufe" von Frauen und den Wandel in den Geschlechter- und Generationenbeziehungen hervorgebracht haben. Der Akzent liegt auf menschlichen Ressourcen und Qualifikationen für den ge-

---

24 So führte z.B. die Bewerbung um eine Schulleiterposition nach erfolgter Promotion zum Erfolg; die mit der Promotion erworbene Reputation in einem relevanten und aktuellen gesellschaftlichen Handlungsfeld – Informationstechnologie und Geschlecht – darüber hinaus zu renommierten Forschungsanfragen etc.; in einem anderen Fall führte die Promotion zum Einstieg in die universitäre Lehrerausbildung und damit in ein Feld, das viele weibliche Studierende, aber weit überwiegend männliche Lehrende hat, weil diese eher in der Lage sind, Praxiserfahrung und höhere wissenschaftliche Zertifizierung zugleich zu erwerben.

samtgesellschaftlichen Reproduktionsprozess, daher kommt dem lebenslangen Wissens- und Qualifikationserwerb große Bedeutung zu. Des weiteren haben sich die Beziehungen zwischen Älteren und Jüngeren dahingehend verändert, dass sie weniger voneinander wissen und jugendliche Peer-Kulturen enorm an Bedeutung zugenommen haben. In unserem *altersheterogenen* Graduiertenkolleg forschten und kommunizierten Kollegiatinnen im Alter von Mitte/Ende zwanzig bis Anfang fünfzig. Zwischen ihnen war eine Auseinandersetzung, Abgrenzung, Identifizierung und Differenzierung möglich, die Alters-Grenzen verschwimmen ließ und vielfältige Übergänge und Neuanfänge erlebbar machten. Die Postdoc-Stipendiatin, die als Hochschullehrerin in das Team der Professorinnen „aufgestiegen" ist, die Kollegiatin und die Hochschullehrerin mit Kindern im gleichen Alter, die vielfältigen Lebensformen, die sowohl Kollegiatinnen als auch Hochschullehrerinnen mit und ohne Kinder lebten, ob alleinerziehend und/oder in Partnerschaften, die unterschiedlichen Eltern-, Frauen-, Muttermodelle, die in ihrer experimentellen Verträglichkeit mit wissenschaftlicher Arbeit und Karriere gelebt wurden, oder auch gleichgeschlechtliche Orientierungen/Präferenzen in beiden Status-Gruppen: Diese Vielfalt hängt zwar mit dem Alter zusammen, relativiert dieses aber auch. Zwar kann die Ältere der Jüngeren bei ihrer Emanzipation nicht helfen, weil diese sich auch gegen die Ältere emanzipiert. Die Junge kann aber sehen, dass der (intellektuellen) Emanzipation biographisch keine (Alters)-Grenzen gesetzt sind und „Unmögliches" lebbar wird. Und die Ältere kann von der Jüngeren erfahren, wie selbstverständlich für diese Lebens- und Berufsentscheidungen sind, für die sie selbst noch emphatische emanzipatorische Anstrengungen unternehmen musste. Die selbstbestimmte Wahl von Forschungsthemen mit unterschiedlichen theoretischen und methodischen Zugängen gehört dazu.

Wie Lebenskonzepte und Lebensformen von Frauen (und Männern) in Bewegung geraten sind, dazu ist im Graduiertenkolleg empirisch und kleinschrittig sowie in großen Linien geforscht worden. Hier konnten historische Kontinuitäten, Differenzierungen und neue Abgrenzungen zwischen der „alten" Frauenforschung und -bewegung und der aktuellen Frauen- und Geschlechterforschung aufgezeigt werden und weitere Differenzierungen im Hinblick auf die internationalen Frauenbewegungen.

Chancengerechtigkeit aufgrund sozialer Herkunft: Dem Graduiertenkolleg waren „Bildungsaufsteigerinnen" willkommen. Es nahm auch Bewerberinnen auf, die auf Umwegen zur höheren Bildung gelangt waren und ihr „kulturelles und soziales Kapital" während des Studiums nachholend erweiterten. Dies ist in aller Regel mit vermehrten Zeitinvestitionen verbunden. Im Kontext des Kollegs diente der intellektuelle Diskurs zwischen jungen und älteren Wissenschaftlerinnen auch dazu, institutionalisiertes kulturelles Kapital subjektiv anzueignen, sich Definitionsmacht zuzutrauen und individuell inkorporiertes kulturelles und soziales Kapital zu vermehren.[25] Auch dies war ein Grund, Altersgrenzen flexibel zu handhaben.

Darüber hinaus haben sich einige bildungssoziologische Forschungsarbeiten im Kolleg kritisch mit den sozialen Reproduktionsmechanismen von Bildungsungleichheit befasst und widerständige Subjektpotenziale erforscht, die einen individuellen sozialen Aufstieg über Bildung ermöglichten (Brendel in diesem Band). Diese Arbeiten haben nicht nur einen differenzierten Beitrag zum Verhältnis von Strukturen und Handlungspotenzial von Akteurinnen geleistet, sondern auch weitere Differenzierungen innerhalb einer sozialen Schicht aufgezeigt.

Das Graduiertenkolleg lieferte aber auch einen Beitrag zur sozialen Differenzierung zwischen Frauen. Zweifellos gehören Wissenschaftlerinnen und promovierende Frauen zur (weiblichen) Bildungselite, die Spitzenpositionen und Leitungsfunktionen einnehmen wollen und/oder werden, auch wenn sie subjektiv dort nicht immer schon angekommen sind. Die materiellen Umstände erzwangen für die meisten Kollegiatinnen eine Erwerbsarbeit neben dem Promovieren. Als Aspirantinnen auf eine Professur streben sie zwar nicht mehr 'nach den Sternen', wohl aber in privilegierte Positionen. Damit haben sie sich zur sozialen Hierarchie und Einflussnahme ins Verhältnis gesetzt und vom Egalitätsprogramm der frühen Phase der Frauenforschung und Frauenbewegung entfernt (Kahlert 2000). In den Begriffen Vielfalt und Differenzierung sind spezifische Ungleichheits-Verhältnisse zwischen Frauen zwar noch aufgenommen, zugleich aber auch kaschiert. In den Forschungsarbeiten des Kollegs ging es um das Aufdecken von Ungleichheitsverhältnissen vielfältiger Art: Einmal zwischen Bildungsaufsteigerinnen und anderen Frauen, Frauen in Professionen wie Zahnmedizin und Journalistik sowie einer subtiler gewordenen Ungleichheit zwischen den Geschlechtern. Mit der Begriffsbildung *egalitäre Differenz* haben Kröhnert-Othman/Klingebiel (2000) und Lenz (in diesem Band) Theorien und Politikstrategien der internationalen Frauenbewegungen kritisch zueinander ins Verhältnis gesetzt,[26] denn die Frage der sozialen Ungleichheit zwischen Frauen verschärft sich im internationalen Vergleich, wenn Nutznießer und Opfer ins Blickfeld geraten.

---

25 Dieses Ziel, nicht von vornherein Personen auszuschließen, deren Wege in die Wissenschaft hürdenreicher und angestrengter waren, hat z.B. das Graduiertenkolleg *Wissen – Gender – Professionalisierung* der Universität Zürich explizit formuliert (Leemann/Maurer 2000). Eine entsprechende Haltung war in unserem Kolleg eher implizit präsent und hat u.E. einige Kollegiatinnen erfolgreich darin unterstützt, gegen innere Zweifel und soziale Zumutungen „dranzubleiben."

26 Am Projekt der Internationalen Frauenuniversität waren drei der letztlich im Graduiertenkolleg beteiligten Hochschullehrerinnen als Lehrende wie Forschende maßgeblich beteiligt, ebenso einige Kollegiatinnen als Planerinnen (open space) und wissenschaftliche Koordinatorinnen von Projektbereichen.

Die Ungleichheitsthematik spitzt sich weiter zu, wenn marginalisierte Frauen *und* marginalisierte Männer einbezogen werden. Die Ausweitung der Frauen- zur Geschlechterforschung eröffnet die Möglichkeit, Konstellationen im Geschlechterverhältnis in wechselnden Positionierungen von oben und unten zu erfassen. Die Begriffserweiterung zur Geschlechterforschung muss daher mehr sein als nur der sprachliche Nachvollzug dessen, dass nicht mehr Frauen allein, sondern auch Männer und generell das Geschlechterverhältnis Forschungsgegenstand sind. Um eine Kritikerin der „frühen Frauenforschung" zu zitieren:

> „Worum es also geht, das ist die Erziehung des männlichen Teils des Menschengeschlechts zur Anerkennung weiblicher Intellektualität, also um nicht weniger als die Norm und die Normalität: die Veränderung der Normen als Möglichkeitsbedingung einer Normalität weiblicher Präsenz in der Universität" (Weigel 1997: 45).

Aus organisationsanalytischer Perspektive war das Graduiertenkolleg selbst eine prekäre und befristete Institution, die sich bewusst auf Frauen konzentrierte, die bisher eine Geschichte der Ausgrenzung aus der Wissenschaft begleitet. Die Öffnung für männliche Kollegiaten und Lehrende war mehrfach im Gespräch. Die explizite Ausweitung auf Männerfragen war seit längerem bereits ein Fakt, schon allein deshalb, weil ein wissenschaftliches und politisches Interesse darin bestand, eine „Kollektivierung von Männern" zu vermeiden und auch die Genusgruppe der Männer differenziert zu betrachten,[27] unter ihnen nach Bündnispartnern zu suchen und die Rezeption der Frauenforschung bei ihnen aufmerksam zu verfolgen (vgl. Müller 2000).

Von einer *prekären Institutionalisierung* der Frauen- und Geschlechterforschung im Wissenschaftssystem insgesamt kann allerdings angesichts von mehr als 100 Professuren mit dieser Teil/Denomination bundesweit nicht die Rede sein. Doch sind diese Professuren in aller Regel, obwohl auf einen interdisziplinären Problemkomplex bezogen, in eine Disziplin integriert und bilden außerhalb ihrer Vernetzung, z.B. im Netzwerk Frauenforschung NRW, keinen eigenständigen wissenschaftsorganisatorischen Zusammenhang. Griffin (1998) berichtet in diesem Kontext von einer problematischen Entwicklung in England, wo in einer raschen Expansionsphase an zahlreichen Universitäten women's studies Programme etabliert wurden und nur in einem Fall ein eigenes Department entstand. Trotz dieser breiten Institutionalisierung als Studienprogramm ohne eigene Wissenschaftsdisziplin führte die Evaluierungswelle der Hochschulen erneut dazu, die Frauenforschung unsichtbar zu machen und initiierte eine Rückwanderung von Wissenschaftlerinnen in ihre Herkunftsfächer.

27 Dies geschah beispielsweise in Veranstaltungen mit Robert W. Connell, Universität Sidney, der eine international führende Rolle bei der Entwicklung einer geschlechtersensitiven Männerforschung spielt (vgl. Connell 1999).

Der Verbleib der Kollegiatinnen in der Frauen/Geschlechterforschung muss daher, wenn sie nicht neue Wege der Kooperationen und Institutionalisierung beschreiten, wissenschaftspolitisch nicht von vornherein langfristig sichergestellt sein. Die entscheidende Hürde liegt im Übergang von einer befristeten in eine unbefristete wissenschaftliche Position bzw. in eine Professur.

4. Zu den Rezeptionsweisen der Frauenforschung in Wissenschaft und Politik

Die Institutionalisierung der Frauen- und Geschlechterforschung in der Bundesrepublik schreitet voran, wie eine Internet-Recherche belegt (Brandes/Metz-Göckel/Münst/Pauken 2001) und bietet jungen Wissenschaftlerinnen ein professionelles Betätigungsfeld. Die Art und Weise der Institutionalisierung kann integrativ oder additiv sein. Prinzipiell bleibt die Frage offen, wie verschränkt, in welcher Bezugnahme tatsächlich, wie kritisch und anerkennend mit den Ergebnissen und Problematisierungen der Frauen- und Geschlechterforschung umgegangen wird.

Bereits 1994 stellte eine DFG-Kommission zur Bestandsaufnahme und weiteren Entwicklung der Frauen- und Geschlechterforschung fest, dass dieser zum einen allgemein ein hoher *Innovationsgrad* zukomme. Andererseits sei ihr – unbeschadet weiterer wichtiger Zukunftsaufgaben – eine Reihe von Detailinnovationen in verschiedenen Bereichen der sozialwissenschaftlichen Forschung gelungen (Deutsche Forschungsgemeinschaft 1994). Die Rezeption von Seiten des wissenschaftlichen Mainstream wird dem jedoch weitgehend noch nicht gerecht. Vielmehr müssen theoretische und methodologische Innovationen, von denen einige auch in der Forschung des Kollegs analysiert oder erstmals produziert wurden, bisher noch mit Integrationsstrategien in der herrschenden Wissenschaft rechnen, die das in Frage stehende Forschungsfeld simplifiziert wahrnehmen und wiedergeben sowie Zugangsweisen und Befunde häufig auf einem längst nicht mehr aktuellen Stand memorieren oder aber behaupten, eine Geschlechtersensibilisierung sei allseits bereits eingetreten und damit das Forschungsgebiet ausgeschöpft. Wir haben allerdings Grund zu der Annahme, dass diese Haltung auf dem Hintergrund des exzellenten weiblichen Nachwuchspotenzials, das im Kolleg gefördert wurde, in Zukunft schwieriger aufrecht zu erhalten sein wird. Diese Rezeptionsweise ist ohnehin mehr in den im weiteren Sinne sozial- und kulturwissenschaftlichen Disziplinen zu beobachten, in denen sich die Frauenforschung zuerst entwickelt hat und die daher bereits am meisten von ihr beeinflusst worden sind (zu den Paradoxien von Wirkung und deren Nicht-Anerkennung vgl. Müller 1997).

In den Natur- und Technikwissenschaften ist die Frauenforschung weniger weit vorangekommen, und die Reaktionen auf sie sind andere. Die zeitversetzte Rezeption der Frauen- und Geschlechterforschung im Mainstream der Ingenieurwissenschaften – hier anfänglich als schlichte Differenzkonzeption rezipiert – und ihre aktuelle studien- bzw. hochschulpolitische Verwendung, z.B. in exklusiven Studiengängen für Frauen zeigen einen neuen *institutionspolitischen Umgang* mit Ergebnissen der Frauen- und Geschlechterforschung (Metz-Göckel/Schmalzhaf-Larsen/Belinszki 2000). Sie werden nicht nur rezipiert, sondern im Interesse der Institution umgesetzt und dabei zu etwas Anderem. Wichtig ist hier jedoch zu betonen, dass diese Art der Integration die Frauenforscherinnen als Expertinnen für Geschlechterfragen anerkennt und kritische Dialoge zwischen der Frauenforschung und dem Mainstream initiiert werden.

Einen anderen Umgang mit Frauenforschung und Geschlechterdifferenzen belegen *Evaluationsprojekte frauenpolitischer Maßnahmen* und besonders das geschlechterpolitische Konzept des Gender-mainstreaming, das zum bisherigen Frauenförderinstrumentarium hinzukommt. Dieses Konzept setzt an der anderen Seite der Geschlechterdifferenz an, nämlich bei den Entscheidern, die bereits über Handlungsspielräume und Definitionsmacht verfügen. Aus Sicht seiner ErfinderInnen sind die Folgen von Entscheidungen für beide Geschlechter differenziert vorwegzunehmen und die Politiken daran so auszurichten, dass eine Umverteilung zwischen den Geschlechtern zu mehr Gleichheit zustande kommt. Um eine solche Politikstrategie zu implementieren, bedarf es jedoch allgemein der Erkenntnisse einer Frauen- und Geschlechterforschung und im besonderen einer Frauen- und Geschlechterforschung, die sich mit der Genderdimension von Organisationen befasst und somit einen Dialog zwischen Akteuren und Akteurinnen mit unterschiedlicher Definitionsmacht moderieren kann (Kuhlmann et al. in diesem Band).

Bei allen drei Rezeptionsweisen zeigt sich als Phänomen, dass die Debatten der Frauen- und Geschlechterforschung auf einem Niveau rezipiert werden, das diese bereits dabei ist zu verlassen. Das gilt vor allem für die theoretische Konzipierung eines dualen Geschlechtermodells und die methodologischen Bedenken, Geschlechterdifferenzen vorauszusetzen anstatt sie in ihren Entstehungsprozessen zu verfolgen. Die reflexive Modernisierung gilt somit auch für die Frauenforschung. Sie ist bereits auf den Spuren ihres Erfolges mit einer gesellschaftlichen Realität konfrontiert, die durch ihr Wirken schon verändert worden ist, deren geschlechterbezogene Diskurse sich aber auch verselbständigen. Dies verweist zugleich auf die fortbestehende Notwendigkeit der Weiterführung einer kritischen Frauen- und Geschlechterforschung, insbesondere auch der weiteren theoretischen und „praktischen“ Dekonstruktion von Geschlecht.

5. Theoretisch-methodologische Zugriffsweisen: „Geschlecht“ als Herausforderung

Ausgangspunkt der gegenwärtigen Situationsanalysen im Geschlechterverhältnis sind Angleichungs-, Differenzierungs- und Flexibilisierungsprozesse in den Geschlechterverhältnissen und individuellen Praktiken. Mit einer gesellschaftlichen De-Institutionalisierung von Geschlechterungleichheit (Heintz/Nadai 1998) verlaufen Prozesse ihrer Subtilisierung und Differenzierung, die um so mehr Forschung verlangen, als vorab keine generellen Gesetzmäßigkeiten mehr zu erkennen sind. Auf der Makro-Ebene sind solche Prozesse der De-Zentrierung wie Globalisierung auch ein Ausdruck davon, dass Personen und Strukturen in Bewegung geraten und mit ihnen Gleichheits- wie Ungleichheitserfahrungen verbunden sind. Dies bedeutet auch, dass Grenzen verschwimmen und sowohl Gleichheits- wie Ungleichheitsverhältnisse in feministischen Theorien ihren Niederschlag finden müssen. Weder eine „universelle“ Differenz- noch eine universelle Hierarchie- oder Ungleichheitsannahme (mit jeweiligen Praktiken) zeichnen sich gegenwärtig im Mainstream feministischer Forschung ab, sondern kontextbezogene Analysen mit flexibilisierten theoretischen Zugängen. Wenn damit Theorieoptionen nicht mehr verbindlich vorgegeben sind, ist ein *multiparadigmatischer Ansatz* naheliegend, der einen erweiterten Beobachterstatus und undogmatische Theorievergleiche und -rezeptionen ermöglicht.

Die Vorstellung eines *multiparadigmatischen Ansatzes* ist zunächst als Abgrenzung gegenüber einem Konzept zu verstehen, das sich als Schule eines bestimmten Theoretikers/einer bestimmten Theoretikerin versteht und/-oder beansprucht, eine allgemeine Theorie (der Gesellschaft, der Geschlechter etc.) zu entwerfen. Zwar lassen sich *einzelne Arbeiten* des Kollegs durchaus Theorierichtungen zuordnen. So finden sich kreative Weiterentwicklungen der Arbeiten von Bourdieu, Giddens und Beck ebenso wie von eher der Kritischen Theorie verwandten Arbeiten von Becker-Schmidt und Knapp. Das Kolleg insgesamt hat jedoch eher zur Auseinandersetzung mit der These ermuntert, Theorien seien „Erkenntniswerkzeuge“. Je nachdem, welche wir benutzen, sehen Erkenntnisgegenstand und Erklärungsanspruch anders aus. Allerdings hat das Kolleg den Kollegiatinnen zugemutet, sich im Theorie-Seminarprogramm von anderen als den bereits für die eigene Arbeit gewählten Theorien herausfordern und irritieren zu lassen, und dies nicht ohne Gewinn. So finden sich in Arbeiten, die dem Gedanken der Konstruktion und Dekonstruktion von Geschlecht verbunden sind, auch Aspekte struktureller Ungleichheit mit bedacht (siehe Villa 2000) und in Arbeiten, die sich eher auf strukturelle Ungleichheit konzentrieren, gewinnt die Perspektive der Konstruktion von Geschlecht der Thematik eine zuvor in der

Debatte um Ungleichheit und Geschlecht nicht vorhandene Metaebene hinzu (vgl. Gottschall 2000).

Voraussetzung dafür, einen multiparadigmatischen Ansatz in ein und derselben Arbeit zu verfolgen, ist allerdings das Gelingen des Versuchs, eine theoretisch informierte, zumindest partiell aber paradigmenunabhängige Formulierung der Forschungsfrage zu finden und durch verschiedene Theoriestränge hindurch auch zu verfolgen. Dies geschah im Kolleg in einigen Arbeiten, z.B. an der Frage des Verhältnisses von Geschlecht und sozialer Ungleichheit (Cyba 2000, Gottschall 2000) oder der (Re) Konstruktion von Körperkonzepten für eine feministisch inspirierte Soziologie (Villa 2000).

Multiparadigmatik ist auch dort gegeben, wo es um unterschiedliche Analysebenen geht. Hier hat das Kolleg zur „Makroebene" mit Cybas und Gottschalls Arbeiten zur sozialen Ungleichheit sowie mit Aulenbachers Arbeit zu den Auswirkungen der Rationalisierung auf das Geschlechterverhältnis und dessen Rückwirkung auf Rationalisierungsprozesse (Aulenbacher 1999) Beiträge geleistet, die Theorien gesellschaftlicher Ungleichheit und Entwicklung betreffen. Sie verfolgen die gesellschaftstheoretischen Bezüge einer geschlechtersensibilisierten Perspektive zugleich als kritisches Reflexionspotenzial.

Auf der „Mesoebene" finden sich eine Fülle von Arbeiten zu Organisation und Profession inklusive der Hochschulforschung (z.B. Riegraf, Kuhlmann, Wilz, Zimmermann, Kutzner), die eigene Theorieentwicklungen zum Bereich „Geschlecht und Organisation" mit unterschiedlichen Bezugstheorien leisten und auf diesem Hintergrund auch Vorschläge zu weiterer theoretischen Verortung von „Geschlecht" machen (vgl. Kuhlmann et al. in diesem Band).

Auf der „Mikroebene" schließlich finden sich eine Reihe von Arbeiten, die mit unterschiedlichen Konzepten die Akteursebene untersuchen. Sie stützen sich sowohl auf sozialkonstruktivistische Annahmen als auch auf die Perspektive des symbolischen Interaktionismus und Pragmatismus, auf das postmoderne Individualisierungstheorem und die „doppelte Vergesellschaftung" der frühen Frauenforschung. Mit „Eigensinnigkeit" als Dimension von Handlungsfähigkeit führen sie eine Kategorie ein, die es erlaubt, Handlungsspielräume auf individueller Ebene zu analysieren und mit „agency" als Handlungsmächtigkeit auf der Grundlage je eigener Sinn- und Deutungsleistungen so zu verbinden, dass sich mit den subjektiven Freiräumen korrespondierende soziale Chancen herstellen.

Die Arbeiten des Kollegs zeigen insgesamt, welche Anstrengungen noch erforderlich sind, aber auch lohnen, „Geschlecht" zu hinterfragen, zu analysieren, in seinen Wirkungsweisen zu fassen und theoretisch zu verorten. Andererseits wäre es ein Irrtum zu glauben, das Forschungsprogramm des Kollegs sei selbst der Stabilisator eines von ihm vorausgesetzten dualistischen Geschlechterkonzepts gewesen. Als forschungsleitende Hypothese wurde vielmehr stets der Blick dafür offen gehalten, dass zum einen nach wie vor „gender matters", zum anderen aber Geschlecht nicht nur, nicht mehr immer und nicht überall die ausschlaggebende Strukturierung sozialer Situationen und Prozesse ist. Geschlecht verändert sich, so eine These aus der Arbeit von Ellen Kuhlmann, von einer statuszuweisenden Strukturkategorie zu einer kontextuellen Relevanzkategorie – aber nicht in jedem Forschungsfeld und nicht überall in gleicher Weise. Ob, wie, wodurch, warum und eventuell von wem Geschlecht relevant gemacht wird, ist eine herausfordernde theoretische und empirische Frage geworden. Kontingente Kopplungen (Wilz) von Geschlecht mit anderen Kriterien wie Ethnie, Schicht, sexueller Orientierung und Behinderung, oder mit anderen „Strukturgebern" wie Ökonomie, Arbeitsteilung, Politik stellen sich heraus und die Forschung vor neue Aufgaben. Die Arbeiten des Kollegs, von denen einige in diesem Band präsentiert und aufeinander bezogen werden,[28] zeigen Wege auf, wie diese neuen Aufgaben bewältigt werden können. Sie dokumentieren damit auch die Möglichkeit der wissenschaftlichen Subjektkonstitution von Frauen.

Literatur

Althoff, Martina/Bereswill, Mechthild/Riegraf, Birgit 2001: Feministische Methodologien und Methoden. Opladen.

Aulenbacher, Brigitte 1999: Gender and the Logic of Modern Rationalization. Contingencies in the Postfordist Era. In: Goldmann, Monika (Ed.): Rationalisation, Organisation, Gender. Proceedings of the International Conference, Beiträge aus der Forschung Bd. 111, sfs Dortmund.

Brandes, Heike/Metz-Göckel, Sigrid/Münst, Senganata/Pauken, Claudia 2001: Frauenforschung im Zentrum. Reihe Netzwerk Frauenforschung Bd. 2. Dortmund.

Connell, Robert 1999: Der gemachte Mann. Konstruktion und Krise von Männlichkeit. Opladen.

Cyba, Eva 2000: Geschlecht und soziale Ungleichheit: Konstellationen der Frauenbenachteiligung. Opladen.

Deutsche Forschungsgemeinschaft (Hrsg.) 1994: Sozialwissenschaftliche Frauenforschung in der Bundesrepublik Deutschland. Senatskommission für Frauenforschung. Berlin.

28 Der Band ist aus dem Abschlusssymposium des Kollegs hervorgegangen, das Ende 1999 noch einmal alle Kollegiatinnen und HochschullehrerInnen versammelte. Hochschullehrerinnen und Kollegiatinnen haben die Erträge ihrer Arbeit im Kolleg dort thematisch gebündelt präsentiert und mit geladenen Gästen, die einschlägig für den jeweiligen thematischen Schwerpunkt waren, diskutiert. Nicht allen Beitragenden war es möglich, ihre Beiträge auch für diesen Band aufzubereiten. Der größere Teil ist jedoch präsent. Auf die Beiträge der Gäste gehen die Ein- bzw. Ausleitungen zu den jeweiligen Schwerpunkten dieses Bandes ein.

Gransee, Carmen 2000: ‚Paradoxe Intervention' – Der Frauenstudiengang Wirtschaftsingenieurwesen an der Fachhochschule Wilhelmshaven. In: Metz-Göckel, Sigrid/Schmalzhaf-Larsen, Christa/Belinszki, Eszter (Hrsg.): Hochschulreform und Geschlecht. Neue Bündnisse und Dialoge. Opladen.

Griffin, Gabriele 1998: Uneven Developments – Women's Studies in Higher Education in the 1990s. In: Malina, Danusia/Maslin-Prothero, Sian: Surviving the Academy. Feminist Perspectives. London/Palmer.

Gottschall, Karin 2000: Soziale Ungleichheit und Geschlecht. Kontinuitäten und Brüche. Sackgassen und Erkenntnispotenziale im deutschen soziologischen Diskurs. Opladen.

Habermas, Jürgen 1969: Zwangsjacke für die Studienreform. Die befristete Immatrikulation und der falsche Pragmatismus des Wissenschaftsrates. In: Ders.: Protestbewegung und Hochschulreform. Frankfurt/Main.

Heintz, Bettina; Nadai, Eva 1998: Geschlecht und Kontext. De-Institutionalisierungsprozesse und geschlechtliche Differenzierung. In: Zeitschrift für Soziologie, Jg.27, H.2, April 1998, S.75-93.

Henne, Thomas 2000: Graduiertenkollegs. Anmerkungen zu einer hochschulpolitischen Erfolgsgeschichte. In: Das Hochschulwesen. Forum für Hochschulforschung, -praxis und -politik, 2/2000, S.50-54.

Kahlert, Heike 2000: Die Debatte um Gleichstellung von Frauen in Führungspositionen: Eine verdeckte feministische Elitediskussion. In: Metz-Göckel, Sigrid/-Schmalzhaf-Larsen, Christa/Belinszki, Eszter (Hrsg.): Hochschulreform und Geschlecht. Neue Bündnisse und Dialoge. Opladen.

Kröhnert-Othman, Susanne/Klingebiel, Ruth 2000: Egalitäre Differenz – Erträge feministischer Theorie und Praxis kultureller Differenz zwischen Gleichheitsdiskurs und internationaler Elitenbildung. In: Metz-Göckel, Sigrid/Schmalzhaf-Larsen, Christa/Belinszki, Eszter (Hrsg.): Hochschulreform und Geschlecht. Neue Bündnisse und Dialoge. Opladen.

Leemann, Regula Julia/Maurer, Elisabeth: 2000 Graduiertenkollegs aus Gleichstellungssicht. Zwei Basisinstrumente zur internen Prozessevaluation. Gleichstellung von Frau und Mann und Interdisziplinarität als Qualitätsdimensionen des Forschenden Lernens. Studie 1 im Rahmen des SOWI-Disslabors. Zürich.

Lerner, Gerda 1993: Die Entstehung des feministischen Bewusstseins. Vom Mittelalter bis zur Ersten Frauenbewegung. Frankfurt.

Metz-Göckel, Sigrid 1997: An einem dritten Ort, oder: Die flüchtige Selbsterschaffung intellektueller Frauen. In: Grad.wanderung 5. Jg., Dezember 1997.

Metz-Göckel, Sigrid 2000: Resonanzen und institutionelle Perspektiven. In: Metz-Göckel, Sigrid/Schmalzhaf-Larsen, Christa/Belinszki, Eszter (Hrsg.): Hochschulreform und Geschlecht. Neue Bündnisse und Dialoge. Opladen.

Metz-Göckel, Sigrid/Kalbitz, Angelika 2000: Dokumentation. Graduiertenkolleg „Geschlechterverhältnis und sozialer Wandel. Handlungsspielräume und Definitionsmacht von Frauen". Dortmund.

Metz-Göckel, Sigrid/Schmalzhaf-Larsen, Christa/Belinszki, Eszter (Hrsg.) 2000: Hochschulreform und Geschlecht. Neue Bündnisse und Dialoge. Opladen.

Müller, Ursula 1997: Von der Gegen- zur Interventionskultur: Frauenforschung als institutionalisierte Sozialwissenschaft. In: Metz-Göckel, Sigrid/Steck, Felizitas

(Hrsg): Frauenuniversitäten. Initiativen und Reformprojekte im internationalen Vergleich. Opladen.

Müller, Ursula 1999: Asymmetrische Geschlechterkonstruktionen in der Hochschule. In: Neusel, Aylâ/Wetterer, Angelika (Hrsg.): Vielfältige Verschiedenheiten. Geschlechterverhältnisse in Studium, Hochschule und Beruf. Frankfurt/Main; New York.

Müller, Ursula 2000: Von Buben und Damen. Anmerkungen zur „Männerforschung". In: Zeitschrift für Erwachsenenbildung IV/2000.

Rothmayr, Christine/Maurer, Elisabeth 2000: Akademische Nachwuchsförderung aus gleichstellungspolitischer Sicht. Das Beispiel der Sozial- und Geisteswissenschaften an der Universität Zürich. Studie 2 im Rahmen des SOWI-Disslabors, Uni-Frauenstelle - Gleichstellung von Frau und Mann an der Universität Zürich. Juni 2000.

Schelsky, Helmut: Einsamkeit und Freiheit, Reinbek 1971.

Siegle, Manfred G. 2000: Ansätze zur Reform der Wirtschaftsingenieurausbildung in Wilhelmshaven. Frauenförderung an der FH Wilhelmshaven. In: Metz-Göckel, Sigrid/Schmalzhaf-Larsen, Christa/Belinszki, Eszter (Hrsg.): Hochschulreform und Geschlecht. Neue Bündnisse und Dialoge. Opladen.

Schumacher, Bernd 2000: Institutionelle Integration. Frauenstudium an der Fachhochschule Bielefeld. In: Metz-Göckel, Sigrid/Schmalzhaf-Larsen, Christa/Belinszki, Eszter (Hrsg.): Hochschulreform und Geschlecht. Neue Bündnisse und Dialoge. Opladen.

Ulrike Teubner 2000: Ein Frauenfachbereich Informatik - Perspektiven im Verhältnis von Geschlechtertrennung und Geschlechtergerechtigkeit. In: Metz-Göckel, Sigrid/Schmalzhaf-Larsen, Christa/Belinszki, Eszter (Hrsg.): Hochschulreform und Geschlecht. Neue Bündnisse und Dialoge. Opladen.

Villa, Paula 2000: Sexy Bodies. Eine soziologische Reise durch den Geschlechtskörper. Opladen.

Weigel, Sigrid 1997: Frauenförderung und Paternalismus: Zum Geschlechterdiskurs. Magazin UniZürich, 1997/1:44-45.

Witz, Ann 1998: Was tun Feministinnen, wenn sie Soziologie betreiben? In: Feministische Studien 16. Jg. 1998, H.2.

Zimmermann, Karin 2000: Spiele mit der Macht in der Wissenschaft. Berlin.

I. Veralltäglichung der Frauenbewegung: Netzwerke und neue Räume

Einführung

Inwiefern nehmen die Diskurse und Praktiken der Frauenbewegung(en) ihre eigenen Entwicklungen vor dem Hintergrund sich verändernder globaler, gesellschaftlicher und staatlicher Rahmenbedingungen wahr? Ausgehend von dieser zentralen Frage und der These, dass sich Frauenbewegungen in dezentralen Prozessen parallel zu neoliberalisierten, gesellschaftlichen und kommunal-staatlichen Organisations- und Regulierungsmechanismen entwickeln, rekonstruieren wir Entwicklungen von Frauenbewegungen.

Diese Rekonstruktion erfolgt mit Blick auf die zwischenzeitlich zu beobachtende Veralltäglichung von Frauenbewegung und damit einhergehende Fragestellungen nach der Wirklichkeit feministischer und geschlechtsexklusiver Organisationsformen, nach deren Demokratie- und Hierarchieverständnis sowie deren Einflussnahme auf das Geschlechterverhältnis.

Die folgenden Darstellungen beziehen sich auf Forschungsarbeiten, die im Kontext des Graduiertenkollegs „Geschlechterverhältnis und sozialer Wandel“ zu Frauenbewegungen als Soziale Bewegungen entstanden sind und auf Debatten, die hierzu geführt wurden.

Dreißig Jahre nach der Neuen Welle des Feminismus haben sich Neue Frauenbewegung, Feminismus und Frauenforschung allmählich voneinander differenziert; sie bewegen sich nun in neuen komplexeren Wechselbeziehungen. Allerdings sind die Veränderungen und Transformationen dieser drei Richtungen kaum wahrgenommen worden: Frauenbewegung, Feminismus und Frauenforschung werden häufig mit ihren Anfängen um 1970 gleichgesetzt. Deswegen wird in dem ersten Beitrag von Ilse Lenz zunächst eine Einführung in die Entwicklung und Veränderung von Feminismus und Frauenbewegungen in Deutschland gegeben. Dabei wird aufgezeigt, dass in strategisch wichtigen Momenten die Geschlechterforschung auf die Frauenbewegung zurück wirkt und sie verändert, dies aber auch umgekehrt von der Bewegung in die Wissenschaft geschieht. Die Differenzierungen enthalten also auch neue Chancen; sie lassen sich als ein Wechselspiel von Distanzierung und neuer Bezugnahme charakterisieren.

Anja Szypulski untersucht die Frage der Thematisierung und Weiterführung von kontroversen Fragen in der Frauenbewegung im historischen Kontext, indem sie ein um die Jahrhundertwende nicht alltägliches Thema betrachtet: die Sexualität. Die bürgerliche Frauenbewegung diskutiert diesen Themenkomplex unter der Bezeichnung „Sittlichkeitsfrage" und bezieht sich dabei in unterschiedlicher Weise auf modernes Wissen (männlicher) Experten. Wissenschaftliche Begründungsmuster übernehmen in diesem Zeitraum mehr und mehr eine dominante Rolle bei der Ausprägung von Normen und sind vor dem Hintergrund der gesellschaftlichen Suche nach sozialpolitischen Regulierungskonzepten gerade für Frauen von Bedeutung. Der Aufsatz skizziert den frauen- und gesellschaftspolitischen Kontext, in dem diese Rezeptionen (sexualwissenschaftlichen) Wissens erfolgen, und arbeitet vor diesem Hintergrund die – durchaus ambivalenten – diskursiven Strategien der Frauenbewegung am Beispiel der Homosexualität heraus.

Unter der ironischen Überschrift „Sonntags nie?" geht es in dem Artikel von Beate Kortendiek um die Veralltäglichung von Frauenbewegungen in Selbsthilfeprojekten. Vielfältige Projekte sind mit und durch die Neue Frauenbewegung entstanden wie z.B. Frauenhäuser, Frauengesundheitszentren oder Mädchentreffs. Am Beispiel der Projekte der Mütterzentren wird gezeigt, wie Mütter durch Nutzung und Gestaltung der Zentren eine Strategie in ihrer alltäglichen Lebensführung entwickeln, die zugleich eine kollektive Strategie von Frauen darstellen kann. Die zentrale Annahme des Beitrages geht davon aus, dass Frauenbewegungen aktuell insbesondere Frauenprojektbewegungen sind und dass die Veralltäglichung von Bewegung vor allem in den sozialen und materiellen Räumen dieser (Selbsthilfe-)Projekte stattfindet. Dabei sind die Projekte Orte, an denen – individuelle und kollektive – Antworten auf Ambivalenzen aus dem Geschlechterverhältnis entwickelt werden können.

Ausgehend von der These, dass das „Raumgreifen" von Anfang an ein zentrales Anliegen der (autonomen) Frauenbewegung des letzten Drittels des zwanzigsten Jahrhunderts war, analysiert Ruth Becker in ihrem Beitrag „Bewegtes Wohnen: Zur Verräumlichung und Veralltäglichung von Frauenbewegung in Frauenwohnprojekten" Entstehungsgeschichte, Hintergründe, Zielsetzungen und Konzepte der in den Jahren 1978-1998 in der BRD entstandenen (oder projektierten) Frauenwohnprojekte. Nach einem kurzen Rückblick auf die wohnungspolitische Debatte der „alten" Frauenbewegung (die eine weit größere Zahl von Frauenwohnprojekten hervorgebracht hat) kommt die Autorin zu dem Schluss, dass trotz aller Unterschiede sowohl die „autonomen" Frauenwohnprojekte als auch die Projekte für alleinerziehende oder alte Frauen sowie die Projekte des „frauengerechten Wohnungsbaus" als „steingewordener Ausdruck zumindest der Idee einer anderen Geschlechterordnung" verstanden werden können, sei es als sichtbare Alternative zur vorherrschenden Heteronormativität, sei es durch konsequente Aufwertung und Sichtbarmachung der Raumansprüche von Frauen in unterschiedlichen Lebenssituationen.

Der Aufsatz „Neue Frauenbewegung im Spannungsfeld von Subversion, Raumaneignung und Mainstreaming" von Yvonne P. Doderer basiert auf ihrer Analyse der Genese und der urbanen Raumproduktionen der Neuen Frauenbewegung, die am Beispiel von fünf bundesdeutschen Großstädten vorgenommen wurde. Hintergrund des Aufsatzes ist die Beobachtung einer zunehmenden Spaltung zwischen feministischer Theorieproduktion, die sich nahezu gänzlich in den akademischen Raum verlagert hat, und feministisch orientierter Praxis, die zusehends einer neoliberalistisch geprägten Stadtökonomie ausgeliefert wird. Der Aufsatz vermittelt einen kritischen Überblick über Entwicklung und Folgen dieser Politiken.

Ilse Lenz

Neue Frauenbewegung, Feminismus und Geschlechterforschung

1. Differenzierungen und Wechselbeziehungen: Frauenbewegung, Feminismus und Frauenforschung[1]

Als die neue Welle der Frauenbewegungen ab 1965 Beziehungen, Arbeit und Politik grundlegend veränderte, schien sie mit dem Feminismus identisch und trug die neue Frauenforschung in die etablierten männlich zentrierten Wissenschaften hinein. Diese drei Strömungen erschienen durch gemeinsame Perspektiven und Anliegen miteinander verquickt. Dreißig Jahre nach der Neuen Welle des Feminismus hat sich die Triade von Neuer Frauenbewegung, Feminismus und Frauenforschung allmählich differenziert; sie bewegen sich nun in neuen komplexeren Wechselbeziehungen. Diese Differenzierung ist nicht nur eine Geschichte von Auflösungen, Trennungen und Neuorganisationen vorher ungeschiedener, teils diffuser Zusammenhänge, sondern sie birgt auch neue Potenziale und Voraussetzungen für wechselseitige Impulse und Kooperationen.

Grundlegend bleiben weiterhin wesentliche Gemeinsamkeiten: Die Neuen Frauenbewegungen und Feminismus wurzeln in den Bewegungen für Freiheit, Gleichheit und Solidarität der Moderne und sie haben deren Anliegen erweitert und – mit den Einzelpersonen im Blick – radikalisiert und reformuliert. Sie sehen Menschen – Frauen, Männer – als Individuen, als Subjekte mit Kopf, Gefühlen und Körpern. Sie fordern nicht nur Gedankenfreiheit, sondern auch persönliche und sexuelle Selbstbestimmung. Sie setzen sich ein für umfassende Partizipation auch der ausgegrenzten Frauen, teils auch der diskriminierten MigrantInnen und anderer Gruppen[2]. Gleichheit

---

1 Dieser Artikel ist im Rahmen eines größeren Projektes zur vergleichenden Untersuchung der Neuen Frauenbewegungen in Deutschland und Japan entstanden. Für Unterstützung danke ich dem Ministerium für Schule, Wissenschaft und Forschung Nordrhein-Westfalen und für Diskussionen und Anregungen Ruth Becker, Karin Klose, Beate Kortendiek, Brigitte Schneider, Helen Schwenken, Charlotte Ullrich, Michiko Mae und weiterhin Ulla Müller und den Mitgliedern des von uns betreuten Promotionskollegs „Geschlechterdemokratie und Organisationsreform im globalen Kontext" des Feministischen Instituts der Heinrich-Böll-Stiftung.

2 Das feministische Engagement gegen die Sklaverei, die rassistische Missachtung und Aberkennung von Menschenrechten hat eine lange Geschichte. Zwar waren auch die Frauenbewe-

verstehen sie nicht als Angleichung an die herrschenden männlichen Normen, sondern sie diskutieren über die Möglichkeiten, Gleichheit und Differenz im Sinne weiblicher Erfahrungen und Werte zu verbinden. Solidarität wird nicht im Zusammenhang großer Organisationen oder Kollektive z.B. als Klassensolidarität beschworen, sondern als Verbindungsorientierung, als Relationalität von Individuen diskutiert; persönliche Autonomie und gesellschaftliche Freiheit und Gleichheit werden miteinander verbunden vorgestellt.

Angesichts dieser Gemeinsamkeiten kann Feminismus auch als eine Art Dachbegriff für Frauenbewegungen einerseits, für die kritische wissenschaftliche Auseinandersetzung (wie in der Frauenforschung) andererseits verstanden werden. Doch in der gesellschaftlichen Wirklichkeit haben sich Frauenbewegung, Feminismus und Frauenforschung differenziert. Ich will versuchen, diese Differenzierung kurz zu skizzieren, indem ich drei grundlegenden Dimensionen nachgehe:

1. ihren Praxisformen
2. ihren Denkweisen
3. ihren Räumen und Verortungen.

Die Neuen Frauenbewegungen stellen eine der großen *sozialen Bewegungen* dar; deshalb ist die Frage der *Praxis* zentral für ihr Verständnis. Sie sind *mobilisierende kollektive AkteurInnen*, deren Mitglieder sich für eine Veränderung der Geschlechterverhältnisse *einsetzen* (Lenz 2001). Die Neuen Frauenbewegungen waren auch theoretisch sehr innovativ. Sie brachten, während sie ihre Erfahrungen reflektierten, neue und grundlegend verändernde Theorien und Diskurse hervor. Doch geht es sowohl um das, was sie (neu) denken, als auch vor allem um das, *was sie tun und wie sie das tun*.

Sie sind auf den unterschiedlichen *Ebenen des gesellschaftlichen Handelns verortet*: Frauenbewegungen organisieren sich in Gruppen und Organisationen (ibid.); die engagierten Frauen (und Männer) verändern ihre alltäglichen Beziehungen und Interaktionen auf der Mikroebene. Auch auf der Mesoebene der Organisationen und Institutionen werden sie zunehmend integriert und setzen sich z.B. als Frauenbeauftragte oder auch als aktive KollegInnen für einen Wandel ein. Als soziale Bewegung wirken sie auf Kultur, Gesellschaft und Politik auf der Makroebene ein. Schließlich haben sich die Neuen Frauenbewegungen internationalisiert; während sie zahlreiche Netzwerke auf der globalen Ebene entfaltet haben, haben sie auch internationale gleichheitlichere Regulierungen auf Ebene z.B. der UN oder der EU er-

---

gungen historisch und gegenwärtig von Rassismus und Antisemitismus geprägt, jedoch bildete das antirassistische Engagement insgesamt ein wesentliches Anliegen und während schwarze oder jüdische Frauen und Migrantinnen feministische Gruppen bildeten, schlossen sie Bündnisse mit Teilen der „weißen“ Frauenbewegungen.

reicht[3]. Die Orte der Frauenbewegungen befinden sich also auf den – unterschiedlichen – Ebenen des Handelns.

Dagegen umfasst der Feminismus die Vielzahl von *Diskursen und Denkweisen* über Freiheit und Autonomie, Gleichheit und Relationalität im Geschlechterverhältnis[4]. Er wird praktisch und reflektiert die Praxis der Veränderung, doch geht es sowohl um das, was FeministInnen tun, als auch vor allem darum, was und wie gedacht, diskursiv entfaltet und selbstreflexiv verändert wird (s.u.). In anderen Worten, die Entwicklung von Diskursen und Denkweisen ist die zentrale Praxis des Feminismus. So fällt eine Abgrenzung zu den neuen Frauenbewegungen schwer, doch ist sie analytisch sinnvoll, wenn auf die Entwicklung der Diskurse und Denkweisen fokussiert werden soll. Der Feminismus im engeren Sinne reflektiert die Erfahrungen der Frauenbewegungen (und des sozialen Wandels); er beobachtet die Erscheinungen und Erfahrungen der gesellschaftlichen Kontexte, in denen er verwurzelt ist, und die er mitprägt.

Der Feminismus bringt sich ein in die bestehenden politischen, kulturellen und gesellschaftlichen *Öffentlichkeiten* – die Parteien, Verbände, die Medien, die alltäglichen Gespräche. Weiterhin schafft er sich neue Öffentlichkeiten, indem er eigene Foren oder Medien – Frauenfilme, feministische Zeitschriften, Internetseiten – hervorbringt. Teils bildet er Semiöffentlickeiten als eigene Räume heraus: z.B. bieten eigene Gruppen oder Kommunikationszirkel mit ihren Rundbriefen oder Mailinglisten einen halböffentlichen Raum, in dem mit neuen Ideen, Bildern, Projektionen oder Subjektivitäten experimentiert werden kann. Schließlich überwindet der Feminismus dabei die Trennlinien zwischen öffentlich und privat. Denn die Diskurse beziehen sich auf Anliegen, die als „privat" eingeordnet und ausgegrenzt worden waren, wie z.B. sexuelle Selbstbestimmung oder Kinderversorgung, und bringen sie in den öffentlichen Raum ein. Sie diskutieren die politische Bedeutung „privatisierter" persönlicher Probleme[5]. So ist der Feminismus verortet in einer erweiterten gesellschaftlichen Öffentlichkeit und strukturiert wesentlich die vielfältigen Diskurse über Geschlechtergleichheit, Autonomie und Subjektivität in der Moderne.

Frauenforschung nun bedeutet dem Anspruch nach die kritische wissenschaftliche Auseinandersetzung mit den Geschlechterverhältnissen: Sie hat

---

3 Vgl. die Zusammenschau und Fallstudien in Holland-Cunz 2000; Lenz, Mae, Klose 2000; Klingebiel, Randeria 1998.

4 Zu den unterschiedlichen feministischen Ansätzen und Theorien s.u.; die Vielfältigkeit konnte es auch angebracht erscheinen lassen, im Plural von Feminismen zu sprechen, worauf aus pragmatischen Gründen hier verzichtet wird.

5 Allerdings wird die Lösung nicht in einer schrankenlosen Veröffentlichung des „Privaten" angestrebt, sondern einerseits in der Befreiung von patriarchaler oder zwangsweiser Abhängigkeit und in der Selbstbestimmung, andererseits in neuen Grenzziehungen zwischen öffentlich und privat. So wird Kinderversorgung als öffentliche Frage gefasst, die beide Eltern und die Gesellschaft angeht.

sich besonders mit dem Geschlecht als grundlegende soziale Kategorie, sowie mit geschlechtlicher Ungleichheit und Gewalt und der Suche nach Lösungsansätzen beschäftigt. Die Frauenforschung hat sich im Zusammenhang der Kritik der geschlechtlichen Ungleichheit und Ausbeutung *und* der männlich zentrierten Wissenschaften herausgebildet. Sie verortet sich im Kontext der kritischen Wissenschaft (Felt u.a. 1995: 85-114). Während sie in ihren allgemeinen Fragestellungen von den feministischen Anliegen beeinflusst ist, liegt ihre Praxis vor allem in der Forschung, also wissenschaftlichen (und überprüfbaren) Verfahren der Beobachtung und Erkenntnis. Sie hat einen weit gefächerten intensiven Praxisbezug, steht aber an einem anderen Ort als die Frauenbewegungen. Denn sie ist in der Wissenschaft verortet, die sich als gesellschaftliches Teilsystem herausdifferenziert hat. Deswegen hat sie auch andere Geltungsansprüche und Referenzrahmen, die sich auf wissenschaftliche methodisch abgeklärte Verfahren und einen freien wissenschaftlichen Dialog stützen.

Die Frauenforschung ist von diesem spezifischen Ort her in verschiedenen Formen rückgekoppelt an Frauenbewegungen und Feminismus. Erstens leistet sie Grundlagen- und angewandte Forschung zu den Problemen und Anliegen, an denen auch die Frauenbewegungen ansetzen: z.B. untersucht sie die Geschlechterungleichheit auf dem Arbeitsmarkt und in der sozialen Sicherung, die Veränderungen in Familien- und Beziehungsformen, die neuen Präsentationen von Geschlecht in den Medien. Zum Zweiten beteiligt sie sich von ihrer Seite durch theoretische und empirische Beiträge an den vielfältigen Diskursen des Feminismus, die von anderer Seite durch die Erfahrungen und Debatten der Frauenbewegungen gespeist werden. Zum Dritten könnte sie kritische Untersuchungen zu Frauenbewegungen entwickeln; sie hätte die Chance, eine Reflektion von deren Erfahrungen und Reflektionen – also eine Reflektion zweiter Stufe von einem anderen Ort her – zu entfalten. Allerdings ist die Frauenforschung dieser dritten Möglichkeit in Deutschland im Gegensatz zu anderen Ländern bisher nur wenig nachgegangen (vgl. Lenz 2001).

Im Folgenden möchte ich versuchen das Wechselverhältnis von Neuen Frauenbewegungen und Feminismus in Deutschland an einigen Eckpunkten nachzuzeichnen. Zunächst aber ist sinnvoll die Entwicklung des Feminismus ab 1965 sehr knapp zu skizzieren.

2. Die Fülle der Feminismen?

Die Neuen Frauenbewegungen haben auch eine Erneuerung des Feminismus bewirkt. Laut einiger Einschätzungen steht dieser reflexive Feminismus an der Schwelle zu postmodernen Theorien: Denn er hebt nicht ab auf eine konsistente Ideologie wie in klassischen politischen Theorien der Moderne, vor allem im Sozialismus, noch gibt er eine geschlossene Weltanschauung vor. Auch fehlt ihm die Vorstellung eines zentralen historischen kollektiven Subjekts wie der Arbeiterklasse; vielmehr entwirft er dezentrierte Subjekte, Frauen und Männer mit flexiblen und wandelnden Identitäten (Flax 1987). Feminismus heute besteht aus global vernetzten Diskursen und Denkbewegungen, die sich auf gemeinsame Anliegen (s.o.) beziehen, aber auch die Erfahrungen verschiedener Regionen, Kulturen und Klassen einbringen. Es wäre irreführend, von *dem* US-Feminismus oder *dem* deutschen, indischen, japanischen oder südafrikanischen Feminismus usw. zu sprechen; sondern in den US wie auch in Deutschland oder Südafrika gibt es unterschiedliche Ansätze des sozialistischen, des lesbischen, des multikulturalistischen oder des schwarzen Feminismus.

Diskurse sind nun nicht machtfrei, vielmehr sind sie ambivalent an Strategien der Macht angeschlossen, wie vor allem Michel Foucault herausgearbeitet hat (vgl. 1978). Während die engagierten Personen in der Neuen Frauenbewegung neue Diskurse zum Verhältnis der Geschlechter entwarfen, z.B. berufliche Gleichheit und sexuelle Autonomie für Frauen darin einbrachten, forderten sie Definitionsmacht ein. Sie wollten die Lebenschancen und Selbstentwürfe nicht mehr von Wissenschaftlern wie den Frauenärzten oder den Psychologen oder den Massenmedien wie z.B. den Frauenzeitschriften und ihren Sparten á la „Machen Sie das Beste aus ihrem Typ" normieren lassen. Jedoch entwarfen FeministInnen dabei tendenziell auch neue Normen für „emanzipierte Frauen"[6]. Diese wurden dann in den Massenmedien stereotypisiert, fragmentiert und rekombiniert weiterverbreitet. Ein Beispiel ist das Klischee einer erfolgreichen Aufsteigerin und Berufsfrau, die ihre Emanzipation ganz alleine im Freiflug schafft und ihre Sexualität jederzeit rationalisiert unter Kontrolle hat. D.h. diese Diskurse vermitteln sowohl (neue) herrschende als auch widerständige Werte und Symbole, Erweiterungen und neue Verengungen der Selbstentwürfe von Frauen. Aufgrund dieser Ambivalenz ist die selbstkritische, selbstreflexive Potenzial der Neuen Frauenbewegungen sehr wichtig: Inwiefern haben sie diese neuen Normierungen und Verengungen kritisiert und aus ihren Problemen gelernt?

Im Folgenden lehne ich mich an die sehr klare, nützliche Übersicht der Entwicklung des Feminismus von Judith Lorber an[7]. Allerdings scheint mir

---

6 Während kreativ und plural neue Leitbilder für Frauen entworfen wurden, wurde eine vergleichbare Energie für männliche Leitbilder weder von der Frauenbewegung, noch von der Männerbewegung eingebracht. Letztere griff in ihren männlichkeitsorientierten oder den antifeministischen Flügeln auf herkömmliche Männerrollen und -mythen zurück.

7 Während Judith Lorber sich auf die Debatten im englischen Sprachraum konzentriert, werden auch internationale Einflüsse aufgezeigt. Allerdings scheint mir das teleologische Schema fraglich, nach dem nach den ersten Stufen des liberalen, sozialistischen oder Entwicklungsfeminismus schließlich der dekonstruktive Feminismus als radikalste und weitestgehende Kritik patriarchaler Ungleichheit eingeordnet wird.

das zugrunde liegende „feministische Fortschrittsmodell“ fraglich, so dass ich teils eine andere Terminologie vorschlagen möchte. Ferner orientiert sich die Darstellung vor allem an der Entwicklung in den USA. Judith Lorber skizziert die unterschiedlichen Richtungen des Feminismus und sie ordnet sie vor allem nach zwei Kriterien ein:

1. Welche Theorien über Geschlechterungleichheit (*theories of gender inequality*) liegen ihnen zugrunde (1998: 9), d.h. was sehen sie als wichtigste Ursachen dafür, dass Frauen einen geringeren sozialen Status und weniger Lebenschancen als Männer mit vergleichbarer Ausbildung, Klassen- oder ethnischer Herkunft oder Religion haben?
2. Aus diesen Theorien ergibt sich, welche Lösungen (*solutions or remedies*, a.a.O.) und politischen Strategien oder Kampfformen sie entwickeln. Letztere können sich auf Parteien und Verbände, aber auch auf Projekte (z.B. Frauenhäuser), Aktionen oder kulturelle Auseinandersetzungen z.B. für einen gleichheitlichen Politikstil oder eine geschlechtssensible Sprache beziehen. D.h. die Felder der Politik werden erweitert und veralltäglicht.
3. Zum Dritten fragt Judith Lorber, welche Beiträge (*contributions*) die jeweilige Richtung für die Veränderung der Geschlechterverhältnisse und die Entwicklung des Feminismus erbracht hat. Diese drei Suchfragen nach der grundlegenden Theorie, den Lösungen und Strategien und den Beiträgen ermöglichen es, die vielfältigen feministischen Diskurse und Strategien zu beleuchten und einzuordnen. Judith Lorber argumentiert nicht normativ im Sinne einer Parteinahme für eine Richtung; der klassische Streit, welcher Feminismus die Schönste und Beste im ganzen Land sei, wird vermieden. Denn es geht ihr um eine Gesamtsicht der feministischen Richtungen mit ihren wichtigen Beiträgen – aber auch ihren Begrenzungen. In der selbstreflexiven Entwicklung des Feminismus werden gerade diese Begrenzungen zum Ansatzpunkt für Weiterentwicklungen: Alle Feminismen haben wichtige Beiträge zur Verbesserung des Status von Frauen geleistet – aber alle zeigen auch Begrenzungen. Feministische Theorien haben sich in der Tat verändert, wenn die Begrenzungen einer Denkrichtung (set of ideas) kritisiert wurden und stattdessen eine bessere Erklärung dafür vorgeschlagen wurde, warum Status und Macht von Frauen und Männern so ungleich sind. Aber das war kein klarer Fortschritt, weil viele Debatten gleichzeitig liefen. Viele gehen real weiter. Und weil alle Feminismen Einsichten in die Fragen der Geschlechterungleichheit beitragen und gute Strategien zu ihrer Behandlung vorgeschlagen haben, sind sie uns weiter sehr nah. Zwischen den verschiedenen Feminismen gibt es Kontinuitäten und Konvergenzen ebenso wie heftige Debatten (1998: 11 Übers. d.A.).

Grundlegend für die Einordnung der Feminismen bei Lorber ist die Bedeutung, die sie Frauen und dem Geschlecht in ihren Theorieansätzen geben. Eine erste Gruppe von Feminismen, die im Zuge der Neuen Frauenbewegungen (re-)formuliert werden, bildet sich heraus, indem die klassischen politischen Theorien von der „Geschlechterfrage" her kritisiert und wesentlich erweitert werden[8]. Die wichtigsten Formen sind der liberale Feminismus sowie der sozialistische, der marxistische und der anarchistische Feminismus.

Der *liberale Feminismus* orientiert sich an den Menschenrechten, besonders an Freiheit und Gleichheit, und will ihnen für Frauen vor allem im öffentlichen Raum Geltung verschaffen. Frauen sollen als „volle Bürger" und Individuen gleiche Chancen beanspruchen können: in Bildung, im Beruf und in der Politik. Dementsprechend werden ihre Möglichkeiten vor allem als Individualrechte oder -chancen begriffen und die Frage struktureller Veränderungen ist nachrangig. Die Emanzipation der Frau wird als Freisetzung von persönlicher patriarchaler Abhängigkeit entworfen, so dass sie gleiche Chancen in einer freien Wirtschaft und Gesellschaft beanspruchen könne. Ebenso sollen ungerechtfertigte Diskriminierungen aufgehoben werden.

Der liberale Feminismus sieht Menschenrechte als Individualrechte und hat keine Theorie der Geschlechterverhältnisse ausgearbeitet. Er geht implizit von unterschiedlichen biologisch begründeten „Geschlechterrollen" aus. Die Leitfrage ist, wie vermieden werden kann, dass die angenommene Geschlechterdifferenz zu persönlicher Benachteiligung in Bildung und Arbeitsmarkt führt. Die Mutterschaft wird eher als natürlich vorausgesetzt und es werden kompensierende Maßnahmen zur „Vereinbarkeit" gefordert. Die Verantwortung der Väter wird nicht intensiv thematisiert. Der liberale Feminismus sieht Kinderversorgung und Rollenteilung als privaten Bereich persönlicher Wahl oder Entscheidungen, die allerdings gesellschaftlich unterstützt werden sollten (Kindergärten, Ganztagsschulen usw.).

Denn während der liberale Feminismus von natürlichen Geschlechtsrollen ausgeht, betont er die Freiheit der individuellen Wahl: Dies gilt für die Lebensentwürfe – ob mit Kindern oder allein leben – ebenso wie für die sexuelle Orientierung.

Während herkömmlich die Forderung nach gleichen Bildungschancen im Vordergrund stand, kreisen die liberalen feministischen Diskurse nun vor allem um die Integration von Frauen in die höheren Positionen auf dem Arbeitsmarkt: Im Vordergrund steht die Marktintegration aufgrund der Qualifikation. Während Maßnahmen zur Bildung und Motivation unterstützt werden, stehen diese Diskurse staatlichen Regelungen des Arbeits-

---

8 Lorber spricht von *gender reform feminism*, wobei sie wohl annimmt, dass diese Ansätze dem herkömmlichen Geschlechtsdualismus verhaftet bleiben und „Geschlecht" nicht neu denken. Doch unterschätzt sie m.E. die transformative Bedeutung dieser Ansätze erheblich.

markts, insbesondere Quoten oder Antidiskriminierungsgesetzen, skeptisch gegenüber.

Der *sozialistische Feminismus* konzentriert sich demgegenüber auf die gesamtgesellschaftlichen Strukturen und besonders auf die Verbindung von Kapitalismus und Patriarchat. Er untersuchte diese Frage, indem er an den Theorien von Arbeit und Arbeitsteilung ansetzte. Während er die herkömmliche Beschränkung auf die Lohnarbeit kritisierte, erweiterte er diese Theorien um die unbezahlte Familien- und Versorgungsarbeit (die Reproduktionsarbeit). Er zeigte auf, dass die Reproduktionsarbeit einerseits grundlegend für die Erhaltung und Entwicklung der Gesellschaft ist. Andererseits wird sie trotz ihrer fundamentalen Relevanz unbezahlt angeeignet, da sie aufgrund der patriarchalen Normen Frauen zugeschrieben, also verweiblicht und naturalisiert wird. Das ungeheure Ausmaß dieser Aneignung wird z.B. in neueren Untersuchungen deutlich: So wurden in Deutschland 1992 insgesamt 77 Mrd. Stunden unbezahlter Arbeit in Familienarbeit und Ehrenamt im Wert von ca. 1 Billion DM ermittelt, die zu zwei Dritteln von Frauen geleistet wurden. Dem standen 48 Mrd. Stunden Erwerbsarbeit gegenüber (Bundesamt für Statistik 1992). Der sozialistische Feminismus setzt nun die verweiblichte unbezahlte Familienarbeit in ein Verhältnis zur Lohnarbeit von Männern und Frauen im Kapitalismus; er fragt nach den Verbindungen von geschlechtlicher und Klassenungleichheit, von Patriarchat und Kapitalismus.

Der sozialistische Feminismus hat also strukturelle Erklärungen für die vielfältigen Formen und Ursachen der Unterordnung der Frauen entwickelt[9]. Besonders wichtig ist seine Reintegration von Mutterschaft/Elternschaft in die moderne gesellschaftliche und geschlechtliche Arbeitsteilung: Sie erscheint nicht mehr als „Traditionsrest“, als traditionelle Rolle, von der Frauen sich emanzipieren müssten; ebenso wenig ist sie als persönliche Versorgungsarbeit einfach zu verstaatlichen oder zu vergesellschaften, wie dies die klassischen sozialistischen Ansätze annahmen. Vielmehr wird die geschlechtliche Arbeitsteilung in der „Privatheit“ der Familie nun zur politischen Frage, da die moderne Geschlechterungleichheit darauf aufbaut.

Der sozialistische Feminismus hat in seinen verschiedenen Spielarten die geschlechtliche Arbeitsteilung entmystifiziert und entnaturalisiert. Er hat nachgezeichnet, dass Geschlecht – neben Klasse und „Rasse“ – eine grundlegende Strukturkategorie sozialer Ungleichheit in modernen Gesellschaften bildet. Aber während er die soziale Bedeutung von Gender herausarbeitet, hat er die Zweigeschlechtlichkeit in den 70er Jahren (noch) nicht grundsätzlich hinterfragt (Lorber 1998).

---

9 Er leitet sie nicht aus individuellen Motiven oder von einem psychologischen Dominanzanspruch der Männer her, wie in einigen zeitgenössischen soziobiologischen oder psychologischen Ansätzen.

In der Folge war er besonders anschlussfähig in zwei Richtungen: Er hat intensiv grundlegende Fragen strukturellen Wandels – Globalisierung, neue Arbeitsformen, neue Technologien – bearbeitet. Und er hat sich besonders offen für kulturelle und poststrukturalistische Ansätze gezeigt.

Die sozialistischen feministischen Diskurse entfalteten sich international, im Norden und im Süden. Man könnte von *internationalen sozialistischen Feminismen* sprechen, die Brücken zwischen den verschiedenen lokalen Ansätzen schlugen[10].

Sie beleuchteten zentrale Fragen der Entwicklung wie Ökologie, Krieg, Gewalt und internationale Ungleichheit. Sie entwarfen differenzierte Kritiken der Modernisierung, die das herkömmliche Stufenschema von Tradition zur Moderne überwanden und die Schlüsselfragen der Modernisierung der (Geschlechter-)Ungleichheit herausarbeiteten. Ferner gelang es ihnen, die kulturelle Vielfältigkeit und Variationen der Geschlechterverhältnisse zu verdeutlichen, ohne die Unterordnung und Hierarchien zu bagatellisieren oder zu „kulturalisieren“. Die Vorstellung eines homogenen weiblichen Subjektes und eines universalen Patriarchats hatte sich als trügerisch erwiesen, die Subjekte der globalen Feminismen erschienen als dezentiert und vielfältig nach Klasse und Ethnie. Damit trugen sie entscheidend zur Wahrnehmung der Differenzen im Geschlechterverhältnis und zu den Diskussionen um Gleichheit und Differenz bei. Schließlich legten sie dadurch erste Grundlagen für die Debatten darüber, wie Geschlecht sozial geschaffen, sozial konstruiert wird.

Der anarchistische Feminismus hat demgegenüber die individuelle Befreiung betont und mit der Kritik struktureller Ungleichheit und Gewalt verbunden. Die individuelle Erfindung das Glücks, die Befreiung des Eros und der Sexualität von Frauen bilden Motive, die er in das neue Konzert der Feminismen der 70er Jahre einbrachte.

Während diese Strömungen die klassischen politischen Gesellschaftstheorien aus feministischen Perspektiven kritisierten und wesentlich erweiterten, so fokussierten andere Richtungen unmittelbar geschlechtliche Herrschaft und Gewalt. Der *radikale Feminismus* gewann wesentliche Impulse aus den Selbsterfahrungsgruppen, in denen Frauen ihre Erfahrungen öffentlich aussprachen und politisch neu interpretierten, indem sie fragten, welche Bedeutung sie für die Aufrechterhaltung männlicher Herrschaft hätten. Der radikale Feminismus thematisierte Vergewaltigungen, das Schlagen in Beziehungen oder den sexuellen Missbrauch an Kindern. Diese Formen der sexuellen Gewalt wurden zuvor mit gesellschaftlichem Schweigen verdeckt,

---

10 Judith Lorber spricht nicht ganz exakt von einem *Development feminism* (1998: 45-49); es handelt sich aber m..E. nicht um einen „speziellen Feminismus“, sondern um eine internationale Perspektive; neben den verschiedenen Richtungen des sozialistischen Feminismus hat der liberale Feminismus wichtige Beiträge zur Unterordnung der Frauen in der Entwicklung und der Entwicklungspolitik eingebracht.

denn nicht die Täter, sondern die betroffenen Frauen galten als entehrt und wurden stigmatisiert oder ausgegrenzt. Doch nun war durch die kollektive Thematisierung „die Scham vorbei" und die Tabuisierung und Privatisierung sexueller Gewalt wurde angegriffen. In ihrer klassischen Untersuchung der Vergewaltigung bezeichnet Susan Brownmiller sie als Verbrechen mit einer politischen (nicht einer vorrangig sexuellen) Bedeutung: Vergewaltigung hat die Funktion, Frauen zu Opfern zu machen und ihre Autonomie und Bewegungsfreiheit einzugrenzen (Brownmiller 1978). Diese Erkenntnis des radikalen Feminismus wurde auch in den anderen feministischen Strömungen aufgenommen und in deren Theorieansätze und Strategien integriert.

Während diese neue Kritik männlicher Gewalt in den 70er Jahren großen Mut erforderte – wurde doch die Spitze des Eisbergs von sexueller Gewalt, Herrschaft und Abwertung benannt – so zeigte sie ab Mitte der 80er Jahre Züge einer Verfestigung und Totalisierung. Alle neuen feministischen Richtungen konnten sich in ihr zusammenfinden; sie wirkte also sowohl als Einigungsideologie, wie auch zur Abgrenzung gegenüber „den Männern" generell[11]. Diese Pauschalthesen über universelle männliche Gewalt werden seit einiger Zeit kritisiert und es wird über neue Horizonte nachgedacht.

Aus einigen Richtungen des radikalen und des psychoanalytischen Feminismus bildete sich zu Beginn der 80er Jahre der *Differenzfeminismus*, der von einer grundlegenden Unterschiedlichkeit von Frauen und Männern ausging. Teils wurde diese Annahme sozial begründet, z.B. mit der einseitigen weiblichen Festlegung auf Mutterschaft – dem *mothering* aller Frauen (Chodorow 1985; Gilligan 1982). Denn wenn allein Frauen „muttern", haben ihre Söhne spezifische Probleme in der Kindheit eine eigene geschlechtliche Identität aufzubauen; dies verursacht eine grundlegende Distanzierung und eine Tendenz zur Abwertung des Weiblichen, das in der Mutterfigur als machtvoll, gesellschaftlich aber als machtlos erlebt wird. Die Töchter könnten sich demgegenüber nur schwer von der Mutter abgrenzen, mit der sie das Geschlecht gemeinsam haben. In diesem Modell ist die gesellschaftliche Geschlechterdifferenz erst überwindbar, wenn Männer versorgende, verlässliche Väter oder Eltern werden. Teils wurde diese Differenz aber auch gattungsgeschichtlich, also sozusagen überhistorisch oder biologisch postuliert. Während die Differenzpositionen Frauen einen *breathing space* eröffneten, von dem aus sie die männlich zentrierte Moderne kritisierten (Lorber 1998),

---

11 Die abwertenden und stereotypen Attacken sowohl von Seiten des antifeministischen Flügels der Männerbewegung als auch von Seiten der Publizistinnen, die die Geschlechterdifferenz dogmatisch zu Grunde legen und verteidigen (vgl. z.B. Rutschky 1999) wirken in Richtung einer Stabilisierung der pauschalen Gewaltdiskurse, da eine Differenzierung wie Verrat an der gemeinsamen Sache erscheinen könnte. Dennoch ist der Preis für Verengungen zu hoch; das Nachdenken über neue Formen von gleichheitlicher Erotik zwischen Frauen und Männern oder über Bündnisse für Gleichheit wird dadurch behindert und für junge Frauen und Männer sind die pauschalen Argumente schwer nachvollziehbar.

forderten sie in der Folge ihrerseits eine reflexive Kritik heraus: Die nächste Diskurs-Welle setzte nicht an Geschlechterdifferenz und -dualismus, sondern an der sozialen Konstruktion des Geschlechts an.

Als erste offene reflexive Kritik der Neuen Frauenbewegung trat der lesbische Feminismus auf. Er verband die lesbische Befreiung mit einer Neubestimmung von Feminismus: Lesben hatten sich in der Neuen Frauenbewegung engagiert, mussten aber ihre Anliegen verheimlichen oder zurückstecken. Der lesbische Feminismus sah in Lesben frauenidentifizierte Frauen (*women-identified women*); ihre Lebensweise wurde als Widerstand gegenüber der Identifikation mit Männern interpretiert, die im Patriarchat Frauen unbewusst aufgeherrscht würde. Frauen würden dazu erzogen, Männern in ihrem Leben und ihren Beziehungen einen höheren Wert zu geben; Lesben dagegen nähmen Frauen ernst und verweigerten die Komplizenschaft mit männlicher Unterdrückung. So thematisierte der lesbische Feminismus die Unterschiede und Ausgrenzungen zwischen Frauen und zeigte die Vielfältigkeit weiblichen Begehrens.

Der Begriff des lesbischen Kontinuums (Rich 1986) drückte diese Vielfältigkeit aus: Von den Lesben an einem seiner Pole spannte sich der Bogen über die Freundschaften, die Zuwendung und Nähe, die Frauen einander geben. Damit wurden die Beziehungen *zwischen* Frauen unter Anerkennung ihrer Unterschiede zu einem zentralen und brisanten Thema der Neuen Frauenbewegungen.

Ferner führte die lesbische Kritik den Begriff der Zwangsheterosexualität für die Normierung von weiblichem Begehren und Lebensentwurf ein. In der Moderne wurden Mädchen mit dem Gedanken an den Traumprinzen und das Glück in der Ehe sozialisiert. Andere Lebensentwürfe – allein oder mit einer Geliebten – wurden so abgewertet, lächerlich gemacht oder sanktioniert, dass sie kaum denkbar erscheinen. In der Folge entwickelte sich das Konzept des Heterosexismus: Damit ist gemeint, dass Heterosexualität sowohl als normal als auch als die Norm erscheint und homosexuelle und andere Lebensformen abgewertet werden. In dieser Kritik der Zwangsheterosexualität verbirgt sich die Frage, was freie Heterosexualität – oder die Erotik der Gleichheit zwischen Frauen und Männern (Ursula Müller) – bedeuten könnte. Leider wurden bisher wenig Antworten gesucht. Allerdings verrückt die These der Zwangsheterosexualität, die als durchgehende repressive Norm kritisiert wird, den Stellenwert der Homosexualität: Anstelle einer „Abweichung", die in einer liberalen Gesellschaft toleriert werden könne, erweist sie sich als eine der möglichen und normalen Spielarten der menschlichen sexuellen Entwicklung. Damit hat der lesbische Feminismus einen bahnbrechenden Beitrag zu den sexuellen Emanzipationsbewegungen geleistet; zugleich hat er die dezentrierten postmodernen Subjekte, die sich von homogenisierenden Zwangsnormen frei machen wollen, an den Horizont geschrieben.

Auch die „schwarzen" oder multikulturalistischen Feminismen brachten eine reflexiven Kritik des Feminismus der 70er Jahre hervor[12]. Gegenüber einer homogenisierenden Betonung von „Gemeinsamkeiten" aller Frauen und „Schwesternschaft" arbeiteten sie die Differenzen zwischen Frauen heraus. Dabei griffen sie sowohl die soziale Ungleichheit aufgrund rassistischer Ausgrenzung als auch die kulturelle Abwertung von Frauen aus anderen ethnischen Gruppen durch die weiße Dominanzgesellschaft (Rommelspacher 1995) an. Während weiße Frauen durch neopatriarchale Verhältnisse unterdrückt würden, seien sie zugleich Komplizinnen mit dem Rassismus oder Täterinnen. Allerdings war die kollektive Zuschreibung von Opfer- und Komplizinnenrolle zu einfach und brachte neue Verengungen mit sich (vgl. Lenz 1996).

Aber die multikulturalistischen Feminismen erreichten es, den generellen Opfermythos der gemeinsamen Unterdrückung aller Frauen zu durchbrechen: Migrantinnen oder schwarze Frauen wurden sichtbar als Subjekte ihrer Befreiung. Die stereotypen Sichtweisen, nach der sie als Opfer erscheinen, während ausländische Männer pauschal als besonders patriarchalisch und unterdrückerisch ausgegrenzt werden[13], wurden als rassistische Projektionen kritisiert.

Da Frauen und Männer aus ethnischen „Minderheiten" von Rassismus betroffen sind, wenden sich die multikulturalistischen Feminismen gegen klare Trennlinien zwischen Männern und Frauen in der Emanzipationsbewegung; vielmehr sehen sie sich oft solidarisch zu ihnen im antirassistischen Engagement und verlangen ebenso von Männern, sich mit der Frauenfrage auseinander zu setzen.

Die multikulturalistischen Feminismen haben intensiv die kulturellen Unterschiede im Feminismus und die Sichtbarmachung und Anerkennung ihrer Kultur thematisiert. Sie wollen nicht eine Assimilation in die Mehrheitsgesellschaft, sondern Respekt für den Regenbogen der kulturellen Differenzen. Damit verbindet sich die Gefahr Differenzen erneut festzuhalten und zu verdinglichen (reifizieren). Aber die Diskurse um Differenzen blieben nicht bei ihrer Wahrnehmung stecken; sie sehen vielmehr in der Anerkennung von Differenz und Gleichheit die Voraussetzung dafür, strategische Koalitionen von Frauen (und Männern) aus unterschiedlichen Positionen zu entwickeln (vgl. Wichterich 2000).

---

12 Lorber spricht von *multiracial feminism*. Im Deutschen ist es aufgrund der biologistischen Konnotationen kaum möglich, den Begriff der „Rasse" kritisch zu verwenden. Die Betonung liegt auf den sozialen Unterschieden im Geschlechterverhältnis, die sich – auch zwischen Frauen – aufgrund rassistischer oder ethnischer Unterdrückung ergeben.

13 Dabei sollen Geschlechterungleichheit und Gewalt unter MigrantInnen-Gruppe ebenso wenig bagatellisiert oder verharmlost werden wie in der Mehrheitsgruppe; vielmehr wird ihre „Ethnisierung" oder „Kulturalisierung" als Mechanismus kritisiert, mit dem das Problem auf die „Anderen" projiziert und deren Andersartigkeit zugleich festgeschrieben wird.

Eine weitere wichtige reflexive Wendung war die Aufarbeitung des ambivalenten Erbes der Emanzipation in den staatssozialistischen Ländern Osteuropas, besonders der DDR. Feministinnen und Lesben vor allem aus Ostdeutschland kritisierten die paternalistische Mobilisierung der Frauen im Staatsinteresse, aber sie betonten auch deren wesentliche Errungenschaften: Die Vollzeiterwerbstätigkeit von Frauen und Männern als Grundlage der Gleichheit und die Wichtigkeit guter, bedarfsdeckender gesellschaftlicher Kinderbetreuung. Ebenso kritisierten sie die Abgrenzung des westdeutschen Mehrheitsfeminismen zu Männern, mit denen sie in der Bürger- und Protestbewegung zusammengearbeitet hatten.

Während lesbische, multikulturelle oder „Ost"-Diskurse die Differenzen zwischen Frauen thematisierten, geriet die „Geschlechtergrenze im Feminismus" in Bewegung: International bildete sich der *men's feminism*[14] heraus. Er untersuchte die Ursachen und Formen der männlichen Herrschaft: Er deckte ihre ökonomische und institutionelle Verankerung auf und zeigte, dass institutionelle Privilegien sich in einer Art „männliche Dividende" ausdrücken (*male dividend*; Connell 1999): Sie führen aufgrund der männlichen Geschlechtszugehörigkeit zu ökonomischen und sozialen Vorteilen. Aber er betrachtet auch, wie Kinder – unterschiedlich – Jungen und Männer werden, welche Rolle Körper und Gefühle dabei spielen. Die Kritik männlicher sexueller Gewalt ist eine der zentralen Fragen, da sie für den *men's feminism* eine Voraussetzung für eine Befreiung von Frauen und Männern darstellt. Feministische Diskurse von Männern stehen in einem fruchtbaren Dialog zu den Frauenforscherinnen, die etwa gleichzeitig begannen über Männer zu arbeiten (vgl. Metz-Göckel/Müller 1986; Hageman-White/-Rerrich 1988). Beide haben Grundlagen für ein differenziertes Verständnis von Gender jenseits der herkömmlichen Zweigeschlechtlichkeit gelegt.

Männlichkeiten als kulturelle Praxis sind ebenso wenig homogen wie Weiblichkeit: Die hegemoniale Männlichkeit in Eliten und Oberschicht unterscheidet sich von ihrem subordinierten, tendenziell rebellischen Gegenpart in der Arbeiterschaft oder von homosexuellen Formen. Diese Männlichkeiten sind allerdings trotz ihrer Unterschiede nach Schicht und Kultur ähnlich in ihrer Abwehr, ihrem Desinteresse oder ihrer Orientierungslosigkeit gegenüber dem Feminismus und der Geschlechtergleichheit (Connell 1999, Meuser 1998). Feministische/männliche und weibliche Diskurse zu Männlichkeit haben sehr dazu beigetragen, dass die „Männerfrage" nun neu und differenziert gestellt und in die Emanzipation integriert wird.

Diese reflexiven Kritiken und Weiterführungen erschütterten bisherige feministische „Gewissheiten"; untergründige Denk- und Suchbewegungen ließen neue Fragen wuchern, als die vorigen Antworten brüchig wurden. Die

---

14 Vgl. Lorber 1998: 149-159, Connell 1999; eine deutsche Übersetzung zu *men's feminism* ist angesichts des anderen und noch eher anfänglichen Verlaufs schwierig; in Deutschland sind feministische Männergruppen u.a. unter dem Leitwort der Geschlechterdemokratie aktiv.

80er Jahre hatten unter dem Leitbild der grundlegenden Geschlechterdifferenz zwischen Frauen und Männern gestanden (s.o.). Eben die zentrale Säule dieses Denkgebäudes kam nun ins Wanken: die Vorstellung von zwei Geschlechtern, die aufgrund sozialer oder biologischer Fakten unterschiedlich sind. Das tragende Konzept von Geschlecht wurde angepackt, ausgepackt und es zeigte sich, dass die Kaiserin nackt war: Es wurde kritisiert als eine soziale Konstruktion, eine moderne westliche Institution (Lorber 1999), die das gesellschaftliche und individuelle Bewusstsein grundlegend prägt. Geschlecht wird in der Moderne als „Zweigeschlechtlichkeit" konstruiert: Es wird angenommen, dass es nur zwei Geschlechter gäbe – Mann oder Frau – und dass jede Person ein eindeutiges Geschlecht „habe". Dieser Geschlechtsdualismus transportiert eine Identitätslogik, die für die Einzelnen zum Zwang wird. Es erscheint noch tragischer, kein eindeutiges Geschlecht zu haben als keine Nationalität zu besitzen; es fehlt sozusagen der Pass für alle Interaktionen.

Die Feminismen spielten nun mit postmodernen oder poststrukturalistischen Theorien. Sie hatten bereits in den lesbischen und multikulturalistischen Diskursen ein praktisches Verständnis von dezentrierten flexibeln Subjekten angedacht. Die Gender-Forschung ließ sich von unterschiedlichen Theorien aus postmodernen, ethnomethodologischen oder diskurstheoretischen Richtungen inspirieren. So vervielfältigten sich die Ansätze der sozialen Konstruktion von Geschlecht, die wie ein Flutwelle die feministischen Diskurse durchquerten und neu bewegten.

In der Folge vermittelten sie sich zur *queer theory*. Lorber spricht von *gender rebellion feminisms*, Feminismen, die die Ordnungskategorie Geschlecht hinterfragen und destabilisieren.

> „Gender rebellion feminism' theories destabilize what many people think is normal and natural and moral, but they have only begun to develop new practices for work, family life and intimate relationships. They need to translate multiple categories into everyday living" (Lorber 1998: 131).

Diese Vogelschau über die Entwicklung der Feminismen ist überknapp und fragmentarisch. Doch zeigt sich, dass die Feminismen keineswegs statisch im Bewusstsein der Aufbruchszeit verharrten, sondern dass sie reflexive Lernbewegungen vollzogen[15]. Allerdings zeichnen sich auch Verengungen, Erstarrungen und Grenzen ab. Insgesamt aber sind die Transformationen der Feminismen und der Frauenbewegungen noch kaum erforscht.

---

15 In der öffentlichen Meinung wird dagegen häufig das gleiche Bild vom Aktions-Feminismus (und „Anti-Männerfeminismus") wie in den 1970er Jahren verbreitet. Wenn es sich damals schon überwiegend als ausgrenzendes Stereotyp erwies, so kann man heute von entleerten Zerrbildern sprechen, deren Zählebigkeit vermutlich auf Uninformiertheit, Desinteresse oder einen soliden Antifeminismus zurückgeht. Allerdings nehmen auch nachdenkliche und offene Berichte zu.

Im Folgenden soll anhand einer Skizze der Entwicklung der Frauenbewegungen und des Feminismus in Deutschland den Fragen nachgegangen werden, welche Ungleichzeitigkeiten und welche Differenzierungen sich zwischen beiden zeigen und welche neuen Chancen der Reflexivität sich ergeben. Ich nehme an, dass es um wechselseitige Lern-, Streit- und selbstreflexive Veränderungsprozesse geht. „Beide Seiten" sind von ihren unterschiedlichen Orten her daran beteiligt, doch keine kann letztlich höhere Definitionsmacht beanspruchen, so dass neben Blockierungen, Zuschreibungen und Konflikten ein dialogisches Voneinander-Lernen möglich ist.

3. Zur Entwicklung der Neuen Frauenbewegungen in Deutschland

Nach dieser knappen Sicht auf die unterschiedlichen Richtungen des Feminismus und ihre Veränderungen will ich versuchen, die Entwicklung der Neuen Frauenbewegungen in Deutschland zu skizzieren. Meine Leitfragen richten sich auf ihre Transformationen[16] und auf das Wechselverhältnis von Feminismus und Frauenbewegung. Sicher lässt sich eine grundlegende Kontinuität ihrer Anliegen – bis zu den ersten Wellen zurück – feststellen, was Ute Gerhard mit dem Ansatz der „langen Wellen" bezeichnet hat (vgl. 1996). Dennoch zeigen sich Veränderungen im Zuge ihrer Entwicklung. Dies betrifft:

- ihre Diskurse
- ihre Organisationen und Netzwerke
- ihre Trägerschaft
- die Entwicklung der neuen feministischen Öffentlichkeit und Semiöffentlichkeit

Die Diskurse und ihre Transformationen stehen im Folgenden im Mittelpunkt, um an Stelle der verbreiteten statischen Aufnahmen ein dynamisches Bild der Neuen Frauenbewegungen zu skizzieren. Die Kontinuitäten „laufen mit" und können in diesem Rahmen nicht ausführlich diskutiert werden. Als Arbeitshypothese werden folgende Phasen in der Neuen Frauenbewegung angenommen:

1. Bewusstwerdungs- und Artikulationsphase (1968 – 1975)
2. Projekte- und Konsolidierungsphase (1975 – 1980)

16 Vgl. auch Lenz 2001 zum Konzept der Transformation in der Neuen Frauenbewegung und zu einer etwas ausführlicheren Darstellung.

3. Phase der Differenzierung, Professionalisierung und institutionellen Integration (1980 – 1989)
4. Internationalisierung und Neuorientierung (seit 1989)

3.1. Zur Bewusstwerdungs- und Artikulationsphase (1968 bis 1975)

Die Neue Frauenbewegung formierte sich auch in Deutschland im Zusammenhang der großen antiautoritären StudentInnen- und Jugendbewegung nach 1965. Vor allem Zirkel sozialistischer Studentinnen starteten die ersten Diskussionen und Aktionen. Die Studentinnen, die in der Bewegung politische Erfahrungen und Selbstbewusstsein erworben hatten, erlebten zugleich, dass sie in den männlich zentrierten Politikformen marginalisiert wurden. Sie reagierten also auf widersprüchliche Erfahrungen von partieller Integration und *Empowerment* in der Bewegung und gleichzeitiger Marginalisierung und Ausschluss.

Die Frauen reflektierten einerseits ihre Erfahrungen theoretisch und verbanden dies andererseits mit den neuen internationalen feministischen Ansätzen. Ihre Diskurse kristallierten um:

1. die Forderung von Autonomie von Frauen gegenüber der sozialistischen Rhetorik der Studentenbewegung, die in der Frauenbefreiung einen „Nebenwiderspruch" sah.
2. eine feministische Weiterentwicklung sozialistischer Ansätze; zentrale Fragen waren das Verhältnis von Klasse und Geschlecht, sowie von Kapitalismus und Patriarchat. Im Gegensatz zu den etablierten Frauenorganisationen verstanden sich die neuen Frauengruppen oder „Weiberräte" als Teil einer undogmatisch sozialistischen internationalen Bewegung.
3. die Bedeutung der Subjektivität oder der Veränderung des Selbst für die Veränderung der Gesellschaft.
4. die Behauptung, dass die Unterordnung in der Sexualität, in Beziehungen und der Mutterschaft politische Bedeutung habe. Diese Diskussion wurde um 1971 in der Kampagne gegen den §218 konkretisiert. Viele Lebensberichte von Frauen in den §218-Beratungsstellen verdeutlichten das Problem auf erschreckende Weise (vgl. Schwarzer 1975). Diese neu eröffnete Perspektive auf den Zusammenhang von öffentlichen und privaten Machtverhältnissen wurde in dem Schlagwort „Das Private ist politisch" zusammengefasst. Sie leitete eine umfassende Kritik der patriarchalen Abhängigkeit und Unterdrückung ein. Weiterhin trug sie dazu bei, die Grenze zwischen „öffentlich" und „privat" anzugreifen, zu verschieben und neu zu ziehen. (vgl. Knäpper 1984).

In dem Protest gegen den §218 formierte sich 1971 eine Massenbewegung, die über die ersten feministischen Diskussionsgruppen hinausging. In großen und kleinen Städten fanden sich Frauen zu Diskussionen, Gesprächskreisen, Aktionen zusammen. Dadurch bildeten sich Kerne von Netzwerken und Gruppen heraus, die teils später Frauenzentren gründeten und/oder in Bildungseinrichtungen, in Verbänden wie Kirchen und Gewerkschaften und im regionalen Zusammenhang die neuen feministischen Ansätze bekannt machten und diskutierten. Die Trägerschichten hatten sich differenziert und ausgeweitet: Berufstätige Frauen (auch aus dem Medien- oder dem Bildungssektor), Hausfrauen, Mütter, Studentinnen trafen sich in den neuen Zentren und tauschten sich aus.

In ihren Organisationsformen orientierten sich die Feministinnen an basisdemokratischen Formen und grenzten sich zugleich von bürokratischen Massenorganisationen der Gewerkschaften und den eher etablierten Frauenverbänden ab. Den Kern der neuen Bewegung bildeten Kleingruppen, aus denen bei Aktionen, Konferenzen usw. rasch weitgefächerte personale politische Netzwerke entstanden. Kurz nach seiner „Erfindung" in den USA verbreitete sich der Ansatz der Selbsterfahrung oder Bewusstseinsbildung (*consciousness raising*)[17] international wie ein Lauffeuer – und so auch in Westdeutschland. Das Konzept war durch Erfahrungen entwickelt und weitergeführt worden: Frauen diskutierten in der Gruppe offen ihre Erfahrungen zu einem zentralen Problem wie z.B. Verhütung und Lust in der Sexualität. Sie bezogen sie dann auf die Lage von Frauen und die Geschlechterungleichheit und entwickelten so politische Auswertungen und Einschätzungen über deren Ursachen und Reproduktion. Diese Form der Bewusstseinsbildung als offener und (auch selbst-) kritischer Prozess ermöglichte eine Veränderung der eigenen Subjektivität und sie bedeutete eine grundlegende Machtbildung für einzelne „ganz normale Frauen": Indem sie sich gegenseitig ernst nahmen und anerkannten, gewannen sie auch individuell Selbstbewusstsein und organisatorische und politische Kompetenz.

Die ersten Bewegungstexte, die Übersetzungen und Rezeption aus den USA, Westeuropa und der Dritten Welt verwoben sich mit den Ergebnissen der Selbsterfahrungsgruppen. Ausgehend von ihren – rekonstruierten – Erfahrungen forderten die Frauen autonome Definitionsmacht. Indem sie diese mit den vorherrschenden Geschlechterstereotypen und Ideologien kontrastierten, konnten sie neue Forderungen und Strategien entwickeln. Dabei ging es nicht um neue geschlossene Theorieentwürfe, sondern es handelte sich eher um Suchbewegungen entlang der Linien von Autonomie,

---

17 Der englische Begriff gibt eher wieder, dass es sich nicht – wie oft unterstellt – um „subjektive Labergruppen", sondern um die kritische Rekonstruktion der sozialen Machtverhältnisse handelt, die allerdings nicht von der Theorie diktiert, sondern von der Sicht der betroffenen Individuen her erarbeitet werden sollten. Die Bewusstwerdungsgruppen diskutierten durchaus kontrovers und politisch orientiert; aufgrund des basisdemokratischen Ansatzes sind sie bis heute wichtig für Organisationsansätze „von unten". Vgl. Davis 1999; DuPlessis, Snitow 1998.

sich eher um Suchbewegungen entlang der Linien von Autonomie, Subjektivität und sinnlicher Vernunft (Knäpper 1984). Erfahrungen wurden als unmittelbarer Zugang zu einer anderen bisher unterdrückten Wirklichkeit gesehen. Die Kritik daran setzte in den späten 70er Jahren ein, als Feministinnen anfingen Foucault zu lesen; die Erfahrungsberichte wurden als Diskurse aufgefasst und reinterpretiert, in denen Wirklichkeit und Perspektiven konstruiert werden.

Für die Neue Frauenbewegung in den USA hat sich eine Klassifizierung in die Richtungen des (1) liberalen (2) sozialistischen und (3) radikalen Feminismus eingebürgert (s.o.). Für Westdeutschland passt diese gängige Unterscheidung nicht. Die Neue Frauenbewegung war zunächst von sozialistischen Ansätzen beeinflusst, die sie undogmatisch feministisch wendete. So wandte sie sich gegen machistische Gewalt in der Studentenbewegung und gegen Terrorismus. Sie nahm die radikalen Analysen der sexuellen Gewalt und der internationalen Ausbeutung, die in den 70er Jahren erarbeitet wurden, offen auf. Auf dieser Grundlage einer Mischung subjektorientierter, basisdemokratischer und gesellschaftstheoretischer Ansätze zeigte sie sich früh aufgeschlossen für neue Herausforderungen und Fragen: Lesbianismus, die Neubestimmung von Arbeit, Ökologie, die „Dritte Welt“ und feministische Friedensperspektiven. Diese Themen wurden in den folgenden Phasen heftig diskutiert und in der Praxis angegangen.

Die Verbindung von individueller partizipativer Bewusstseinsbildung und gleichheitlicher Netzwerkorganisation prägte Politikstil und Bildungsformen der Neue Frauenbewegung. Sie erwies sich als offenes und attraktives Forum der politischen Erfahrung und Bildung für mehrere Frauengenerationen. Ihr Politikstil offener, personenzentrierter und egalitärer Gruppen und Netzwerke legte die Erfahrung und Bedürfnisse der Einzelnen zugrunde und beförderte ihre Verantwortlichkeit, Kompetenz und Machtbildung; er beeinflusste die neuen sozialen Bewegungen ab Mitte der 70er Jahre grundlegend.

Da die Kleingruppen auf informellen Strukturen beruhten, waren sie allerdings gelegentlich diffus; trotz des demokratischen Anspruchs wurden Verantwortlichkeit und Aufgaben teils nicht klar zugeordnet und transparent. Ferner gab es kaum strukturelle Verfahren oder Lösungen für personale Konflikte, die sich als lähmend und zerstörerisch erwiesen. Die organisatorische Form von Kleingruppen mit ihren Netzwerken blieb in Westdeutschland auch in der Folge vorherrschend. Nach 1972 erfolgte ein Gründungsboom von Frauenzentren in Groß- und Kleinstädten, mit denen Frauen sich gemeinsame semiöffentliche Räume schufen. „Im Zentrum“ gab es Beratungen für Frauen (oft zu Abtreibung), Gruppentreffen, Austausch, Frauenzeitschriften und Flugblätter, Kaffee und Gelegenheiten zum Schwatzen und zunehmend Feste. So bildeten die Zentren neue kulturelle und politische Räume und wurden zu Keimzellen feministischer Öffentlichkeit.

Die sich formierende Neue Frauenbewegung hatte zu diesem Zeitpunkt zahlreiche Kommunikationsnetze und Treffen, entwickelte aber erst allmählich eigene überregionale Medien. Sie konnte allerdings versuchen, über neue und phantasievolle Aktionen Informationen in den Medien-Mainstream bringen.

Parallel zur Bildung der Gruppen und Gründung der Zentren vollzog sich eine weitere inhaltliche und organisatorische tief gehende Weichenstellung: Die Bewegung definierte sich mehrheitlich als homosozialer Zusammenhang von Frauen. In einigen Kreisen waren Männer beteiligt. Doch nun vertrat die Frauenbewegung einen klaren Separatismus; er wurde mit der Forderung nach Autonomie und eigenen Räumen für Frauen begründet[18] und erscheint inzwischen so naturalisiert, dass diese Veränderung kaum mehr als sozialer Prozess, der erklärungsbedürftig wäre, wahrgenommen wird.

3.2. Projekte- und Konsolidierungsphase (1975 bis 1980)

Die Frauengruppen und ihre neuen kommunikativen Netzwerke differenzierten sich nach 1975 nach Richtungen, Themen und Praxisfeldern. Während sich in den Frauenzentren zunächst viele aktive Frauen generell austauschten und gemeinsam über die neuen brennenden Fragen diskutierten, bildeten sich Gruppen zu einem bunten Spektrum neuer Themen heraus – jenseits der bereits verbreiteten Beratungsprojekte zu Sexualität, Verhütung und Abtreibung. Zentrale Kristallisationspunkte von Gruppen waren:

- Körper, Sexualität, Gesundheit
- Lesben
- neue Lebensformen und die Neubestimmung von Mutterschaft und Partnerschaften: Alleinerziehende oder mit Ausländern lebende Frauen
- Bewusstwerdung von und Kampf gegen sexuelle Gewalt
- internationale Frauensolidarität
- feministische Öffentlichkeit
- Frauenforschung und –studien

Diese Themen wirkten generierend für Diskussionen, Bewusstwerdung und neue gleichheitliche Praxisformen. Frauen entwickelten gemeinsam neue Formen von Selbstuntersuchung und eigneten sich ihren Körper an, sie

---

18 Warum die Neue Frauenbewegung mehrheitlich den Weg des Separatismus einschlug, der in der Folge kaum hinterfragbar und quasi naturalisiert wurde, wäre eine wichtige Forschungsfrage. Einige männerdominierte kommunistische Zirkel unternahmen in der Tat den Versuch, diese zu vereinahmen, während die autonome Bewegung zu Beginn der 70er Jahren ein kritisches Trommelfeuer patriarchaler und sexistischer Presseangriffe und massive politische Ausgrenzungen durchstehen musste. Dies mag den Separatismus begünstigt haben.

schrieben und spielten Theaterstücke über Lohn für Hausarbeit, sie trafen sich in feministischen Schwangerschafts- und Stillgruppen, sie veranstalteten Diskos nur für Frauen und gründeten die ersten Frauenrockbands.

In einer dynamischen Sicht wirkten die Themen auch generierend für die diskursive Entwicklung und „Entdeckung" darauf folgender neuer Fragen und Probleme. Es entfalteten sich Diskurse in einzelnen Thematisierungsketten, wobei in diesem Rahmen nur vier wesentliche Felder angesprochen werden können:

1. *Zur autonomen weiblichen Sexualität und Erotik:* Frauen hatten erlebt, dass sie als Sexualobjekte und abhängige Partnerinnen definiert worden waren und sie hatten u.a. daraus ihren Leitsatz „Das Private ist politisch" abgeleitet. Aus der Wiederentdeckung weiblicher Lust und Erotik ergab sich die Zuwendung zum eigenen Körper und seine Wiederaneignung. Die Feministinnen wollten sich nicht mehr fremdbestimmten Normen über die ideale Figur oder Brust oder die kanonisierte Form des Orgasmus fügen. Sie sammelten Erfahrungen aus ihrem Alltag; daraus ergab sich rasch ein großes Interesse und Wissen über Frauengesundheit, die als psychisches und körperliches ganzheitliches Wohlbefinden neu definiert wurde. Vorher galten weibliche Gesundheit und Sexualität als medizinisches Terrain, das die (männlichen) Frauenärzte beherrschten. „Hexengeflüster" oder „Unsere Körper, unser Leben" lauteten die Buchtitel, mit denen sich eine gemeinsame Reise zur Aneignung des eigenen Körpers und zur Einforderung von Definitionsmacht durch Frauen verband. Die Thematisierungskette spannte sich also von autonomer Sexualität zu Wissen und Selbstbestimmung über den Körper und dem Neuentwurf von gesundem Leben.
2. *Zu lesbischen Erfahrungen und zum Lesbianismus:* Die Sexualitätsdebatte hatte die damalige ausschließliche Heterosexualitätsnorm relativiert. Zwar war Lesbianismus zu Beginn der Neuen Frauenbewegung teils noch ignoriert oder tabuisiert, doch bot diese ebenso wie die gemischte Homosexuellenbewegung Räume, in denen sich Lesben begegneten und ihre Forderungen und Visionen formulieren konnten. Während Lesben nun sichtbar und offensiv gegen soziale Diskriminierung auftraten, entwickelten sie unter dem Einfluss von Impulsen aus den USA generelle Visionen für die Frauenbewegung: Lesben sahen sich als „frauenidentifizierte Frauen", die ihre Energien voll für Frauen und die Frauenbewegung einbringen könnten. Wichtig war auch die Vorstellung eines „lesbischen Kontinuums", nach dem Frauen sich – in unterschiedlicher Intensität – Frauen zuwenden und sie lieben können; sie ermöglichte es, Brücken zwischen lesbischen und heterosexuellen Frauen zu bauen. Die Thematisierungskette verlief von den lesbischen Erfahrungen zu Neubestimmungen der Frauenbewegung und Kritik an Heterosexualität als Norm und Zwang.

3. *Zur Erneuerung des Arbeitsbegriffs:* Da unter Arbeit bisher nur Lohnarbeit verstanden wurde, blieb die überwiegend weibliche Reproduktionsarbeit zur menschlichen Versorgung ausgeblendet. In Weiterführung der Ansätze aus den USA, Europa und Lateinamerika begannen Frauen die gesellschaftliche Anerkennung von Versorgungsarbeit und „Lohn für Hausarbeit" zu fordern. Mütterzentren und die Hausfrauengewerkschaft knüpften an dieser materiellen Fundierung der Reproduktionsarbeit an. Aber auch die ersten Ansätze zur Prostituiertenorganisation bezogen sich auf die Hausarbeitsdebatte und definierten *sex work* als – bezahlte – Reproduktionsarbeit zu weitgehend ungeschützten Bedingungen. Die Thematisierungsketten gingen von einem Arbeitsbegriff aus, der realitätsgerecht um die Reproduktionsarbeit erweitert wurde: Eine Richtung führte von der Hausarbeit zur materiellen Anerkennung von Erziehungs- und Versorgungsarbeit. Das 1986 eingeführte Erziehungsgeld, die Anrechnung von Kinderversorgung in der Rente und die Pflegeversicherung bedeuteten ein elementares Entgelt für Versorgungsarbeit auf unterstem Niveau. Eine weitere Kette beeinflusste die Organisation von Prostituierten und die Diskussion um den internationalen Frauenhandel, die in Abgrenzung von der bisherigen Doppelmoral versuchte, einen feministisch-realistischen Zugang zu *sex work* zu entwickeln.
4. *Zur sexuellen Gewalt:* Die Vergewaltigung und Misshandlung von Frauen war bis zu den 70er Jahren ein Tabuthema; die Opfer schwiegen meist aus Scham über das Erlebte. Die Neue Frauenbewegung wurde durch Selbsterfahrungsgruppen und Berichte von Betroffenen mit dem Ausmaß und der Tiefe der sexuellen Gewalt konfrontiert. Sie wurde nicht mehr als privates Problem einzelner Frauen, sondern als strukturelle Unterdrückung im Patriarchat interpretiert. Sexuelle Gewalt läuft demnach auf verschiedene politische Mechanismen hinaus, männliche Herrschaft zu sichern und zu stabilisieren, z.B. indem Frauen aus Angst vor Vergewaltigung die Öffentlichkeit meiden. Die Thematisierungsketten multiplizierten sich geradezu, als die vielfältigen und erschreckenden Gewaltformen allmählich sichtbar und benennbar wurden: das Schlagen von Frauen in Beziehungen, Vergewaltigungen, sexuelle Belästigung, Pornographie, Prostitution und der erschütternde sexuelle Missbrauch von Kindern.

In diesen vier wesentlichen Themenfeldern wurden zwar fortlaufend neue Fragen aufgeworfen und „entdeckt"; aber bis Mitte oder Ende der 70er Jahre bildete sich in Deutschland rasch eine lang wirkende konzeptionelle Grundstruktur feministischer Sichtweisen, Diskurse und Kontroversen heraus: Das Geschlechterverhältnis in der Moderne sei durch ungleiche Arbeitsteilung und Gewalt gekennzeichnet. Durch die Ideologie der Privatheit und der natürlichen Geschlechterrollen sei die Geschlechterherrschaft in Lebenswelt,

Medien und Wissenschaft legitimiert worden. Die Frauenunterdrückung sei also ein grundlegender Widerspruch moderner Gesellschaften; sie müsse allerdings mit *anderen Spaltungen nach Klasse und Ethnie und mit der Ausbeutung der Natur* vermittelt werden.

Diese radikale Kritik hinterfragte allerdings die Zweigeschlechtlichkeit der Verhältnisse kaum: Eher wurde sie durch die Forderung nach Autonomie der Frauen und dualistische Patriarchatsthesen argumentativ reproduziert, da alle Männer als Nutznießer der Frauenunterdrückung und potenziell alle Frauen als Opfer patriarchaler Verhältnisse betrachtet wurden.

Die konzeptionelle Grundstruktur der feministischen Diskurse entfaltete sich vor dem internationalen Horizont der Frauenbewegung: Im ersten Tribunal gegen Gewalt gegen Frauen in Brüssel 1986 hatten sich Netzwerke in Europa und in den USA gebildet (Dackweiler 2000; Schäfer 2000). Die Dekaden der Frau bildeten ab 1975 mit der ersten UN-Weltfrauenkonferenz in Mexiko einen institutionellen Rahmen für die Globalisierung der Frauenbewegung.

Besonders wichtig ist die Herausdifferenzierung der Anfänge der Neuen Frauenforschung und einer feministischen Öffentlichkeit. Denn damit etablierten sich Möglichkeiten der Kommunikation über die Frauenbewegung sowie ihrer wissenschaftlichen Begleitung und Beobachtung: Sie eröffnen Chancen der Selbstreflexivität und Veränderung. Studentinnen und Mitarbeiterinnen brachten Frauenforschung und -studien in die Universität ein. Die Sommeruniversität für Frauen, die von 1976 an von wechselnden Gruppen in Berlin organisiert wurde, bildete ein Forum für theoretische, auch internationale Impulse und Kontroversen und Praxisreflektionen. Nachwuchswissenschaftlerinnen und Aktivistinnen stellten den Kern der Frauenstudienbewegung, die sich in den Achtzigern erfolgreich für die Institutionalisierung von Frauenforschung einsetzte.

Frauenforschung verortete sich zwischen Frauenbewegung und Wissenschaft. Sie kritisierte das *gender bias* (geschlechtliche Vorurteile), die Tendenzen zur Abgehobenheit und zur hierarchischen Abschottung der etablierten Wissenschaft, die eine Hälfte der Menschheit ausgegrenzt und zum Objekt gemacht hatte. Ebenso wollte sie die wissenschaftlichen Erkenntnischancen und die Methoden kritisch weiterentwickeln. Ihre Affinität zur Frauenbewegung zeigte sich zunächst in ihren Forschungsthemen: Sie erschloss neue Forschungsfelder und nahm die Impulse aus den feministischen Debatten auf: Beispiele sind hier die Forschungen zu Geschlecht und Arbeit, zur geschlechtsspezifischen Sozialisation in Familien, Schulen und Hochschulen, zu sexueller Gewalt und Interventionsstrategien und zu Frauen in der Entwicklung. Das heißt, die Thematisierungen und neuen Antworten der Neuen Frauenbewegung wurden tendenziell zu Forschungs*fragen*. Ferner hatten die Frauenforscherinnen selbst Ausgrenzungen und Abwertungen als Frau an der Hochschule und in ihrem persönlichen Leben erfahren. Maria

Mies sprach deswegen von einer Teilidentifikation der Forscherinnen mit den untersuchten Frauen, da sie deren Erfahrungen aufgrund der eigenen Betroffenheit tendenziell besser verstehen könnten (vgl. 1983). In der Folge wurden auch die Unterschiede und Distanzen zwischen den Befragten und den ForscherInnen allerdings rasch deutlich. Weiterhin legte die Frauenforschung großen Wert auf Praxiskontakte z.B. zu Projekten oder später zu Frauenbeauftragten. Frauenforschung sah sich als Teil der Demokratisierung der Hochschulen.

In ihrer Konsolidierungsphase brachte die Neue Frauenbewegung nun eigene Medien zur Schaffung von Kommunikation und Öffentlichkeit hervor. Besondere Bedeutung kam den beiden überregionalen Zeitschriften *Emma* und *Courage* zu. Sie waren Flaggschiffe feministischer Kommunikation und Öffentlichkeit zwischen diesen Kleingruppen, Netzwerken und Projekten und starteten selbst Diskussionen bzw. intervenierten darin. Durch diese Medien-Projekte hatte die Neue Frauenbewegung verschiedene Foren zur Information und zur Selbstverständigung geschaffen. Diese Diskussionsräume boten die Möglichkeit einer autonomen kritischen Auseinandersetzung und Selbstbeobachtung; damit verband sich aber auch die Gefahr sich tendenziell abzuschotten und die neue Gegenwart der Frauenbewegung normativ in die Zukunft fortzuschreiben.

Die Trägerschichten der Neuen Frauenbewegung hatten sich ausgeweitet: Sie war weiterhin vor allem eine Jugendbewegung; knapp 60% waren unter 25 Jahren und ca. 95% unter 30 Jahren[19]. Doch zog sie auch Berufsfrauen (ca. 43%), Hausfrauen (ca. 20%) und Mütter, neue und alte Lesben, wie auch einige MigrantInnen an.

Weiter bildete sich eine Reihe von Frauenprojekten zunächst in den Bereichen Gesundheit/Körper/Sexualität, Gewalt gegen Frauen, Frauenkultur und Bildung heraus. Sie waren spezialisierte, aber flexible und in der Frauenöffentlichkeit verankerte Organisationen, die einzelne Fragen bearbeiteten. Ihre Trägerinnen verfolgten frauenpolitische Ziele; sie mussten mit der Entwicklung der Projekte häufig auch die feministische Ansätze erfinden und entwickeln, die Gleichheit und Machtbildung zwischen den Frauen ermöglichen sollten (vgl. Becker, Doderer, Kortendiek in diesem Bd.). So weigerten sich die ersten Frauenhäuser, die betroffenen Frauen nach den geltenden bürokratischen Richtlinien als Sozialhilfefälle einzustufen (wobei die Betroffenen und nicht ihre gewalttätigen Ehemänner als Problemfall erscheinen); sie schufen statt dessen in *learning by doing* Selbsthilfeansätze, die auf deren Partizipation – z.B. in der Hausversammlung und der alltäglichen Hausorganisation – aufbauten. Solche Ansätze befruchteten und durchzogen die folgenden Selbsthilfebewegungen in Gesundheit und Sozialpolitik.

---

19 Die Angaben beruhen auf einer Leserinnenumfrage der Zeitschrift Courage mit einem Sample von 663 Frauen 1978 (vgl. Courage 1978, Heft 11: 31); es handelt sich also nur um Trendaussagen.

Damals waren sie sehr radikal und mussten mit hohem Risiko durchgesetzt werden, während sie heute gerade durch ihre erfolgreiche Verbreitung und Kopie so routinisiert wurden, dass sie erneut hinterfragt werden[20].

Zu Beginn der 80er Jahre hatte sich die Neue Frauenbewegung differenziert, ihre Projekte hatten sich konsolidiert und sie hatte stabile Netzwerke und einen neuen gleichheitlichen und kreativen Politikstil entfaltet, der das *empowerment* von Frauen in allen Lebensbereichen stärkte. Vor allem die Verfestigung und Kristallisierung der Diskurse in einer „Grundstruktur", die veränderten Organisationsformen (Projekte) und die eigenen Medien rechtfertigen m.E. von einer neuen Phase der Neuen Frauenbewegung zu sprechen

Während sie sich anfangs als Protestbewegung formierte, entwickelten sich ab Mitte der 70er Wechselwirkungen mit der institutionalisierten Frauenpolitik. Die Trennlinie zu den etablierten Frauenverbänden und den Frauenabteilungen der Gewerkschaften oder Kirchen lockerte sich allmählich, so dass es zu persönlichen Kontakten und Meinungsaustausch kam. Weiter beeinflusste sie einige grundlegende Gesetzesreformen mit, wenn auch das Ausmaß nicht genau abzusehen ist. Zwar blieben die Revisionen des §218 um 1974 und 1976 bei einem lauen Kompromiss, einer relativ freizügigen Indikationslösung, stehen. Die sozialliberale Koalition führte 1977 die Reform des Familien und Scheidungsrechts durch; sie setzte das Zerrüttungsprinzip und eine Unterhaltsregelung durch, nach der die Versorgungsarbeit – meist der Ehefrau – für Partner und Kinder materiell anerkannt wurde. Die institutionelle Integration, die von Kritikerinnen als Weg in den „Staatsfeminismus" angegriffen wurde und in der nächsten Phase deutlich zu Tage trat, zeichnete sich bereits ab.

3.3. Phase der Differenzierung, Professionalisierung und institutionellen Integration (1980 bis 1989)

Nach 1980 verstärkten sich die Tendenzen zur Professionalisierung und Integration der Neuen Frauenbewegung in politische und gesellschaftliche Verbände. Paradoxerweise wenden sich die feministischen Diskurse zu diesem Zeitpunkt verstärkt der These der Geschlechterdifferenz zu. Die feministische Debatten hatten in den Siebzigern auf die Struktur und der Ideologiekritik der Geschlechterungleichheit fokussiert. Demgegenüber gewannen nun die Fragen nach einer gemeinsamen weiblichen Subjektivität und Identität, die der Frauenbewegung theoretisch zugrunde gelegt werden könne, an Brisanz. Während so die Fragen von Subjektivität im weiblichen Lebenszusammenhang ausgearbeitet und vertieft wurden, wurden sie in einer Reihe

20 Vgl. Brückner 2000 zur Professionalisierung und selbstreflexiven Weiterentwicklung der Frauenprojekte.

von Untersuchungen eher differenztheoretisch beantwortet. Die unterschiedliche Identität von Frauen und Männern ergebe sich aus sozialen Ursachen, d.h. einer geschlechtsspezifischen Sozialisation, in der Söhne und Töchter sich unterschiedlich mit der Macht der Mütter auseinander setzten, während die Väter weiterhin durch Abwesenheit glänzten. Die Emanzipation besteht in diesem Verständnis in der Anerkennung und Gleichwertigkeit, nicht der Minimierung der Differenz. Die Kontroversen um Differenz, Gleichheit oder Dekonstruktion von Geschlecht durchzogen die folgenden Phasen und sind bis heute nicht gelöst.

Die Frauenforschung setzte sich intensiv mit den Differenzansätzen auseinander. Das Hinterfragen der Koedukation, die Förderung von Frauen durch eigene Netzwerke und Räume etwa nimmt die radikale Kritik an der Anpassung und Assimilation der Frauen an die männlichen Normen und Bedürfnisse auf. Andere Richtungen sahen gerade in der postulierten Weiblichkeit, dem Erbe der Mütter, einen Zwang zur Anpassung an die geschlechtlichen Normen. Weiblichkeit transportiert so die „Identitätslogik" (Knapp), vor der die widerspenstigen alltäglichen Denk- und Handlungsweisen unsichtbar werden und die zur Zwangsnorm wird. Damit wurde die folgende reflexive Kritik an der „Zweigeschlechtlichkeit" vorbereitet.

Die Gewaltdebatte wurde durch die Sichtbarmachung und Skandalierung des sexuellen Missbrauchs dramatisiert. Die erschreckenden Erfahrungsberichte und Schätzungen zeigten den langzeitbiographischen Charakter von sexueller Gewalt und ihre Tiefenstrukturen auf. Die Familie wurde nun auch im öffentlichen Bewusstsein und in den Medien vom intimen Hort zum Risikobereich für Frauen und Mädchen. Doch zeigten sich Gefahren der Skandalierungsstrategie: Eine unbeabsichtigte Folge war eine weitgehend stereotype Vermarktung des Problems in den Medien. Weiterhin ergaben sich durch die pauschale mediale und institutionelle Bearbeitung der Fragen neue Probleme: Wie sind Strategien zu finden, bei denen nicht die Interessen der Opfer gegen „den Erhalt der Familie" ausgespielt werden? Wie ist ein Generalverdacht zu vermeiden, der bei einigen Väter zu tragischen Schicksalen führte und wenig zur Lösung beiträgt? Deshalb wurden nun Interventions- und Präventionsansätze (unter Einbezug von Jungen als Opfern) heftig diskutiert. Insgesamt erhielt die Gewaltdebatte eine zentrale Stellung, während die Frage nach autonomer Sexualität und Eros zurücktrat.

Parallel dazu bildeten sich Frauengruppen, die gesellschaftliche Zukunftsthemen unter feministischer Perspektive neu bestimmten und dazu aktiv wurden: Im Zusammenhang mit der Ökologiefrage und der atomaren Aufrüstung wurde um 1980 die patriarchale herrschende Rationalität und Naturwissenschaft kritisiert und als Alternative eine sinnlichen Rationalität der Subsistenz entworfen. Zugleich entwickelten sich internationale und innerdeutsche Netzwerke: Im Gegensatz zu den Gipfeltreffen der Politiker führten Frauen für den Frieden in der BRD und der DDR ihre „Taltreffen" durch, wobei sie den Systemgegensatz sowie die Absperrung und die politische Überwachung in der DDR von unten unterliefen. Sie bauten Kontakte mit den USA, Osteuropa und der Dritten Welt auf. Die Auseinandersetzung mit der Gen- und Reproduktionstechnik und den Informationstechnologien kritisierte die Instrumentalisierung von Frauen und ihrer Körper sowie der Natur.

Die Grundstruktur der Bewegungsdiskurse wurde in drei Punkten selbstkritisch hinterfragt. Der Mythos, dass alle Frauen gemeinsam und gleichermaßen von einem einheitlichen Patriarchat unterdrückt würden, wurde durch die Kritik der MigrantInnen, schwarzen Deutschen und der Lesben aufgebrochen. Die hierarchischen Differenzen, die sich zwischen Frauen aus ihrer Klasse, „Rasse", der kulturellen Herkunft und sexuellen Orientierung ergeben, kamen auf die theoretische und praktische Tagesordnung. Ebenso wurde das Bild der Frau als „Opfer des Patriarchats" angegriffen und nach der Mittäterinnenschaft von Frauen z.B. in Bezug auf die Abwertung anderer Frauen oder Rassismus gefragt (vgl. Thürmer-Rohr 1990). Schließlich begann die Diskussion um die „Männerbilder" in der Bewegung und in der Frauenforschung, in der neue reaktive Stereotypen kritisiert wurden. Damit begannen Wissenschaftlerinnen sich sensibel mit Männern und Männlichkeit zu beschäftigten und die implizite Geschlechtergrenze in der Frauenforschung zu überschreiten. Die Weiterführung zur Genderforschung stand am Horizont.

Auch die Trägerinnen differenzierten sich weiter: Einzelne Gruppen entwickelten – wie zuvor schon die Lesben – eigene Netzwerke und Strömungen in der und um die Neue Frauenbewegung. In der DDR stellte die Lesbenbewegung eine der ersten Kerngruppen der Neuen Frauenbewegung dar. Die MigrantInnenbewegung z.B. formulierte ihre Forderungen und Kritik am deutsch-zentrierten Feminismus, Mütter fanden sich in Mütterzentren zusammen; feministische Lehrerinnen, Journalistinnen, Stadtplanerinnen, Juristinnen oder die Lesben in der Kirche gründeten eigene Netzwerke, die z.T. auch regelmäßige Foren oder Rundbriefe und Zeitschriften einrichteten.

Mit der Konsolidierung der Projekte stellte sich eine gewisse Professionalisierung ein, die das frauenpolitische Engagement nicht ablöste, sondern umformte und spezifizierte (vgl. Brückner 2000). Es war nunmehr nicht nur wichtig, die Betroffenen im Frauenhaus solidarisch zu unterstützen oder ein Kulturzentrum mit einem spannenden Programm zu gestalten, sondern auch die Aufgaben professionell anzugehen und zu lösen sowie gegebenenfalls Weiterbildung oder auch Supervision einzubeziehen.

Dazu kamen die unterschiedlichen institutionellen Flügel der Neuen Frauenbewegung. Solche Flügel sind zunächst die Frauenabteilungen und Frauennetzwerke in sozialen Verbände wie den Gewerkschaften, Kirchen und Wohlfahrtseinrichtungen. Ab Ende der 70er Jahre hatten sie sich für

Ansätze aus der Frauenbewegung geöffnet und sie in ihre Organisationen eingebracht. Was mit Bildungsarbeit und Gesprächskreisen begann, zeigte eine generierende Dynamik, so dass rasch Themen wie die Gleichstellung in den Gewerkschaften oder Kirchen, die Quotierung, die Neubestimmung der inhaltlichen Ausrichtung wie z.B. frauen- und familienfreundliche Arbeitsbedingungen auf die Tagesordnung kamen. Der Preis der Integration lag darin, dass die Frauenanliegen nun für die Organisationen mit ihrer überwiegend männlichen Führer- und Trägerschaft „übersetzt" und z.T. angepasst werden mussten. Doch konnten sich viele Frauennetzwerke von der Protest- zur Interventionskultur wandeln (vgl. Müller 1997).

Die Parteien öffneten sich ebenfalls mehrheitlich für Frauenpolitik. Die grüne Partei spielte eine Vorreiterrolle, da Feminismus einen ihrer inhaltlichen Stützpfeiler darstellte und sie ein Bündnis mit autonomen Frauen eingingen. Eine klare Quotierung, das „Feminat" eines rein weiblichen Parteivorstandes und wegweisende frauenpolitische Beschlüsse z.B. in Bezug auf berufliche Gleichheit setzten zu Beginn der 80er Jahre Maßstäbe für die anderen Parteien. Die SPD beschloss 1988 eine Quotierung in Höhe von 30% für jedes Geschlecht. Ferner machte sie sich in den Bundesländern und Kommunen für Gleichstellung und für Frauenforschung stark.

Die CDU hielt sich zwar mit der innerparteilichen Gleichstellung der Frauen zurück. Doch wurde Rita Süßmuth erste Frauenministerin in der Bundesrepublik und setzte 1986 einen maximal dreijährigen Erziehungsurlaub durch. Er beinhaltete eine Rückkehrgarantie in den Betrieb und ein Erziehungsgeld, das als Anerkennung für Kinderversorgung formal geschlechtsneutral an den betreuenden Elterteil gezahlt werden sollte, in der Realität aber zu 95-98% von Müttern beantragt wurde. Auch die konservative Frauenpolitik hatte sich unter dem Einfluss der Frauenbewegung modernisiert und pluralisiert.

Schließlich gelang auch die institutionelle Verankerung von Frauenforschung in den Kultur- und Sozialwissenschaften. Während 1980 noch keine Professur dafür eingerichtet war, lehrten 1993 ca. 70 Professorinnen zu Frauenstudien und bauten interdisziplinär oder in ihren Fächern Netzwerke auf (Lenz 1994: 38). Die Frauenforschung setzte sich grundlegend mit dem *Gender bias* der Wissenschaften auseinander und nahm intensiv an der Entwicklung von neuen Theorieansätzen und Methoden teil. In den Naturwissenschaften waren die Barrieren erheblich höher (vgl. Metz-Göckel u.a. 2000).

Die wesentliche Veränderungen dieser Phase sind die Differenzierung der Trägerschaft, die Professionalisierung der Organisationsformen und die institutionelle Integration. Die konzeptionelle Grundstruktur wird in Westdeutschland eher in Richtung der Geschlechterdifferenz verschoben, aber nicht aufgebrochen. Schließlich bedeutet die Etablierung der Frauenforschung, dass nun auch feministische Wissenschaftskritik und die Suche nach Definitionsmacht die Neuen Frauenbewegungen begleitet und ein Potenzial für Reflexion und Innovation bietet.

3.4. Internationalisierung und Neuorientierung (ab 1989)

Die deutsche Vereinigung nach dem Fall des autoritären Kommadosozialismus einerseits und die zunehmende Globalisierung andererseits haben die Differenzierung und Internationalisierung der Neuen Frauenbewegung weiter vorangetrieben. Die paternalistische Emanzipation in der DDR brachte einen Modernisierungsvorsprung in der Geschlechterfrage in die politische Kultur der neuen Bundesrepublik ein, der sich langfristig auswirken wird. Die Frauen im Osten erwarten eine befriedigende und lebenslange Berufslaufbahn für Frauen und hinreichende öffentliche Kinderversorgung; häufig arbeiten sie mit Männern zusammen. Der UFV (Unabhängige Frauenverband) nahm diese Lernprozesse und die Stärke der Frauen in Ost und West auf und wurde 1989 als organisierter Verband aktiv.

Ein überparteiliches Bündnis von PolitikerInnen und Aktivistinnen engagierte sich in der Verfassungsdebatte zur deutschen Vereinigung; es gelang ihnen, in Paragraph 2 im Grundgesetz die Gleichstellung als staatliche Aufgabe zu verankern. Damit sind Gleichstellung und Quotierung im öffentlichen Dienst, sowie die Aktivitäten von Frauenbeauftragten rechtlich abgestützt. Die Vereinigung erforderte auch eine Neuregelung des Abtreibungsrecht, da in der DDR die Fristenlösung galt. So beschloss die konservativ-liberale Regierung Kohl 1992 eine faktische Fristenlösung mit Straffreiheit bei Abtreibung, die allerdings als Straftat definiert wurde. Aus dem gleichen Motiv der Geburtenpolitik (und nicht primär zur Förderung beruflicher Emanzipation) wurde eine allgemeine Garantie für Kinderbetreuung für Kinder von drei bis sechs Jahren eingeführt[21].

Weitere rechtliche Reformen sind das Antidiskriminierungsgesetz von 1993, das sexuelle Belästigung am Arbeitsplatz verbietet. Die rechtliche Reformdynamik, mit der Forderungen der Frauenbewegung umgesetzt werden, kam unter der konservativ-liberalen Regierung von Helmut Kohl zeitweilig zum Erliegen, hat aber unter der rot-grünen Koalition nach 1998 erneut eingesetzt.

Allerdings ist die Bedeutung von übernationalen Regulierungen insbesondere durch die UN und die EU sehr angestiegen (vgl. Schmidt 2000). Die IV. Weltfrauenkonferenz 1995 in Peking verabschiedete eine Aktionsplattform mit weit reichenden zukunftsorientierten Maßnahmen in zwölf zentralen Bereichen (u.a. Bildung, Arbeit, sexuelle Gewalt, Mädchen, Armutsbekämpfung, Ökologie, politische Partizipation (vgl. Wichterich 2000).

21 Allerdings sind die Betreuungszeiten vor allem in Westdeutschland unzureichend und die öffentliche Betreuung von Kindern bis 3 Jahre und Schulkindern kaum entwickelt.

Machtbildung für Frauen und *Mainstreaming* wurden als Leitprinzipien der Gleichstellung beschlossen. *Mainstreaming* bedeutet die gleichheitliche Beteiligung an Ressourcen und Entscheidungspositionen; weiter sollen alle staatlichen und öffentlichen Programme und Maßnahmen daraufhin überprüft werden, ob sie geschlechtergerecht sind. Da dies Prinzip in die Amsterdamer Verträge 1997 übernommen wurde, ist es für die EU verbindlich und wird bereits auch in deutsches Recht übernommen (vgl. z.B. das Landesgleichstellungsgesetz Nordrhein-Westfalen 1999; vgl. auch Schmidt 2000).

Die internationale politische Neuorientierung der Neuen Frauenbewegung bedeutet meines Erachtens eine Veränderung zur vorigen Phase: Frauenbewegungen und Frauenpolitik orientieren sich nicht mehr allein im Rahmen des Nationalstaats; vielmehr sind die Frauennetzwerke Pionierinnen von *Glokalisierung* (Altvater, Mahnkopf nach Lenz 2000b; vgl. Lenz, Mae 2000): Sie nehmen internationale Impulse auf, vermitteln sie zu nationalstaatlichen Bedingungen und werden vor Ort, in den Regionen, Betrieben, Bildungseinrichtungen, Gruppen aktiv.

Die Frauenforschung konzentrierte sich nun auf das Geschlecht als Leitfrage, so dass sich eine – heftig debattierte – Tendenz zur Geschlechterforschung abzeichnet. Sie brachte fundamentale Veränderungen und Innovationen in die Grundstruktur der feministischen Diskurse ein, die sich in den Siebzigern rel. herausgebildet hatte. Die These der sozialen Konstruktion von Geschlecht und die Kritik der Zweigeschlechtlichkeit (s.o.) erfasste die feministischen Debatten wie ein Wirbelsturm. Die Gleichsetzung von vergeschlechtlichtem Körper, Charakter und Lebensentwürfen brach auf. Geschlecht wird tendenziell von einer dualen Naturgegebenheit zu einer letztlich wandelbaren und gestaltbaren Pluralität. Nicht mehr Anerkennung von Verschiedenheit, sondern *gender-free*, die Aufhebung des Geschlechtes als kollektive Zwangszuschreibung wird an den Horizont geschrieben. Die Konsequenzen und die Bedeutung dieser Entwicklung für die Praxis sind noch nicht ermessbar.

So hat die Frauen- und Geschlechterforschung eine Transformation in den Neuen Frauenbewegungen mitbewirkt. Die Voraussetzung dafür war eben ihre funktionale Differenzierung und Integration in die Wissenschaft, aufgrund derer sie neue Zugänge wie die Diskursanalysen und ihre Machtkritik, die Ethnomethodologie aufnehmen und weiterführen konnte. Sie hat ihre grundliegenden Ziele, wissenschaftlich zu Gleichheit und Freiheit (u.a. von Abhängigkeit und Gewalt) beizutragen, in diesem Prozess nicht aufgegeben, sondern neu formuliert.

Umgekehrt formulierten Frauenbewegungen wie die Migrantinnenbewegung auch neue Herausforderungen an den Feminismus und die Frauenforschung. Die Antirassismusdebatte und die Forschung über MigrantInnen schuf ein Bewusstsein über Ausgrenzung und Dominanzkultur im Feminismus in Deutschland. Die Selbstorganisation von Migranmus in Deutschland. Die Selbstorganisation von Migrantinnen wurde sichtbar (vgl. Schwenken 2000).

In der Geschlechterforschung erlebten die Debatten um Klasse, „Rasse“ und Geschlecht eine Renaissance; sie trugen zur Wahrnehmung der komplexen Ungleichheiten und Differenzen im Geschlechterverhältnis bei. Die Neuen Frauenbewegungen werden als plurale Bündnisse von Frauen aus unterschiedlichen sozialen Positionierungen wahrgenommen und die interne Demokratie und Kommunikation wird allmählich diskutiert (vgl. Holland-Cunz 1999). Der Ruf nach Geschlechterdemokratie und die Kritik an Identitätspolitik u.a. in der Lesbenforschung (vgl. Hark 1996) leitete eine neue Suche nach Bündnissen und neuen demokratietheoretischen Fundierungen ein, die auch andere unterdrückte Gruppen einbeziehen wie z.B. umfassende BürgerInnenrechte (*citizenship*).

Eine weitere Form der Kooperation zwischen Frauenbewegung und Geschlechterforschung lässt sich am Beispiel der Debatten um die neuen Steuerungsmechanismen in Organisationen aufzeigen: Frauenbeauftragte und SozialwissenschaftlerInnen beobachten jeweils von ihrer Position und Kompetenz her die Entwicklungen und tauschen sich darüber aus. Der rasche politische und organisatorische Wandel begünstigt diesen Austausch, in dem die Praxisnähe der Sozialwissenschaft ebenso gefragt ist wie wissenschaftliche Konzepte für die praktische Gleichstellung. Denn in der Globalisierungsdebatte erodierten die Grundpfeiler des vorigen westdeutschen Wohlfahrtsstaats, auf den sich die Neue Frauenbewegung der 70er und 80er Jahre bezogen hatte (vgl. Lenz 2000b). Neue Steuerungsmodelle und der „aktivierende Staat“ setzen weniger auf zentrale rechtliche oder bürokratische Vorgaben, als vielmehr auf Anreize und Sanktionen, die dezentral wirken sollen. Damit wird auch Gleichstellung flexibilisiert und tendenziell zur permanenten Verhandlungssache. Die Geschlechterforschung und die Gleichstellungsbeauftragten entwickelten Konzepte, um in diesen Wandel zu intervenieren und Geschlechtergleichheit zu integrieren. Geschlechtergerechte neue Anreizsysteme, E-Quality oder Diversity-Management sind Konzepte, um dieser Modernisierung und Flexibilisierung von Organisationen nachzukommen; sie versuchen, Gleichstellung in das Selbstverständnis von modernen Unternehmen und in ihre selbstverständliche Routine zu einzubringen und zu verankern. Diese Strategien bewegen sich in einer Gratwanderung zwischen institutioneller Anpassung und der Einleitung von grundlegendem institutionellem und organisationalem demokratischem Wandel.

Der Ansatz der Geschlechterdemokratie[22] will ein feministisches Zukunftskonzept entwerfen, das Frauen und Männer anspricht und mobilisieren kann. Es verbindet Gleichstellung mit einer generellen gesellschaftli-

---

22 Der Ansatz wurde um das Feministische Institut der Heinrich-Böll-Stiftung entwickelt; er erscheint als „*work in progress*“, so dass sich weitere Fragen stellen.

chen Demokratisierung und gibt Ansatzpunkte für Bündnisse zwischen Frauen und Männer, die für Gleichheit eintreten.

Die Trägerinnen der Neuen Frauenbewegung haben berufliche und institutionelle Positionen erworben und sie sind in die Jahre gekommen. Leider fehlen Untersuchungen über ihre Schicht, kulturelle Herkunft oder ihr Alter. Dass Feministinnen mittlere und einige Entscheidungspositionen in wichtigen Institutionen errungen haben – also gerade ihr Erfolg – lässt die „Frauenfrage“ aber auch als selbstverständlich erscheinen und sie wird weniger mit kritischem Potenzial und eigenständigen Aufbrüchen verbunden. Jüngere Frauen betonen die Notwendigkeit, unter veränderten Rahmenbedingungen Feminismus und Frauenbewegung für sich neu zu definieren. So richtet sich die Zukunftshoffnung auf Erneuerung auch auf die „widerspenstigen Töchter“ (Weingarten, Wellershof 1999) oder jungen KollegInnen.

Die institutionelle Integration bedeutet auch, dass Frauenbewegung weniger auf der Straße stattfindet als in zahlreichen dezentralen Veranstaltungen, Verhandlungen und Veränderungen in kleinen oder großen Schritten. Das Fehlen einer übergreifenden feministischen Öffentlichkeit, in der Kontroversen ausgetragen und Strategien entwickelt werden könnten, erweist sich als großes Defizit. Kurz gesagt: Es geschieht sehr viel, aber niemand weiß das noch. Dennoch hat sich die Frauenbewegung nicht angesichts der veränderten gesellschaftlichen Verhältnisse und ihren eigenen Erfolge zu Ruhe gelegt, sondern sie verändert sich weiter und wirkt transformativ.

4. Zum Schluss

Feminismus, Neue Frauenbewegungen und Frauenforschung haben sich voneinander differenziert; teils haben sie sich auch im Zuge von Akademisierung einerseits, Professionalisierung andererseits auseinanderbewegt. So haben sie teils den Kontakt verloren oder sich jeweils ihrerseits an ihr institutionelles Umfeld – die Wissenschaft, die Behörde oder die Betriebe – angepasst. Verlust von Kommunikation und Phantasie, Anpassung und Langeweile werden darauf zurückgeführt. Aber die Utopie einer lustvollen „Einheitsphase“ wie zu Beginn in den 70er Jahren übersieht sowohl die veränderten sozialen und politischen Kontexte als auch die möglichen Chance dieser Differenzierung: Sie kann es ermöglichen, sich wechselseitige Impulse zu geben – im Sinne eines Wechselspiels von Distanzierung und neuer Bezugnahme. Solche Prozesse wurden oben skizziert: So hat die Frauenforschung in Deutschland ab den 80er Jahren auf die antirassistische oder multikulturalurelle Kritik der MigrantInnenbewegungen geantwortet. Umgekehrt haben die Ansätze zur sozialen Konstruktion des Geschlechts aus der Frauenforschung auch die Frauenbewegungen grundlegend herausgefordert.

Ein systematischer Dialog und Praxis-Theorie-Praxis-Austausch hat sich zu Fragen wie Organisationsreform oder *gender mainstreaming* hergestellt.

Der veränderte gesellschaftliche und politische Kontext soll hier nur unter dem Aspekt der Veralltäglichung von Feminismus angesprochen werden. Seine wesentlichen Themen und Aussagen sind veralltäglicht und diffus geworden. Ein alltägliches feministisches Bewusstsein ist kennzeichnend für die Mehrheit der jungen Frauen: Nach neueren Umfragen reagieren junge Frauen überwiegend positiv auf den Begriff Feminismus (52%) oder Emanzipation (70%). Sie finden den Einsatz für Fraueninteressen weiterhin wichtig[23]. Die Frauenbewegung wird zunehmend wie eine Interessengruppe unter anderen aufgenommen z.B. wie Verbrauchergruppen, Wohlfahrtsverbände usw. Der grundlegende Charakter geschlechtlicher Ungleichheit und Gewalt wird – zwar oft in banalisierter Form – in Medien und Politik angesprochen, ohne dass dies zu fundamentalen Folgerungen führen würde. Dies bedeutet nicht, dass die Neuen Frauenbewegungen sich „zu Tode gesiegt" hätten. Vielmehr kann man ihre Veralltäglichung und Diffusion als Erfolg betrachten und auch die zahlreichen Strategien zur Stillstellung, Ausgrenzung und Abwehr sind als Reaktion auf ihr Veränderungspotenzial zu sehen (vgl. auch Müller 2000).

Dieser veränderte Kontext stellt Anforderungen an das reflexive und analytische Potenzial sowohl des Feminismus als auch der Frauenbewegungen und schließlich der Geschlechterforschung. Er ist nicht mehr durchgängig offen patriarchalisch, sondern durch unterschiedlichste Gemengelagen von Modernisierungen, Retraditionalisierungen, Stillstand und Bewegungen im Geschlechterverhältnis gekennzeichnet. Inmitten von „Nicht-Mehr", „Neu-Bedroht", „Halb-Erreicht" und „Zwischendrin" erhöhen sich die Herausforderungen an das reflexiv-kritische Potenzial dieser drei Richtungen sowohl in Bezug auf die Kontextveränderungen als auch auf die eigenen Entwicklungen. Die Geschlechterforschung hat hier aufgrund ihrer doppelten Reflexivität – der „Beobachtung von Beobachtungen" (s.o.) – sehr relevante Arbeitsbereiche und ihre wissenschaftlichen Beiträge sind wichtig für Zukunftsentwürfe und -gestaltung.

23 Im Gegensatz dazu ist die Zustimmung bei jungen Männern gegenüber den etwas älteren Generationen gesunken. Der Gender-Gap im Verhältnis zur Neuen Frauenbewegung scheint sich gerade bei den Jüngeren zu öffnen; vgl. Institut für Demoskopie Allensbach 2000, S. 30ff.

Anja Szypulski

Diskurs für und wider die Lust.

Rezeptionen sexualwissenschaftlicher Auseinandersetzungen in der Frauenbewegung

Um die Jahrhundertwende sind in Deutschland eine Vielzahl von Untersuchungen zur sogenannten „sexuellen Frage", also zum Thema Sexualität und ihrer gesellschaftlichen Bedeutung erschienen (z. B. Forel 1905, Bloch 1907, Moll 1898). Der Bereich der sexuellen Ethik und der Sexualmoral wird neben Fragen der politischen Gleichberechtigung und der Bildung auch ein wichtiges Thema der bürgerlichen Frauenbewegung.[1] Unter der Bezeichnung „Sittlichkeitsfrage" werden Themen wie die sexuelle Doppelmoral, Ehereform, Prostitution, Geschlechtskrankheiten etc. verhandelt und diskutiert. In diesem Sittlichkeitsdiskurs werden von der bürgerlichen Frauenbewegung bislang weitgehend tabuisierte Themen aufgegriffen und aus der Perspektive von und in ihrer Bedeutung für Frauen analysiert.

Im Kontext sozial- und gesundheitspolitischer Überlegungen entwickelt sich die „Sittlichkeitsfrage" auch gesamtgesellschaftlich zu einem bedeutsamen Thema. So werden beispielsweise Fragen nach dem Umgang mit Geschlechtskrankheiten und Prostitution vor dem allgemeineren Hintergrund von Bevölkerungspolitik und sozialer Frage wahrgenommen und mit der Suche nach sozialpolitischen Regulierungskonzepten (Kontrolle) verbunden. In diesem Zusammenhang gewinnen naturwissenschaftlich-medizinische Begründungs- und Erklärungsmuster für den gesellschaftspolitischen Umgang mit „sittlichen Problemfeldern" zunehmend an Bedeutung. Wissenschaftliche Ergebnisse werden als Grundlage für politische und rechtliche Entscheidungen herangezogen, die insbesondere auch weitreichende Konsequenzen für Frauen bedeuteten. Eine wesentliche Rolle spielen in diesem Kontext die Ende des 18. Jahrhunderts entstehenden Sexualwissenschaften, die sich explizit mit der wissenschaftlichen Konzeptualisierung von „Sexualität" beschäftigen. Die wissenschaftliche Begründung von Sexualität ordnet sich in einen breiteren naturwissenschaftlichen Kontext ein und kann als ei-

1 Die bürgerliche Frauenbewegung in Abgrenzung zu den anderen Strömungen meint die durch den Bund Deutscher Frauenvereine vertretene überkonfessionelle Frauenbewegung.

ne zentrale Legitimationsstrategie der Moderne verstanden werden. Die Sexualwissenschaften – wie auch andere Wissenschaften – sind in diesem Kontext vor einem übergeordneten Rationalisierungsprozess zu betrachten, der sich durch eine zunehmende Verwissenschaftlichung menschlicher Handlungsbereiche auszeichnet und mehr und mehr eine dominante Rolle bei der Ausprägung von Normen übernimmt, wie es beispielsweise Weingart u.a. an der Geschichte der Eugenik und Rassenhygiene nachzeichnen (Weingart u.a. 1988).

Mit der Entwicklung von Normen und Normierungsstrategien durch Wissen/Wissenschaft hat sich auch Michel Foucault beschäftigt. Er hat historisch an unterschiedlichen Diskursen der Humanwissenschaften (Strafrecht, Psychiatrie, Medizin etc.) aufgezeigt, wie Wissen diskursiv hergestellt wird und wie eng es mit produktiven und repressiven Machtbeziehungen verbunden ist. Ein Schwerpunkt seiner Forschungen ist die Frage, wie im Zusammenhang von Wissen und Macht Sexualität historisch gestaltet wurde. Mit Michel Foucault kann man Sexualität als Produkt moderner Wissensdiskurse verstehen, die gekennzeichnet sind durch ein komplexes Zusammenspiel von diskursiven und praktischen Strategien (Foucault 1988). Ein wichtiger Ort der historischen Konstruktion von Sexualität sind die entstehenden Sexualwissenschaften. Von einer Sexualpathologie, einer Auseinandersetzung mit „anomalen", als abweichend definierten Sexualitäten, weitet sich die – in großen Teilen interdisziplinär ausgerichtete – Wissenschaft zu einer Sexualwissenschaft aus, die zunehmend auch die Erforschung von „normaler" Sexualität forcierte. In den Auseinandersetzungen über die Themen der Sexualwissenschaft (z. B. Masturbation, sexuelle Abstinenz, Frigidität etc.) entsteht ein spezifisch modernes Wissen über Sexualität, auch wenn es gerade ein Kennzeichen der Sexualwissenschaft ist, keine Definition des Sexuellen zu geben oder geben zu können.

Die sexuellen Beziehungen zwischen den Geschlechtern werden um die Jahrhundertwende also zunehmend zum Gegenstand medizinisch-hygienischen und sexualwissenschaftlichen Interesses. Gleichzeitig wird in der bürgerlichen Frauenbewegung unter dem Stichwort „Sittlichkeitsdiskurs" eine ganzheitlich orientierte Sexualitätsdebatte geführt, die sich in unterschiedlicher Weise auf den – überwiegend männlichen – Expertendiskurs bezieht. Ich beschäftige mich in diesem Beitrag mit diesem Diskurs der bürgerlichen Frauenbewegung zur „sexuellen Frage" und untersuche, auf welches „Wissen" die Frauenrechtlerinnen rekurrieren, um ihre Rechtsansprüche (Gleichberechtigung in der gesellschaftlichen Partizipation: Wahlrecht, Eherecht, Zugang zu Bildung und Berufen etc.) zu begründen. Mich interessiert dabei, welche diskursiven Strategien Frauenrechtlerinnen anwenden, um ihre politischen Positionen zu begründen. Im Mittelpunkt steht dabei die Bezugnahme auf die Sexualwissenschaft als einen Diskurs, der mit Wissensnormierung und institutionellen Strategien verbunden ist. Dieser Bezugsrahmen ist m. E. notwendig, um die Komplexität der zeitgenössischen Redeweisen und die damit verbundenen unterschiedlichen sozialen Interessen und normativen Zuschreibungen aufzuzeigen.[2]

Um das umfangreiches Thema einzugrenzen, konzentriere ich mich im Folgenden auf den Zeitraum der Jahrhundertwende und den so genannten radikalen Flügel[3] der bürgerlichen Frauenbewegung, hier besonders auf die Person Helene Stöckers. Ich werde in den nächsten Punkten kurz auf die in der Frauenbewegung thematisierten wichtigen Dimensionen der Konstruktion von Sexualität eingehen, also herausarbeiten, über welche Themen ein Verständnis von Sexualität hergestellt wird. Die moderne Auffassung von „Sexualität" betrachte ich dabei als eine historische Erscheinung, als Konstruktion. In einem zweiten Teil wird die Bezugnahme auf die Sexualwissenschaft an einem Beispieltext von Helene Stöcker zu der Diskussion um den §175 RStGB, der strafrechtlichen Verfolgung der männlichen Homosexualität, nachgezeichnet.[4]

1. Der radikale Flügel der Frauenbewegung und die „sexuelle Frage"

Die bürgerliche Frauenbewegung in Deutschland um die Jahrhundertwende ist nicht als eine einheitliche Bewegung zu sehen; es gab inhaltliche und konzeptionelle Differenzierungen, die sich in der Spaltung in zwei Flügel, den „gemäßigten" und den „radikalen", manifestiert.[5] Die beiden Flügel vertreten unterschiedliche Positionen hinsichtlich der politischen Gleichberechtigung; aber auch im Diskurs über Sittlichkeit unterscheiden sich die Positionen. Was sind nun die konkreten Themen, mit denen sich die Frauen befassten? Von der Diskussion um die Berufstätigkeit von Frauen als einem der wichtigsten Ausgangspunkte der politischen Aktivitäten entwickelte sich die Diskussion weiter und umfasste die Themen sexuelle Doppelmoral, Ehereform, Prostitution und Geschlechtskrankheiten, Mütterlichkeit und Mut-

---

2 Das Wort Rezeption aus dem Titel ist in diesem Zusammenhang durchaus nicht einseitig oder passiv gemeint, die Frauenbewegung ist ebenfalls Teil diskursiver Auseinandersetzungen und produziert und modifiziert ebenfalls Wissen.

3 Zur Unterscheidung der bürgerlichen Frauenbewegung in einen gemäßigten und radikalen Flügel vgl. u. a. Weiland 1988 und Stoehr 1986.

4 Im Zusammenhang mit der Entwicklung und Ausdifferenzierung der Sexualwissenschaft entwickelt sich vor allem männliche Homosexualität zu einem Thema, das vergleichsweise umfangreich untersucht und aufgrund seiner strafrechtlichen Bedeutung viel diskutiert wurde.

5 Die Bezeichnungen werden gewählt, weil sie Selbstbezeichnungen sind und die Differenzierungen verdeutlichen, es soll damit keine Wertung vorweggenommen werden. Zum radikalen Flügel zähle ich die Stimmrechtsbewegung, die Deutschen Zweigvereine der „Internationalistischen Abolitionistischen Föderation" und den „Bund für Mutterschutz".

terschutz und die „freie Liebe“ oder „Neue Ethik“.Die Diskussionen über diese Themen gehen schließlich in den 20er Jahren über in ein Bild von der „Neuen Frau“, das diese widersprüchlichen Tendenzen in einem Konzept der „modernen Frau“ bündelte. Dieser Themenkomplex spiegelt auch wider, was unter „Sexualität“ verstanden, gebündelt und verhandelt wurde. Damit werden hier wichtige Dimensionen einer Konstruktion von Sexualität benannt, die im Folgenden näher erläutert werden sollen.

Unter dem Begriff „sexuelle Doppelmoral“ klagten beide Flügel der bürgerlichen Frauenbewegung die unterschiedlichen gesellschaftlichen Bewertungsmaßstäbe für das sexuelle Verhalten von Frauen und Männern an. Während der gemäßigte Flügel um Helene Lange und Gertrud Bäumer eine Anpassung der Männer an die weiblichen Moralvorstellungen einforderten, vertrat der radikale Flügel insbesondere in der Person von Helene Stöcker das Recht auf sexuelle Bedürfnisse auch für die Frau (vgl. Gerhard 1990).

Ausgehend von den Kämpfen um die Stellung der Frau im Bürgerlichen Gesetzbuch, insbesondere im Familienrecht, entwickelt sich in der Frauenbewegung eine weitgehende umfassende Diskussion um eine „Reform der Ehe“.In der Diskussion um die Ehe und die Ehereform ging es im Rahmen der Überlegungen zur Strafrechtsreform 1909 im Wesentlichen um die gesetzliche Stellung der Frau in der Ehe. Das bürgerliche Gesetzbuch wird 1896 verabschiedet und tritt 1900 in Kraft. In ihm wird die Machtbefugnis des Mannes als Ehemann und Vater erneut festgeschrieben. Der Ehemann hat das Entscheidungsrecht in der Ehe, womit die Handlungs- und Geschäftsfähigkeit der verheirateten Frau beschränkt ist. Frauenrechtlerinnen kritisierten zwar die Institution der Ehe, da sie der Frau keinerlei gesetzliche Rechte einräumte, aber für die Mehrheit der Frauenbewegung stellte die Ehe einen „Kulturfortschritt“ dar, den es als Frauenbewegung zu verbessern und nicht abzuschaffen galt. Die von Helene Stöcker thematisierte Parteinahme für nicht-eheliche Beziehungen und die strikte Ablehnung der Ehe als eine Institution, die Frauen keinerlei Rechte über ihr Leben, Arbeit, Vermögen etc. einräumte, wie es beispielsweise von Anita Augsburg formuliert wurde[6], lehnte der gemäßigte Flügel ab.

Das zentrale Thema der Sittlichkeitsbewegung ist die Auseinandersetzung um die Abschaffung der Reglementierung der Prostitution. Hierbei handelt es sich um eine gesetzliche Regelung, die z. B. Zwangsuntersuchungen für Prostituierte festschreibt, die männliche Kundschaft aber gänzlich unbehelligt und straffrei ausgehen lässt. Die polizeilichen Maßregeln bestehen in erster Linie in der ärztlichen Zwangsuntersuchung. Die Prostituier-

---

6 Zur Haltung des radikalen Flügels vgl. beispielhaft den Artikel von Anita Augspurg 1905. „Die legitime Ehe bedeutet für die Frau den gesetzlichen Verzicht auf ihre Rechtsexistenz, umschließt nicht allein die für eine selbständige Individualität unwürdige Aufgabe ihres Namens und ihres Selbstbestimmungsrechtes, sondern in den meisten Fällen völlige pekuniäre Abhängigkeit und in allen Fällen gänzliche Rechtlosigkeit an ihren Kindern.“ (S. 101)

ten, die sich der polizeilichen Überwachung und den ärztlichen Untersuchungen entziehen, werden mit strafrechtlicher Verfolgung bedroht. Gesellschaftspolitische Bedeutung erlangt die Diskussion über die Reglementierung der Prostitution als Ursache für die Ausbreitung der Geschlechtskrankheiten, die gleichzeitig die Legitimation des Kontrollsystems darstellen. Die Deutschen Zweigvereine der „Internationalistischen Abolitionistischen Föderation“[7] stellen in dem Kampf gegen die staatlichen Eingriffe im Unterschied zu dem gemäßigten Flügel die wirtschaftlichen und gesellschaftlichen Ursachen der Prostitution in den Vordergrund. Die Föderation verlangt die allgemeine Straffreiheit der Prostituierten. Hanna Bieber-Böhm als Vertreterin der gemäßigten Richtung setzt sich demgegenüber für eine Bestrafung der „gewerbsmäßigen Unzucht“ für beide Geschlechter, die Unterbringung der Prostituierten in Zwangsanstalten und die Meldepflicht für Geschlechtskrankheiten ein.[8]

Der 1905 gegründete Bund für Mutterschutz (BfM) forderte erstmals öffentlich eine rechtliche, soziale und ethische Besserstellung der unehelichen Mütter und ihrer Kinder. Diese Forderung wird verbunden mit einer Reform der sexuellen Ethik. Helene Stöcker tritt für eine Veränderung der konventionellen Moralvorstellungen als Voraussetzung für die Besserstellung der Mütter und unehelichen Kinder ein. Als wesentliches Ziel betont sie die gesellschaftliche Befreiung der Frau auch auf sexuellem Gebiet. Die Sexualreform beinhaltet für sie die Anerkennung nichtehelicher Lebensgemeinschaften und die Forderung nach sexueller Aufklärung und Empfängnisverhütung. Sexualreformerischen Konzepte, die die gesellschaftlichen Moralvorstellungen so radikal in Frage stellen, stoßen auch in der Frauenbewegung auf scharfe Ablehnung. [9]

Es ging mir in der obigen Darstellung nicht um ein vollständiges Bild der Positionen der verschiedenen Flügel der Frauenbewegung, sondern darum, deutlich zu machen, welche Themen verhandelt werden, wenn von der „sexuellen Frage“ die Rede ist, und anzudeuten, wie sich der radikale Flügel positioniert. Zusammenfassend lässt sich sagen, dass der radikale Flügel in der „Sittlichkeitsfrage“ eine grundsätzlich liberale Haltung vertrat. Jede Person hat das Recht ihr Geschlechtsleben unter eigener Verantwortung zu führen und Staat oder Gesellschaft steht ein Recht auf Eingriff erst zu, wenn die Interessen anderer geschädigt werden. Darüber hinaus vertraten die radikalen Frauenrechtlerinnen eine (überwiegend) der Rechtsgleichheit von Männern und Frauen verpflichtete Position.

---

7 Sie entstehen Ende der 1880er Jahre und setzen sich für die bedingungslose Abschaffung der Reglementierung der Prostitution ein (abolition= Abschaffung).

8 Vgl. die von Bieber-Böhm im Auftrag des Ministers des Inneren formulierten „Vorschläge zur Bekämpfung der Prostitution“, teilw. zit. in Pappritz 1901, S. 174-178.

9 Die Gemäßigten veröffentlichen ihre Gegenposition in dem von Gertrud Bäumer herausgegebenen 1909 Band „Frauen und Sexualethik“.

Ein Thema, an dem diese Position der Rechtsgleichheit auch der radikalen Frauen brüchig wird, ist der gesellschaftliche Umgang mit Homosexualität. Um aufzuzeigen, wie die Frauenbewegung auf sexualwissenschaftliches Wissen rekurriert oder es auch mitgestaltet, stelle ich im folgenden Abschnitt ein Diskursfragment vor, einen Text von Helene Stöcker zur Ausdehnung des §175 auf Frauen.

2. Helene Stöcker und der §175: Vorstellung eines Diskursfragmentes

Der Text von Helene Stöcker ist 1911 in der von ihr herausgegebenen Zeitschrift „Die Neue Generation" erschienen.[10] Er diskutiert die zeitgenössische Diskussion um die Ausdehnung des §175 – der strafrechtlichen Verfolgung männlicher Homosexualität – auch auf Frauen. In diesem Text werden alle eingangs unter dem Titel „sexuelle Frage" vorgestellten Themenfelder aufgegriffen.

Helene Stöcker lehnt generell die strafrechtliche Verfolgung von Homosexualität ab. Die Ausdehnung des §175 auf Frauen bezeichnet sie als „krasse Ungerechtigkeit", da Frauen den Geschlechtsverkehr, wie er im Gesetz definiert sei, aus physiologischen Gründen gar nicht ausüben können. Sie hebt die Gefahr der Erpressung auch für Frauen hervor, die seit der Jahrhundertwende ständig ein öffentliches Thema für homosexuelle Männer war und ihren Ausdruck in einer Reihe aufsehnerregender Prozesse und Verurteilungen von Homosexualität geführt hat. Die Gefahr einer Diskriminierung und Kriminalisierung von Homosexualität droht nun auch Frauen. Stöcker bezieht sich bei der Begründung ihrer Ablehnung auf den Geheimrat und Mediziner Albert Eulenburg, zeitweiliger Mitherausgeber der „Zeitschrift für Sexualwissenschaft", sowie auf den Staatsanwalt Wulfen, Autor des zu jener Zeit sehr verbreiteten Buches „Der Sexualverbrecher". In einer Fußnote erwähnt sie die Mediziner Hermann Rohleder und Magnus Hirschfeld.[11]

Diese Bezugnahme verweist auf die legitimatorische Funktion, die Anführung wissenschaftlicher Autoritäten zur Stützung ihrer eigenen Argumentation. Die nur kursorische Erwähnung von Hirschfeld, der ein Protagonist der damaligen Auseinandersetzungen sowohl in der Sexualwissenschaft

10 Stöcker 1911, wieder abgedruckt und zitiert nach Jansen-Jurreit 1986.

11 Die Person Hirschfelds ist nicht ausschließlich in Bezug auf die Sexualwissenschaft, sondern auch als ein Verbindungsglied zwischen Wissenschaft und homosexueller Öffentlichkeit von Bedeutung. Deren wichtigste Institution war das 1897 in Berlin gegründete „Wissenschaftlich-Humanitäre Komitee" (WHK), in dem Hirschfeld eine bedeutende Position einnahm. Das WHK trat aktiv für die Abschaffung des §175 ein, praktizierte Rechtsschutz und entwickelte gesetzliche Reformentwürfe. Vgl. Weiland 1983: 283.

als auch der politischen Aktivitäten der Homosexuellenbewegung war, lässt sich möglicherweise mit seiner wissenschaftlich wie politisch umstrittenen Haltung erklären.

Stöcker benennt die unterschiedliche Ausgangslage der Geschlechter in der bürgerlichen Gesellschaft in Bezug auf ihre sexuellen Handlungsmöglichkeiten. Sie prangert die Doppelmoral an, die für den Mann eine ganze Welt öffnet (Prostitution, Ehe, Verhältnis), die Frau jedoch durch die Gefahr der moralischen Ächtung zur vollkommenen Abstinenz verpflichtet. Auf der Basis dieser Einschätzung kommt sie zu dem Schluss:

„Nun hat ein Teil der Frauen, der all diesen drohenden Übeln nicht zu begegnen wagte, in der innigen Verbindung mit anderen Frauen ein Surrogat für die Liebe gefunden, *die natürlicherweise durchaus nicht immer sich zu sexuellen Handlungen steigert.*" (Stöcker 1911: 194, Hervorh. i. O.)

Deutlich unterscheidet Stöcker hier zwei Punkte: Die innige Verbindung mit anderen Frauen wird als Ersatz für eine andere, als „natürliche" bezeichnete Liebe gesehen, als eine Handlung, die aufgrund der gesellschaftlichen Zwänge zustande kommt. Gleichzeitig deutet sie einen Unterschied zwischen Frauenfreundschaften und sexuellen Beziehungen zwischen Frauen an, die aber in Bezug auf die strafrechtliche Verfolgung nicht voneinander zu trennen sind.

Als ein Erklärungsmuster für die Handlungsweise dieser Frauen gibt Stöcker ein größeres Zärtlichkeitsbedürfnis von Frauen an. Dies belegt sie mit Berufung auf eine in der Sexualwissenschaft übliche Unterscheidung zwischen dem *Contrektationstrieb* (Zärtlichkeitstrieb) und dem *Detumeszenztrieb* (den Koitus- oder Begattungstrieb). Diese von Albert Moll eingeführte Differenzierung der Triebvorstellung ist ebenso wie die naturgegebene Unterschiedlichkeit der Geschlechter eine der zeitgenössischen Prämissen der Sexualforschung.[12] Diese qualitativ unterschiedlichen Vorstellungen des Geschlechtstriebs bezieht Helene Stöcker nun auf die Frau.

„Die Frau – gerade die „weibliche" Frau besitzt nun in der Regel in stärkerem Maße als der Mann den Zärtlichkeitstrieb – in schwächerem den Detumeszenztrieb. Schon aus diesem Grunde ist es für die Frau viel weniger auffallend, von der Freundschaft zur Liebe überzugehen, ist die Grenze für sie fließender zwischen Freundschaft und Erotik, da ihr ganzes Wesen an sich schon mehr von Erotik durchtränkt und erfüllt ist." (Stöcker 1911: 195)

Stöcker argumentiert hier klar differenztheoretisch. Die Frau hat im Gegensatz zum Mann einen größeren Zärtlichkeits- oder auch Umarmungs-

12 Ein angeborener Sexualtrieb, der sich im Gehirn lokalisieren läßt, über Fasern, Nerven etc. Reize überträgt und sexuelle Erregung auslöst, ist die Grundlage sexualwissenschaftlicher Beschäftigung mit Sexualität. Von der Wissenschaft als ein komplizierter Mechanismus betrachtet, zeigt der Sexual- oder Geschlechtstrieb vielfältige Ausprägungen und Variationen. Als ein wesentlicher Faktor bei der Untersuchung des Sexualtriebes erscheint das Geschlecht. Der Sexualtrieb wird geschlechtsspezifisch unterschiedlich dargestellt. Vgl. Moll 1898.

trieb. Dies steht durchaus im Einklang mit den Auffassungen der Sexualwissenschaft, die allerdings in Bezug auf die weibliche Sexualität insgesamt zu äußerst widersprüchlichen Aussagen kommt. Die Ableitung jedoch, dass gerade die „weibliche" Frau aus diesem Zärtlichkeitsbedürfnis heraus sexuelle Beziehungen zu anderen Frauen aufnimmt, bezeichnet eine gewisse Abweichung von sexualwissenschaftlicher Forschung, die in Anlehnung an die Behandlung männlicher Homosexualität (Homosexuelle werden als „weibliche" Männer betrachtet), lesbische Frauen vorwiegend als „virile" oder „männliche" Frauen in den Mittelpunkt der Forschung stellen.

Für bedeutsam halte ich auch eine weitere Differenz zu dem sexualwissenschaftlichen Diskurs: Das Wesen der Frau wird zwar als von ihren geschlechtlichen Bedürfnissen determiniert gedacht bzw. dargestellt, aber Stöcker verwendet hier den Ausdruck Erotik, der m. E. klar auf eine positive Beschreibung/ Bewertung weiblicher Sexualität hindeutet.

Die geschlechtlich differente Triebauffassung ist, so Stöcker, auch die Erklärung für scheinbare Widersprüche in der Einschätzung der Frau als einerseits geschlechtsbedürftig, andererseits weniger sinnlich, kalt. Das Wesen der Frau wird von ihr als viel komplizierter als das des Mannes beschrieben, die scheinbare Kälte von Frauen führt sie darauf zurück, dass Männer auf diesen stärkeren Zärtlichkeitstrieb weniger Rücksicht nehmen und die Frau keine Möglichkeit der sexuellen Befriedigung hat. So ist es möglich, dass die Frau ihre Befriedigung in einer innigen Freundschaft mit anderen Frauen sucht. Dies betrachtet Stöcker jedoch nur als Ersatz für eine natürliche Erfüllung der Bedürfnisse.

Die Betonung der „natürlichen Erfüllung" bringt Stöcker zu ihrer Einschätzung von Kultur. Für Stöcker bedeutet Kultur die „Duldung" von unterschiedlichsten – auch sexuellen – Handlungen, solange sie niemandem schaden. Sie hebt wiederholt die ungleichen Bewertungs- und Behandlungsmuster in der Gesellschaft hervor. Gleichgeschlechtliche Handlungen werden als ein Verbrechen abgestempelt, die Verführung der Frau durch den Mann, die in Stöckers Einschätzung viel verhängnisvollere Folgen für das Leben von Frauen haben kann (z. B. durch ein uneheliches Kind), gilt gesellschaftlich für den Mann als ehrenhaft, ja sogar als Beweis seiner Männlichkeit.

Stöcker bezieht sich im weiteren Verlauf des Textes in abgrenzender Form auf sexualwissenschaftliche Erkenntnisse. Die Untersuchungen über sexuelle Vorlieben von Prostituierten, denen als Laster stigmatisierte gleichgeschlechtliche Handlungen vorgeworfen werden, kennzeichnet sie als diffamierend. In ihrer Interpretation werden die gleichgeschlechtlichen Handlungen von Prostituierten mit der Begründung der gesellschaftlichen Abwertung von Prostituierten als Personen abgewertet. Die den Prostituierten vorgeworfene Perversität als „Berufsgruppe" wird auch auf die gleichgeschlechtlichen Handlungen übertragen. Von dieser Art der Argumentation grenzt Stöcker sich ab.

Zum Schluss des Textes geht Stöcker auf den gesellschaftlichen Umgang mit Sexualität allgemein ein, die sie als „mittelalterlichen Aberglauben“ qualifiziert.

> „So ist es auch gekommen, dass die wissenschaftliche Forschung auf diesem Gebiete so lange eingeschränkt war und sich erst in den letzten Jahrzehnten unter schweren Kämpfen Bahn brechen konnte. Noch heute liegt ja ein Odium auch auf der ernsten wissenschaftlichen oder ethischen Beschäftigung mit diesen Problemen. (...) Helfen wir alle mit, dass das Licht der Wissenschaft immer tiefer in dieses schwierige Gebiet hineinleuchtet, das noch so dunkle Probleme in sich birgt ...“.(Stöcker 1911: 199)

Stöcker hebt hier die Notwendigkeit und die Legitimität einer wissenschaftlichen Beschäftigung mit Sexualität hervor. Der Status der sich etablierenden Sexualwissenschaft, die unter Professionalisierungs- und gesellschaftlichen Legitimationszwängen steht, wird gerade in dem letzten Zitat Stöckers deutlich. Es zeigt eine gegenseitige Bezugnahme von Frauenbewegung und Sexualwissenschaft, die ich als eine Strategie gegenseitiger Stützung bezeichnen möchte. Die Sexualwissenschaft hatte zu dem Zeitpunkt keine absolute wissenschaftliche Autorität, dieser Diskurs war ebenfalls auf Legitimationsstrategien angewiesen, die sich in dem Ringen um eine streng naturwissenschaftlichen Ausrichtung der Sexualwissenschaft zeigten. Eben diese Situation machte es auch zu einem zweischneidigen Schwert für die Frauenbewegung, sich auf wissenschaftliche Ergebnisse zu berufen. Es bestand – gerade für den von Stöcker vertretenden radikalen Ansatz – die Möglichkeit der Aufwertung durch die wissenschaftliche Bezugnahme. Andererseits barg diese Bezugnahme gleichzeitig das Risiko der gesellschaftlichen Diffamierung durch die Rezeption gesellschaftlich nicht anerkannter Forschungen.

Die vielleicht mit der Metapher „Licht in die Dunkelheit tragen“ zu beschreibende Einschätzung Stöckers der wissenschaftlichen Behandlung der Sexualität findet sich ebenso bei den Sexualforschern. Dies deutet auf den Professionalisierungsprozess dieser Wissenschaft hin, der mit dem Versuch einer Monopolisierung des Wissens einhergeht. Wie Klaus Müller aufzeigt, werden Sexualwissenschaftler Experten in Sachen Sex, nicht nur im medizinisch-pathologischen Bereich, sondern auch im gesellschaftspolitischen und kulturellen Sektor (Müller 1991). Die Wissenschaften allgemein produzieren ein gesellschaftlich relevantes Wissen über Frauen als „Geschlechtswesen“, mit dem sie wiederum den Ausschluss von Frauen begründen. Die inhaltlichen Zuschreibungen, die männliche Wissenschaftler über Frauen treffen, können durchaus verschieden sein; sie differenzieren sich dadurch zunehmend aus. Ein Beispiel dafür ist die Diskussion um Fragen der Abschaffung der Reglementierung der Prostitution und der gesundheitlichen Kontrolle der Prostituierten in der Deutschen Gesellschaft zur Bekämpfung der Geschlechtskrankheiten. Theresa Wobbe zeigt auf, wie in dieser Auseinandersetzung präzisere medizinische Begründungsmuster für die Ungleichheit der Geschlechter entwickelt werden. Geschlechtskrankheiten werden in diesem Diskurs für ein Problem der Frauen erklärt und mit Bilder von der „Krankheit Frau“ und der „hygienischen Gefahr von Prostitution“ illustriert (Wobbe 1989). Frauenrechtlerinnen richten im Gegensatz zu den wissenschaftlichen Experten den Blick auf die Folgen der Durchsetzung männlicher Sexualitätsvorstellungen für Frauen, wie es auch in der Argumentation Helene Stöckers deutlich wird. Sie bezieht sich zwar auf die männliche „Wissensproduktion“, hebt jedoch auch die Gefahren einer normgebenden männlichen Instanz hervor. Dies zeigt sich auch in ihrer unterschiedlichen Bezugnahme auf sexualwissenschaftliche Annahmen. Sie greift Grundannahmen wie z. B. die Triebvorstellung auf, weist jedoch auf Widersprüche in den wissenschaftlichen Hypothesen hin und interpretiert diese wie bei der Frage nach den sexuellen Bedürfnissen der Frau sehr differenziert. Meines Erachtens versucht sie innerhalb des grundlegenden Widerspruchs zwischen der Betrachtung von Frauen als Wesen mit geschlechtlichen Bedürfnissen und der gesellschaftlichen Abwertung von Frauen als Geschlechtswesen einen Weg zu finden, der Frauen sowohl einen Anspruch auf sexuelle Bedürfnisse zuspricht und diese gleichzeitig auch gesellschaftlich legitimiert.

Eine zweite diskursive Strategien zeigt sich in der vorwiegend differenztheoretischen Argumentation Stöckers. Sie benutzt eine Normalisierungsstrategie (Differenz) um eine andere (Ausgrenzung durch den §175) abzuwenden und rekurriert dazu auf wissenschaftliche Konzepte, hier die Triebvorstellung. Über die Vorstellung einer Differenz von Frauen kann Stöcker die Diskriminierung und Kriminalisierung von weiblicher Homosexualität argumentativ abwenden. Begleitet wird diese Argumentation jedoch immer von dem Verweis auf eine liberal-individualistische Einstellung zur Sexualität. Stöcker hebt die Freiheit des Individuums hervor auch in sexuellen Belangen unabhängig vom Staat zu entscheiden.

Die Vielfältigkeit ihrer diskursiven Strategien verweist auf die Schwierigkeit, eine politische Position als Frau einzunehmen und die gleichen Rechte wie Männer einzufordern in einer Gesellschaft, deren strukturelles Kennzeichen eben der Ausschluss von Frauen ist.

Beate Kortendiek

Sonntags nie? Zur Veralltäglichung von Frauenbewegungen in Selbsthilfeprojekten

1. Mütterzentren: Veralltäglichung, Frauenbewegung und Selbsthilfe

Aktionen der neuen Frauenbewegung bezogen auf Schwangerschaft und Mutterschaft wie „Wir haben abgetrieben" (1971) oder die Muttertags-Demonstrationen „Nicht nur Blumen sondern Rechte fordern wir" (1984 bis 1988) waren vor allem medienöffentlich wirksam. Aktuell sind solche politischen Aktionen eher selten und häufig wird daraus geschlossen, dass sie stillsteht – die Bewegung der Frauen. Übersehen wird dabei, dass insbesondere durch die mit der Neuen Frauenbewegung entstandenen Projekte, Netzwerke und Initiativen Frauen und Mädchen aktuell über mehr soziale und materielle Räume (Brückner 1996, Dackweiler 1995) verfügen, als dies noch in den 70er/80er Jahren der Fall war.

Zu diesen – durch und mit der Neuen Frauenbewegung gegründeten Projekten – zählen auch die Mütterzentren. Im Jahr 2000 arbeiteten im Bundesgebiet[1] über 400 Zentren unter den folgenden Eckpunkten: Hilfe zur Selbsthilfe, Offene Angebotsstruktur, Kinderfreundliche Kultur und Finanzielle Anerkennung von Arbeit. In meiner Studie über Mütterzentren[2] (Kortendiek 1999), die ich im Kontext des Graduiertenkollegs erstellen konnte, wird in den differenzierten zustimmenden und ablehnenden Begründungen von Mütterzentrumsfrauen bezogen auf die Zugehörigkeit von Mütterzentren zur Frauenbewegung deutlich, dass „um feministische Definitionen neu gerungen werden muss" (Brückner 1997). Ein Klärungsprozess grundsätzlicher Art entwickelt sich: Ist es noch angemessen, weiter von einem Fortbestand *der* Frauenbewegung auszugehen? Sind Frauenprojekte Ausdruck *oder*

1 Vgl. zu den Mütterzentren in den neuen Bundesländern die Studie von Helbrecht-Jordan, Ingrid/Gonser, Ute/Buchholz, Elke/Ziemer, Gudula 1996: Initiierung, Beratung und Vernetzung von Mütterzentren („Elternzentren") in den neuen Bundesländern. Abschlussbericht der wissenschaftlichen Begleitung. Herausgegeben vom Bundesministerium für Familie, Senioren, Frauen und Jugend. Hannover

2 Es handelt sich dabei um eine Erhebung von Mütterzentren (n=200) und um eine Befragung von Frauen (n=138), die Mütterzentren nutzen und gestalten.

Form von Frauenbewegungen? Sind Selbsthilfebewegungen als neue soziale Bewegungen *auch* politische Frauenbewegungen?

Diese Fragen aufgreifend stelle ich nun folgende These zur Diskussion: Die Frauenbewegung ist nicht ausschließlich zur Tagesordnung wohl aber zum Alltag übergangen – dabei können die Netzwerke, Räume und Projekte von und für Frauen als Bewegungsformen definiert werden, in denen sich eine Veralltäglichung von Bewegung ausdrückt.[3] Diese Räume – wie z.B. die Mütterzentren oder Wohnprojekte von und für Frauen[4] – begründen eine zentrale Basis einer Veralltäglichung von Frauenbewegung, da sie von Frauen in ihrer *„alltäglichen Lebensführung"* (Jurczyk/Rerrich 1993) aktiv genutzt und gestaltet werden.

Wie äußert sich nun diese Veralltäglichung in den Projekten der Mütterzentren? Wann und warum ist für Frauen die Nutzung von Mütterzentren Bestandteil alltäglicher Lebensführung? Die folgenden Fallgeschichten stammen aus der empirischen Studie, die ich im Rahmen des Graduiertenkollegs „Geschlechterverhältnis und sozialer Wandel" durchführte.

2. Brigitte, Cordula, Dorte und Elisabeth – 4 Mütter, 11 Kinder und ein Mütterzentrum

Brigitte ist ledig, erzieht ihre Kinder (1 Jahr und 13 Jahre alt) allein und finanziert den Lebensunterhalt ihrer Familie überwiegend durch Sozialhilfe und Unterhalt. Warum sie mehrmals in der Woche ins Mütterzentrum (MüZe) geht, erklärt sie mit folgenden Worten:

> „Es bietet mir die Möglichkeit, mit anderen Müttern ins Gespräch zu kommen und auch anderen Müttern zu helfen. Mein Kind (17 Mon.) kommt früh mit anderen Kindern zusammen und kann dadurch vieles lernen. Man knüpft Kontakte, die auch außerhalb des MüZe weiterbestehen".

Da Brigitte alleinerziehend ist, bilden die Kontakte, die sie im Mütterzentrum knüpft, eine stabile Basis zum Aufbau eines Netzwerkes, das auch außerhalb des Zentrums Bestand hat. Der Informationsaustausch zwischen Frauen bedeutet Entlastung und Hilfe in der alltäglichen Lebensführung als alleinerziehende Mutter:

---

3 Auch die Einrichtung des Graduiertenkollegs ließe sich unter diesem Blickwinkel analysieren. Durch die Schaffung eines Kollegs durch Professorinnen, die nicht nur der Frauenforschung sondern auch der Frauenbewegung in unterschiedlicher Form und Initiative verbunden sind, wurde innerhalb der Wissenschafts- und Hochschullandschaft für Nachwuchswissenschaftlerinnen ein Netzwerk geschaffen, welches die Basis zur Veralltäglichung wissenschaftlicher Qualifizierung für Nachwuchswissenschaftlerinnen schuf.

4 Vgl. Beitrag über die Frauenwohnprojekte von Ruth Becker in diesem Band.

„Die festen Termine, an denen man sich trifft und die Kinder unbehelligt spielen können, man erfährt immer wieder Neuigkeiten, die einem weiterhelfen (Ämter zum Beispiel)".

Cordula ist 35 Jahre alt, verheiratet, hat zwei Kinder im Alter von 3 und 7 Jahren. Cordula hat das Mütterzentrum gemeinsam mit anderen Frauen initiiert, als ihr erstes Kind ein Jahr alt war. Rückblickend begründet Cordula ihre Motive für die Nutzung des Zentrums folgendermaßen:

„Am Anfang, um Frauen mit Kindern zu treffen. Weil ich nicht alleine Zuhause ohne meinen geliebten Beruf sein wollte. Weil ich Erfahrungen austauschen wollte, wie geht es anderen mit Baby und wie meistern die anderen die Situation".

Cordula hat das Mütterzentrum gegründet, um die Lücke zu schließen, die die Aufgabe der Berufstätigkeit hinterlassen hat und schafft sich mit der Gründung des Mütterzentrum etwas Drittes zwischen den beiden Polen Beruf und Familie. Dabei geht es ihr vor allem um Selbsthilfe durch Kontakt und Erfahrungsaustausch mit anderen Frauen mit kleinen Kindern. Ihre Motive zur Zentrumsnutzung haben sich im Laufe der Jahre verändert:

„Jetzt bin ich Vorstandsvorsitzende und ab und zu komme ich nur zum Schwätzen ins Café. Meistens arbeite ich im Büro oder mache Cafédienste. Also jetzt ist mehr Arbeit daraus geworden, was mir aber auch sehr viel gibt, weil ich merke, wie wichtig diese Arbeit für Frauen ist und wie viel sie mir dadurch gibt".

Dorte ist 33 Jahre alt, verheiratet und hat vier Kinder im Alter von 1 bis 6 Jahren. Sie befindet sich derzeit im Erziehungsurlaub und bezeichnet sich als „Familienfrau". Sie ist überwiegend für die Hausarbeit und Erziehung der Kinder zuständig. Ihr Mann übernimmt aber einen bestimmten abgesprochenen Teil der Hausarbeit, deshalb ist Dorte mit der Arbeitsteilung in ihrer Familie zufrieden. Die Pflege, Betreuung und Erziehung von vier kleinen Kindern erfordert von Dorte ein hohes Maß an Zeit und Energie. Das Mütterzentrum, welches sie seit der Geburt ihres ersten Kindes besucht, hat eine zentrale Bedeutung in ihrem Leben und im Leben der Kinder. Dorte kommt vier bis acht mal wöchentlich ins Zentrum, es kann also als ihre „zweites Zuhause" angesehen werden. Befragt danach, warum sie ins Mütterzentrum geht, listet sie eine ganze Reihe unterschiedlicher Gründe auf:

„Aktiv werden. Die Decke nicht auf den Kopf fallen lassen. Andere Frauen in gleicher Situation treffen. An Kursen teilnehmen. Etwas Geld verdienen (durch „Dienste"). Kurse geben (Kenntnisse weitergeben). Aus der häuslichen Isolation fliehen".

Elisabeth ist 37 Jahre alt, verheiratet und hat nach dem Abitur eine Lehre gemacht. Derzeit ist sie teilzeitbeschäftigt als Kauffrau für Datenverarbeitung. Die drei Kinder von Elisabeth sind zwischen 11 bis 14 Jahre alt. Elisabeth geht bereits seit neun Jahren ins örtliche Mütterzentrum, jetzt aber nicht mehr so häufig wie früher, als ihre Kinder noch klein waren. Rückblickend stellt sie fest:

„Als die Kinder kleiner waren, war das MüZe oft die einzige Anlaufstelle für mich, wo ich Verständnis und Unterstützung bekam".

Für Elisabeth stellte das Mütterzentrum „... in meiner Zeit als Familienfrau meinen einzigen Kontakt außerhalb der Familie“ dar. Negative Erfahrungen mit Mutterschaft listet Elisabeth in folgender Reihenfolge auf:

„Nicht anerkannt werden. Kontakt zur „Außenwelt“ oft verloren. Wenig Hilfe durch Familie. Noch weniger Hilfe durch Politik und Gesellschaft“.

Für Elisabeth war das Mütterzentrum ein Ort, an dem sie den Kontakt zur „Außenwelt“ neu bestimmen und wieder aufbauen konnte. Auf die Frage, ob sie sich persönlich verändert hat, seitdem sie im Mütterzentrum ist, benennt sie den beruflichen Wiedereinstieg:

„Habe dadurch Anstoß zum Wiedereinstieg in den Beruf bekommen: Erstens durch entsprechenden Kurs und zweitens durch gewachsenes Selbstvertrauen aufgrund der geleisteten Arbeit“.

Die Erfahrungen von Brigitte, Cordula, Dorte und Elisabeth – die Erfahrungen von Mütterzentrumsfrauen – können mit einigen Einschränkungen als Erfahrungen heutiger junger Mütter in der Bundesrepublik mit Mutterschaft gelten, die durch die Gleichzeitigkeit widersprüchlicher Erfahrungen bestimmt sind. Als zentrale Kategorien, die Mutterschaft kennzeichnen, erweisen sich dabei: Die Beziehung zum Kind, die Verfügung und Gestaltung von Zeit, die Veränderung der Paarbeziehung und die Ausgestaltung der geschlechtsspezifischen Arbeitsteilung, die Aufgabe oder Veränderung der Berufstätigkeit, der Verlust oder die Entwicklung von Kontakten, die soziale Integration oder Segregation und ambivalente Körpererfahrungen durch Mutterschaft.

Der von Müttern erlebte widersprüchliche Modernisierungsprozess, nicht mehr dem traditionellen Bild der „guten Mutter“ als Hausfrau entsprechen zu wollen und trotzdem und gerne eine „neue Mutter“ zu sein, förderte die Entwicklung einer eigenständigen Bewegung von Müttern. Diese Suchbewegung von Frauen mit Kindern nach neuen Formen von Mutterschaft als Ausdruck der Modernisierung von Mutterschaft förderte das Bedürfnis zur Schaffung von Räumen für sich selbst. Ein Grundstein zur Entstehung von Mütterzentren war damit gelegt.

Zusammenfassend lässt sich folgendes festhalten: Mütterliche Lebensverhältnisse als spezifische Ausdrucksform des Geschlechterverhältnisses sind geprägt durch die Ausbildung ambivalenter Erfahrungen von Frauen mit Mutterschaft. Doppelte Vergesellschaftungs- als widersprüchliche Modernisierungsprozesse verstärken asymmetrische Geschlechterbeziehungen zwischen Frauen und Männern, wenn diese zu Müttern und Vätern werden. Insbesondere die ungleichen Vergesellschaftungsprozesse in den Bereichen von Produktion und Reproduktion stellen Frauen vor neue An- und Herausforderungen und die hieraus erwachsenden Ambivalenzen und Handlungsschwierigkeiten lassen sich als gesellschaftliche Strukturprobleme begreifen, welche aus der Organisiertheit des Geschlechterverhältnisses als Gesellschaftsverhältnis erwachsen. Traditionelle geschlechtsspezifische Arbeitsteilungen begründen die Entstehung mütterzentrierter Familien, in denen Frauen faktisch (nicht rechtlich-formal) zu alleinerziehenden Müttern werden, da sie den Hauptteil der Fürsorge, Pflege und Erziehung von Kindern sowohl gesellschaftlich zugewiesen bekommen als auch vom verinnerlichten Leitbild einer „guten Mutter" aktiv übernehmen.

3. Mütterzentren als materieller und sozialer Ort alltäglicher Lebensführung

Die Fallbeispiele verdeutlich die Mütterzentriertheit der Familien und machen darüber hinaus sichtbar, dass Brigitte, Cordula, Dorte und Elisabeth das Mütterzentrum besonders häufig nutzen.

Das gilt auch für die anderen Mütterzentren: Weit mehr als die Hälfte (63%) der Frauen nutzen das Mütterzentrum mehrmals in der Woche; mindestens einmal in der Woche gehen 23,4% der befragten Frauen ins Zentrum. Von den insgesamt 130 befragten Mütterzentrumsfrauen geben also 87% an, dass sie das Mütterzentrum einmal bzw. mehrmals in der Woche nutzen. Für die Mehrheit der Frauen ist somit die Nutzung des Mütterzentrums Bestandteil alltäglicher Lebensführung. Frauenbewegung hat sich folglich veralltäglicht.

Die Beweggründe zur Nutzung von Mütterzentren sind vielfältig; sie umfassen folgende Motivlagen: Entwicklung von Frauenkontakten, Ausübung bezahlter und unbezahlter Arbeit, aktive Schaffung von Kinderkontakten, Inanspruchnahme von Dienstleistungen und Kinderbetreuung, Verarbeitung von Orts- und Statuswechsel oder die Initiierung von Mütterpolitik.

Motiv (Mehrfachnennungen möglich)	Anzahl (n=130)	%
(1) Frauenkontakte	120	92,3
(2) Bezahlte und unbezahlte Arbeit	48	36,9
(3) Schaffung von Kinderkontakten	47	36,2
(4) Dienstleistungen	39	30,0
(5) Angebote für Kinder/Kinderbetreuung	34	26,2
(6) Orts- und Statuswechsel	14	10,8
(7) Mütterpolitik/Politische Arbeit	12	9,2
Insgesamt	314	241,6

Die Kommunikation der Frauen untereinander stellt – mit Unterscheidungen nach Inhalt und Form – *das* zentrale Motiv für die Nutzung der Mütterzentren dar: Sie ermöglicht Entlastung, Geselligkeit, Beratung und Erfahrungsaustausch im Sinne von Selbsthilfe zur Bewältigung von Problemsituationen und zur Kompetenzerweiterung. Hieran anknüpfend können Mütterzentren als Ort betrachtet werden, an dem Frauen aktiv Öffentlichkeit herstellen; Frauen schaffen sich durch die Gründung und Nutzung von Mütterzentren einen sozialen und materiellen Raum, der sich als Ort von *„Frauenöffentlichkeit"* (Klaus 1998) charakterisieren lässt.

Diese Frauenöffentlichkeit bildet die Basis, auf der sowohl *informelle* als auch *formelle* Netzwerke gebildet werden, in denen eine modernisierte Form von ehrenamtlicher sozialer Arbeit praktiziert wird und zwar im Sinne von Selbsthilfearbeit. Netzwerkbildung findet dabei auf unterschiedlichen räumlichen Ebenen (lokal, national, global[5]) statt und sie umfasst sowohl den Nahraum des Stadtteils als auch bundesweite oder internationale Aktivitäten (Habitat, Weltfrauenkonferenzen). So sind die bundesdeutschen Mütterzentren Mitglied in der global arbeiteten Organisation GROOTS (Grassroots Organisations Operating Together in Sisterhood), einem internationalem Netzwerk von Frauengruppen (vgl. Purushothaman/Jaeckel 2000).

Der Inhalt der Selbsthilfeaktivitäten bezieht sich auf spezifische soziale *Lebenslagen* und unterschiedliche *Lebensphasen*; ferner lassen sich zwei Hauptformen unterscheiden: Selbsthilfegruppen als organisiertes Angebot und Selbsthilfeaktivitäten (Wohlfahrt/Breitkopf 1995) durch das Konzept der offenen Arbeit. In Mütterzentren können sozialpsychologische und gesellschaftspolitische Antworten auf ambivalente mütterliche Lebensverhältnisse entwickelt werden, denn die Erfahrung von Differenz oder Diskriminierung birgt auch die Möglichkeit zur Erhöhung von Handlungsfähigkeit und zur Förderung von Empowermentprozessen (Stark 1996) bei der Suche nach Gestaltungsmöglichkeiten und Neudefinition von Mutterschaft in sich.

Die Analyse der Mütterzentren als Projekte zeigt, dass sich diese im Schnittfeld von Frauenbewegung und Selbsthilfebewegung befinden, wie dies insbesondere für die Projekte der neuen Frauenbewegung als „Feministische Öffentlichkeit" charakteristisch ist und es lassen sich Gemeinsamkeiten in den konzeptionellen Zielen mit der Frauenprojektebewegung in der Bundesrepublik feststellen: ein hierarchiearmer Umgang, keine Entmündigung durch Experten, Basisdemokratie, Betroffenheit, Ganzheitlichkeit oder Parteilichkeit. Darüber hinaus gibt es eine kleine Gruppe an Mütterzentrumsfrauen, die explizit das Motiv der politischen Arbeit zur Nutzung des Zentrums benennen. Hier wird sichtbar, dass damit in den Zentren auch das Potenzial gegeben ist, aus einer „Frauenöffentlichkeit" eine „Feministische Öffentlichkeit" herzustellen.

5 Vgl. auch den Beitrag von Ilse Lenz in diesem Band, in dem sie den Frauennetzwerken die Rolle von Pionierinnen beim Prozess der „Glokalisierung" zuschreibt.

4. Mütterzentren antworten auf die Ambivalenz mütterlicher Lebensverhältnisse

In Mütterzentren spiegeln sich einerseits mütterliche Lebensverhältnisse wider und zugleich werden diese durch die Nutzung der Zentren als Bestandteil einer alltäglichen Lebensführung von Frauen aktiv und nachhaltig beeinflusst. Mütterzentren sind ein Ort zur Verarbeitung von Ambivalenzerfahrungen und als soziale Bewegung „Produkt und Produzent von Modernisierung" (Rucht 1994) zugleich. Die Mütterzentrumsbewegung ist eine eigenständige Frauenbewegung und zugleich Teil einer Frauen(projekte)-bewegung und Selbsthilfebewegung in der Bundesrepublik Deutschland. In der Analyse dieser Wechselbeziehung wird die Modifizierung von Forderungen aus der neuen Frauenbewegung wie „Das Private ist politisch" oder die nach „Lohn für Hausarbeit" deutlich.

In den und *durch* die Mütterzentren wird ein Wandel kultureller Leitbilder, eine Anforderung zur Neudefinition und die Notwendigkeit zur Verabschiedung von Gewissheiten sichtbar. Es zeigt sich, dass das Konzept der „Hausfrau" ungeeignet ist, die alltägliche Lebensführung von Müttern adäquat zu erfassen. Junge Frauen mit Kindern beziehen sich in der Entwicklung von Identität und Selbstverständnis nicht mehr auf das traditionelle Leitbild der Hausfrau, sondern auf das einer modernen Mutter, die sich über Kinder und nicht über Haushalt definiert. Mit diesem Wandel im Selbstverständnis von Frauen und dem Schwerpunktwechsel von der Hausarbeit zur Mutterschaft lässt sich auch ein Wandel der Forderung nach „Lohn für Hausarbeit" feststellen. Mütterzentrumsfrauen fordern Bezahlung in direkter Form als Lohn und in indirekter Form als staatliche Sozialleistungen wie Kinder- und Erziehungsgeld. Die modifizierte Forderung aus der Frauenbewegung der Mütterzentren lautet heute eher „Lohn für Erziehungsarbeit".

Mutterschaft hat zudem eine Entgrenzung über den häuslichen Rahmen hinaus erfahren, sowohl durch die Anforderung einer aktiven „Herstellung von Kinderalltag" (Zeiher 1993), als auch durch die zunehmende Berufstätigkeit und Erwerbsarbeit von Müttern. Die Trennung zwischen Müttern als Hausfrauen und Nicht-Müttern als Berufsfrauen stellt ein Artefakt dar, dies wird auch durch den hohen Anteil (teilzeit-)erwerbstätiger Mütterzentrumsfrauen deutlich: Mütter tragen hierdurch zum Wandel des kulturellen Leitbildes der Hausfrau, der berufstätigen Frau und der Mutter bei.

Die Entgrenzung häuslicher mütterlicher Aktivitäten führt insbesondere für Mütterzentrumsfrauen zu der Erfahrung, dass das dualistische und hierarchische Konzept von „öffentlich" und „privat" der Beschreibung mütterlicher Lebensverhältnisse immer weniger gerecht wird. Die Formen öffentlicher Erziehung und öffentlicher multipler Mutterschaft in den Mütterzentren befördern somit die Entstehung einer definitorischen Neubestimmung der Bereiche von „privat" und „öffentlich". Diese Umverteilung unter Frauen mit Kindern fördert die Entstehung neuer Modelle von Mutterschaft, die dadurch zum Teil ihren ausschließlich privaten Charakter verliert und öffentlichere Formen annimmt. Auch hier könnte in Anlehnung an eine Forderung der neuen Frauenbewegung die modifizierte Aussage lauten: „Das Private ist öffentlich" oder „Öffentlich privat leben".[6] Dies trifft auf den Austausch über Körpererfahrungen mit Schwangerschaft und Geburt ebenso zu wie auf die Klärung von Erziehungsfragen oder die Entwicklung von Lebensplänen.

5. Veralltäglichung als Form neuer „ziviler Vergemeinschaftung"

Aktuelle Studien der Frauen- und Geschlechterforschung – dies wurde auch im Graduiertenkolleg sichtbar[7] – fokussieren stärker individuelle Folgen widersprüchlicher Modernisierungsprozesse. Hingegen verweist die Studie über Mütterzentrumsfrauen auch auf kollektive Verarbeitungsformen und Handlungsmöglichkeiten. Individualisierungsprozesse können Solidarisierungsprozesse beinhalten oder auch auslösen und tragen somit auch zum sozialen Wandel von Solidarität bei. Mütterzentren bieten für Frauen eine kollektive Strategie zur alltäglichen Lebensführung, die – wie Eva Nadai (1999) es für Mütterzentren in der Schweiz analysiert hat – als „neue Modelle organisierter Solidarität" und Formen von „ziviler Vergemeinschaftung" charakterisiert werden können. Dieses Ergebnis besitzt Relevanz für die Erklärung der zunehmenden Entstehung von Selbsthilfebewegungen als soziale Bewegungen.

Neben dem Ergebnis des sozialen Wandels von Solidarität wird in der Studie deutlich, dass die Analyse von Individualisierungsprozessen notwendigerweise über die Freisetzung *aus* Beziehungen und sozialen Bindungen hinaus durch die Perspektive einer Veränderung *in* Beziehungen – insbesondere der Mutter-Kind-Beziehung – ergänzt werden muss. Individualisierungsprozesse können auch beinhalten, dass Mütter „ein Stück eigenes Leben" im „Dasein für andere" (Beck-Gernsheim 1983) anstreben, und Mütterzentrumsfrauen – wenn auch nicht ausschließlich – ein „Stück eigenes Leben im Dasein mit ihren Kindern" als auch in kollektiver Gemeinschaft von Frauen realisieren und gestalten wollen.

6 So lautet die erste Kapitelüberschrift in der Veröffentlichung „Die Rückkehr des Lebens in die Öffentlichkeit. Zur Aktualität von Mütterzentren", welche vom Sozialpädagogischen Institut im SOS-Kinderdorf e.V. (2000, Neuwied) herausgegeben wurde.

7 Vgl. Kapitel „Subjektkonstitution und Handlungsspielräume" in diesem Band.

Jedoch ist kritisch festzuhalten, dass sich in Mütterzentren als einem relativ neuen Modell organisierter Solidarität bestätigt, dass Widersprüche aus dem Geschlechterverhältnis eher eine Delegation und Umverteilung „unter Frauen“ begünstigen und die Gründung von Mütterzentren als Frauenzentren fördern. In ihrer Studie über die „Die Arbeit des Alltags“ stellen Karin Jurczyk und Maria Rerrich (1993) fest, dass die „erfolgreichen“ Strategien in der alltäglichen Lebensführung von Frauen und Müttern weder das Verhältnis der Geschlechter noch die Organisation der Gesellschaft grundlegend berühren. Die neuen Anforderungen an Reproduktionsarbeit begünstigen nicht eine Gleichverteilung zwischen den Geschlechtern, sondern führen derzeit zur Umverteilung innerhalb der weiblichen Genusgruppe.

Mütterzentren befinden sich damit im Spannungsfeld zwischen Reproduktion und Wandel des Geschlechterverhältnisses. Sie bilden zugleich Orte zur Verarbeitung von Erfahrungen und Orte, an denen gesellschaftspolitische Antworten auf widersprüchliche mütterliche Lebensverhältnisse bei der Suche nach einer Neudefinition von Mutterschaft entwickelt werden können. Frauen fördern durch die Gestaltung und Nutzung von Mütterzentren eine kollektive Strategie in der alltäglichen Lebensführung, die nicht nur die Möglichkeit zur Bewältigung von Ambivalenzen in sich birgt, sondern auch das Potenzial, auf der Basis einer „Frauenöffentlichkeit“ eine „Feministische Öffentlichkeit“ zu schaffen, durch die Mutterschaft qualitativ neu bestimmt und ein sozialer Wandel im Geschlechterverhältnis möglich werden kann. Mütterzentren als Ausdruck einer Veralltäglichung von Frauenbewegung bilden Netzwerke von Müttern, die soziale und materielle Räume für Selbsthilfeaktivitäten, Netzwerkbildungen und Empowermentprozesse bieten.

Ruth Becker

Bewegtes Wohnen:

Zur Verräumlichung und Veralltäglichung von Frauenbewegung in Frauenwohnprojekten

1. Frauenwohnprojekte in den Anfängen der autonomen Frauenbewegung

„Kein Ort nirgends" – diese Metapher von Christa Wolf fasst die Vorstellungen der autonomen Frauenbewegung in der BRD der 70er Jahre über die (fehlende) Verortung von Frauen in patriarchalen Gesellschaften sehr treffend zusammen.

Kein Ort nirgends – das bezog sich sowohl auf die mangelnde Verortung von Frauen in der Öffentlichkeit bzw. im (männlich konnotierten) öffentlichen Raum als auch auf die fehlende eigenständige Verortung von Frauen im Privatbereich – in der sie zwar die „züchtige Hausfrau und Mutter der Kinder" sein durften, in der sie aber in aller Regel keinen eigenen Raum und keine Kontrolle über ihren eigenen Körper hatten.

Gegen diese Ortlosigkeit von Frauen Abhilfe zu schaffen, war von Anfang an ein Anliegen der zweiten deutschen Frauenbewegung. Sie schuf – zunächst in den Metropolen, dann auch in kleineren Städten – ausschließlich von Frauen kontrollierte öffentliche Räume, zunächst in Form multifunktionaler Frauenzentren, dann auch in Form speziellerer Einrichtungen wie Frauenbuchläden, Frauencafés, Frauenkneipen, Frauenkulturzentren und Frauendiscos. Bereits Ende der 70er Jahre gab es in 79 Städten exklusiv Frauen vorbehaltene öffentliche Räume der autonomen Frauenbewegung (Doderer 2000). Dort, wo es für eigene Frauenräume nicht ausreichte, gab (und gibt) es zumindest temporäre Frauenräume wie z.B. einmal im Monat stattfindende Frauendiscos in (vorwiegend linken) Zentren.

Gemessen an dieser in kurzer Zeit entstandenen Vielfalt öffentlicher Frauenräume waren die Aktivitäten zur Schaffung privater (exklusiver) Frauenräume weit bescheidener – mit einer Ausnahme: Mit großem Engagement setzten sich Aktivistinnen der autonomen Frauenbewegung für die Schaffung autonomer Frauenhäuser ein. Das sind allerdings, wie wir wissen, keine Einrichtungen, die dem frei gewählten, dauerhaften Zusammenwohnen und -leben von Frauen dienen, sondern (temporäre) Zufluchtsstätten für Frauen, die in ihrem Privatbereich (extremer) Gewalt ihrer (Ehe-)männer ausgesetzt sind[1]. Ich halte es für äußerst aufschlussreich, dass im bundesrepublikanischen Kontext unter einem „Frauenhaus“ kein Haus verstanden wird, in dem Frauen freiwillig und auf Dauer miteinander leben. War dies Anfang der Siebziger so undenkbar, dass der vieldeutige Begriff „Frauenhaus“[2] so unstrittig für die Zufluchtstätten für gewaltbedrohte Frauen benutzt (und damit einer anderen Verwendung faktisch entzogen) werden konnte?

Einige wenige Projekte, in denen Frauen versuchten, ihre „Verortung“ in der autonomen Frauenbewegung auch auf ihren Privatbereich auszudehnen, gab es allerdings schon in den 70er Jahren: Frauen schufen im Kontext öffentlicher Frauenräume private Wohnmöglichkeiten, z.B. in dem 1978 entstandenen, meines Wissens ersten städtischen Frauenwohnprojekt der zweiten Frauenbewegung „Sarah Café und Kulturzentrum von und für Frauen“, das in einem 5-geschossigen Mietwohngebäude aus der Gründerzeit im Stuttgarter Westen neben den Räumen für das Kulturzentrum auch Wohnraum für etwa 12 Frauen bot und immer noch bietet.

Auch wenn Wohnprojekte noch rar waren, diskutiert wurde in der autonomen Frauenbewegung auch über das Wohnen sehr intensiv. Nachzulesen ist das zum Beispiel in der Dokumentation der 4. Sommeruniversität der Frauen in Berlin 1979 (Dokumentationsgruppe 1981) sowie im 1980 erschienenen Heft 4 der „beiträge zur feministischen theorie und praxis“, in dem Autorinnen der Gruppe „Frauen, Steine, Erde“ sich unter dem Obertitel „Frauen, Räume, Architektur und Umwelt“ in verschiedenen Beiträgen intensiv mit Wohnungsfragen auseinander setzten. Darin ist eine grundlegende Kritik des Wohnungsbaus in der BRD enthalten, in dem Wohnungsgrundrisse üblich seien, die zwar dem „Reproduktionsbedürfnis des Mannes“ dienten, nicht aber den Raumbedürfnissen der sich viel häufiger und länger in den Wohnungen aufhaltenden Frauen sowie den Anforderungen an die (von Frauen geleisteten) Haus- bzw. Reproduktionsarbeit (Terlinden 1980). Dies führe, so die später noch detaillierter begründete These von Myra Warhaftig, zur „Unterdrückung der Frau durch die Wohnung“ (Warhaftig 1980), was die Wohnung zu einem „Emanzipationshindernis für die Frau“ mache (Warhaftig 1985). Vergleichbares gelte angesichts fehlender Infrastruktureinrichtungen (insbesondere zur Kinderbetreuung) auch für das Wohnumfeld, was Frauen zur „Verweigerung“ der Mutterschaft oder aber zum Wunsch nach einer „Rund-um-die-Uhr-Aufbewahrungsstätte“ für ihre Kinder veranlasse (Dörhöfer 1980: 43).

---

1 Wie wichtig diese Einrichtungen immer noch sind, zeigen die aktuellen Zahlen: Im Jahr 2000 wohnten immerhin 45 000 Frauen (mit ihren Kindern) für einige Zeit oder auch länger in einem der inzwischen 400 Frauenhäuser in der Bundesrepublik (Bundesregierung 1999).

2 Die im englischen Sprachraum üblichen Begriffe „women's refuge“ oder „women's shelter“, lassen im Gegensatz zum deutschen Begriff den Zufluchtscharakter der Einrichtungen für gewaltbedrohte Frauen deutlich erkennen.

Diesen 1980 veröffentlichten Analysen folgte 1981 der erste Schritt zur Tat: Mit einem Fauxpas bei einem Expertenhearing der Internationalen Bauausstellung (IBA) Berlin[3] legten der autonomen Frauenbewegung verbundene (feministische) Architektinnen, Planerinnen und Stadtsoziologinnen unter maßgeblicher Beteiligung der Autorinnen des genannten Hefts der „beiträge" den Grundstein für einen „Frauenblock" der IBA Berlin, in dem beispielhaft auf die Bedürfnisse von Frauen ausgerichtete Wohnungen gebaut werden sollten[4]. Im Wesentlichen waren damit die Forderungen für einen „frauengerechten" Wohnungsbau bereits zu Beginn der 80er Jahre formuliert:

Es ging um eine *Umverteilung* der Flächen für die unterschiedlichen Funktionen nach dem Prinzip: Mehr Raum für Frauen (und Kinder), mehr integrierter, gut belichteter und belüfteter zentraler Raum für Haus- und Reproduktionsarbeit in Wohnungen mit einem aufgewerteten, mit allen notwendigen Infrastruktureinrichtungen ausgestatteten und mit öffentlichen Verkehrsmittel optimal erschlossenen Wohnumfeld. Da (wie den feministischen Architektinnen und Planerinnen sehr klar war) dieses *Mehr* an Raum für Frauen, Kinder und Hausarbeit nicht einfach durch eine Vergrößerung der Wohnung geschaffen werden konnte, beinhalteten die Forderungen auch Vorschläge darüber, wo dieses Mehr herkommen sollte: Vom als „Männerbereich" angesehenen Wohnzimmer, das auch im sozialen Wohnungsbau immer repräsentativer geworden war und nach den für den Sozialen Wohnungsbau verbindlichen DIN-Normen als deutlich größtes Zimmer der Wohnung geplant wurde.

Die Forderungen der Fauxpas- bzw. FOPA-Frauen enthielten also durchaus ein revolutionäres Element. Es geht beim „Bauen für Frauen", dem späteren „frauengerechten Wohnungsbau", um weit mehr als darum, den Frauen die Erfüllung der ihnen zugeschriebenen Rolle zu erleichtern, wie Sabine Rebe 20 Jahre später kritisch meinte (Rebe 1999: 63). Es ging um eine *Umverteilung* von Räumen und damit darum, Frauen *mehr Raum* und vor allem *eigenen Raum* zuzugestehen – und zwar zu Lasten der Männer, mit denen sie zusammenlebten. Dieses Konzept beruhte auf der These, dass der eigene Raum – im Öffentlichen wie Privaten – eine wichtige Voraussetzung zur Emanzipation von Frauen ist. In diesem Sinne ist der „frauengerechte Wohnungsbau" durchaus als Teil des Projekts der „Raumaneignung" der autonomen Frauenbewegung zu verstehen. Noch zu klären ist allerdings

3 Diesem Fauxpas folgte kurze Zeit später die Gründung der FOPA, der Feministischen Organisation von Planerinnen und Architektinnen – zunächst in Berlin, dann in einer Reihe weiterer Städte der BRD.

4 Allerdings dauerte es weitere 10 Jahre, bis diese Forderung tatsächlich umgesetzt und die Architektinnen Myra Warhaftig, Zaha Hadid und Christine Jachmann von der IBA Berlin mit der Planung je eines Wohngebäudes beauftragt wurden.

die Frage, inwieweit diese Ansätze in den in den 90er Jahren realisierten Projekten tatsächlich umgesetzt wurden (siehe Abschnitt 3.5).

1981 wurde in Berlin allerdings nicht nur der Grundstein für das „frauengerechte Planen und Bauen" gelegt. Gleichzeitig wurden auch, wie sich manche noch erinnern wird, eine ganze Reihe (fast) leerstehender, zum Abriss vorgesehener alter Häuser besetzt. Im Rahmen des „Häuserkampfs" und der „Instandbesetzungen", an denen Frauen der autonomen Frauenbewegung maßgeblich beteiligt waren, wurden zwei Objekte, die „Schokofabrik" und das „Hexenhaus" ausschließlich von Frauen besetzt. Im ersten Fall entstand ein Wohngebäude mit 7 Mietwohnungen[5], einer Kindertagesstätte und einem Frauen-Stadtteilzentrum, im zweiten Fall ein Wohnhaus mit 23 Wohnungen im Eigentum der Bewohnerinnen. Beide Projekte – wie auch das bereits drei Jahre früher weit unspektakulärer, durch legale Anmietung eines zuvor als Bürogebäude genutzten Gründerzeitwohnhauses gegründete Wohn- und Arbeitsprojekt „Sarah Café und Kulturzentrum" in Stuttgart – bestehen bis heute, wenn auch zum Teil mit anderen Bewohnerinnen.

Bei diesen Projekten ging es nicht (wie beim „frauengerechten" Wohnungsbau) darum, dem Familienalltag von Frauen angemessene, die (Eigen)Interessen von Frauen unterstützende räumliche Bedingungen zu schaffen, sondern es ging und geht – zumindest im theoretischen Anspruch – um einen räumlichen Rahmen für eine umfassende Bezugnahme von Frauen auf Frauen, die weit über die letztlich punktuell bleibende Vernetzung von Frauen in den öffentlichen Räumen der Frauenbewegung, in den Zentren, Buchläden, Cafés und Projekten hinausgeht und auch den Privatbereich umfasst. Mit dieser umfassenden Bezugnahme wurde gleichzeitig die Grenze zwischen Öffentlichkeit und Privatheit – vor allem in den Wohnen und Arbeiten integrierenden Projekten – tendenziell aufgehoben. Zumindest dem Anspruch nach und oft auch in der gelebten Praxis, ging es nicht nur um die persönlichen Wohnverhältnisse, sondern auch um das Symbol und die politische Aktion, um „gelebte" Frauenbewegung, um ein umfassendes „Raumgreifen" von Frauen. Vergleichbare Ansätze sind auch in späteren autonomen Projekten zu finden.

In den Anfängen der autonomen Frauenbewegung wurden also gleichzeitig zwei Konzepte von „Frauenwohnprojekten" verfolgt: Zum einen die Projekte, die beispielhaft zeigen sollten, wie ein feministischer Wohnungsbau, der Frauen als Nutzerinnen in den Mittelpunkt stellt, für familiales Wohnen aussehen könnte – mit dem Ziel, diese Prinzipien flächendeckedurchzusetzen[6]. Zum zweiten gab es die Projekte, die Wohnraum von und ausschließlich für Frauen schaffen wollten.

---

5 Im Eigentum einer gemeinnützigen Wohnungsbaugesellschaft.

6 Aus diesem Grund hielten es die Fauxpas-FOPA-Frauen für so wichtig, gerade bei der Internationalen Bauausstellung (deren wichtigste Aufgabe es war, neue Baukonzepte vorzuführen und zur Nachahmung anzuregen) einen Frauenwohnblock durchzusetzen.

Beide Konzepte waren bereits Ende der 70er, Anfang der 80er Jahre entwickelt und in ersten Projekten umgesetzt – meist unter maßgeblicher Beteiligung feministischer Architektinnen, sowohl als Initiatorinnen als auch als Bewohnerinnen. Ein Durchbruch für die Frauenwohnprojekte allerdings kam erst in den 90er Jahren, als eine Reihe von Projekten beider Projekttypen realisiert werden konnten.

2. Die wohnungspolitischen Diskussionen der alten Frauenbewegung und ihre Modifikationen in der autonomen Frauenbewegung

Die sehr facettenreiche Diskussion der ersten deutschen Frauenbewegung über die „Wohnungsfrage" blieb nicht nur, wie so viele Beiträge von Frauen in allen Wissenschafts- und Politikbereichen, in der durchaus umfangreichen main/malestream-Literatur über „Wohnreform" und „Neues Bauen" lange Zeit unbeachtet, sondern auch in der bau- und planungsbezogenen Frauenforschung. Es ist vor allem das Verdienst von Ulla Terlinden und ihren Mitarbeiterinnen Susanne Grieser und Bettina Roß, diesen blinden Fleck durch eine umfangreiche Zeitschriftenanalyse erhellt zu haben (Terlinden u.a. 1999)[7].

In den Zeitschriften der alten Frauenbewegungen wurden demnach folgende Themenfelder diskutiert.[8]

- die Beiträge der Frauenbewegung zur Behebung der Wohnungsnot, insbesondere die besondere Eignung von (qualifizierten) Frauen für Tätigkeiten in der Wohnungsfürsorge, die der polizeilichen Wohnungsaufsicht den kontrollierenden Charakter zugunsten der fürsorglichen bzw. helfenden Unterstützung und Beratung nehmen und zugleich Berufsmöglichkeiten für Frauen schaffen sollte
- die Rationalisierung der Hauswirtschaft entweder durch eine Wohnungsplanung, die die Hausarbeit unterstützt bzw. erleichtert (z.B. mit Hilfe der „Frankfurter Küche"), oder durch eine Zentralisierung und Kollektivierung der Hausarbeit („Zentralhaushalt" und „Einküchenhaus")
- die Schaffung von Wohnraum für die berufstätige, unverheiratete Frau[9] als Alternative zu den bis dato fast ausschließlich bestehenden Möglich-

---

7 Die bereits 1995 von Regina Mentner fertiggestellte Arbeit über das Engagement der deutschen Frauenbewegung in der Wohnungspolitik 1871-1933 blieb leider unveröffentlicht (siehe Mentner 1995).

8 Die folgende Darstellung basiert auf der Studie von Terlinden u.a. 1999.

keit des Wohnens in möblierten Zimmern oder in der Herkunftsfamilie bzw. der Familie (männlicher) Verwandter

Bereits in der ersten (deutschen) Frauenbewegung finden wir also im Prinzip die Aspekte wieder, die (weitgehend ohne Kenntnis dieser Diskussion) auch in der zweiten (autonomen) Frauenbewegung (in Westdeutschland) wieder eine Rolle spielten, auch wenn sich die jeweiligen Lösungsansätze entsprechend der unterschiedlichen historischen Kontexte deutlich unterscheiden: Die Zentralisierung der Hauswirtschaft spielt in der zweiten deutschen Frauenbewegung keine Rolle mehr – ganz im Gegenteil: Im „frauengerechten Wohnungsbau" rückt die Küche in den Mittelpunkt der Wohnung, sie wird teilweise (wieder) zum Allzweckraum, während das insbesondere von Lily Braun propagierte Konzept des Zentralhaushalts Wohnungen ohne Küche vorsah, sollte doch die Essensversorgung aus der mit allen modernen Maschinen ausgestatteten zentralen, für das ganze Haus zuständigen, von bezahlten Arbeitskräften bewirtschafteten Großküche kommen.

Räumlich gesehen stehen sich diese Ansätze also diametral gegenüber – vom Ziel her allerdings sind sie durchaus vergleichbar: In beiden Fällen geht es darum, Frauen von Haushaltsführung und Reproduktionsarbeit zu entlasten – durch bezahlte Dienstkräfte bei Lily Braun, durch „in die Mitte rücken" bzw. „sichtbar und dadurch für alle Haushaltsmitglieder zugänglich machen" beim frauengerechten Wohnungsbau. Gewissermaßen, so könnte die Parallele interpretiert werden, hat sich also Klara Zetkin posthum durchgesetzt, die die Vorschläge von Lily Braun heftig kritisierte und ihr unter anderem vorwarf, selbst Ausbeutung zu betreiben, indem sie die „Hausarbeit und Kinderbeaufsichtigung für 50-60 Familien auf eine Wirtschafterin und ein bis zwei Küchenmädchen und ein Kindermädchen abwälzen" wolle (Mentner 1995: 108, in Zusammenfassung der Argumentation von Klara Zetkin). Tatsächlich ist eine Kommerzialisierung bzw. Professionalisierung der Hausarbeit mit Hilfe familienfremder Arbeitskräfte[10] mit den egalitären Vorstellungen der autonomen Frauenbewegung der 70er und 80er Jahre kaum vereinbar. Gewissermaßen in einer modernen Version der genannten Kritik von Klara Zetkin[11] wird z.B. heute immer wieder kritisiert, dass sich

9 Nach Ulla Terlinden u.a. waren sich „bis in die zwanziger Jahre hinein große Teile der alten Frauenbewegung einig, dass Beruf und Familie nicht zu vereinbaren seien und die Frauen sich daher entscheiden müssten, ob sie einen Beruf oder eine Familie haben wollten" (Terlinden u.a. 1999: 19).

10 Zwar gab es im Kontext der „Lohn-für-Hausarbeits-Debatte" auch eine Diskussion über die Professionalisierung der Hausarbeit, doch dabei ging es immer um die Professionalisierung und Bezahlung der Hausfrau, nicht um die Bezahlung fremder Arbeitskräfte.

11 Allerdings stand im Zentrum der Kritik von Klara Zetkin an Lily Braun der Vorwurf, die Forderung nach Wirtschaftsgenossenschaften halte das Proletariat vom Kampf gegen Kapitalismus und Staat ab und nähre die Illusion einer Reformierbarkeit des Kapitalismus. Eine Auflösung von Einzelhaushalten und eine zentrale Versorgung könne es erst im Sozialismus geben (siehe dazu Terlinden u.a. 1999: 28ff).

qualifizierte Frauen ihre „Vereinbarkeit" weniger durch die egalitäre Teilung der Hausarbeit mit ihrem Partner als durch die Beschäftigung minderbezahlter benachteiligter Frauen, insbesondere Migrantinnen, entledigen und damit rassistisch handeln.

Dass andererseits der alternative Lösungsvorschlag der zweiten deutschen Frauenbewegung, die *„Zentrierung"* der Küche als dem primären Ort der Hausarbeit in der „frauengerechten" Wohnung, nicht notwendigerweise zur egalitären Aufteilung (oder überhaupt nur zur nennenswerten Teilung) der Reproduktionsarbeit zwischen den Geschlechtern führt, bringt (möglicherweise von den gleichen Autorinnen, die die Beschäftigung von Hausarbeiterinnen als rassistisch und/oder „klassistisch" kritisieren) dem frauengerechten Wohnungsbau den Vorwurf ein, Frauen die Erfüllung ihrer Rolle zu erleichtern und sie darin festzuhalten und so zur „Modernisierung patriarchaler Verhältnisse" beizutragen (Rebe 1998: 63).

Auch die andere Lösung der alten Frauenbewegung zur Hausarbeitsfrage, die rationalisierte Küche, scheint auf den ersten Blick nichts mit den Konzepten der autonomen Frauenbewegung zum frauengerechten Wohnungsbau zu tun zu haben. Im Gegenteil, die von der Wiener Architektin Gretel Schütte-Lihotzky entwickelte und im Wohnungsbau der zwanziger Jahre in Frankfurt erstmals erprobte „Frankfurter Küche" gilt geradezu als Wegbereiterin jener nach dem zweiten Weltkrieg in der BRD (nicht nur) im Sozialen Wohnungsbau flächendeckend realisierten „Zeilenküche", die Hausfrauen isoliert und die für feministische Architektinnen geradezu der Inbegriff eines die Interessen von Frauen völlig missachtenden Wohnungsbaus ist.

Eine solche Sichtweise verkennt allerdings den progressiven Charakter, den die „Frankfurter Küche" im historischen Kontext hatte. Richtig ist zwar, dass die „Frankfurter Küche" die Zuständigkeit von Frauen für die Hausarbeit nicht in Frage stellte, gleichwohl aber einen Beitrag zur „Vereinbarkeit von Familie und Beruf" durch die Rationalisierung der Hausarbeit mit Hilfe vieler – zum Teil ökologisch interessanter – ausgeklügelter Details[12] leisten wollte. Die Literatur, die diesen Ansatz pauschal als unemanzipatorisch abwertet, lässt meines Erachtens außer Acht, wie aufwendig und arbeitsintensiv die Haushaltsführung zu Zeiten der Erfindung der Frankfurter Küche im allgemeinen war. Wenn vor allem der in der Frankfurter Küche ursprünglich verankerte Gesichtspunkt der Reduzierung der Arbeit von Frauen im Haushalt gesehen wird, kann auch von der Frankfurter Küche eine Linie zum frauengerechten Wohnungsbau der 90er Jahre gezogen werden, auch wenn die räumlichen Lösungen sich diametral gegenüberstehen.

Auch beim zweiten Ansatz, den Frauenwohnprojekten im engeren Sinne, gibt es auf den ersten Blick große Unterschiede zwischen der alten und

---

12 So enthielt die Frankfurter Küche zum Beispiel eine ohne Energiezufuhr arbeitende „Kochkiste", in der vorbereitetes Essen über mehrere Stunden warm gehalten werden konnte.

der autonomen Frauenbewegung. Der autonomen Frauenbewegung ging und geht es weder um „Ledigenheime" oder „Damenwohnungen" noch um Wohnheime für Postbotinnen, Lehrerinnen, Kellnerinnen oder verwitwete Rentnerinnen, schon gar nicht kombiniert mit einem professionellen Versorgungsbetrieb, den z.B. Hedwig Schwarz mit ihrem Hinweis forderte, es sei eine Zumutung für berufstätige Frauen, „nach der Berufsarbeit noch zu kochen, waschen, scheuern und bügeln, statt wie der berufstätige Mann die Freizeit ausschließlich der Erholung und der Weiterbildung zu widmen (Schwarz, zitiert nach Terlinden u.a. 1999: 20). Von der autonomen Frauenbewegung angestrebt werden vielmehr Wohnprojekte für alle Frauen (mit und ohne Kinder), die frauenzentriert leben wollen, unabhängig von Beruf und Einkommen und vor allem nicht mit Heimcharakter.

Trotzdem bestehen deutliche Parallelen: In beiden Fällen ging und geht es (auch) um Frauengemeinschaften und es ging und geht darum, gesellschaftlich nicht anerkannten (oder gar verunmöglichten) Lebensformen Raum zu schaffen und diesen Lebensformen ein eigenständiges, selbstbestimmtes Wohnen zu ermöglichen. Für die alte Frauenbewegung war eine solche Lebensform das Alleinleben von Frauen, das „ledig" bleiben, das bisher nur im Schatten und unter der Kontrolle der Herkunftsfamilie oder (männlicher) Verwandter oder aber in „elenden" möblierten Zimmern möglich war[13]. Gemessen an diesen „Alternativen" waren die Frauenwohnheime und Damenwohnungen ohne jeden Zweifel ein emanzipatorischer Fortschritt.

Wenn wir die Ledigenheime vor allem als Beitrag zur Ermöglichung bzw. räumlichen Unterstützung gesellschaftlich nicht anerkannter bzw. nicht vorgesehener Lebensformen verstehen, so finden diese auch in den Wohnprojekten für Alleinerziehende eine aktuelle Entsprechung. Auch in diesen Projekten geht es (zumindest teilweise) um Frauengemeinschaft – vor allem aber darum, einer (fast) ausschließlich von Frauen gewählten Lebensform adäquate Wohnmöglichkeiten zu bieten. Zwar ist es alleinerziehenden Frauen heutzutage prinzipiell durchaus möglich, eine Wohnung eigenständig anzumieten, doch sind sie auf Grund ihres oft sehr geringen finanziellen Spielraums und auch angesichts anhaltender Diskriminierung seitens der Vermieter nachgewiesenermaßen in besonderem Maße auf Sozialwohnun-

---

13 Dass das Alleinleben von Frauen auch noch in der Nachkriegszeit keineswegs selbstverständlich war, sondern allenfalls als vorübergehend, dem kriegsbedingten „Frauenüberschuss" geschuldet angesehen wurde, belegt beispielsweise die Tatsache, dass bei der Festlegung des „rechnerischen Wohnungsdefizits", die für die Freigabe der Mieten im Rahmen des sogenannten Abbaugesetzes von 1960 notwendig war, nur 50% der Einpersonenhaushalte als Haushalte mit einem eigenen Wohnungsbedarf gewertet wurden – für die andere Hälfte war weiterhin die Untermiete als Wohnform vorgesehen.

gen angewiesen[14]. Dort jedoch finden sie auf Grund eines fatalen Zusammenwirkens von Wohnungszuschnitt und Belegungsrichtlinien keine angemessenen, ausreichend Raum bietenden Wohnungen. Hiergegen versuchen die Wohnprojekte für Alleinerziehende Abhilfe zu schaffen – inwieweit ihnen das gelingt, steht allerdings auf einem anderen Blatt (siehe dazu Abschnitt 3.3).

Prinzipiell jedoch können wir feststellen: Unter dem Blickwinkel der Wohnreform, d.h. der Berücksichtigung der Wohn- und Raumbedürfnisse für neue Lebensformen von Frauen, können meines Erachtens sowohl die autonomen Frauenprojekte als auch die Alleinerziehendenprojekte als eine Weiterentwicklung der Ledigenheime der ersten deutschen Frauenbewegung angesehen werden.

3. Frauenwohnprojekte in der BRD zum Ausgang des Jahrtausends

3.1. Definition, Typisierung

Schien die Definition öffentlicher Frauenräume in den 70er Jahren noch leicht, („von Frauen für Frauen“), so fällt nicht erst seit der postmodernen Verunsicherung der Eindeutigkeit des Begriffs „Frau“ die Definition eines „Frauenwohnprojektes“ heute weitaus schwerer. Denn Wohnprojekte „von Frauen für Frauen“ sind auch im Jahr 2000 im städtischen Raum in der BRD eine große Seltenheit, selbst wenn die Bedingung „von Frauen“ auf die Organisatorinnen und Initiatorinnen beschränkt und nicht auf die Eigentumsfrage ausgedehnt wird (sonst wäre selbst die berühmte „Schokofabrik“ in Berlin kein echtes Frauenwohnprojekt, da das Gebäude einer Berliner Wohnungsbaugesellschaft gehört).

In einem am Fachgebiet Frauenforschung und Wohnungswesen in der Raumplanung der Universität Dortmund durchgeführten Projekt, das die 1978-1998 entstandenen bzw. konzipierten städtischen[15] Frauenwohnprojekten (Becker 2001) erfasste und dokumentierte, haben wir deshalb eine weitergehende Definition verwandt. Unter Frauenwohnprojekten verstehen wir solche Wohnprojekte, die:

- sich selbst als „Frauenwohnprojekte“ definieren oder

14 Dies belegt sehr eindrücklich die im Auftrag des Bundesbauministeriums gefertigte Studie „Auf Sozialwohnungen angewiesen“ (Bundesministerium für Raumordnung, Bauwesen und Städtebau 1990).

15 Projekte im ländlichen Raum sind nicht in die Dokumentation einbezogen worden.

- sich ausschließlich an Frauen richten oder
- explizit einen Beitrag zur Lösung der Wohnungsprobleme von Frauen in spezifischen Lebenslagen (z.B. alleinerziehende oder alte Frauen) leisten wollen oder
- die spezifischen Nutzungsinteressen von Frauen explizit in den Mittelpunkt ihrer Projektplanung und -umsetzung stellen.

Unter einem Wohnprojekt verstehen wir dabei ein Ensemble von räumlich zusammenhängenden Wohnungen, deren Nutzung auf der Grundlage eines gemeinsamen Konzepts des dauerhaften, selbständigen Wohnens[16] entwickelt wurde. Es kann sich also bei Wohnprojekten sowohl um Neubauten wie auch um (modernisierte) Altbauten oder um umgenutzte gewerbliche Flächen handeln. Offen bleibt auch, ob sich die Nutzerinnen vorher in einer Gruppe zusammengefunden haben oder ob das Konzept von Initiatorinnen entwickelt wurde, die nicht in das Projekt einziehen.

Unsere Definition wirft zweifellos Abgrenzungsprobleme auf. Schwierig ist zum einen die Abgrenzung zum „kindgerechten" Bauen, da nicht nur im Verständnis der InitiatorInnen und OrganisatorInnen solcher Projekte eine hohe Affinität der Interessen von Frauen und Kinder bezüglich ihrer Anforderungen an Wohnung und Wohnumfeld besteht. (Nicht zufällig wird deshalb einerseits das „kindgerechte" Bauen oft als „frauengerecht" bezeichnet und andererseits werden unter „frauengerechten" Wohnbedingungen von vielen insbesondere solche verstanden, die gute räumliche Voraussetzungen für die Versorgung und Betreuung von Kindern bieten). Im Prinzip haben wir Projekte des „kindgerechten" Bauens nicht in unsere Dokumentation aufgenommen, mit Ausnahme der wenigen Projekte, die sich zwar „kindgerecht" nennen, aber alle wesentlichen Kriterien des „frauengerechten" Bauens aufweisen.

Abgrenzungsprobleme bestehen auch gegenüber den Projekten, die das Alleinerziehen in den Mittelpunkt ihrer Projektidee stellen und sich zumindest formal an Alleinerziehende beiderlei Geschlechts richten. Wir haben diese Projekte in der Regel in unsere Dokumentation aufgenommen, weil sie aus den bekannten Gründen de facto meist Frauenwohnprojekte sind. Vergleichbares gilt auch bei den Projekten für ältere und alte Frauen – auch hier bleiben Frauen nicht nur aus demografischen Gründen meist unter sich, selbst wenn sie dies nicht von Anfang an geplant haben[17].

---

16 Projekte des „betreuten" Wohnens wurden entsprechend dieser Definition nicht in die Dokumentation einbezogen, da bei diesen das Kriterium der Dauerhaftigkeit und/oder der Selbständigkeit fehlt.

17 So betonen z.B. die Bewohnerinnen des Alten-Wohnprojekts in Göttingen, dass sie prinzipiell auch für Männer offen seien, sich jedoch kein Mann gefunden habe, der die Voraussetzungen für den Einzug in das Projekt – die Bereitschaft zur Übernahme der Eigenverantwortung für die Gestaltung des Alltags (Selbstversorgung) erfüllen wollte. Dieses Projekt haben wir selbstverständlich in unsere Dokumentation aufgenommen.

Auf der Grundlage dieser Definition haben wir in der BRD für den Zeitraum 1978-1998 insgesamt 39 fertiggestellte und 6 in Vorbereitung bzw. Bau befindliche Frauenwohnprojekte gefunden. Einen Anspruch auf Vollständigkeit erhebt die Dokumentation nicht, insbesondere bei den noch weit von der Realisierungsphase entfernten Projekten sind uns sicherlich auch nicht annähernd alle bekannt geworden[18]. Unter den insgesamt 45 Projekten sind

- 13 Frauenwohnprojekte im engeren Sinne, also Projekte „von Frauen für Frauen" initiiert und selbst verwaltet. Dominantes Ziel dieser Projekte ist – so die Selbstdarstellungen – die Förderung des Zusammenlebens frauenorientierter Frauen. Diese Projekte bezeichnen wir als „autonome Frauenwohnprojekte". Von den 13 Projekten sind 8 realisiert und 5 in Vorbereitung oder im Bau.
- 18 Wohnprojekte für alleinerziehende Frauen. Davon wenden sich 7 Projekte ausschließlich an (alleinerziehende) Frauen, während die übrigen 11 zumindest formal auch alleinerziehende Männer und/oder (kinderreiche) Familien einbeziehen, aber einen Schwerpunkt auf alleinerziehende Frauen legen. Diese 18 Projekte sind alle fertiggestellt.
- 3 Wohnprojekte für ältere und alte Frauen, davon sind 2 fertiggestellt.
- 11 Wohnprojekte des „frauengerechten Wohnungsbaus", das sind Projekte, die in aller Regel von Frauen initiiert wurden oder unter maßgeblicher Beteiligung von Frauen entstanden sind und sich zum Ziel gesetzt haben, modellhaft die Kriterien des „frauengerechten Wohnungsbaus" umzusetzen. Alle 11 Projekte sind fertiggestellt.

Diese Typisierung ist nicht ausschließend zu verstehen, vielmehr greifen viele Projekte Elemente der anderen Projekttypen auf. Insbesondere berücksichtigen fast alle Projekte zumindest einzelne Kriterien des „frauengerechten" Wohnungsbaus, auch gehören Alleinerziehende nicht nur bei den Alleinerziehendenprojekten zur Zielgruppe, sondern werden auch bei anderen Projekten ausdrücklich mitgenannt. Trotz dieser Vielfalt ist dennoch in aller Regel eine klare Schwerpunktsetzung zu erkennen, nach der wir die Zuordnung zu den Projekttypen vorgenommen haben.

Als Informationsquellen für unsere Projektdokumentation dienten uns:

- Selbstdarstellungen der Projekte in Flugblättern, Broschüren und sonstigen Materialien
- Veröffentlichungen über die Projekte in Zeitungen, Zeitschriften und sonstigen Publikationen
- Pläne und Baubeschreibungen

18 Neben den 45 dokumentierten Projekten sind uns noch einige wenige bekannt geworden, die explizit nicht in unsere Dokumentation aufgenommen werden wollten – ein Wunsch, den wir zwar bedauert, aber selbstverständlich respektiert haben.

- die Antworten auf eine von uns durchgeführte schriftliche Befragung der Initiatorinnen oder Kontaktpersonen der Projekte.

Unser Informationsstand über die einzelnen Projekte schwankt zwischen hervorragend und mäßig. Im Ganzen reichen die Informationen jedoch aus, um einige verallgemeinernde Aussagen zu machen.

Im Folgenden sollen die wichtigsten Ziele, aber auch die Probleme der einzelnen Projekttypen beschrieben und miteinander verglichen werden.

3.2. „Autonome" Frauenwohnprojekte

Die ersten der in unserer Dokumentation insgesamt erfassten 13 „autonomen" Frauenwohnprojekte[19] entstanden, wie bereits erwähnt, Ende der 70er, Anfang der 80er Jahre in Altbauten, die mit viel Eigenleistungen der Bewohnerinnen modernisiert oder aus Fabrik- bzw. Büronutzungen um- bzw. rückgewandelt wurden. Auch das zeitlich als nächstes folgende Projekt „Magdalena K." in Hamburg aus dem Jahr 1988, das ebenfalls aus einer Hausbesetzung hervorging, sowie das einzige von uns entdeckte autonome Projekt in Ostdeutschland, „Amanda" in Rostock sind im Altbau entstanden, zwei weitere (Frankfurt und Bremen) sind im Bau. An Wohnungsneubau wurde von Initiatorinnen autonomer Projekte offenbar erst in den 90er Jahren gedacht – realisiert werden konnten bisher nur 3 Projekte in Hamburg (fertiggestellt zwischen 1996 und 1999), dagegen bemühen sich Feministinnen in München und Berlin zum Teil schon seit vielen Jahren mit viel Engagement um die Realisierung ihrer Neubauprojekte, ohne diese bisher fertig stellen bzw. beginnen zu können. Völlig offen ist die Realisierung beim Projekt Lesboville in Bochum, das sich nun auch schon seit 1995 regelmäßig trifft.

Kern der autonomen Frauenwohnprojekte ist das Zusammenleben von Frauen sowie die Schaffung von Wohnraum „in Frauenhand". Bei den autonomen Frauenwohnprojekten geht es also um eine der Schaffung öffentlicher Frauenräume gewissermaßen analoge „Verortung" von Frauen, um eine „Verräumlichung" von Frauenbewegung im Privatbereich. Dass dies, abgesehen von den wenigen frühen Projekten, erst in den 90er Jahren, also zu einem Zeitpunkt, da die öffentlichen Frauenräume der Siebziger zum Teil längst wieder verschwunden sind, offensiver angegangen wurde, hat nicht nur mit finanziellen Restriktionen und organisatorischen Schwierigkeiten (siehe Abschnitt 3.6) zu tun, sondern auch mit der Tatsache, dass Wohnprojekte, die primär auf das Zusammenleben von Frauen orientiert sind, sich gegen jenen Aspekt „patriarchaler" bzw. geschlechtshierarchischer Gesellschaften richten, der in der autonomen Frauenbewegung von Beginn an

---

19 Das ist im Vergleich zu den Frauenwohnprojekten der alten Frauenbewegung eine äußerst bescheidene Zahl, fanden doch Terlinden et al. eine „schier endlosen Reihe" von Hinweisen auf Wohnungen und Heime für alleinstehende Frauen (Terlinden u.a. 1999: 22).

zwar immer wieder heftig diskutiert, aber letztlich doch nicht so selbstverständlich in den Kanon der allgemein anerkannten Kritikpunkte aufgenommen wurde wie beispielsweise die geschlechtshierarchische Arbeitsteilung: Die *Heteronormativität* oder *Zwangsheterosexualität*.

Die autonome Frauenbewegung war zwar von Beginn an ein bevorzugter Ort des „coming out" von Lesben, auch zeigten die lesbischen Frauen innerhalb der Bewegung ihre Lebensweise in aller Regel offen und manchmal auch demonstrativ und zitierten nicht selten jenen berühmten Satz von Jill Johnston „Feminismus ist die Theorie, Lesbianismus ist die Praxis" (Jill Johnston 1976). Allerdings wurden diese Diskussionen letztlich immer wieder zugunsten der „Einheit" der autonomen Frauenbewegung und der Offenheit für alle Frauen unabhängig von ihrer individuellen Lebensweise relativiert – ein Kompromiss, der wohl nicht mehr tragbar gewesen wäre, hätte die autonome Frauenbewegung die Schaffung privater Frauenräume von Anfang an zu einem ihrer zentralen Aktionsfelder erkoren. Bei einer solchen Akzentuierung der Aktivitäten der autonomen Frauenbewegung wäre meines Erachtens nicht nur die Frage der persönlichen Vorstellungen und Vorlieben noch intensiver zu diskutieren gewesen. Auch der Aspekt der Heteronormativität der bundesrepublikanischen Gesellschaft wäre zwangsläufig weit mehr in den Mittelpunkt feministischer Theoriebildung gerückt, als dies lange Zeit der Fall war.

Wie wenig selbstverständlich die explizite Thematisierung dieser Seite der Geschlechterhierarchie auch heute noch ist, zeigt die Tatsache, dass auch im Jahr 2000 nur ein einziges der von uns erfassten Wohnprojekte sich bereits durch die Namensgebung explizit als Lesbenprojekt zu erkennen gibt (Lesboville in Bochum) – und es mag als Zufall ansehen, welche will, dass dieses Projekt in den 5 Jahren seines Bestehens bisher der Realisierung am wenigsten nahe gekommen ist. Alle anderen autonomen Projekte nennen zwar Lesben als Zielgruppe (und unterscheiden sich damit von allen anderen Frauenwohnprojekten) sind aber ausweislich ihrer Projektbeschreibungen immer auf „alle" Frauen ausgerichtet – allerdings ausschließlich auf Frauen, wodurch zumindest heterosexuell aktive Frauen (die dies in ihrem Wohnbereich leben wollen) de facto ausgeschlossen werden. Inwiefern hinter dieser Zurückhaltung immer noch die Angst vor gesellschaftlicher Diskriminierung und darauf aufbauender Minderung von Subventionschancen steckt oder eher das aus den Anfängen der Fraubewegung stammende Bestreben, keine Frau auszuschließen, kann hier nicht abschließend beurteilt werden. Zumindest aber entspricht dies – wie Agnes Senganata Münst am Beispiel der Öffentlichkeit der autonomen Frauenbewegung in einer bundesrepublikanischen Großstadt nachgewiesen hat (Münst 1998) – der Praxis, die auch in Frauenprojekten des öffentlichen Raums zu finden ist: Die lesbische Lebensweise bleibt alles in allem gesehen doch ein randständiges Thema.

Der umfassende Anspruch der autonomen Projekte zeigt sich auch darin, dass sich die Ziele nicht auf die Realisierung eines „frauenzentrierten“ Wohnens beschränken. Einige der Projekte sind z.B. explizit ökologisch orientiert. So wurde z.B. in der „Schokofabrik“ (gelegen in einem der am dichtesten besiedelten Stadtteile der Bundesrepublik, Berlin-Kreuzberg) in allen Wohnungen eine Bio-Toilette eingebaut (die Dünger für das Dachgewächshaus liefern sollte). Das Frauenwohnprojekt betrat damit, quasi nebenbei, absolutes ökologisches Neuland im bundesrepublikanischen städtischen Wohnungsbau. Zwar scheiterte das Experiment letztlich an den technisch bedingten zu rigiden Anforderungen an die Benutzung der Anlage, doch war das Frauenprojekt mit diesem Versuch nicht nur ökologisch sensibel, sondern wegweisend. Eine explizit ökologische Komponente haben auch die Hamburger Neubauprojekte, die sich am autofreien bzw. autoarmen Wohnen beteiligen. Hervorzuheben ist darüber hinaus die soziale Orientierung vieler autonomer Projekte: Insbesondere bei den aus Hausbesetzungen hervorgegangenen Projekten ist der Erhalt preiswerten Wohnraums ein zentraler Aspekt, für den (in Form baulicher Selbsthilfe) Erhebliches getan wird – nicht zuletzt, um die Projekte durch günstige Mieten auch für Frauen mit geringem Einkommen offen zu halten.

Über die Verbesserung der Wohnsituation der Nutzerinnen hinaus erlangen die autonomen Frauenprojekte gesellschaftliche Bedeutung durch die Schaffung eines exklusiv Frauen vorbehaltenen Wohnraums, quasi als „steingewordener“ Ausdruck des Anspruches von Frauen auf ein selbstbestimmtes Leben jenseits der Geschlechterhierarchie, die unsere Gesellschaft charakterisiert. Das gilt zwar – streng genommen – auch für jede Wohnung, die Frauen allein oder zu mehreren bewohnen (wobei zu fragen ist, ob die Selbstverständlichkeit, mit der dies inzwischen in der BRD geschieht, nicht erst durch die Aktivitäten der autonomen Frauenbewegung möglich geworden ist[20]), doch unterscheiden sich hiervon Frauenwohnprojekte zumindest in einem Punkt: Das Wohnen von Frauen außerhalb familialer Bezüge kann hier weder als vorübergehende, unfreiwillige Wohnform noch als Ausdruck von Individualisierung interpretiert bzw. als Zeichen der Entwicklung zur Ego- bzw. hedonistischen Gesellschaft missdeutet werden. Denn das Wohnen in autonomen Frauenwohnprojekten ist eindeutig gemeinschaftlich orientiert und gleichzeitig gelebter Ausdruck der These, dass Gemeinschaftlichkeit nicht in einem (geschlechts-) hierarchischen Kontext möglich ist.

20 Wie wenig selbstverständlich zumindest das Alleinleben jüngerer Menschen für die Wohnungspolitik immer noch ist, zeigt zum Beispiel die Tatsache, dass alleinlebenden jungen Menschen in Zeiten knappen Wohnungsangebots in vielen Städten keine Dringlichkeit ihres Wohnungsbedarfs bescheinigt wurde, wobei teilweise Alleinlebende bis zu 40 Jahren als ‚jung“ galten. Inzwischen sind diese (kommunalen) Regelungen angesichts der partiellen Entspannungen auf dem Wohnungsmark zwar weitgehend entschärft worden. Wie tragfähig dies ist, wird sich allerdings erst bei der nächsten Wohnungsknappheit erweisen.

Dass eine nicht nur partielle, sondern mehr oder weniger umfassende Bezugnahme auf Frauen längst noch keine Selbstverständlichkeit ist, zeigen die vielfältigen Rückschläge dieser Projekte bei der Grundstückssuche, bei der Beschaffung von Eigenkapital und sonstigen Finanzierungsmitteln, die dazu führen, dass die Vorbereitungsdauer autonomer Projekte im Schnitt deutlich länger ist als bei allen anderen Projekttypen. „Sechs Frauen im heiratsfähigen Alter in einem Haus zusammen. Das ist doch nicht normal" – diese Aussage einer SPD-Politikerin zum autonomen Frauenwohnprojekt „Magdalena K." in Hamburg (Huke-Schubert 1991: 25) zeigt, wie wenig die „Verräumlichung" von Frauenbezügen im Vorstellungsbereich von Politik und Gesellschaft liegt. Das Zitat ist zwar zwischenzeitlich 10 Jahre alt, kann jedoch nach meinem Eindruck immer noch nicht als überholt gelten. Dass dies irgendwann der Fall sein wird, dazu braucht es sicher noch sehr viel mehr autonome Frauenwohnprojekte.

3.3. Projekte für Alleinerziehende

Bei Projekten für Alleinerziehende sind in der Regel drei Zielsetzungen zu finden, die in den einzelnen Projekten allerdings unterschiedlich gewichtet werden. Dies sind:

- die Unterstützung der Lebensführung alleinerziehender Frauen durch das Zusammenwohnen mit „Gleichbetroffenen", die gegenseitige Hilfe ermöglichen soll,
- die Wohnungsversorgung einer sozial benachteiligten Gruppe, die sich am Wohnungsmarkt sowohl wegen ihrer geringen Zahlungsfähigkeit als auch wegen Diskriminierungen seitens der Vermieter besonders schlecht selbst versorgen kann,
- die Schaffung von Wohnraum im Sozialen Wohnungsbau, der von Lage und Zuschnitt für Alleinerziehende geeignet ist, und den insbesondere alleinerziehenden Frauen einen eigenen Individualraum bietet.

Projekte, die ihren Schwerpunkt auf das erste Ziel, die Unterstützung der Lebensführung durch gegenseitige Hilfe, legen, versuchen vor allem, das durch die mangelnde Unterstützung durch öffentliche Einrichtungen verschärfte Problem der Alleinzuständigkeit von Alleinerziehenden für Reproduktionsarbeit und Kinderbetreuung zu entschärfen[21]. Implizit schwingt in den Projektbeschreibungen und Berichten die altbekannte These des „Frauen gemeinsam sind stark" mit – eine Hoffnung, die zumindest in den Köpfen (und Herzen) der Projektinitiatorinnen noch fest verankert zu sein scheint. Inwieweit dies auch für die Bewohnerinnen gilt, muss hier offen bleiben,

21 Allerdings kommt Beate Kortendiek in ihrer Untersuchung der Mütterzentren zu dem Schluss, dass de facto nicht erwerbstätige, verheiratete Mütter oft weit mehr allein gelassen sind als Alleinerziehende, die sich ein privates Betreuungsnetzwerk organisiert haben (Kortendiek 1999).

immerhin wissen wir aus der Untersuchung von Ulrike Schneider, dass die gegenseitige Unterstützung bei der Kindererziehung in Projekten des gemeinschaftlichen Wohnens von Familien ein wichtiges Motiv der beteiligten Frauen für den Einzug ins Projekt war und auch tatsächlich zwischen den Frauen weit besser klappte als die (ebenfalls angestrebte) Umverteilung der Haus- und Reproduktionsarbeit (einschließlich Kinderbetreuung) zwischen den (Ehe-)Partnern (Schneider 1992). Allerdings haben sich bei diesen Projekten die Frauen meist lange vorher gekannt und waren auch die Initiatorinnen bzw. die treibenden Kräfte für die Projektrealisation. Inwieweit eine solche gegenseitige Unterstützung auch bei Frauen funktioniert, die erst bei oder kurz vor Einzug aufeinander treffen, lässt sich aus den uns vorliegenden Informationen nicht abschließend beurteilen. Allerdings bleibt eines festzuhalten:

Das Auseinanderfallen von Initiatorinnen und Nutzerinnen (die Alleinerziehendenprojekte werden meist nicht von den Betroffenen, sondern von Gleichstellungsbeauftragten oder sonstigen Trägern initiiert[22]) kann zu Diskrepanzen zwischen Projektidee und Projektrealität führen – eine Gefahr, die um so größer ist, je drängender die Wohnungsprobleme der Wohnungsinteressentinnen sind. Angesichts der bekannten und vielfach belegten Schwierigkeiten von Alleinerziehenden bei der Wohnungssuche besteht eine relativ hohe Wahrscheinlichkeit, dass sich Interessentinnen nicht *wegen* sondern *trotz* bestimmter Projektspezifika melden und dadurch Bewohnerinnen einziehen, die z.B. im Zusammenleben mit anderen Alleinerziehenden eher ein hinzunehmendes Übel denn einen besonderen Vorteil sehen[23].

Manche Projekte versuchen, dieser Gefahr durch frühzeitige Auswahl der Bewohnerinnen sowie durch einen frühzeitigen Partizipationsprozess zu begegnen, damit sich die Bewohnerinnen schon vor Einzug kennen lernen und eventuell auch über ihre Nachbarschaften innerhalb des Gebäudes mit entscheiden können. Doch auch dieses Vorgehen stößt – zumindest im sozialen Wohnungsbau (in dem 16 der 18 Projekte für Alleinerziehende realisiert wurden) – an enge Grenzen: Angesichts der Diskrepanz zwischen der Zahl der zur Verfügung stehenden Sozialmietwohnungen und der Zahl der dafür berechtigten Haushalte (die Relation liegt im Bundesdurchschnitt (West) etwa zwischen 1:5 und 1:6)[24] sollen Sozialmietwohnungen möglichst an Haushalte vergeben werden, deren Wohnungsbedarf als besonders dringend eingestuft wird. Doch gerade diesen Haushalten fehlt aus leicht nach-

22 Das einzige von Alleinerziehenden selbst initiierte Projekt, das wir gefunden haben, wurde unserer Typologisierung entsprechend den autonomen Projekten zugeordnet.

23 Darauf deuten auch einige von Sabine Rebe aus ihrer Befragung von Bewohnerinnen eines Alleinerziehendenprojektes zitierten Aussagen hin (Rebe 1998:70).

24 Außerdem sind vermutlich knapp 40% aller Sozialmietwohnungen von Haushalten belegt, die auf Grund ihres gestiegenen Einkommens nicht mehr zum Kreis der Berechtigten gehören (sog. Fehlbeleger)

vollziehbaren Gründen oft die Zeit und Möglichkeit, um an einem langwierigen Partizipationsprozess teilzunehmen und die Fertigstellung der Wohnungen geduldig abzuwarten. Deshalb kann es bei einem frühzeitig beginnenden Partizipationsprozess mit relativ hoher Wahrscheinlichkeit passieren, dass nur wenige der Interessentinnen, die am Partizipationsprozess beteiligt waren, tatsächlich einziehen – nicht aus Desinteresse, sondern auf Grund des im Verhältnis zur Dringlichkeit des Wohnungsproblems zu langen Projektvorlaufs. Mit diesem Problem hatten nach dem Ergebnis unserer Zusatzbefragung einige der von uns dokumentierten Projekte zu kämpfen.

Die Projekte, die vor allem auf die Schaffung von Wohnraum für alleinerziehende Frauen zur Linderung der Wohnungsnot ausgerichtet sind, setzen zwar ebenfalls mehr oder weniger auf Gemeinsamkeit und gegenseitige Unterstützung, halten aber dafür nicht notwendigerweise das Zusammenleben ausschließlich von Alleinerziehenden oder ausschließlich von Frauen für erforderlich – im Gegenteil: Ein Teil der Alleinerziehendenprojekte verfolgt explizit das Konzept der „Integration“ von Alleinerziehenden in eine Wohnumgebung mit (vollständigen) Familien bzw. das Zusammenleben mit anderen Haushaltsformen. Vielfach wird hierbei von der Notwendigkeit bzw. dem Bestreben gesprochen, eine „Ghettobildung“ zu vermeiden. Die dazu ergriffenen Maßnahmen sind vielfältig und reichen von der bewussten „Belegungsmischung“ bis zur peinlichst genauen Anpassung an die Gestaltungselemente der umgebenden Gebäude[25].

Die Diskussion über die Gefahr der „Ghettoisierung“ von Wohnprojekten Alleinerziehender erinnert an die Diskussionen in der alten Frauenbewegung, in der über die Frage „Wohnheime für alleinstehende Frauen“ versus „in Wohnkomplexe für Familien integrierte Frauen-Wohngemeinschaften“ heftig gestritten wurde (Terlinden u.a. 1999: 22). Die Befürworterinnen des Heimkonzepts betonten die Vorteile des Zusammenlebens für Frauen (einschließlich der gemeinsamen Nutzung von Gemeinschaftseinrichtungen), die Gegnerinnen warnten vor der Isolation der Frauen. Sie sahen z.B. Studentinnenwohnheime als „Fluchtpunkte gegenüber den Notwendigkeiten akademischer Auseinandersetzung“ und kritisierten andererseits das „Nebeneinander“ in den Heimen (Terlinden u.a. 1999: 22). Letztlich scheint offen geblieben zu sein, in welcher Situation alleinstehende Frauen mehr isoliert sind: Als räumlich integrierte Außenseiterinnen (die sie durch ihre Lebensform ja blieben), oder als Frauen, die in einer Frauengemeinschaft leben und damit ihr Außenseitertum noch mehr nach außen demonstrieren, was sie von ihrer Umgebung „isoliert“ – ein Problem, auf das es bezüglich vieler marginalisierter Gruppen bis heute keine gültige Antwort gibt.

---

25 So wurde z.B. bei einem kleinen Projekt für Alleinerziehende nicht nur die Fassadengestaltung den umgebenden Einfamilienhäusern angeglichen, sondern auch der ursprüngliche Plan verworfen, den Kinderspielplatz für Nachbarskinder zu öffnen, da dies bei den umgebenden Einfamilienhausbesitzerinnen nicht üblich sei und das Projekt zum erkennbaren Sonderfall mache.

Die Diskussionen in der ersten und zweiten Frauenbewegung haben zumindest eines gemeinsam: Sie sind ein sehr deutlicher Beleg dafür, für wie wenig „normal“ selbst diejenigen diese Lebensformen hielten bzw. halten, die sich für das selbstständige Wohnen von alleinstehenden bzw. alleinerziehenden Frauen einsetzten bzw. einsetzen. Denn eines ist klar: ein Ghetto entsteht nicht durch die bloße räumliche Konzentration einer Bevölkerungsgruppe mit einer bestimmten Lebens- oder Haushaltsform. Niemand spricht vom „Familienghetto“.Ein Ghetto kann – ex definitione – nur dort entstehen, wo Minderheiten, Ausgegrenzte, „Nichtnormale“ zusammenleben: Judenghetto, Armenghetto, Ausländerghetto. Welche also das „Alleinerziehendenghetto“ vermeiden will, mag persönlich nicht der Auffassung sein, die Lebensform des Alleinerziehens sei „unnormal“, trotzdem trägt sie mit dieser Argumentation zur Perpetuierung der gesellschaftlichen Ausgrenzung bzw. Marginalisierung von Alleinerziehenden bei.

Dass nur ein offensiver Umgang mit dem „Anderssein“ – bzw. dem „Als-anders-angesehen Werden“ – langfristig zu einer Akzeptanz in der Gesellschaft führen kann, zeigen die Erfahrungen vieler sozialer Bewegungen (z.B. der Schwarzen-, Lesben- oder Schwulenbewegung) sehr deutlich. Projekte, in denen die Wohnungen für Alleinerziehende in „niedriger Dosierung“ in Bestände mit „normalen“ Familien integriert werden, um jede Auffälligkeit zu vermeiden, lindern zwar die individuelle Wohnungsnot der Begünstigten, vernachlässigen jedoch die symbolische Ebene und tragen so nur sehr begrenzt dazu bei, die Lebensform des Alleinerziehens als eine akzeptierte Alternative durchzusetzen. Wie wichtig dies jedoch wäre, zeigt der internationale Diskurs: während in der Bundesrepublik nach meinem Eindruck Alleinerziehende noch primär als „soziales Problem“ gesehen werden, dem mit wohlfahrtsstaatlichen Mitteln begegnet werden muss, gelten sie z.B. im angelsächsischen Sprachraum eher als „soziale Bedrohung“, die, überspitzt formuliert, nicht nur Anstand und Moral untergräbt, sondern auch dem Staat auf der Tasche liegt und zukünftige Kriminelle heranzieht (siehe hierzu Duncan und Edwards 1996). Resultat dieser Sichtweise ist ein teilweise rigider Umgang mit Alleinerziehenden, die z.B. in den USA durch entsprechende Regelungen bei der Sozialhilfe verschärft dazu gezwungen werden, um jeden Preis eine Erwerbsarbeit aufzunehmen. Vergleichbares ist in der BRD noch nicht zu erkennen – jedoch ist angesichts der sich verschärfenden Töne über den angeblichen Missbrauch des sozialen Netzes und angesichts der Tatsache, dass zumindest konservative Kreise in der BRD der Vorstellung von Alleinerziehenden als sozialer Bedrohung vermutlich nicht sehr fern stehen, eine offensive Propagierung des Rechts auf die eigenständige Wahl der Lebensform auf allen Ebenen – auch auf der symbolischen Ebene – eminent wichtig. Dazu können im Wohnungsbereich insbesondere Projekte beitragen, die ausschließlich für alleinerziehende Frauen konzipiert sind.

Als dritte Gruppe sind schließlich noch die Projekte zu nennen, denen es vor allem um die Anpassung des Sozialen Wohnungsbaus an die Bedürfnisse Alleinerziehender geht. Dass für Alleinerziehende geeignete Sozialwohnungen bisher kaum vorhanden sind, hängt mit den Belegungsrichtlinien in Kombination mit der tradierten Grundrissgestaltung im Sozialen Wohnungsbau zusammen: Zum Bezug einer Sozialwohnung berechtigt sind Haushalte, die zum einen eine bestimmte Einkommensgrenze (§25 WoBauG) nicht überschreiten, und die zum anderen die für die jeweilige Wohnung mindestens notwendige Personenzahl aufweisen. Niemand soll eine zu große Sozialwohnung beziehen können[26]. Das klingt angesichts der hohen Subventionen, die in jeder Sozialwohnung stecken, vernünftig – hat aber für Alleinerziehende fatale Konsequenzen: Sowohl bei der Definition der angemessenen Wohnungsgröße bzw. Raumzahl als auch bei der Grundrissgestaltung gehen die Verantwortlichen bisher mit großer Selbstverständlichkeit von einer ehelichen Lebensgemeinschaft mit traditioneller Raumnutzung aus. Dementsprechend steht einem Zweipersonenhaushalt eine Wohnung mit zwei Zimmern (einem (größeren) Wohn- und einem (kleineren) Schlafraum) zu. Das führt schon bei dem für eine solche Wohnung vorgesehenen kinderlosen Ehepaar dazu, dass mindestens eine Person keinen Individualraum hat (es sei denn, es wird auf ein gemeinsames „Wohnzimmer“ verzichtet)[27]. Besteht der Zweipersonenhaushalt aus einer Alleinerziehenden mit einem Kind, so potenziert sich das Problem, bleiben doch der Mutter nur zwei Möglichkeiten: entweder teilt sie ihren Schlafraum mit ihrem Kind, oder sie verzichtet auf einen gemeinsamen Wohnraum bzw. schläft im Wohnzimmer. Dass solche räumlichen Arrangements höchst konfliktträchtig sind, bedarf keiner Erläuterung. Die betroffenen Frauen klagen über fehlende Rückzugsmöglichkeiten, über Probleme im Falle einer (Intim)Partnerschaft sowie über unakzeptable räumliche Einschränkungen für ihr Kind. Alternativen Grundrisslösungen für dieses Problem sind enge Grenzen gesetzt, legen doch die Bundesländer neben der Raumzahl für jeden Wohnungstyp auch Höchstgrenzen für die Wohnfläche fest. Diese liegen bei Einpersonenhaushalten zwischen 45 und 50 qm und bei Zweipersonenhaushalten bei 60 qm. Jeder weiteren Person werden 10-15 qm zusätzlich gewährt, wobei in manchen Bundesländern aus Kostenspargründen eher über Reduzierungen denn über eine Erhöhung der Flächengrenzen nachgedacht wird.

26 Die Einhaltung dieser Kriterien wird allerdings nur beim Einzug geprüft. Verändern sich die Verhältnisse später, muss (bei Einkommensüberschreitungen) in der Regel eine „Fehlbelegungsabgabe“ gezahlt werde. Die Unterbelegung dagegen wird nicht geahndet – allerdings versuchen Wohnungsbaugesellschaften verstärkt, ältere Menschen, die noch in der ehemaligen Familienwohnung wohnen (meist sind dies Frauen), zum Umzug zu bewegen.

27 Die Behebung dieses Problems ist eines der zentralen Anliegen des frauengerechten Wohnungsbaus.

Ein typischer Lösungsansatz dafür, jeder Person im Haushalt einen eigenen Raum zu schaffen, ohne auf einen Gemeinschaftsraum zu verzichten, besteht in der „Allraum- oder Familienraum- Lösung“: Den Kern der Wohnung bildet ein zentraler Raum, Küche und Gemeinschaftsraum zugleich, von dem aus die übrigen Räume erschlossen werden. Wie Sabine Rebe am Beispiel eines Projekts in Hannover berichtet, wird diese Lösung nicht von allen Bewohnerinnen goutiert: Der Familienraum sei wegen seines Durchgangscharakters nur schlecht nutzbar (wobei diese Kritik von einer Alleinerziehenden mit mehreren Kindern und entsprechend großer Wohnung mit vielen Türen im Familienraum geäußert wurde) (Rebe 1998: 69f). In anderen Projekten reibt sich die Kritik an der Integration von Küche und Aufenthaltsraum – nicht alle Nutzerinnen teilen offenbar die im feministischen Planungsdiskurs weit verbreitete Auffassung vom Nutzen des „Sichtbarmachens“ von Hausarbeit – wird dabei doch auch die noch nicht erledigte Hausarbeit für alle jederzeit sichtbar.

Die alternative Lösung, die Schaffung von drei Räumen plus separater Küche auf der Fläche einer Zweizimmerwohnung, führt dagegen in der Regel zu unakzeptabel kleinen Räumen, was die zuständigen Bewilligungsbehörden in einigen Ländern veranlasst hat, bei Wohnungen für Alleinerziehende etwas größere Flächen zuzulassen. Doch auch diese Lösung hat einen Haken, der sich in vielen Fällen erst beim Bezug der Wohnungen herausstellt: Die größeren Wohnungen sind zu teuer und werden deshalb überbelegt (d.h. in die eigentlich für eine Alleinerziehende mit einem Kind gedachte 3-Zimmer-Wohnung zieht eine Alleinerziehende mit zwei Kindern ein usw.) – sei es, dass die Mieterinnen die durch die größere Fläche höhere Miete nicht tragen können[28], oder sei es, dass die Miete für die etwas größere Wohnung die Mietobergrenze des Sozialhilfeträgers übersteigt und die Sozialhilfeempfängerin gezwungen wird, in eine kleinere Wohnung zu ziehen[29].

Widersprüchlichkeiten dieser Art sind nicht auf Wohnprojekte für Alleinerziehende beschränkt, sondern absolut typisch für die Wohnungspolitik. Angesichts unterschiedlicher Zuständigkeiten bzw. Kostenträgerschaften versuchen Bund, Länder und Kommunen, die Kosten für die Wohnungsversorgung benachteiligter Haushalte möglichst auf die jeweils anderen Gebietskörperschaften abzuwälzen: Die Länder – Hauptfinanciers des Sozialen Wohnungsbaus – legen eine vergleichsweise hohe „Bewilligungsmiete“ für

---

28 In manchen Ländern sind die Sozialmieten beim Erstbezug der Wohnungen so kalkuliert, dass sie bei „Normbelegung“ gerade die Mietobergrenze des Wohngeldgesetzes erreichen. Übersteigt die Wohnfläche die hierbei zu Grunde gelegte Flächennorm, führt dies zu einer zusätzlichen Belastung der MieterIn, die nicht vom Wohngeld gemindert wird.

29 Welche Wohnungsgröße Alleinerziehenden tatsächlich zugebilligt wird, kann auch vom Geschlecht der Kinder abhängen. Dass Mutter und Tochter einen Schlafraum teilen, wird von den Ämtern eher für zumutbar gehalten als die Mutter-Sohn-Konstellation. Entsprechendes gilt für gleichgeschlechtliche versus verschiedengeschlechtliche Kinder.

den sozialen Wohnungsbau fest, um zu erreichen, dass der Bund über das Wohngeld (das von Bund und Ländern paritätisch getragen wird) einen größeren Anteil der Subventionen für die Sozialwohnungen übernimmt. Der Bund wiederum verzögert die Anpassung des Wohngelds an die gestiegenen Mieten mit der Folge, dass die tatsächlichen Mieten (nicht nur) im Sozialen Wohnungsbau weit über den Höchstmieten des Wohngeldgesetzes liegen, was zu enormen zusätzlichen Belastungen der Wohngeldbezieherinnen führt[30]. Die mit der Sozialhilfe alleingelassenen Kommunen schließlich versuchen, die Ausgaben für die Sozialhilfe möglichst gering zu halten und legen dazu Höchstgrenzen für die im Rahmen der Sozialhilfe übernommene Miete fest, die oft mehr am Finanzvolumen der Kommune denn an den Verhältnissen am Wohnungsmarkt orientiert sind. Auf diese Weise ist es durchaus möglich, dass Sozialmietwohnungen für SozialhilfeempfängerInnen „zu teuer" sind, zumindest dann, wenn – wie bei manchen unserer Alleinerziehendenwohnprojekte – etwas großzügiger mit der Fläche umgegangen wurde.

Dass ein Wohnprojekt für Alleinerziehende die Folgen solcher politischer Machtspiele nicht kompensieren kann, verwundert nicht, zeigt aber die engen Grenzen einer primär auf architektonische Fragen ausgelegten Projektkonzeption. Denn selbst wenn die Belegung beim Bezug noch stimmt: Nicht jede Alleinerziehende bleibt auf Dauer allein. Spätestens beim Einzug einer PartnerIn funktioniert die Rechnung „Raumzahl=Personenzahl plus eins" nicht mehr. Eine etwas großzügigere Flächenbemessung erleichtert jedoch, wie in einem Bremer Projekt ausdrücklich betont und eingeplant, die „Integration neuer Lebenspartner oder Familienmitglieder" (BfLR 1996).

3.4. Wohnprojekte für ältere und alte Frauen

Angesichts der demographischen Entwicklung mit einer rapiden Zunahme älterer und alter Menschen, insbesondere Frauen, und angesichts der Tatsache, dass auch auf verheiratete Frauen an ihrem Lebensende im Durchschnitt fast ein Jahrzehnt des „Single-Daseins" zukommt[31], scheint es verwunderlich, dass wir in unsere Dokumentation nur drei Wohnprojekte für ältere und alte Frauen aufnehmen konnten, von denen bisher nur zwei realisiert sind.

---

30 Im Jahr 1998 überstieg bei 75% aller WohngeldempfängerInnen die tatsächliche Miete die nach Wohngeldgesetz zulässige Höchstmiete. Bis zur Anhebung der Höchstmieten zum 1.1.2001 ist dieser Prozentsatz mit Sicherheit noch weiter gestiegen (Wohngeld und Mietenbericht der Bundesregierung 1999: 45).

31 Frauen haben derzeit eine um rund 6 Jahre höhere Lebenserwartung und sind bei der Eheschließung im Schnitt rund 3 Jahre jünger, so dass sie ihre Partner im Schnitt um 9 Jahre überleben. Da Frauen außerdem nach einer Scheidung oder Verwitwung seltener wieder heiraten als Männer, wird die Wahrscheinlichkeit eines längeren Single-Daseins am Lebensende noch höher.

Liegt es daran, dass „Frauen meist wissen, was sie *nicht* wollen, aber nicht genau wissen, *was* sie wollen“, wie der Verein Arche Nora e.V. in seiner Festschrift behauptet (und es eigentlich wissen müsste, betreibt er doch ein Wohnprojekt für (ältere) Frauen zwischen 40 und 69 Jahren in Hamburg)? Liegt es daran, dass die „Gründungsmütter“ der zweiten deutschen Frauenbewegung viel zu beschäftigt sind, um sich ernsthaft Gedanken über ihr Wohnen im Alter zu machen? Oder ist es schlicht die Angst vor dem „Altersghetto“?

Das von uns zusammengetragene Material lässt hierzu keine abschließende Antwort zu – nur Vermutungen. Offensichtlich ist, dass sich an einigen der größeren Projekte der autonomen Frauenbewegung (z.B. Frauen-Wohnen e.G. in München) auch Frauen in einem Alter aktiv beteiligen, das in dem erwähnten Hamburger Altenwohnprojekt längst zum Eintritt berechtigen würde. Diese Frauen bevorzugen offensichtlich den generationenübergreifenden Frauenraum. Darüber hinaus sind uns einige Projekte im ländlichen Raum und im Ausland begegnet, die zwar nicht in unsere auf städtische Frauenwohnprojekte in der BRD beschränkte Dokumentation passten, die aber möglicherweise ein Indikator dafür sind, dass es manche Frauen (nach in hektischer Großstadt verbrachten Berufsjahren?) im Alter in ländliche Umgebung zieht. Doch dies sind Spekulationen.

Bekannt geworden sind uns auch viele Pläne und Träume. Das selbstbestimmte Wohnen im Alter ist offensichtlich für Feministinnen durchaus ein Thema, das aber bisher nur selten zur Projektreife geronnen ist. Die Ideen kreisen dabei, so ist aus den uns vorliegenden Untersuchungen zu schließen, um Selbstbestimmung und Selbständigkeit bis ins hohe Alter gepaart mit dem Wunsch nach Gemeinsamkeit, gegenseitiger Hilfe und einem Zusammenleben, das nicht einengt, sondern genug Platz für Individualität und Rückzug lässt und gleichzeitig vor Einsamkeit und Isolation im Alter schützt. Die Balance zwischen diesen Polen zu finden, ist sicherlich nicht ganz einfach, es kann aber, wie zumindest das gut dokumentierte Wohnprojekt alter Frauen in Göttingen zeigt (Osterland 2000), offenbar durchaus gelingen.

3.5. Projekte des „frauengerechten“ Wohnungsbaus

Bei den Projekten des „frauengerechten“ Wohnungsbaus stehen eindeutig Aspekte der Qualität der Wohnung und des Wohnumfelds im Vordergrund. Die Projekte knüpfen an die bereits Ende der 70er, Anfang der 80er Jahre formulierte Kritik am (vor-)herrschenden (Sozialen) Wohnungsbau an, der

- Frauen keinen eigenen Raum lasse
- für eine kräftesparende, effiziente und simultane Erledigung von Hausarbeit ungeeignet sei

- ausschließlich auf tradierte Lebensformen ausgerichtet und weder für die vielfältigen Formen des Zusammenlebens geeignet sei noch sich an die im Laufe der Zeit sich verändernden Bedürfnisse anpassen ließe
- nachbarschaftliche Kontakte sowie die soziale Kontrolle des Wohnumfelds erschwere
- weder innerhalb der Wohnung noch zwischen innen und außen genügend Durchlässigkeit aufweise
- kein sicheres Wohnumfeld biete
- an peripheren Standorten ohne ausreichende Infrastrukturausstattung und Verkehrsanbindung realisiert werde.

Bei aller Vielfalt der Ansätze, die zur Behebung dieser Mängel entwickelt wurden, lassen sich doch einige Grundprinzipien des „frauengerechten Wohnungsbaus" benennen[32]. Kennzeichen des „frauengerechten" Wohnungsbaus sind demnach:

Erstens: eine andere Grundrissgestaltung, das heißt

- *nutzungsneutrale*, gleich große Räume als Voraussetzung für eine nicht-hierarchische Raumnutzung innerhalb der Wohnung (nicht nur im Sozialen Wohnungsbau ist das „Wohnzimmer" immer größer geworden, während die Flächen für Küche und Kinderzimmer stagnierten)
- eine ausreichende Raumzahl, um allen Haushaltsmitgliedern neben dem Gemeinschaftsraum einen *Individualraum* zuzubilligen. Dies wird entweder durch Reduzierung der Größe der einzelnen Räume und der Flure und/oder durch die Integration von Küche und Wohn-/Esszimmer versucht
- eine Grundrissgestaltung, die *Verbindungen* zwischen den Räumen (insbesondere zwischen Küche und Kinderzimmer) schafft
- eine *Flexibilisierung* des Grundrisses, um Anpassungsmöglichkeiten an im Laufe der Zeit sich verändernde Haushaltskonstellationen zu schaffen. Dies geschieht durch die Planung leicht teilbarer Räume sowie durch sogenannte *„Schalträume"*, die je nach Bedarf unterschiedlichen Wohnungen zugeordnet werden können
- ausschließlich gut *belichtete und belüftete* Räume, Verzicht auf innen liegende Bäder, WCs und Küchen
- die *Integration* von Wohnungen für unterschiedliche Lebensformen und Haushaltsgrößen in einem Gebäude.

Zweitens: eine andere Gebäudegestaltung, die

- *Sichtverbindungen* nach außen schafft (z.B. zur Erleichterung der Beaufsichtigung von im Freien spielenden Kindern)

---

32 Eine gute Zusammenfassung bietet die Broschüre des Deutschen Städtetags (1994).

- durch entsprechende Gestaltung der Gemeinschaftsflächen (Treppenhäuser, Laubengänge, Außenanlagen) *nachbarschaftliche Kontakte* erleichtert
- *gemeinschaftlich verwaltete Räume* für Feste, Gästebeherbergung, Kinderbetreuung, Familienfeiern enthält.

Drittens: ein besseres Wohnumfeld, das heißt

- ein Wohnumfeld mit hoher *Aufenthaltsqualität*
- ein Wohnumfeld mit allen notwendigen *Infrastruktur- und Versorgungseinrichtungen* in fußläufiger Entfernung
- eine gute Anbindung an den *öffentlichen Nahverkehr*.

Viertens: ein anderer, offener Planungsprozess, das heißt ein Planungsprozess, an dem die zukünftigen Bewohnerinnen möglichst frühzeitig *beteiligt* werden und tatsächlich Entscheidungsmöglichkeiten über wesentliche Fragen (z.B. Wohnungsaufteilung, Wohnungsausstattung, Nachbarschaften innerhalb des Gebäudes haben.

Ziel des frauengerechten Wohnungsbaus ist es also, Frauen mehr Einfluss auf die Gestaltung ihrer Wohnung sowie mehr Raum für sich (und ihre Kinder) zu geben, den Alltag zu erleichtern, ein sicheres Wohnumfeld zu bieten und Vorkehrungen für die Wechselfälle des Lebens (Haushaltsvergrößerungen und -verkleinerung) zu treffen. Im Prinzip sind die Projekte des frauengerechten Wohnungsbaus für Frauen in allen Lebensformen – von der Alleinlebenden bis zur Groß-WG – gedacht, doch liegt das Hauptaugenmerk (das zeigen sowohl die Projektbeschreibungen als auch viele Planungsdetails) auf Frauen mit (kleinen) Kindern – ob mit oder ohne Partner[33]. So werden zum Beispiel die Möglichkeiten zur Beaufsichtigung von Kindern beim Spielen fast immer erwähnt, die Rückzugsbedürfnisse älterer Jugendlicher (die möglicherweise ganz andere Raumkonzepte erfordern würden) dagegen so gut wie nie. Nicht tradierte Lebensformen wie Wohngemeinschaften werden zwar in knapp der Hälfte der Projektbeschreibungen als mögliche Wohnform genannt, allerdings scheint dies nur selten tatsächlich umgesetzt zu werden[34].

Nicht immer können die Ziele des frauengerechten Wohnungsbaus umgesetzt werden. Schwierigkeiten bereitet – aus den bereits dargelegten Gründen – vor allem das Prinzip „Individualraum", da nicht alle Bewoh-

33 Alleinerziehende sind auch in den Projekten des frauengerechten Wohnungsbaus eine wichtige Zielgruppe.

34 Das kann auch durch belegungsrechtliche Hürden mit verursacht werden, da es sich bei Wohngemeinschaftsmitgliedern definitionsgemäß nicht um miteinander verwandte oder verheiratete Personen handelt. Diese erhalten nach den geltenden bundesgesetzlichen Regelungen keinen gemeinsamen „Wohnberechtigungsschein" für den Bezug einer Sozialwohnung. Allerdings weichen viele Kommunen in ihrer Praxis bei einigen Haushaltsformen davon ab (zum Beispiel bei unverheirateten, gemischtgeschlechtlichen Paaren).

nerinnen einen integrierten Wohn/Ess-Küchen-Raum schätzen. In knapp 40 Prozent der von uns dokumentierten Projekte des „frauengerechten Wohnungsbaus" wurde deshalb auf die generelle Durchsetzung dieses Prinzips verzichtet – ein aus der Sicht der bereits in den Anfängen der Frauenbewegung entwickelten feministischen Kritik am herrschenden Wohnungsbau gravierender Mangel: Ist doch die von Virginia Wolfe kreierte Metapher vom „Zimmer für sich allein" inzwischen zum geflügelten Wort nicht nur der feministischen Planungskritik geworden.

Ein gewisses Fragezeichen bleibt auch bei der Flexibilisierung der Grundrisse, insbesondere, wenn dies durch die Zuordnung sog. Schalträume von einer Wohnung zur anderen erreicht werden soll. Technisch ist dies kein Problem, wohl aber organisatorisch: Muss doch bei einem Mehrbedarf in der einen Wohnung gleichzeitig ein Minderbedarf in der Nachbarwohnung vorhanden sein und dazu die Bereitschaft existieren, auf die Mehrfläche zu verzichten. Eine solche Koinzidenz der Ereignisse scheint mir doch recht unwahrscheinlich. Zumindest wäre es vom Standpunkt der feministischen Planungsforschung äußerst interessant, über die praktischen Erfahrungen mit diesen technischen Vorkehrungen näheres zu erfahren. Bisher sind solche Untersuchungen jedoch noch nicht durchgeführt worden.

Auch den Partizipationsprozessen sind oft weit engere Grenzen gesteckt als von den Initiatorinnen erhofft. Nicht nur, weil eine variable beziehungsweise vielfältige Grundrissgestaltung kostensteigernd sein kann (nicht umsonst gilt das „Stapeln" und „Spiegeln" von Wohnungen als ein wichtiges Prinzip des kostensparenden Wohnungsbaus), sondern auch, weil der Partizipationsprozess für die am Planungs- und Bauprozess Beteiligten einen zusätzlichen Aufwand bedeutet, der zumindest nach der geltenden Honorarordnung nicht angemessen vergütet wird. Darüber hinaus achten die InvestorInnen auch im frauengerechten Wohnungsbau in aller Regel auf die *langfristige* Vermietbarkeit ihrer Wohnungen – ein Argument, das oft zur Ablehnung von Wünschen und Vorstellungen der Erstbezieherinnen führt, wenn diese in den Augen der Investoren nicht dem breiten Geschmack zu entsprechen scheinen. Besonders kritisch scheint im übrigen die Forderung nach einem Mitspracherecht bei der Wohnungsbelegung zu sein – die Bonität der BewerberIn ist für manche Investoren letztlich offenbar doch wichtiger als die Realisierung einer Projektidee, die auf Partizipation und Gemeinschaftlichkeit setzt. Das gilt offensichtlich auch schon bei der Erstbelegung: Nur in sehr wenigen Projekten des frauengerechten Wohnungsbaus werden Frauen in Krisensituationen beziehungsweise Frauen aus Frauenhäusern explizit als Zielgruppe genannt[35].

Ein kritischer Punkt ist schließlich die Frage nach dem richtigen Zeitpunkt für den Beginn des Partizipationsprozesses. Wird dieser früh begon-

---

35 Ähnliches gilt auch für die Alleinerziehendenprojekte.

nen, führt die Fluktuation während des Partizipationsprozesses, die insbesondere bei Wohnungssuchenden mit prekärer Wohnsituationen sehr hoch sein kann, im Extremfall dazu, dass kaum eine der Bewerberinnen, die die grundlegenden Entscheidungen mit getroffen hat, tatsächlich in das Projekt einzieht. Beginnt der Partizipationsprozess dagegen vergleichsweise spät, so sind grundlegende Veränderungen in aller Regel nicht mehr möglich, die Beteiligung beschränkt sich dann bestenfalls auf die Auswahl von Teppichen und Fliesen.

In zwei Punkten allerdings hat der frauengerechte Wohnungsbau zu einer weit über die Modellprojekte hinausgehenden Veränderung des Sozialen Wohnungsbaus entscheidend beigetragen: Zum einen sind einige Kriterien der Grundrissplanung inzwischen in einigen Bundesländern in die „technischen Richtlinien" des Sozialen Wohnungsbaus eingeflossen[36] (z.B. die Nutzungsneutralität bzw. Enthierarchisierung von Räumen sowie die Flexibilisierung von Grundrissen durch Teilbarkeit von Räumen oder durch Schalträume). Zum anderen werden räumliche Konzepte zur Unterstützung nachbarschaftlicher Kontakte (z.B. durch Gemeinschaftsräume oder kommunikative Gemeinschaftsflächen) inzwischen in vielen „normalen" Wohnungsbauvorhaben realisiert. Der frauengerechte Wohnungsbau hat also – zusammen mit jahrelangen Bemühungen feministischer Architektinnen und Planerinnen – zumindest ansatzweise erreicht, was die Fauxpas-Frauen 20 Jahre zuvor anstrebten: die Veränderung des Sozialen Wohnungsbaus. Dass die Autorinnenschaft der feministischen Architektinnen und Planerinnen für diese Neuerungen im Sozialen Wohnungsbau außerhalb des feministischen Diskurses kaum wahrgenommen wird, scheint noch immer der Preis dafür zu sein, dass Beiträge von Frauen in Wissenschaft und Technik akzeptiert werden: Wenn vom Mainstream übernommen, dann nur anonymisiert.

3.6. Realisierungschancen und Hemmnisse – einige Schlussfolgerungen aus dem Vergleich der Projekte

Trotz einer in Zielsetzung, Konzeption und Umsetzungsstrategie großen Bandbreite der Frauenwohnprojekte lassen sich doch einige generelle Schlussfolgerungen über ihre Realisierungschancen und -hemmnisse ziehen:

1. Selbstbestimmung kostet Zeit und Realisierungschancen. Der Vergleich der von uns dokumentierten Projekte legt den Schluss nahe: die Realisierung von Frauenwohnprojekten dauert um so länger, je mehr sie auf Mit-

36 Allerdings scheinen diese Richtlinien nicht bei allen am Sozialen Wohnungsbau beteiligten Architekten, Wohnungsbaugesellschaften und -genossenschaften sowie kommunalen Bauämtern bekannt bzw. im Bewusstsein zu sein, werden doch immer wieder Architektinnen, die entsprechende Pläne vorlegen, von Kollegen gefragt, ob das denn mit den Richtlinien vereinbar sei.

bzw. Selbstbestimmung aufbauen. Die eindeutig längste Vorbereitungsdauer benötigen die autonomen Projekte, während Projekte des frauengerechten Wohnungsbaus sowie einige Alleinerziehendenprojekte, die auf eine Beteiligung der Bewohnerinnen ganz oder weitgehend verzichtet haben, sehr rasch realisiert wurden.

2. Die Beteiligung etablierter Institutionen beschleunigt die Realisierung – kann aber die Projektidee verwässern. Projekte, bei denen etablierte Institutionen (wie z.B. etablierte Wohnungsbaugesellschaften oder private Bauträger) beteiligt waren, wurden in aller Regel weit schneller realisiert als die Projekte, die auf neu zu gründende Baugenossenschaften o.ä. setzten. Andererseits ist aber auch unverkennbar, dass der Rückgriff auf etablierte Institutionen die Gefahr des Verlustes wichtiger Aspekte des Projekts in sich birgt, sei es, dass Partizipationsverfahren nur unzureichend durchgeführt, dass Pläne im Laufe der Projektrealisierung „konventionalisiert“ werden oder dass nicht die Bewerberinnen zum Zug kommen, für die das Projekt eigentlich gedacht war (z.B. wegen Zweifeln an ihrer Zahlungsfähigkeit). Nicht immer ist das schnell realisierte Projekt in allen Aspekten das, was sich die Initiatorinnen vorgestellt haben.
3. Ohne Subventionen geht es kaum. Nur zwei der von uns erfassten 45 Projekte wurden ohne Sozialwohnungsbaumittel oder erhebliche Modernisierungs- bzw. Sanierungsmittel realisiert. Auch die Mehrzahl der in Vorbereitung befindlichen Projekte setzt zumindest für einen Teil ihrer Wohnungen auf Sozialwohnungsbaumittel, nur bei zweien der noch nicht fertiggestellten Projekten ist die Frage nach der Finanzierung noch völlig offen. Hierin liegt meines Erachtens ein in der Literatur bisher unterschätztes Problem: Im Sozialen Wohnungsbau werden die Belegungsrechte immer wichtiger (während der Aspekt der Mietverbilligung zunehmend in den Hintergrund tritt). Zumindest für Projekte mit hoher Orientierungen auf Gemeinschaftlichkeit kann eine Wohnungsbelegung, die nach den Kriterien der Dringlichkeit des Wohnungsbedarfs ohne maßgebliche Beteiligung der Bewohnerinnen durchgeführt wird (so sehr sie aus sozialen Gründen auch wünschenswert sein mag), kontraproduktiv sein. Insbesondere für autonome Projekte ist es deshalb nur schwer vorstellbar, das Recht der Wohnungsbelegung abzutreten. Am ehesten kann das Belegungsrecht für die Bewohnerinnen durch den Erwerb des Eigentums an den Wohnungen gesichert werden, etwa über einen Bewohnerinnen-Verein oder eine Bewohnerinnen-Genossenschaft, was aber (siehe oben) zeit- und kraftaufwendig ist. Immer aber bleibt der Anspruch des Subventionsgebers. Verzichtet dieser auf ein kommunales Belegungsrecht[37], bleibt immer noch die Bedingung, dass die Bewerberin-

37 In manchen Bundesländern ist dies allerdings nur für den Preis einer Subventionsreduzierung zu erreichen.

nen die für den jeweiligen Förderungsweg[38] geltenden Einkommensgrenzen einhalten müssen. Die Öffnung eines Projekts für alle Frauen unabhängig von ihrem Einkommen ist im Rahmen des sozialen Wohnungsbaus selbst dann nicht möglich, wenn besser verdienende Frauen zu einem Solidarbeitrag in Form einer höheren Miete bereit wären. Auch eine angestrebte Solidarfinanzierung durch die Einbeziehung von Frauen unterschiedlicher Einkommensgruppen (z.B. für das auch im Sozialen Wohnungsbau notwendige Eigenkapital) kollidiert mit den Bedingungen des Sozialen Wohnungsbaus[39].

4. *Insbesondere der Wohnungsneubau braucht öffentliche Subventionen:* Der frauengerechte Wohnungsbau bezieht sich primär auf den *Neubau*, da es darum geht, eine neue Baukultur zu schaffen – insbesondere im Sozialen Wohnungsneubau. Neubau jedoch ist, das bedarf keines expliziten Nachweises, teuer – die teuerste Art zu wohnen, wenn sie nicht hoch subventioniert wird. Frauenwohnprojekte im Neubau kommen deshalb nur in Ausnahmefällen ohne (erhebliche) öffentliche Subventionen aus – ein Problem, an dem insbesondere die „autonomen" Projekte bis heute knabbern und das sich vielfach als der eigentliche Hemmschuh dieser Projekte erweist. Es ist mit Sicherheit kein Zufall, dass die ersten (städtischen) Projekte des frauenzentrierten Wohnens im Altbau realisiert wurden, der vielfach sehr gute architektonische Voraussetzungen für ein Wohnprojekt bietet – aber leider nur in seltenen Ausnahmefällen (weitgehend) leerstehend zu finden ist.
5. *Die subventionspolitische Diskriminierung der Genossenschaften erschwert eine „Solidarfinanzierung"* (autonomer) Frauenwohnprojekte. Sowohl der Bau oder Erwerb von (neu errichteten) Mietwohnungen als auch von selbstgenutztem Wohnungseigentum wird in der BRD mit erheblichen Mitteln subventioniert – beim Mietwohnungsbau über Steuerermäßigungen (was vor allem InvestorInnen mit höherem Einkommen zugute kommt), bei selbstgenutztem Wohnungseigentum durch die einkommensunabhängige „Eigenheimzulage".Genossenschaftsanteile dagegen werden nur dann und nur mit einem weit geringeren Betrag gefördert, wenn es sich um eine „eigentumsorientierte" Genossenschaft handelt, also um eine Genossenschaft, die den Genossinnen das unkündbare Recht einräumt, das Genossenschaftseigentum in Einzeleigentum umzuwandeln. Eine solche Regelung widerspricht jedoch diametral den Grundsätzen der meisten autonomen Frauenwohnprojekte, die sich die Verhinderung von Immobilien-Spekulationen explizit auf die Fah-

38 Abgesehen von einigen bundesrechtlich geregelten Grundprinzipien ist die Förderung des Sozialen Wohnungsbaus Ländersache, wobei jedes Land inzwischen eine Vielzahl unterschiedlicher Förderungsprogramme entwickelt hat.

39 Möglich ist in diesem Fall nur, einen Teil der Wohnungen subventioniert und einen Teil unsubventioniert zu errichten – aber auch das birgt eine Reihe von Schwierigkeiten.

nen geschrieben haben. Wird dieser Grundsatz aufrecht erhalten und Gemeinschaftseigentum in Form einer Genossenschaft gebildet, bedeutet dies u.U. einen erheblichen Verzicht auf Fördermittel.

6. *Auch das Erbrecht kann für (autonome) Frauenwohnprojekte hinderlich sein.* Wird z.B. aus subventionstechnischen Gründen ein Projekt im Rahmen des selbstgenutzten Wohnungseigentums realisiert (was insbesondere bei Wohnprojekten älterer Frauen nicht unmöglich erscheint), kann sich das bundesrepublikanische Erbrecht als problematisch erweisen, da zumindest dann, wenn Kinder da sind, diese im Erbfall nur schwer vom Eigentumsrecht an der Wohnung ausgeschlossen werden können (Pflichtteilregelung) – ein unter Umständen gravierendes Problem für die autonome Wohnungsbelegung durch die Mitbewohnerinnen.
7. *Gemeinschaftlichkeit lässt sich nicht verordnen:* Nachbarschaftliches Zusammenleben, gegenseitige Hilfe und Unterstützung sind wichtige Kriterien fast aller Projekte. Hier haben die autonomen Projekte zweifellos die weitgehendsten, auf den Prinzipien von Wohngemeinschaften aufbauenden Vorstellungen. Die Projekte des frauengerechten Wohnungsbaus verfolgen dagegen unter allen Projekttypen die reduziertesten, eher eine lockere Hausgemeinschaft vorsehenden Konzepte. Aber auch bei letzteren wird Nachbarschaftlichkeit fast immer als wichtiges Projektziel erwähnt. Nicht immer entspricht – so zumindest der Eindruck, den die Antworten auf unsere Zusatzbefragung erwecken – die Wohnrealität den Hoffnungen der Projektinitiatorinnen. Das gilt nach meinem Eindruck vor allem für einige der Alleinerziehendenprojekte, deren Ansatz im Kern auf das alltagserleichternde Zusammenleben Gleichbetroffener zielt, deren Bewohnerinnen jedoch eher aufgrund ihrer sehr prekären Wohnsituation und weniger wegen des Zusammenlebens mit anderen Alleinerziehenden eingezogen sind. Ist dies der Fall, dann bleibt Gemeinschaftlichkeit eher ein Wunschtraum der Initiatorinnen denn die Alltagspraxis der Bewohnerinnen. Das Auseinanderklaffen der Ideen von Initiatorinnen und Bewohnerinnen zeigt sich auch an der Tatsache, dass die Wohngemeinschaften mehrerer alleinerziehender Frauen (mit ihren Kindern), die in der feministischen Planungsliteratur immer wieder gefordert und in einigen Alleinerziehendenprojekten endlich ermöglicht wurden, offenbar kaum angenommen werden.

Das Auseinanderfallen von Projektidee und Projektrealität zeigt sich jedoch, wenn auch sicherlich in abgeschwächter Form, auch in manch autonomem Projekt, wenn sich beispielsweise die Idee des gemeinsamen Wohnens und Arbeitens im Laufe der Zeit verflüchtigt und mehr oder weniger auf ein gemeinsames Wohnen reduziert. Projektinitiatorinnen tun deshalb m. E. gut daran, ihr Projekt so zu konzipieren, dass es auch bei nachlassendem Interesse an Gemeinsamkeit noch gut funktioniert[40].

4. Sind Frauenwohnprojekte ein Beispiel für die Verräumlichung und Veralltäglichung von Frauenbewegung?

Frauenwohnprojekte sind entstanden aus den Diskussionen über das „Raumgreifen" von Frauen in der autonomen Frauenbewegung und in den daraus hervorgegangenen Konzepten feministischer Architektinnen und Planerinnen. Eine *„Verräumlichung"* von Frauenbewegung im Sinne einer Veränderung der Raumgestaltung und -nutzung sehe ich in drei Punkten:

- zum Ersten in der Schaffung autonomer Frauenräume im Privatbereich, die mehr noch als die Schaffung öffentlicher Frauenräume als Symbol für die umfassende Bezugnahme von Frauen auf Frauen verstanden werden können und damit eine sichtbare Alternative gegen die Heteronormativität der bundesrepublikanischen Gesellschaft darstellen.
- zum Zweiten in der symbolischen Aufwertung der Wohnbedürfnisse alleinerziehender Frauen und der Problematisierung des für diese Gruppe besonders unzureichenden Wohnungsangebots
- zum Dritten in der Beeinflussung der Wohnbauplanung durch die Modellprojekte des „frauengerechten Wohnungsbaus" und der Codifizierung der darin entwickelten Planungskriterien in den technischen Richtlinien für den Sozialen Wohnungsbau

Die Bedeutung der Frauenwohnprojekte geht also weit über den Nutzen für die unmittelbar Beteiligten, die Bewohnerinnen, hinaus. Frauenwohnprojekte leisten vor allem einen Beitrag auf der symbolischen Ebene, als sichtbarer, steingewordener Ausdruck zumindest der Idee einer anderen Geschlechterordnung.

Inwiefern Frauenwohnprojekte zu einer *„Veralltäglichung"* von Frauenbewegung beitragen, das heißt Räume bieten, in denen frauenbewegtes bzw. auf Frauen bezogenes Leben alltäglich gelebt wird, ist schwieriger zu beurteilen. Setzt frau auf die Projektbeschreibungen, wäre dies für eine Reihe von Projekten mehr oder weniger zu bejahen – am deutlichsten für die autonomen Projekte, etwas weniger für die Alleinerziehendenprojekte und am wenigsten für die Projekte des frauengerechten Wohnungsbaus. Nicht immer aber stimmen – vorsichtig formuliert – Projektbeschreibung und -realität ü-

---

40 Aus diesem Grund werden oft die Gemeinschaftsräume so gestaltet, dass sie ohne großen Aufwand in eine normale Wohnung umgewandelt werden können.

berein. Darauf deuten manche Antworten in unserer Zusatzbefragungen (oft versehen mit dem Hinweis „nicht zur Veröffentlichung bestimmt") hin, das kann frau aber auch aus dem Zustand mancher „Gemeinschaftsräume" schließen, die nicht immer den Eindruck eines besonders pfleglichen und/- oder interessierten Umgangs der BewohnerInnen mit diesen Flächen erwecken. Gemeinschaftlichkeit zwischen Frauen erfordert, darauf hat schon Else Liepe im Jahre 1929 hingewiesen, „eine tragende Idee" (Liepe 1929, zitiert nach Terlinden u.a. 1999: 22). Wenn diese tragende Idee zwar bei den Initiatorinnen, nicht aber bei den Bewohnerinnen verankert ist, ist das Scheitern meines Erachtens vorprogrammiert. Dann kann es leicht passieren, dass räumliche Chancen des Zusammenlebens verpuffen, dass Gemeinschaftsflächen ungenutzt und/oder ungepflegt bleiben und dass die angebotenen Wohnungszusammenlegungen für Wohngemeinschaften nicht nachgefragt werden.

Genauere Kenntnisse über den Alltag in Frauenwohnprojekten zu erlangen, wäre meines Erachtens ein wichtiges und lohnendes Thema der feministischen Planungsforschung. Zwei Hindernisse stehen hier allerdings im Wege: Zum einen die nach unseren Erfahrungen nicht gerade als ausgeprägt zu bezeichnende Neigung insbesondere der autonomen Projekte, ihre Erfahrungen offen zu legen – zum anderen das Problem einer zu großen Identifikation der Forscherin mit der untersuchten sozialen Bewegung und der daraus resultierenden Neigung, deren Konflikte und Widersprüche zu verschweigen. Als in einem Frauenwohnprojekt wohnende und sich einer Frauenbewegung verbunden fühlende Wissenschaftlerin ist mir dieser Konflikt sehr wohl gegenwärtig. Betroffenheit ist nicht unbedingt die beste Voraussetzung für eine *kritische* empirische Forschung. Für die Fortentwicklung der Frauenwohnprojektebewegung, die längst noch nicht als abgeschlossen gelten kann, wäre eine solche Forschung zweifellos von Nutzen – nicht um die auch in Frauenwohnprojekten auftretenden persönlichen Widersprüche offen zu legen, sondern um strukturelle Schwächen aufzudecken und dafür Lösungsansätze zu suchen. Das könnte möglicherweise auch den längst überfälligen autonomen Wohnprojekten für ältere Frauen endlich zum Durchbruch verhelfen.

Yvonne P. Doderer

Neue Frauenbewegung im Spannungsfeld von Subversion, Raumaneignung und Mainstreaming

1. Einige Bemerkungen im Rückblick, zur aktuellen Situation und zu möglichen Tendenzen

Die Verflechtung einer fach- wie frauenbezogenen Perspektive entbindet nicht von der Notwendigkeit, die eigenen Sichtweisen und Standpunkte kritisch zu überprüfen. In diesem Zusammenhang waren die Angebote zur Auseinandersetzung mit sozialwissenschaftlicher Frauenforschung innerhalb des Graduiertenkollegs eine äußerst hilfreiche Unterstützung für mich als Planerin, die sich mit Raumkonzepten ebenso wie mit Raumpraktiken auseinander setzt. In fast ebenso intensivem, wenngleich unterschiedlichem Maße habe ich dies, das möchte ich an dieser Stelle ebenfalls erwähnen, in meinen produktiven Ausflügen in das kulturelle Feld erfahren. Schlussendlich führt dies für mich zu einem Verständnis, das der Philosoph Paul Feyerabend (1984) einmal mit „Wissenschaft als Kunst" tituliert hat. Denn wie die Gegenwartskunst und -kultur bewegt sich die moderne Wissenschaft auf einem Terrain, das mehr den Gesetzen der Veränderung und der Relativität folgt als dem Gesetz eines wie immer gedachten Fortschritts.

Die Frage nach der jeweiligen Relativität wissenschaftlicher wie auch technischer und kulturell-gesellschaftlicher Erkenntnisse und Zustandsformen scheint im Kontext einer neoliberalen Globalisierungs- und Modernisierungsdebatte gegenwärtig überholt zu sein – ebenso wie die Frage nach der politischen Funktion von Wissenschaft, Kunst und Kultur. Eine der gesellschaftlichen Bewegungen, die diese Fragen immer wieder gestellt hat und weiterhin stellt, ist zweifelsohne die Neue Frauenbewegung, in deren theoretischer Tradition sich ja auch dieses Kolleg angesiedelt hat.

Es sei vorläufig dahingestellt, ob es sich bei der Neuen Frauenbewegung aktuell noch um eine gesellschaftliche Bewegung handelt oder ob sich diese nicht vielmehr in die unterschiedlichsten gesellschaftlichen Räume hinein aufgelöst hat oder gar in ihren selbstproduzierten Räumen sitzengeblieben ist. Feststellen lässt sich jedoch, dass sich die radikalen Forderungen und Vorstellungen zu Beginn der Neuen Frauenbewegung, wie z.B. die Kämpfe um Legitimität und Anerkennung des subjektiven und frauenbezogenen Standorts innerhalb von Politik, Wissenschaft, Kultur und Gesellschaft, auf vielfältige Weise ausdifferenziert haben. Dies betrifft auch eine der zentralen Fragestellungen, die die Neue Frauenbewegung insbesondere in ihrer Kritik an traditioneller Wissenschaft aufgeworfen hat: die des Verhältnisses von Theorie und Praxis. Nach 30 Jahren Frauenbewegung hat sich auf der Seite der Praxis eine in sich differenzierte, urbane Projektekultur entwickelt, auf die ich später noch ausführlicher eingehen werde. Auf der Seite der Theorie bewegt sich die feministische Theoriebildung mittlerweile nahezu gänzlich in akademischen Räumen, wobei sie hier ihr Terrain ausdehnen und sich mehr, wie in den Sozial- und Geisteswissenschaften, oder weniger, wie in den Ingenieur- und Naturwissenschaften, etablieren konnte. Trotz dieser Polarisierung zwischen feministischer Theorie und Praxis bestehen gelegentliche Schnittstellen, und zwar dann, wenn Wissenschaftlerinnen von ihren Forschungsergebnissen in feministischen Frauenprojekten berichten oder Frauenprojekte wissenschaftliche Begleitung in Anspruch nehmen.

2. Strategien der Subversion – zur Genese der Neuen Frauenbewegung

Die Genese der Neuen Frauenbewegung zeigt so einmal mehr, in welcher Weise sich gesellschaftspolitische Bewegungen verändern, während sie über die Jahre um gesellschaftliche Anerkennung kämpfen und versuchen, sich geographische, urbane, mediale und kulturelle Räume anzueignen. Diese Veränderungsprozesse sind weder zu verurteilen noch zu bedauern, wenngleich es gelegentlich schwer fällt, diese unwidersprochen hinzunehmen. Sie machen ebenfalls deutlich, dass die Neue Frauenbewegung bzw. Frauen und ihre Räumlichkeiten, die sich diesem Kontext mehr oder weniger eindeutig zuordnen, Bestandteil der jeweiligen Gesamtgesellschaft sind und dies vielleicht sogar in einem viel höheren Maße als mancher ihrer Protagonistinnen lieb ist. Einen Blick auf die Genese der Neuen Frauenbewegung und ihrer Räume zu werfen, beinhaltet somit auch, eine Zustandsbeschreibung gesamtgesellschaftlicher Prozesse vorzunehmen, wenngleich wir mittlerweile gemäss der Theorie der Selbstorganisation und der dissipativen Strukturen wissen, dass die Ganzheit mehr ist als die Summe ihrer Teile. Letztlich lassen sich demnach über die Verfasstheiten der jeweiligen Gesellschaft gar keine sicheren Aussagen treffen. Es geht mir deshalb innerhalb meiner Untersuchung vielmehr darum, die Räume der Neuen Frauenbewegung als Gegenräume zu lesen, die gleichzeitig von allen anderen Räumen durchdrungen sind, die sich wechselweise wiederum in Frage stellen: „... so zum Beispiel wirft der Spiegel, wo ich nicht bin, das Bild der Situation zurück, in der ich mich befinde", denn „jeder Raum spiegelt etwas wieder von anderen

Räumen, trotz aller Diskontinuitäten und Unterbrechungen", wie es Daniel Defert in seiner Analyse des Foucaultschen Raumverständnisses einmal ausgedrückt hat (Daniel 1997: 275).

Phänomenologisch betrachtet steht an erster Stelle der Körperraum, die Leibgebundenheit und, um diesen Begriff etwas zu erweitern, die Geographie des Körpers. Nicht von ungefähr hat die westliche Frauenbewegung in ihrer Auseinandersetzung mit den Machtpolitiken, denen gerade der weibliche Körper ausgesetzt war – und im übrigen häufig genug auch immer noch ist (z.B. im Rahmen ihres Widerstand gegen den § 218) – ihre erste breite gesellschaftliche Resonanz erfahren. Die Frage um die Macht über den Körperraum ist heute aktueller denn je, denn während auf der einen Seite die technizistischen Strategien, mit denen wir im medialen und virtuellen Raum konfrontiert werden, darauf abzielen, den Körperraum zum Verschwinden zu bringen und zum Raum bloßer Simulation werden zu lassen, zielen die Strategien der Biopolitik unmittelbar auf die vollständige Aneignung des Körpers selbst. Dass diese Körperpolitiken mehr oder weniger offensichtlich auf der Basis von Geschlecht und Geschlechterdifferenzen zum Nachteil von Frauen operieren, versteht sich hierbei fast von selbst.

Nicht zuletzt an dieser Stelle spielten und spielen feministisch-lesbische Frauen eine besondere Rolle. Denn mit der Veröffentlichung lesbischer Sexualität wurde nicht nur der Aneignung reproduktiver Funktionen und ihren damit einhergehenden Zuschreibungen gegenüber Widerstand geleistet, sondern es wurde ein produktives Moment sichtbar, das bis dahin allenfalls innerhalb des medizinischen Hysteriekomplexes zugänglich war. Der seit den 70er Jahren offensiv geführte Kampf um die gesellschaftliche Sichtbarmachung einer eigenständigen, vom männlichen Geschlecht unabhängigen Sexualität von Frauen hat die grundlegende Voraussetzung geschaffen für das Auftauchen einer Reihe weiterer Terrains und bislang tabuisierter Tableaus wie das der sexualisierten Gewalt gegen Frauen. Dem Prozess um Marion Ihns und Judy Anderson im Jahre 1974 kam hierbei eine Schlüsselrolle zu. In diesem Prozess wehrten sich zum ersten Male nach 1945 Frauen gegen die Diffamierung lesbischer Frauen und gegen Staats- und Männergewalt – Themenkomplexe, die die weiteren Jahre entscheidend mitbestimmen sollten. Der lesbische Separatismus, der sich in der Folge innerhalb der westdeutschen Frauenbewegung entwickelte, bildet eine wesentliche Grundlage für das, was wir heute unter dem Stichwort „Identitätspolitik" zusammenfassen. Denn nicht zuletzt waren es die Konfrontationen mit lesbischen Separatistinnen, die den Weg frei machten für die Diskurse und Praktiken um, wie es Luce Irigaray ausgedrückt hat, „das Geschlecht, das nicht eins ist" (Irigaray 1979).

Auf der Suche nach einer anderen Sprache, neuen Lebensformen und Praktiken, um, wie es Eva Meyer 1979 noch ganz differenzfeministisch formuliert hatte, „diesen ontologischen Ort des Nichts, den Schauplatz des

Weiblichen, wieder ins Spiel zu bringen" (Meyer 1979: 8) wurde die Tür in einen Raum aufgestoßen, den wir heute wohl als „Raum der Diskurse und des Diskursiven" bezeichnen würden.

Allerdings war es nicht so, dass diese Tür nicht bereits offen gestanden hätte. Der deutsche Faschismus hatte bereits die Erste Frauenbewegung zerschlagen. Doch auch innerhalb der – deshalb Zweiten – Frauenbewegung musste erst noch einige Zeit vergehen, bis die Folgen dieser Zäsur deutlich sichtbar gemacht werden konnten. In diesem Zusammenhang waren die Thesen von Christina Thürmer-Rohr in den 80er Jahren und ihr Postulat der „Mittäterschaft von Frauen" (Thürmer-Rohr 1987) von entscheidender Bedeutung. Nicht zuletzt die Auseinandersetzungen mit linken Frauen trugen ebenfalls dazu bei, hier ansatzweise Klärung zu schaffen, denn der „Deutsche Herbst" war auch an der autonomen Frauenbewegung nicht spurlos vorübergegangen. Erst im historischen Nachhinein lassen sich so manche Gemeinsamkeiten zwischen strikt autonom-feministischen und links-feministischen bzw. linken Frauenpositionen entdecken. So thematisiert Ulrike Meinhof überraschenderweise in ihrem bis 1995 unter Verschluss gehaltenen Film „Bambule" aus dem Jahr 1970 bereits lesbische Beziehungen und verweist vor allem auf die Notwendigkeit eines politisierten, solidarischen Zusammenschlusses von Frauen, um den herrschenden Verhältnisse gegenüber Widerstand leisten zu können.

Im Unterschied zur linken Politik beharrte die Frauenbewegung allerdings auf der Bedeutung des Subjekts. Damit gingen die frauenbewegten Frauen weit über die Grenzen von Partei- und linker Politik hinaus, denn ihre zentrale Aussage „das Private ist politisch" beinhaltete eine Politisierung alltäglicher Räume. Dies betraf nicht nur die Räume der Produktion, sondern insbesondere die der Reproduktion, die, architektonisch gesehen, von der Neufert'schen Rationalisierungswut an den Rand gedrängt worden waren. Auf dem Feld der Architektur, des Wohnungsbaus und der Stadtplanung hat die Neue Frauenbewegung in der Folgezeit nur mühsam Steine ins Rollen bringen können. Selbst heute zeigt sich noch, dass zwischen Beton und Köpfen oft kein großer Unterschied besteht. So war den Frauen im Zuge der allgemeinen Aufbruchs- und Politisierungsstimmung Anfang der 70er Jahre schnell klar geworden, dass einer heimeligen Wohnwelt und der darin inbegriffenen Vereinzelung von Frauen am besten entgegnet werden konnte, wenn sie sich eigene kollektive und selbstorganisierte Räume würden schaffen können. Im Zusammenhang mit einer im erweiterten Sinne verstandenen Raumaneignung spielten feministisch-lesbische Frauen wiederum eine tragende Rolle. Denn lesbische Frauen – ob von vornherein frauenidentifiziert oder im Laufe ihrer Auseinandersetzung mit Feminismus und Frauenbewegung lesbisch geworden – waren die entscheidende Kraft, die insbesondere in Deutschland dazu beitrug, eine vielfältig-urbane, politisch-feministisch orientierte Frauenprojektekultur in Gang zu setzen.

3. Praktiken der Raumaneignung – zur aktuellen Situation der Frauenprojektekultur

1983 gab es in Westdeutschland bereits ca. 67 Frauenzentren, 61 Frauengruppen-, -treffs und -initiativen sowie 33 Frauenbuchläden in 31 Städten (Schwarzer 1983). Was in Hinterzimmern, Ladenlokalen und Wohnungen begann, wuchs sich im Laufe der Jahre zu einer differenzierten Projektekultur aus. Diese räumliche Aneignung vollzog sich trotz aller Widerstände, denen die aktiven Frauen, nicht zuletzt aus den eigenen Reihen, ausgesetzt waren. Ein Fazit dieser Prozesse, so konnte ich bislang im Rahmen meiner quantitativen und qualitativen Recherchen feststellen, lautet: es hätte sehr viel mehr Projekte in einer noch größeren Vielfalt geben können, wären die Hürden seitens der Kommunen und des Staatsapparates nicht immer wieder höher gesetzt worden. Neben dem Untergang vieler Projekte hatte dies eine Ausdifferenzierung der Projektekultur und die Notwendigkeit zur Professionalisierung zur Folge. Aktuell führt dies zu Konsequenzen, die ich beispielhaft auf der Grundlage meiner Recherchen kurz andeuten will. So werden Projekte wie z.B. Wildwasser Stuttgart, ein feministisches Beratungsprojekt gegen sexuelle Ausbeutung von Frauen und Mädchen, zusehends den Kriterien einer neoliberalisierten Kommunal- und Staatsverwaltung unterworfen, indem sie „Produktbildung" betreiben und mit feministischen Inhalten als Ware auf dem sozialen Markt um Finanzierung mit etablierten Einrichtungen konkurrieren müssen. Frauenprojekte im kulturellen Bereich wiederum sehen sich mit einer fortwährenden Marginalisierung konfrontiert. Gerade einmal 5,5% des Gesamtetats des Hamburger Senatsetats für Stadtteilkulturzentren in Höhe von 8.174 Mill. DM, d.h. 450.000 DM, gingen im Jahr 1996 an eines der größten Hamburger Frauenkulturprojekte, das Frauenkulturzentrum Denk(t)räume (vgl. *TAZ*, Nr. 5015, 31.08.1996). So wundert es eine(n) nicht, dass es im Jahr 1996 in Hamburg 15, im Jahr 1998 jedoch nur noch 11 Frauenprojekte und -gruppen gab, die im Bereich Frauenkultur arbeiten.

Die Regulierungshegemonie der Behörden über „Wohl und Weh" der Frauenprojekte beinhaltet zudem eine massive thematische Vorgabe. Nur was der offiziellen Politik als sinnvoll erscheint, wird gefördert. Dadurch geraten die Frauen und ihre Projekte unter Legitimierungszwang, denn sie müssen ihre Inhalte und Strukturen begründen. Dieser Zwang mag auf den ersten Blick nicht negativ sein, da er für die Projektfrauen ein Anlass sein könnte, sich und ihr Projekt nach außen hin zu vermitteln. Aber die Legitimierungsanforderungen finden nicht im luftleeren Raum statt und hier beginnt ein Teufelskreis. Denn können die Projekte nicht genug professionelle Ressourcen aktivieren, zu denen sie möglicherweise keinen Zugang haben, weil ihnen z.B. die finanziellen Mittel fehlen, scheitert der Vermittlungs-

und Interventionsprozess leicht. Hinzu kommt die innere Struktur der Projekte selbst: Viele Projekte sind nach wie vor auf ein persönliches unbezahltes Engagement angewiesen und die meist mit der Projektarbeit verbundenen, häufig noch basisdemokratisch organisierten Gruppenprozesse beinhalten ein nicht unerhebliches Konfliktpotenzial. Wie aber sollen diese Schwierigkeiten nach außen vermittelt werden, ohne dass dies als Scheitern des Projektes ausgelegt wird?[1] Eine weitere Konsequenz behördlicher Disziplinarmaßnahmen ist, dass die Schere im Kopf der Frauen bereits im Vorfeld einsetzt. Es werden von vornherein häufig nur solche Projekte in Angriff genommen, die erfolgversprechend zu sein scheinen. Dies und der angesichts der Situation auf dem Erwerbsarbeitsmarkt zunehmende Druck, sich Erwerbsarbeitsplätze selber zu schaffen, kann – neben den Einschränkungen, die mit einer kommunalen oder staatlichen Förderung verbunden sind – ein weiterer Grund dafür sein, dass insbesondere die Zahl der im sozialen Raum arbeitenden Projekte eklatant zugenommen hat. Unter „sozialem Raum" verstehe ich hierbei, ohne dies an dieser Stelle ausführlicher zu präzisieren, all diejenigen Projekte, die unter dem Stichwort „Lebenslagen, Lebensweisen, Lebenszeiten" zusammengefasst werden können und die sich inhaltlich mit Alltagsleben, Gewalt, physischer und psychischer Gesundheit, Körper und Sexualität, Lesben, unterschiedlichen Lebenszeiten und -lagen sowie mit Recht und Spiritualität beschäftigen. Im Jahr 1999 ist nach meinen Untersuchungen in fünf Städten der Anteil der Frauenprojekte der in diesem Bereich operierenden Projekte zusammengenommen, mit knapp 49% am höchsten.[2]

1 Eine weitere Folge ist die thematische, strukturelle und organisatorische Ausrichtung der Projekte, die sich den an sie von außen herangetragenen Erfordernissen anpassen muss. So kritisiert die seit langen Jahren in München aktive Feministin Anita Heiliger in einem Interview auf meine Frage, ob Frauenprojekte mittlerweile als eine Art städtischer Dienstleistungsunternehmen verstanden werden können: „Ich nenne sie auch nicht mehr feministische Projekte. Ich nenne sie Frauenprojekte. Und diese sind oftmals der verlängerte Arm der Verwaltung und leisten z.T. Aufgaben, die die städtischen Dienststellen im Moment noch nicht durchführen können, aber im Prinzip gefordert sind, diese langfristig selber zu erledigen. Durch diese Entwicklung hat sich das Verhalten innerhalb vieler Projekte sehr an das von Institutionen angeglichen. Vor allen Dingen eines ist mir aufgefallen: Genau das, was wir an den Institutionen kritisiert haben, ist in vielen Frauenprojekten passiert – die Klientifizierung der Frauen, die deren Dienste in Anspruch nehmen." (In: Yvonne P. Doderer 1999: 25) Umgekehrt jedoch nehmen immer mehr Frauen die Dienste von Frauenprojekten in Anspruch, ohne sich deshalb darüber hinaus in feministische Kontexte zu begeben bzw. dazu beizutragen diese aufrechtzuerhalten.

2 Die Untersuchung bezieht sich auf fünf Städte: München, Stuttgart, Frankfurt, Hamburg und Berlin. Der Prozentanteil von Projekten, die dem sozialen Raum angehören, wird gefolgt von den im kulturellen Bereich tätigen Projekten mit ca. 26%, den im ökonomischen Feld agierenden Projekten mit knapp 18% und den politisch arbeitenden Projekten mit 7%. Im Rahmen meiner Erhebung habe ich im Januar 1999 insgesamt 335 Fragebogen verschickt, wovon 151 Fragebogen zurückkamen. Dies entspricht einer Gesamtrücklaufquote von 45,07%. Davon

4. Unter dem Vorzeichen des Mainstreaming – Folgen für die Entwicklung der Frauenprojektekultur

Eine weitere Veränderung, die nicht ohne Folgen auf die bundesdeutsche Projektekultur bleibt, ist die Ausbreitung des Themas „Frauen“ oder aktuell modifiziert „Geschlecht“, in fast alle gesellschaftlichen Bereiche hinein – wenngleich mit unterschiedlichen Ergebnissen. Dieses diskursive Mainstreaming führt u.a. dazu, dass die selbstorganisierten Frauen- und Lesbenräume, die sich nicht völlig professionalisieren konnten oder wollten, mit einer gewissen inneren Stagnation zu kämpfen haben, denn sie sind nicht mehr länger die Einzigen, die dieses Terrain besetzen. Dadurch fällt es den Projekten immer schwerer, ihre bisherige Definitionsmacht zu behalten oder diese neu auszufüllen. Hinzu kommt die Verinnerlichung der scheinbaren Marginalität und des äußeren Mangels, die verhindern, dass Frauen und Lesben selbst das qualitative Potenzial ihrer Aktivitäten wie Selbstorganisation, relative Autonomie und – im erweiterten Sinne – die Produktion von Raum erkennen. Die Frauenprojekteszene bleibt so häufig zwischen reiner Autodidaktik und institutionalisierter Professionalität hängen. Sie ist weder ganz auf der Höhe ihrer Zeit, noch wirklich subversiv, noch sich ihrer Geschichte in ihrer Gänze bewusst, um es einmal provokativ zu formulieren.

Auf einer Reise quer durch die bundesdeutsche Republik und ihrer meist temporären Frauendancefloors zum Beispiel wird dies unmittelbar deutlich. Zum unzählbaren Male wird Gloria Gaynor's „I will survive“ und „I am what I am“ abgenudelt, die Weather Girls heulen „It's raining men“, und Dr. Alban fordert „Sing Halleluja“. Da wundert es eine(n) nicht, wenn Cher Anfang der 90er Jahre fragt „Are you strong enough?“, und am Ende des Milleniums der Plastik-HipHopper Oli P. nur noch „Flugzeuge im Bauch“ feststellen kann. Zwar haben die DJanes mitbekommen, dass es so etwas wie TripHop, Drum'n Bass, Acid Jazz und zeitgenössische elektronische Musik – übrigens sehr wohl auch von Frauen – gibt, sehen sich jedoch außerstande, wenn überhaupt, anderes als grundsätzlich den schlechtesten Remix aufzulegen. Auf Einwände reagiert die Szene denn auch allergisch – schließlich müssen gemeinsame Vorlieben bedient werden. Dass dadurch nur ein durchschnittlicher bis schlechter musikalischer Einheitsbrei zustande kommt, wird achselzuckend in Kauf genommen, schließlich sei die Tanzfläche immer voll, wenn Gloria Gaynor's „Believe (in Love)“ gespielt würde. Die Frauen- und Lesbenszene ist zu klein, um sich wie die schwul-heterosexuell gemischte Clubszene in alle Richtungen ausdifferenzieren zu können, wenngleich es Ausnahmen gibt, wie die in Berlin stattfindenden Frauenparties im SO36 oder in der Kalkscheune zeigen. Allerdings verstehen sich diese E-

---

wurden 135 gültige Fragebögen (40, 30%) ausgewertet. Es handelt sich hierbei um eine Erhebung, in die ausschließlich Projekte mit offiziellen Adressen aufgenommen wurden.

vents eher als lesbischer Teil der aktuellen Queerszene denn als Teil der feministischen Frauenszene. Aber ob das ernst zu nehmende Argument einer zu begrenzten, wenngleich heterogenen Frauen- und Lesbenszene genügt, um Frauenzusammenhänge aller Art auf einem kleinsten gemeinsamen Nenner weiter zu betreiben, darf – zumindest perspektivisch gesehen – angezweifelt werden.

Wenn das nächste Jahrhundert uns gehören soll, wie bereits die Erste Frauenbewegung postuliert hat, sehen sich die Projekte und Zusammenhänge, die im Kontext der Neuen Frauenbewegung entstanden sind, im neuen Millennium mit einigen Herausforderungen konfrontiert: Sie müssen nicht nur um die Aufrechterhaltung, Beibehaltung oder gar Erweiterung ihrer Räume und Räumlichkeiten weiterhin kämpfen, sondern auch ihre Inhalte, Angebote und Politikformen weiter fortschreiben. Denn wie bereits diese wenigen Beispiele gezeigt haben, versuchen zwar die institutionell-gouvernalen Diskurse die Räume der Frauenbewegung zu regulieren und zu dirigieren, sehen sich aber gleichzeitig damit konfrontiert, dass die Milieudiskurse aus den Räumen der Frauenprojektekultur heraus die gesellschaftlichen Diskurse durchdringen. Um diese im Innern des Äußeren angesiedelten Diskurse zu fördern oder gar wieder herzustellen, besteht eine notwendige Perspektive nach meiner Auffassung darin, feministische Theoriebildung und feministische Praxis in Zukunft wieder offensiver zu verschränken. Eine solche Verschränkung gezielt vorzunehmen ist vor allem dann notwendig, wenn auch feministisch-wissenschaftliche Diskurse als soziale Praktiken verstanden werden auf der Folie, dass, wie es Michel Foucault einmal ausgedrückt hat, Diskurse „systematisch die Gegenstände bilden, von denen sie sprechen“ (Foucault 1992: 74). Wenn die Räume der Frauenbewegung weiterhin widerständischer Artikulation und Praxis dienen sollen, liegt ihre eigentliche Aufgabe darin, Raum zu bieten für eine Denk- und Lebensweise, die weiß, dass „es stets eine Beziehung zu sich geben wird, die den Codes und Mächten Widerstand leistet“ (Deleuze 1992: 145).

Literatur

Augspurg, Anita 1905: Ein typischer Fall der Gegenwart, Offener Brief vom 1. Juni 1905, In: Die Frauenbewegung, 11. Jg., Nr. 11, wieder abgedruckt u. zit. nach Janssen-Jurreit 1986, S. 101-106

Bäumer, Gertrud u. a. (Hrsg.) 1909: Frauen und Sexualethik. Beiträge zur modernen Ehekritik, 2. Aufl., Heilbronn

Becker Ruth (Hrsg.) 2001: Dokumentation von Frauenwohnprojekten in der BRD 1978-1998. Dortmund (i.E.)

Becker, Ruth 2000: Geschlecht und Raum: Feministische Forschung und Praxis in der Raumplanung. In: Cottmann, Angelika/Kortendiek, Beate/Schildmann, Ulrike (Hrsg.): Das undisziplinierte Geschlecht. Frauen- und Geschlechterforschung. Einblick und Ausblick. Opladen. S. 89-105.

Becker-Schmidt, Regina/Knapp, Gudrun-Axeli 2000: Einführung in die feministische Theorie. Hamburg

Beck-Gernsheim, Elisabeth 1983: Vom „Dasein für andere" zum Anspruch auf ein Stück „eigenes Leben". Individualisierungsprozesse im weiblichen Lebenszusammenhang. In: Soziale Welt 3/1983. S. 307-340

Bloch, Iwan 1907: Das Sexualleben unserer Zeit in seinen Beziehungen zur modernen Kultur, 2. u. 3. verb. Auflage, Berlin

Brownmiller, Susan 1978: Gegen unseren Willen. Vergewaltigung und Männerherrschaft. Frankfurt a. Main

Brückner, Margrit 1996: Frauen- und Mädchenprojekte. Von feministischen Gewissheiten zu neuen Suchbewegungen. Opladen

Brückner, Margrit 1997: Bewegter Stillstand? Überlegungen zur Neuen Frauenbewegung am Beispiel ihrer Projekte. In: Hradil, Stefan (Hrsg.): Differenz und Integration. Frankfurt a. Main. S. 464-478

Brückner, Margrit 1998: Wege aus der Gewalt gegen Frauen und Mädchen. Frankfurt a. Main

Brückner, Margrit 2000: Vernetzung zwischen politischem Anspruch und professionellen Erfordernissen – Überlegungen zur Entwicklung der autonomen deutschen Frauenprojektebewegung. In: Lenz, Ilse/Mae, Michiko/Klose, Karin a.a.O., S. 75-94

Bührmann, Andrea 1995: Das authentische Geschlecht. Die Sexualitätsdebatte der Neuen Frauenbewegung und die Foucaultsche Machtanalyse. Münster.

Bundesforschungsanstalt für Landeskunde und Raumordnung (BfLR) 1996: Wohnsituation Alleinerziehender III. Ergebnisse des Forschungsfeldes. Materialien zur Raumentwicklung, Heft 78

Bundesministerium für Raumordnung, Bauwesen uns Städtebau (Hrsg.) 1990: Auf Sozialwohnungen angewiesen. Die Bedeutung der Vermittlung von Sozialmietwohnungen durch das Wohnungsamt für Bevölkerungsgruppen mit besonderen Problemen auf dem Wohnungsmarkt. Schriftenreihe Forschung, Heft Nr. 485, Bonn

Bundesregierung 1999: Antwort der Bundesregierung auf die kleine Anfrage der Abgeordneten Christina Schenk „Kosten der häuslichen Gewalt von Männern gegen Frauen" Bundestagsdrucksache 14/849

Bundesregierung 2000: Wohngeld- und Mietenbericht der Bundesregierung 1999. Bundestagsdrucksache 14/3070

Burkart, Günter/Koppetsch, Cornelia 1999: Die Illusion der Emanzipation. Zur Wirksamkeit latenter Geschlechtsnormen im Milieuvergleich. Konstanz

Chodorow, Nancy 1985: Das Erbe der Mütter. Psychoanalyse und Soziologie der Geschlechter. München

Connell, Robert 1999: Der gemachte Mann. Konstruktion und Krise von Männlichkeiten. Opladen

Costain, Anne 1992: Inviting Women's Rebellion. A Political Process Interpretation of the Women's Movement. Baltimore/London

Dackweiler, Regina 1995: Ausgegrenzt und eingemeindet. Die neue Frauenbewegung im Blick der Sozialwissenschaften. Münster

Dackweiler, Regine 2000: „Wir sind der Nukleus der globalen Zivilgesellschaft" – Zusammenspiel und Wechselverhältnis der internationalen und nationalen

Frauenbewegungen am Beispiel des österreichischen Gewaltschutzgesetzes. In: Lenz, Ilse/Mae, Michiko/Klose, Karin a.a.O., S. 167-199
Dackweiler, Regine/Schäfer, Reinhild 1999: Lokal – national – international: Frauenbewegungspolitik im Rück- und Ausblick. In: Klein, Ansgar/Legrand, Josef (Hrsg.): Neue soziale Bewegungen. Impulse, Bilanzen und Perspektiven. Opladen/Wiesbaden. S. 199-244
Davis, Flora 1999: Moving the Mountain. The Women's Movement in America since 1960. 2. Aufl. New York
Defert, Daniel 1997: Foucault, der Raum und die Architekten. In: documenta und Museum Fridericianum Veranstaltungs GmbH. Idee und Konzeption Catherine David u. Jean-François Chevrier (Hg.): Das Buch zur documenta X = politics-poetics. Ostfildern
Deleuze, Gilles 1992: Foucault, Frankfurt a. Main
Deutscher Städtetag (Hrsg.) 1994: Frauen verändern ihre Stadt. Arbeitshilfe 1: Wohnungspolitik. Reihe L. DST-Beiträge zur Frauenpolitik. Heft 2, Köln.
Dickel, Helga/Brauckmann, Caroline 1998: Frauennetzwerke 98/99. Die media. Köln
Doderer Yvonne P. 1999: never give up! Ein Reader zur Neuen Frauenbewegung. Kunstverein München
Doderer, Yvonne P. 2001: Urbane Praktiken. Eine Untersuchung zu Strategien und Raumproduktionen feministischer Frauenöffentlichkeit. Unveröffentlichtes Typoskript
Dokumentationsgruppe der Sommeruniversität der Frauen e.V. (Hrsg.) 1981: autonomie oder institution. über die leidenschaft und macht von Frauen. Beiträge zur 4. Sommeruniversität der Frauen – Berlin 1979
Doorman, Lottemi (Hrsg.) 1979: Keiner schiebt uns weg. Zwischenbilanz der Frauenbewegung in der BRD. Weinheim/Basel
Dörhöfer, Kerstin 1980: DIE FUSSNOTE oder Zum wissenschaftlichen Umgang mit der Frauenfrage in der Wohnungsversorgung und Stadtplanung. In: beiträge zur feministischen theorie und praxis, Heft 4, S. 30-38
Duncan, Simon/Edwards, Ros 1996: Lone Mothers and Paid Work: Neighborhoods, Local Labour Markets, and Welfare State Regimes, Social Politics Summer/Fall 1996. University of Illinois
Dünnebier, Anna/Paczensky v., Gert 1999: Das bewegte Leben der Alice Schwarzer. Die Biographie. München
DuPlessis, Rachel/Snitow, Ann (Hrsg.) 1998: The Feminist Memoir Project. Voices from Women's Liberation. New York
Ferree, Myra Marx/Martin, Patricia Yancey (Hrsg.) 1995: Feminist Organizations. Harvest of the New Women's Movement. Philadelphia
Ferree, Myra/Hess, Beth: Controversy and Coalition 1994: The New Feminist Movement. Boston.
Feyerabend, Paul 1984: Wissenschaft als Kunst. Frankfurt a. Main.
Flax, Jane 1990: Thinking fragments: Psychoanalysis, feminism, and postmodernism in the contemporary West. Berkley
Forel, August 1905: Die sexuelle Frage. Eine naturwissenschaftliche, psychologische, hygienische und soziologische Studie für Gebildete. München.

Foucault, Michel 1978: Dispositive der Macht. Über Sexualität, Wissen und Wahrheit. Berlin
Foucault, Michel 1988: Sexualität und Wahrheit, Bd. 1 Der Wille zum Wissen, 2. Aufl. Frankfurt a. Main
Franzke, Heike/Frerichs, Petra 1998: Die Netze der Frauen – eine quantité négligeable? In: Zeitschrift für Frauenforschung. Heft 48. Bielefeld.. S. 90-104.
Frevert, Ute 1986: Frauen-Geschichte: zwischen bürgerlicher Verbesserung und neuer Weiblichkeit. Frankfurt a. Main
Gerhard, Ute 1990: Unerhört. Die Geschichte der deutschen Frauenbewegung, Reinbek
Gerhard, Ute 1999: Atempause. Feminismus als demokratisches Projekt. Frankfurt a.M.
Gilligan, Carol 1981: Die andere Stimme. Lebenskonflikte und Moral der Frau. München
Gutiérrez Rodríguez, Encarnación 1999: Intellektuelle Migrantinnen. Subjektivitäten im Zeitalter von Globalisierung. Opladen
Hagemann-White, Carol u.a. (Hrsg.) 1997: Parteilichkeit und Solidarität. Praxiserfahrungen und Streitfragen zur Gewalt im Geschlechterverhältnis. Bielefeld
Hageman-White, Carol/Rerrich, Maria S. (Hrsg.) 1988: FrauenMännerBilder. Männer und Männlichkeit in der feministischen Diskussion. Bielefeld
Hark, Sabine 1996: Deviante Subjekte. Die paradoxe Politik der Identität. Opladen.
Heinrich-Böll-Stiftung, Feministisches Institut 1999: Dokumentation der Beiträge zu „Wie weit flog die Tomate?“ Eine 68erinnen-Gala der Reflexion. Berlin
Helbrecht-Jordan, Ingrid/Gonser, Ute/Buchholz, Elke/Ziemer, Gudula 1996: Initiierung, Beratung und Vernetzung von Mütterzentren („Elternzentren“) in den neuen Bundesländern. Abschlussbericht der wissenschaftlichen Begleitung. Herausgegeben vom Bundesministerium für Familie, Senioren, Frauen und Jugend. Hannover
Hervé, Florence (Hrsg.) 2000: Geschichte der deutschen Frauenbewegung. 7. Aufl. Köln
Holland-Cunz, Barbara 1998: Feministische Demokratietheorie. Thesen zu einem Projekt. Opladen
Holland-Cunz, Barbara/Ruppert, Uta (Hrsg.) 2000: Frauenpolitische Chancen globaler Politik. Verhandlungsverfahren im internationalen Kontext. Opladen.
Huke-Schubert, Beata 1991: Magdalena Keller zieht in die Villa ein. Baukultur 1991, H.4, S. 25-27
Institut für Demoskopie Allensbach 2000: Fraueninteressen und Frauenpolitik. Eine Repräsentativbefragung zu den Interessen von Frauen und ihren Erwartungen an die Politik. I. Auftrag des Bundesministeriums für Familie, Senioren, Frauen und Jugend
Irigaray, Luce 1979: Das Geschlecht das nicht eins ist. Berlin.
Janssen-Jurreit, Marielouise (Hrsg.) 1986: Frauen und Sexualmoral, Frankfurt a. M.
Johnston, Jill 1976: Nationalität lesbisch. Die feministische Lösung. Berlin
Jurczyk, Karin/Maria S. Rerrich (Hrsg.) 1993: Die Arbeit des Alltags. Beiträge zu einer Soziologie der alltäglichen Lebensführung. Freiburg i.Br.
Klaus, Elisabeth 1998: Kommunikationswissenschaftliche Geschlechterforschung. Zur Bedeutung der Frauen in den Massenmedien und im Journalismus. Opladen/Wiesbaden
Kokula, Ilse 1985: Helene Stöcker (1869-1943), der „Bund für Mutterschutz“ und die Sexualreformbewegung, mit besonderer Berücksichtigung des Emanzipa-

tionskampfes homosexueller Frauen und Männer, in: Mitteilungen der Magnus-Hirschfeld Gesellschaft, Heft 6. S. 5-24
Kortendiek, Beate 1999: Mütterzentren – Selbsthilfeprojekte und Frauenöffentlichkeit. Studie über ambivalente Mutterschaft und alltägliche Lebensführung. Bielefeld
Lachenmann, Gudrun 1998: Frauenbewegungen als gesellschaftliche Kraft des Wandels. Beispiele aus Afrika. In: Ruppert, Uta a.a.O., S. 208-233
Lenz, Ilse 2000b: Globalisierung, Geschlecht, Gestaltung? In: Lenz, Ilse/Nickel, Hildegard/Riegraf, Birgit (Hrsg.): Geschlecht – Arbeit – Zukunft. Münster. S. 16-49
Lenz, Ilse/Germer, Andrea/Hasenjürgen, Brigitte (Hrsg.) 1996: Wechselnde Blicke: Frauenforschung in internationaler Perspektive. Opladen
Lenz, Ilse/Mae, Michiko/Klose, Karin (Hrsg.) 2000: Frauenbewegungen weltweit. Aufbrüche, Kontinuitäten, Veränderungen. Opladen
Lenz, Ilse/Szypulski, Anja/Molsich, Beate (Hrsg.): Frauenbewegungen international. Opladen
Lorber, Judith 1998: Gender Inequality. Feminist Theories and Politics. Los Angeles
Lorber, Judith 1999: Gender-Paradoxien. Geschlecht und Gesellschaft 15. Opladen
Mentner, Regina 1995: Lebensräume für Frauen zwischen Fremdbestimmung und Selbstverwirklichung. Zum Engagement der deutschen Frauenbewegung in der Wohnungspolitik (1871-1933). Feministische Organisation von Planerinnen und Architektinnen (FOPA) Dortmund, vervielfältigtes Typoskript
Metz-Göckel, Sigrid/Müller, Ursula 1986: Der Mann: Die Brigitte-Studie. Weinheim u.a.
Meuser, Michael 1998: Geschlecht und Männlichkeit. Soziologische Theorie und kulturelle Deutungsmuster. Opladen
Meyer, Eva 1979: Vorspiel – Annäherung an eine andere Schreibweise, in: Schwarze Botin, Nr. 14/15
Moll, Albert 1898: Untersuchungen über die Libido sexualis, 1. Band. Berlin.
Müller, Klaus 1991: Aber in meinem Herzen sprach eine Stimme so laut. Homosexuelle Autobiographien und medizinische Pathographien im neunzehnten Jahrhundert. Berlin
Müller, Ursula 1997: Von der Gegen- zur Interventionskultur: „Frauenforschung" als institutionalisierte Sozialwissenschaft. In: Metz-Göckel, Sigrid/Steck, Felicitas (Hrsg.): Frauenuniversitäten. Initiativen und Reformprojekte im internationalen Vergleich. Opladen
Müller, Ursula 1999: Geschlecht und Organisation. Traditionsreiche Debatten – aktuelle Tendenzen. In: Nickel, Hildegard/Völker, Susanne/Hüning Hasko (Hrsg.): Transformation. Unternehmensreorganisation. Geschlechterforschung. Opladen
Münst, Agnes Senganata 1998: Der Beitrag lesbischer Frauen zur Öffentlichkeit der Autonomen Frauenbewegung am Beispiel einer Großstadt. Pfaffenweiler
Nadai, Eva 1999a: Von der seriellen Kollektivität zur Gruppe. Mutterschaft als Basis von kollektiver Identität und kollektivem Handeln. In: Soziale Welt 50. S.315-330
Nadai, Eva 1999b: Zivile Vergemeinschaftung. Neue Modelle organisierter Solidarität. Forschungsbericht SPP Zukunft Schweiz. Verbund Individualisierung und Integration. Projekt 5004-047807. Bern

Nave-Herz, Rosemarie 1997: Die Geschichte der Frauenbewegung in Deutschland. 5. überarb. u. erg. Aufl. Niedersächsische Landeszentrale für Politische Bildung. Hannover
Offen, Karen 2000: European Feminisms. 1700-1950. A Political History. Stanford.
Osterland, Astrid 2000: „Nicht allein und nicht im Heim. Alternative: Alten-WG. Paderborn
Pappritz, Anna 1901: Die Teilnahme der Frauen an der Sittlichkeitsbewegung. In: Handbuch der deutschen Frauenbewegung. Teil 2: Frauenbewegung und soziale Frauenthätigkeit in Deutschland. Berlin 1901. S. 154-192
Poppenhusen, Margot 1992: Viel bewegt – nichts verrückt? 20 Jahre Frauenbewegung in Freiburg. Freiburg
Purushothaman, Sangeetha/Monika Jaeckel (Hrsg.) 2000: Challenging development – a grassroots women's North-South dialogue. Bangalore.
Rebe, Sabine 1998: Lebensformen in Frauenwohnprojekten. Zwischenbericht einer Forschungsarbeit. Frei.Räume Heft 10, S. 61-73
Rich, Adrienne 1986: Macht und Sinnlichkeit. Ausgewählte Texte von Audre Lorde und Adrienne Rich. Berlin
Rommelspacher, Birgit 1995: Dominanzkultur. Texte zu Fremdheit und Macht. Berlin
Rucht, Dieter 1994: Modernisierung und neue soziale Bewegungen. Deutschland, Frankreich und USA im Vergleich. Frankfurt a. Main
Rucht, Dieter 1997: Soziale Bewegungen auf dem Weg zur Institutionalisierung: zum Strukturwandel „alternativer" Gruppen in beiden Teilen Deutschlands. München
Ruppert, Uta (Hrsg.) 1998: Theorien internationaler Beziehungen aus feministischer Perspektive. Frankfurt/New York. S. 27-56
Rutschky, Katharina 1999: Emma und ihre Schwestern. Ausflüge in den real existierenden Feminismus. München
Ryan, Barbara 1992: Feminism and the Women's Movement: Dynamics of Change in Social Movement Ideology. New York
Schäfer, Reinhild 2000: Die politischen Strategien der neuen Frauenbewegung gegen Gewalt im Geschlechterverhältnis: Der Prozess der Konstituierung körperlicher und sexualisierter Gewalt gegen Frauen als soziales Problem. Dissertation Universität Frankfurt a.Main
Schmidt, Verena 2000: Zum Wechselverhältnis zwischen europäischer Frauenpolitik und europäischen Frauenorganisationen. In: Lenz, Ilse/Mae, Michiko/Klose, Karin a.a.O., S. 133-167
Schneider, Ulrike 1992: Neues Wohnen – alte Rollen? Der Wandel des Wohnens aus der Sicht von Frauen. Stadt, Raum und Gesellschaft, Band 2. Pfaffenweiler
Schwarzer, Alice (Hrsg.) 2000: Man wird nicht als Frau geboren. 50 Jahre nach dem „Anderen Geschlecht" ziehen Schriftstellerinnen und Politikerinnen gemeinsam Bilanz: Wo stehen die Frauen heute? Köln
Schwarzer, Alice 1975: Der „kleine Unterschied" und seine großen Folgen. Frauen über sich. Beginn einer Befreiung. Frankfurt a. Main.
Schwarzer, Alice 1983: So fing es an! München
Schwenken, Helen 2000: Frauen-Bewegungen in der Migration. Zur Selbstorganisierung von Migrantinnen in der Bundesrepublik Deutschland. In: Lenz, Ilse/Mae, Michiko/Klose, Karin a.a.O. S. 133-167

Sozialpädagogischen Institut im SOS-Kinderdorf e.V. (Hrsg.) 2000: Die Rückkehr des Lebens in die Öffentlichkeit. Zur Aktualität von Mütterzentren. Neuwied
Stark, Wolfgang 1996: Empowerment: neue Handlungskompetenzen in der psychosozialen Praxis. Freiburg i.Br.
Stöcker, Helene 1911: Die beabsichtigte Ausdehnung des §175 auf die Frau. In: Die Neue Generation, 7. Jg., Nr. 3, S. 110-122. Wieder abgedruckt u. zit. nach Janssen-Jurreit 1986. S. 191-201
Stoehr, Irene 1986: Fraueneinfluss oder Geschlechterversöhnung? Zur „Sexualitätsdebatte in der deutschen Frauenbewegung um 1900, In: Geyer-Kordesch, Johanna /Kuhn, Annette (Hrsg.): Frauenkörper, Medizin, Sexualität. Düsseldorf. S. 159-190
Szypulski, Anja 1996: Die „Entdeckung“ der weiblichen Homosexualität. In: Ariadne, Almanach des Archivs der deutschen Frauenbewegung, Heft 29, S. 5-11
Terlinden, Ulla 1980: Baulich-räumliche HERRschaft. Bedingungen und Veränderungen. In: „Frauen, Räume, Architektur, Umwelt“.beiträge zur feministischen theorie und praxis., Heft 4. S. 48-62
Terlinden, Ulla/Grieser, Susanne/Roß, Bettina 1999: Wohnungspolitik in der alten Frauenbewegung. Arbeitsberichte des Fachbereichs Stadtplanung, Landschaftsplanung, Heft 137, Universität Gesamthochschule Kassel
Thürmer-Rohr, Christina 1987: Vagabundinnen: Feministische Essays. Berlin
Thürmer-Rohr, Christina (Hrsg.) 1990: Mittäterschaft und Entdeckungslust. Berichte und Ergebnisse der gleichnamigen Tagung vom 6.-10. April 1988 in Berlin. Berlin
Warhaftig, Myra 1980: Kann die Frau auch durch die Wohnung unterdrückt werden? In: „Frauen, Räume, Architektur, Umwelt“.beiträge zur feministischen theorie und praxis., Heft 4. S. 75-85
Warhaftig, Myra 1985: Emanzipationshindernis Wohnung. Die Behinderung der Emanzipation der Frau durch die Wohnung und die Möglichkeit zur Überwindung. Köln
Weiland, Daniela 1983: Geschichte der Frauenemanzipation in Deutschland und Österreich. Düsseldorf
Weingart, Peter/ Kroll, Jürgen/ Bayertz, Kurt 1988: Rasse, Blut und Gene. Geschichte der Eugenik und Rassenhygiene in Deutschland. Frankfurt a. Main.
Weingarten, Susanne/Wellershoff, Marianne 1999: Die widerspenstigen Töchter. Für eine neue Frauenbewegung. Köln
Wichterich, Christa 1996: Wir sind das Wunder, durch das wir überleben. Die 4. Weltfrauenkonferenz in Peking. Köln
Wichterich, Christa 2000: Strategische Verschwisterung, multiple Feminismen und die Glokalisierung von Frauenbewegungen. In: Lenz, Ilse/Mae, Michiko/Klose, Karin a.a.O., S. 257-280
Wohlfahrt, Norbert/Helmut Breitkopf 1995: Selbsthilfegruppen und Soziale Arbeit. Eine Einführung für Soziale Berufe. Freiburg i.Br.
Zeiher, Helga 1993: Über das Herstellen von Kinderalltag. In: Jurczyk, Karin/Maria S. Rerrich (Hrsg.): a.a.O., S. 334-345

II. Staat, Organisationen und Professionen – Verschiebungen und Widersprüche

Ute L. Fischer, Birgit Riegraf, Hildegard Theobald

Staatstransformation der Nachkriegszeit: Wege zu einem „frauenfreundlicheren" Staat?

Einleitung

In den Sozialwissenschaften werden in den letzten Jahren heftige Debatten über die „Modernisierung des Staates" und die „Zukunft des Staates" geführt. In wichtigen Strängen der sozialwissenschaftlichen Staatsdiskussion herrscht weitgehend Einigkeit darüber, dass der Staat der Nachkriegszeit sein Gesicht grundlegend verändert (vgl.: Grande/Prätorius 1997, Voigt 1996, Zürn 1998). Im wesentlichen führen folgende Entwicklungen zu einer Veränderung der bisherigen Funktionslogik des Staates: Zum einen wandelt sich das Umfeld der Nationalstaaten. Auf den Druck globalisierter Märkte, Standortkonkurrenzen, Steuerwettbewerbe, die Verschiebung politischer Entscheidungsfindungsprozesse weg von nationalstaatlichen Institutionen hin zu supranationalen Institutionen in einer zunehmenden Zahl von Politikfeldern[1] können die bisherigen Staatsformen nicht mehr angemessen reagieren. Zum anderen stellen die „Ausdifferenzierungen der Gesellschaften"[2] die bisherigen Staatsorganisationen grundlegend in Frage. Die nationalen Staaten – so scheinen sich wichtige Stränge in der sozialwissenschaftlichen Literatur einig – bleiben zwar auch weiterhin erhalten, allerdings ändern sich ihre Organisationsmuster und Steuerungsformen. Einen besonders radikalen Wandlungsprozess in der Funktionslogik des Staates bilden dabei die Transformationen in der ehemaligen DDR – in diesem Prozess änderten sich durch die Anpassungen an westdeutsche Gesellschaftsbedingungen abrupt die gesamten institutionellen Arrangements.

Die heutigen Staatsformationen wurzeln in ihren wesentlichen Elementen in einer in den 60er Jahren vorgenommenen Definition der Staatsaufgaben. Im Kontext des langen wirtschaftlichen Aufschwungs im Nachkriegsdeutschland wie in den meisten Industrienationen konnte sich die „Vision

1 Diese Prozesse lassen sich an der Entstehung der Europäischen Union, internationaler Regime, wie dem Montrealer Protokoll und der Entstehung der Vereinten Nationen nachvollziehen.

2 Stichworte sind hier: Individualisierungsprozesse, Sektoralisierungen, politische Handlungsfähigkeit einer Vielzahl gesellschaftlicher Akteursgruppen.

des demokratisch gesteuerten Kapitalismus“ als grundlegendes Verständnis von der Rolle des Staates durchsetzen. Im Zentrum dieser Diskussion – die bis Mitte der 70er Jahre anhielt – stehen Begriffe des „Wohlfahrtsstaates“ und des „geplanten Kapitalismus“. In diesem Modell war der Staat über wirtschaftspolitische Steuerungsleistungen und sozialpolitische Transfers für eine ökonomisch „effiziente“ und „sozial ausgewogene Gesellschaftsgestaltung“ verantwortlich. Der keynesianische Wohlfahrtsstaat sollte für eine progressive gesellschaftliche Nutzung und die gerechte Verteilung des produzierten Wohlstandes sorgen. Dies führte zu einer Ausweitung der wohlfahrtsstaatlichen Bürokratie, was ein Vordringen des Staates in vormals private Sphären und selbstregulative Bereiche bedeutet. Der zentral gesteuerte Nationalwohlfahrtsstaat (Jessop 1997) trat den Bürgerinnen und Bürgern über seine sozial-unterstützende Funktion zunehmend in Form von bürokratischen Regelungen und Anweisungen gegenüber.

Untersuchungen der Frauen- und Geschlechterforschung zeigen nun, dass der Ausbau des Sozialstaates und der Sozialpolitik sowie staatlicher Bürokratie in allen westlichen Industrieländern eng an die Herausbildung der „Kernfamilie“ und die Auflösung der Großfamilie geknüpft ist (bspw. Kickbusch/ Riedmüller 1984, Hernes 1984, Hernes 1987). Die Transferleistungen des Staates an private Haushalte in Form von Kindergeld, Sozialhilfe, Renten, öffentlichen Pensionen, Kranken-, Unfall- und Erwerbslosenversicherung sowie durch Sachleistungen aller Art, wie Ausgaben für Bildungsleistungen, Leistungen für den sozialen Wohnungsbau usw. nehmen also in den Nachkriegsjahren zu.

Die Regularien wurden auf die gesellschaftlich wahrgenommenen Bedürfnisse der Kleinfamilie abgestimmt und der damit einhergehenden geschlechtsspezifischen Arbeitsteilung mit der Zuweisung von Frauen an die private Sphäre und an unbezahlte Frauenarbeit. Staatliche Maßnahmen, die zum Beispiel über bürokratische Regelungen zu Geltung kommen, sichern diese Zuordnung permanent ab. Der Ausschluss aus der öffentlichen Sphäre bedeutet in der Regel auch wenig Möglichkeiten sich im demokratischen Entscheidungsprozess einbringen zu können. Nach wie vor erbringen Frauen einen Großteil der Arbeiten, die weder vom Staat übernommen, noch marktmäßig organisiert werden, unbezahlt zu Hause. Staatliche Regulierungsmechanismen – z.B. Sozial- und Arbeitsmarktpolitik – privilegieren das „männliche Normalarbeitsverhältnis“ und verweisen Frauen normativ und materiell auf die Familie bzw. in eine zweitrangige Position auf dem Arbeitsmarkt. Die Kleinfamilie wiederum bildete das Zentrum eines dichten Geflechtes staatlicher Administration und blieb der Schnittpunkt einer Vielzahl gesellschaftlicher Institutionen von der Schule bis zur Krankenversicherung. Der Ausbau staatlicher Tätigkeiten ging zwar auch mit einer Ausweitung der Frauenerwerbstätigkeit in bestimmten Sektoren, wie Gesundheit, Bildung etc. einher, dies änderte jedoch nichts an der generellen Verantwortung der Frauen für die familiären Belange. So sind weibliche Beschäftigte vor allem in solchen Erwerbsarbeitsplätzen zu finden, die sich mit der geschlechterspezifischen Arbeitsteilung vereinbaren lassen. Die Staatsformation der Nachkriegszeit basiert also wesentlich auf der Zuweisung von Frauen in die sogenannte private Sphäre und auf unbezahlter Frauenarbeit. Über unterschiedliche institutionelle Arrangements wurde nicht nur die Festschreibungen von privaten und öffentlichen Leistungen und Sphären vorgenommen, sondern die Mehrzahl der Frauen wurde auf den privaten Bereich verwiesen. So wird über staatliche Maßnahmen die Grenzziehung zwischen privater und öffentlicher Sphäre vorgenommen und Frauen werden bislang immer wieder neu in die private – und gesellschaftlich weniger anerkannte – Sphäre integriert.

Es drängt sich die Frage auf, wie sich die Wandlungen in der bisherigen Funktionslogik des Staates auf die Verschiebung zwischen den beiden Sphären sowie die Gestaltung der asymmetrischen Geschlechterverhältnisse auswirken. In den erwähnten Untersuchungen wird betont, dass es zu einer Neustrukturierung des Verhältnisses von Staat, Markt und Demokratie kommt. Entgegen des Eindruckes, den die bisherige Diskussion über die „Zukunft des Staates“ und die „Modernisierung des Staates“ hinterlässt, vollzieht sich die Umstrukturierung des Wohlfahrtsstaates der Nachkriegszeit keineswegs geschlechtsneutral. Gemeinsam ist den Diskussionen über die Zukunft und die Modernisierung des Staates, dass sie die Fragen und die Ergebnisse über asymmetrische Geschlechterverhältnisse bislang gar nicht oder nur am Rande berücksichtigen. Die Erkenntnisse feministischer Forschung verdeutlichen nun ihrerseits, dass Restrukturierungsmaßnahmen staatlicher Aktivitäten und eine grundlegende Verschiebung der Pole Staat, Markt und Demokratie auch einen Wandel der Geschlechterverhältnisse bedeuten (vgl. hierzu bspw. Cornelißen/ Wrangel 1995, Holland-Cunz 1995, Krauß-Pötz 1993, Krell 1995, Oppen 1994, Oppen 1995, Oppen 1996, Wiechmann/ Kißler 1997, Riegraf 2000). Es geht in diesem Neustrukturierungsprozess also nicht lediglich um einen Wandel der drei Pole „Staat, Markt und Demokratie“ (wie dies die herkömmliche Diskussion nahe legt), vielmehr gilt es die Veränderung von vier Dimensionen nämlich Staat, Markt, Demokratie und Geschlechterverhältnisse, zu durchleuchten. Es kommt unter anderem zu einer Grenzverschiebung zwischen der privaten und der öffentlichen Sphäre. Bei der theoretischen Einschätzung der Entwicklungslinien in den Umbrüchen des Stellenwertes des Staates und den Auswirkungen auf das Geschlechterverhältnis stellt sich als Manko heraus, dass nach wie vor gilt, was Catharine McKinnon 1982 in einem vielzitierten Aufsatz konstatierte, dass der Feminismus selbst über keine ausgearbeitete Staatstheorie verfüge. Um eine Einschätzung der Entwicklungslinien vornehmen zu können, müssen also Forschungsarbeiten zum Verhältnis von

Staat und Geschlecht in unterschiedlichen Feldern aufeinander bezogen werden.

Der folgende Beitrag thematisiert die Dynamiken im Geschlechterverhältnis im Zuge des Wandels staatlicher Organisationsmuster und Funktionslogiken anhand ausgewählter Themenbereiche: Zunächst werden Ansätze der feministischen Staatsdebatte vorgestellt, die sich mit dem Konstitutionsverhältnis zwischen den westlichen Wohlfahrtsstaaten der Nachkriegszeit einerseits und den asymmetrischen Geschlechterverhältnissen andererseits beschäftigen. Im Zentrum der Diskussion steht die Erkenntnis, dass das Verhältnis zwischen privater und öffentlicher Sphäre staatlich reguliert ist. Die Aufteilung beider Sphären geht zugleich mit geschlechterspezifischen Zuweisungen einher. Der Wandel der Staatsformationen der Nachkriegszeit kann auch eine Neugestaltung des Verhältnisses zwischen „privat" und „öffentlich" erbrachten Leistungen bedeuten und Veränderungen geschlechterspezifischer Zuschreibungen nach sich ziehen. Im zweiten Abschnitt werden gegenwärtig stattfindende Verschiebungsprozesse zwischen privater und öffentlicher Sphäre in ihren geschlechtsspezifischen Auswirkungen betrachtet. Die Analyse der Umstrukturierung staatlicher Organisation beider Sphären erfolgt anhand eines Vergleichs der Expansion des sozialen Dienstleistungsbereiches in Schweden und Deutschland. Im Zentrum steht die Verberuflichung ehemals privater, im familiären Rahmen ausgeführter Tätigkeiten in einer Geschlechterperspektive und in ihrer sozialen Strukturiertheit. Die widersprüchlichen Implikationen, die die Veränderungen der staatlichen Funktionslogik für das Geschlechterverhältnis haben können, werden im dritten Teil an einem weiteren Beispiel, nämlich der Verwaltungsreform, skizziert. Diese Diskussion verdeutlicht zudem, dass Veränderungsprozesse staatlicher Organisationsmuster und deren Auswirkungen auf das Geschlechterverhältnis nicht mehr ohne die Betrachtung des internationalen Kontextes zu verstehen sind. In einem weiteren Kapitel werden neuere theoretische Analysen der Frauen- und Geschlechterforschung aufgegriffen, die nach einer Phase einer dichotomen positiven oder negativen Bewertung des Staates politische Prozesse, die Inhalte von Politik und den Einfluss der Staatsbürokratien differenziert betrachten. Während also zunächst die Wandlungsprozesse der Staaten westlicher Industrienationen untersucht werden, wird in einem abschließenden Schwerpunkt der Untersuchungsgegenstand gewechselt und der Transformationsprozess von ehemals sozialistischen Staaten zu westlichen Marktgesellschaften betrachtet: Der Prozess der Transformation in den neuen Bundesländern zeigt die Verknüpfung der familiären und außerfamilialen Sphäre und ihre Bedeutung für die beruflichen Möglichkeiten von Frauen auf. Die drei exemplarisch ausgewählten Veränderungen staatlicher Organisationsmuster verdeutlichen die Vielfalt der notwendigen Diskussionsebenen, die aufeinander bezogen werden müssen, um die Verschiebung im Verhältnis Staat, Markt und Demokratie und deren Auswirkungen auf das Geschlechterverhältnis erfassen zu können.

1. Die Staatsformation der Nachkriegszeit: Frauenfreundlicher vs. patriarchaler Wohlfahrtsstaat?

Die Herausbildung des Staates in der Nachkriegszeit wird in seiner Bedeutung für das Geschlechterverhältnis in der Frauen- und Geschlechterforschung je nach theoretischem und empirischem Zugang unterschiedlich bewertet. Die Bedeutung des Staates, insbesondere des keynesianischen Wohlfahrtsstaates, für die soziale Lage der Frauen und darüber hinaus für die Schaffung und Aufrechterhaltung des Geschlechterverhältnisses bildet seit Ende der 70er Jahre eine prominente Arena der Frauen- bzw. Geschlechterforschung (O'Connor 1996, vgl. hierzu auch: Riegraf 1999). Kreisky referiert zwei entgegengesetzte Positionen in der feministischen Forschung gegenüber dem Wohlfahrtsstaat (Kreisky 1994, 1995). Die erste Position konzentriert sich auf die sozialstaatlichen Aspekte und betont die in der Sozialpolitik liegenden Möglichkeiten der Verbesserung der rechtlichen Stellung der Frauen. Staatliches Handeln – Staatsintervenismus – wird dabei als ein Vehikel der Frauenbefreiung betrachtet. Die entgegengesetzte Position stellt die patriarchale Kontinuität des Wohlfahrtsstaats heraus. Der Wohlfahrtsstaat, der kaum als eine geeignete politische Arena für den „Frauenkampf" betrachtet wird, dient vielmehr der Fortschreibung patriarchaler Unterdrückungsverhältnisse.

Die erste Position des Staatsintervenismus wird vor allem in den skandinavischen Ländern vertreten. Seit den 70er Jahren sollten mit dem Staat als Bündnispartner Männer und Frauen gleichermaßen in die öffentliche und private Sphären, definiert als Arbeitsmarkt, Politik und Familie, integriert werden. Staatliche Politiken sollten auf diese Weise die geschlechtshierarchische Arbeits- und Machtteilung innerhalb der Gesellschaft aufheben und damit den Frauen ökonomische Unabhängigkeit und eine den Männern ebenbürtige Position in der Gesellschaft verschaffen. In den 80er Jahren wurde zunehmend deutlich, dass trotz der erreichten Integration der Frauen in den Arbeitsmarkt nach wie vor eine ungleiche Macht- und Arbeitsverteilung zwischen Männern und Frauen bestand (vgl. ausgehend von Holter et al. 1984). Siim (1987) beschreibt die eingetretenen Veränderungen als Übergang vom Familien- zum Staatspatriarchat. Der Rückgang der Abhängigkeit vom (Ehe)partner durch die Arbeitsmarktintegration der Frauen verlief parallel mit einem Anstieg der Abhängigkeit der Frauen vom Staat als Angestellte, Klientin und Bürgerin. Die Analyse der Ursachen der Schwierigkeiten lenkte den Blick auf die Einflussmöglichkeiten von Frauen im Veränderungsprozess. Hernes (1984, 1987) sieht in der mangelnden Beteiligung der Frauen am Veränderungsprozess die entscheidende Ursache für die nach wie vor bestehende Geschlechterhierarchie. Trotz der sich zeigenden Schwierigkeiten bewertet sie die Integration der Frauen in den öffentlichen Raum von Arbeitsmarkt und Politik positiv, denn darin sieht sie eine entscheidende Basis für eine aktive Einflussnahme von Frauen auf zukünftige politische Entscheidungsprozesse.

Die zweite Position, die die Subordination der Frauen durch staatliche Politiken hervorhebt, wird vor allem von den us-amerikanischen, britischen und auch deutschen Wohlfahrtsstaatsforscherinnen vertreten. Diese Position geht davon aus, dass die Sozialpolitiken die vorhandene geschlechtsspezifische Ungleichheit nicht nur unzureichend kompensieren, sondern darüber hinaus die asymmetrischen Geschlechterverhältnisse immer wieder neu herstellen. Als Beispiel gilt der „zweigeteilte Wohlfahrtsstaat" in der Frage der Sozialleistungen. Männliche Risiken werden dabei von marktbezogenen, besser ausgestatteten und auch höher angesehenen Sozialversicherungen abgesichert. Wohlfahrtsstaatsleistungen bzw. Risiken, die dagegen typisch für den weiblichen Lebenszusammenhang sind, wie Mutterschaft oder die sozialen Rechte von Ehefrauen, sind zumeist abgeleitete oder auch bedarfsgeprüfte Maßnahmen. Letztere genießen in der Gesellschaft ein niedrigeres Ansehen und sind zumeist auch materiell niedriger ausgestattet. Als weiteres Beispiel gelten die Wohlfahrtsstaatsregelungen zur Familie, die nach Meinung der Forscherinnen die geschlechtshierarchische Arbeitsteilung in der Familie und damit die Benachteiligung der Frauen unterstützen (vgl. Kulawik 1997). Wie bereits einleitend skizziert befindet sich der Wohlfahrtsstaat der Nachkriegszeit in einem grundlegenden Wandlungsprozess, der eine Neudefinition des Geschlechterverhältnisses nach sich ziehen kann. Diese Wandel bedeutet auch eine Veränderung der Grenzziehung zwischen der privaten und der öffentlichen Sphäre. Damit verschieben sich auch – wie im folgenden am Beispiel des Ausbaus sozialer Dienstleistungen zu zeigen sein wird – Arbeitsmarktintegrationschancen für Frauen.

2. Zwischen privat und öffentlich: Expansion sozialer Dienstleistungen in Schweden und Deutschland

Die Trennung zwischen einem öffentlichen und privaten Bereich gilt in der feministischen Forschung als eine zentrale Kategorie zur Definition des Geschlechterverhältnisses, bestimmt sie doch wesentlich die Zuweisung von Arbeitsaufgaben an Männer und Frauen und die Form und Bedingungen ihrer Ausführung. Ein wichtiges Kennzeichen dieser Grenzziehung ist ihre

Flexibilität, denn was privat und öffentlich ist, ist nicht auf spezifische Orte und Zeiten festlegbar, sondern kulturell definiert und daher auch historisch wandelbar (Sauer 1997: 37).

Wohlfahrtsstaatliche Regulierungen zur Familien-, Sozial- oder auch Arbeitsmarktpolitik liefern dabei zentrale Ansatzpunkte für die Grenzziehung zwischen einem öffentlichen und privaten Bereich. Staatliche Wandlungsprozesse können die Definition beider Bereiche maßgeblich beeinflussen und somit für eine Neudefinition des Geschlechterverhältnisses wesentliche Impulse geben. Ein historisch evidentes Beispiel in den westlichen Wohlfahrtsstaaten für eine solche Neudefinition ist die Expansion sozialer Dienstleistungen, die in den meisten westlichen Industrienationen seit den 60er Jahren stattgefunden hat. Diese Expansion schuf einerseits für Frauen einen regulären Zugang zum Arbeitsmarkt und entlastete sie andererseits von vormals eher im privaten Kreis der Familie ausgeführten Tätigkeiten. Der Umfang des Ausbaus unterscheidet sich erheblich zwischen den Wohlfahrtsstaaten und bewegt sich zwischen Schweden als Referenzland für einen weit ausgebauten sozialen Dienstleistungssektor und Deutschland als Repräsentanten für einen noch stärker familienorientierten Wohlfahrtsstaat.

In der feministischen Wohlfahrtsstaatsforschung werden die Konsequenzen der Expansion unterschiedlicher sozialer Dienstleistungen für die Höhe der weiblichen Erwerbsbeteiligung und darauf aufbauend ihr Einfluss auf die geschlechtsspezifische Arbeitsmarktsegregation weithin diskutiert. Schweden gilt dabei als ein Land mit einer hohen weiblichen Erwerbsquote, gefolgt von einer ausgeprägten geschlechtsspezifischen Segregation auf dem Arbeitsmarkt. Deutschland steht im Gegensatz dazu beispielhaft für ein Modell mit einer niedrigen Arbeitsmarktintegration von Frauen – einhergehend mit einer geringer ausgeprägten Arbeitsmarktsegregation. Eine detaillierte Analyse des Zusammenhangs zwischen der Erwerbsbeteiligung von Frauen und dem Ausbau des Wohlfahrtsstaats legt eine differenziertere Betrachtung des dargelegten Zusammenhanges und der Wandlungsprozesse nahe und verweist dabei auf einen erheblichen Einfluss des Qualifikationshintergrunds von Frauen (vgl. Theobald 1999). Während Frauen mit einem Hochschulabschluss in beiden Ländern zu einem hohen Ausmaß erwerbstätig sind, trifft dies für Frauen mit einem Berufsabschluss unterhalb der Hochschulebene bzw. ohne formale Berufsausbildung nur in Schweden zu. Eine weitergehende Analyse ergibt, dass nicht nur der Umfang der Expansion entscheidend wird, sondern auch die Art der Tätigkeiten, die verberuflicht werden. In beiden Ländern besteht ein hochqualifiziertes Segment im sozialen Dienstleistungsbereich, das Hochschulabsolventinnen beispielsweise als Ärztinnen oder Lehrerinnen umfassende Erwerbsmöglichkeiten bietet. Die Expansion dieser Berufe in den 60er und 70er Jahren war in beiden Ländern eine entscheidende Voraussetzung für die Professionalisierung höherqualifizierter Frauen. Erst im Verlauf der 80er Jahre konnten sie zudem einen Zugang zu entsprechend qualifizierten Tätigkeiten im privaten Dienstleistungsbereich finden. Eine vergleichbare Rolle für die Professionalisierung von Frauen mit einem einfachen oder mittleren Qualifikationsniveau hat nur der schwedische Staat übernommen. Frauen mit diesem Qualifikationshintergrund werden vor allem in der Kinder- oder auch Altenbetreuung eingesetzt, Arbeitsfelder, die in Westdeutschland noch weit mehr im familiären Rahmen ausgeführt werden.

Die bisherigen Ausführungen zeigen, dass die Konsequenzen unterschiedlicher Wohlfahrtsstaatsmodelle sich nicht nur nach Geschlecht differenzieren, sondern auch nach dem Qualifikationsniveau. Im folgenden soll am Beispiel des Ausbaus ambulanter Pflegedienste für ältere Personen in Schweden und Deutschland das Zusammenspiel der beiden Einflussfaktoren Geschlecht und Qualifikation betrachtet werden. Gezeigt werden soll, wie die länderspezifische gesellschaftliche Organisation der Pflege älterer Personen entweder als professionelle auf dem Arbeitsmarkt oder als informelle im Rahmen der Familie auszuführende Tätigkeit die Arbeitsmarktchancen von bestimmten Frauengruppen wesentlich beeinflusst. Es handelt sich hierbei um eine länderspezifische Organisationsform, die sich im Rahmen einer spezifischen gesellschaftlichen Definition von Zielen und Ausgestaltung von Sozialstaatlichkeit und des Verhältnisses zwischen den Geschlechtern entwickelt hat, und daher im folgenden in ihrem Zusammenhang mit gesellschaftlichen Debatten zu Aufgaben von Sozialstaatlichkeit und normativen Vorstellungen zum Geschlechterverhältnis analysiert wird.

2.1. Schweden: Professionalisierung im Kontext der Ideale gleicher sozialer Rechte und Geschlechtergleichheit

Der Prozess der Verberuflichung ambulanter Pflegedienste für ältere Personen in Schweden lässt sich bis in die 50er Jahre zurückverfolgen (vgl. Gough 1994, Johansson 1997). Noch in den 50er Jahren war die Unterstützung in Haus- oder Familienaufgaben typisch für den bürgerlichen Haushalt und wurde privat bezahlt. Ins Zentrum der damaligen gesellschaftlichen Debatte geriet zunehmend die Frage nach den Kriterien der Verteilung sozialer Dienstleistungen in der Gesellschaft. Dem bisherigen Marktprinzip – der Bezug sozialer Dienstleistungen ist abhängig von der Einkommenssituation – wurde das Bedürfnisprinzip gegenübergestellt. Soziale Dienstleistungen sollten allen Bürgerinnen und Bürgern als grundlegendes soziales Recht prinzipiell zur Verfügung stehen. Zur Gewährleistung von sozialen Dienstleistungen als Bürgerrecht sollten diese vom Staat organisiert, verteilt und über Steuermittel bezahlt werden.

Entscheidende Impulse erhielt die Expansion sozialer Dienstleistungen zudem aus der in den 60er Jahren beginnenden Auseinandersetzung um die

Integration der Frauen in den Arbeitsmarkt. Hirdman (1990) beschreibt dies als den Übergang vom gesellschaftlichen Ideal der Wahlfreiheit der Frauen zwischen Beruf und Familie zum Ideal einer Partnerschaft ökonomisch eigenständiger Individuen, die sich Erwerbsarbeit und Familienarbeit teilen und beide am politischen Leben teilnehmen. Die gesellschaftliche Akzeptanz der Frauenerwerbstätigkeit unterstützte maßgeblich den Ausbau sozialer Dienstleistungen, die zunehmend als staatliche und nicht mehr familiäre Aufgabe definiert wurde.

Die Entscheidung zum Ausbau sozialer Dienstleistungen, wie bspw. die Pflege älterer Personen unter öffentlicher Regie führte neben der staatlichen Finanzierung der Tätigkeit zu einer staatlichen Regulierung von Arbeitsaufgaben und Qualifikationsanforderungen, wobei diese Regulierungen seit den 60er Jahren immer wieder verändert wurden (vgl. Szebehely 1995, 1996). Bis in die 80er Jahren dominierten Tätigkeiten in der Hausarbeit das Dienstleistungsangebot der Pflegedienste mit entsprechenden Anforderungen an das Beschäftigtenpotenzial. Angestellt wurden in der Regel Frauen ohne formale Qualifikation, die nach einer Familienpause in den Arbeitsmarkt zurückkehrten. Erst in den 80er Jahren fand eine spürbare Professionalisierung der Tätigkeit statt. Traditionelle Hausarbeiten wurden vermehrt durch Aufgaben ergänzt, die die Rehabilitation und Aktivität der älteren Personen fördern sollten. Die nun höheren Anforderungen an die Dienstleistungen und die gesellschaftlichen Veränderungen erforderten eine Neudefinition der Qualifikationsanforderungen an die Beschäftigten. Das Potenzial an Frauen, die noch in den 60/70er Jahren nach einer Familienphase in den Arbeitsmarkt zurückgekehrt waren, war nicht mehr vorhanden. Die neu zu rekrutierenden Beschäftigten waren in der Regel junge Frauen, die eine formale Qualifikation im Bereich der Pflege nachweisen konnten. Zudem wurden ähnlich wie für die Sozialarbeit oder für die Krankenpflege entsprechende Fachhochschulstudiengänge eingerichtet. Auf der Basis von unbefristeten Verträgen und einer höheren durchschnittlichen Arbeitsstundenzahl gewann die Tätigkeit zudem professionellen Status. Bis Ende der 80er Jahre war ein regulärer Arbeitsbereich entstanden, der in seiner sozialen Absicherung und Bezahlung vergleichbar mit den anderen Bereichen des Arbeitsmarktes ist. Die überwiegende Mehrheit der nach wie vor nahezu ausschließlich weiblichen Beschäftigten verfügte nun Ende der 80er Jahre über eine Berufsqualifikation unterhalb der Hochschulebene, 10% über einen Hochschulabschluss und ca. 30% über keine formale Berufsausbildung (SCB 1990, 1993).

In den 90er Jahren fanden zunehmend ökonomisch begründete Argumente, wie die Notwendigkeit von Kostenersparnissen im sozialen Bereich, das Aufbrechen des Monopols des öffentlichen Dienstes und somit die Akzeptanz privater Anbieter ihren Niederschlag in den staatlichen Regulierungen. Die Formen der Neuregulierungen wurden entscheidend durch die bis Anfang der 90er Jahre entstandenen Wertvorstellungen wie Realitäten bestimmt. Weder wurde die solidarische Finanzierung der Dienstleistungen über Steuermittel noch die Zielsetzung der Integration der Frauen in den Arbeitsmarkt in Frage gestellt. Durch die Konkurrenz mit nun auch privaten Anbietern sollten die Dienstleistungen effektiver und damit kostengünstiger geliefert und gleichzeitig mehr Wahlmöglichkeiten geschaffen werden. Zudem sollte durch Personalabbau und gleichzeitige Erhöhung des Qualifikationsniveaus der Beschäftigten auch weiterhin ein hochwertiges Dienstleistungsangebot lieferbar sein.

Die vorgenommenen Restrukturierungen verstärkten den Trend zur Professionalisierung der Tätigkeit. Zwischen 1990 und 1995 wurden 5% des Personals in dem Bereich abgebaut, was in der Regel Personen ohne formale Berufsausbildung betraf (SCB 1995). Umgesetzt wurde diese Zielsetzung durch die Frühpensionierung älterer Angestellter ohne formale Berufsausbildung bzw. durch die Auflage an jüngere Angestellte eine formale Qualifikation zu erwerben. Für die jüngeren der nach wie vor zumeist weiblichen Bewerberinnen erhöhte sich die Forderung nach dem Abschluss einer Berufsausbildung für eine Anstellung in dem Bereich. Pflegekräfte mit einer Berufsausbildung bzw. einem Fachhochschulabschluss finden hingegen über das Jahr 2000 hinaus eine günstige Arbeitsmarktprognose (SCB 2000).

Der Abbau der Dienstleistungsangebote betraf vor allem Tätigkeiten im Haushalt. Seit den 80er und verstärkt in den 90er Jahren wurden die Aufgaben stärker auf originäre Pflegetätigkeiten begrenzt. Diese Entwicklung birgt aus der Perspektive der Pflegekräfte die Gefahr der Entstehung eines „Pflegeproletariats", d.h. einer Gruppe von Beschäftigen ohne formale Qualifikation und ohne stabile Anbindung an den Arbeitsmarkt, die unter ungünstigen Bedingungen Pflege- oder Haushaltstätigkeiten ausführt (Szebehely 1999). Nach wie vor ist jedoch der Anteil an von Haushalten privat gekauften Dienstleistungen sehr gering (Nyberg 1999).

Durch die Professionalisierung der Pflegetätigkeit unter staatlicher Regie seit den 60er Jahren, bestimmt durch die gesellschaftlichen Zielvorstellungen der Arbeitsmarktintegration von Frauen sowie eines Bürgerrechts auf soziale Dienstleistungen, ist in Schweden ein Arbeitsmarktsegment entstanden, das auch Frauen mit einer Qualifikation unterhalb der Hochschulebene einen Zugang zum regulären Arbeitsmarkt gestattet. Die Frauendominanz in dem Tätigkeitsfeld, die schon zu Beginn in den 60er Jahren vorhanden war, ist trotz der Veränderungen nach wie vor ungebrochen.

2.2. Westdeutschland: Widersprüchliche Professionalisierung zwischen familiären Pflichten und staatlichen Aufgaben

In Deutschland lag bis in die 90er Jahre die Verantwortung für die Versorgung Pflegebedürftiger in den Familien (vgl. Behning 1999, Ostner 1998).

Diese Zuschreibung basierte auf gesellschaftlichen Normen, die einerseits die soziale Verpflichtung des Staates bzw. der Familie sowie andererseits Vorstellungen zu gesellschaftlichen Aufgaben von Männern und Frauen umfassten. Die gesellschaftliche Norm des Subsidiaritätsprinzips ging von einer ersten Verantwortung der Familie für die Pflege oder Betreuung der Familienmitglieder aus, die diese Tätigkeit privat und kostenlos ausführen sollte. Gelang dies nicht mehr, waren auch alternativ dazu freie, sozialstaatlich subventionierte Träger möglich, die diese Aufgaben ambulant und stationär übernahmen. Dabei wurde angenommen, dass die Pflegebedürftigen selbst bzw. deren Familien die Kosten tragen. Das Konzept der Familie war nun keinesfalls geschlechtsneutral zu verstehen. Die weiblichen Familienmitglieder sollten diese Aufgaben erledigen – finanziell abgesichert und teilweise in die Sozialversicherungssysteme über den Ehemann integriert. Die familiäre Zuschreibung verhinderte bis Ende der 80er Jahre die Etablierung eines professionellen Systems ambulanter Pflege. Die ambulanten Pflegeeinrichtungen haben in der Regel sehr unterschiedlich qualifiziertes Personal eingestellt, oft Studierende, Hausfrauen ohne Ausbildung im Pflegebereich oder Krankenschwestern (Landenberger 1994).

Demographischer und sozialer Wandel entfachten auch in Deutschland seit den 70er Jahren immer wieder eine Diskussion der ansteigenden Probleme in der Versorgung Pflegebedürftiger auf unterschiedlichen politischen Ebenen (vgl. Behning 1999, Ostner 1998). Die niedrige Geburtenrate und der parallele Anstieg des Anteiles der älteren Bevölkerung, die zunehmende Erwerbsbeteiligung der Frauen und der Anstieg der Scheidungszahlen erbrachten eine Erhöhung des Pflegebedarfs bei einem gleichzeitigen Rückgang informeller sozialer Netzwerke. Die Pflege durch weibliche Familienmitglieder verlor zusehends an Selbstverständlichkeit. Die dabei entstehenden und nicht abgesicherten Kosten führten auf der Ebene der Pflegebedürftigen selbst bei den Mittelschichten zu einer Verarmung bei Eintritt eines Pflegebedarfs. Auf der politischen Ebene beklagten sich die Kommunen über die hohen Kosten der Pflege, die sie für Pflegebedürftige ohne ausreichende Einkommen übernehmen mussten.

Die finanzpolitischen Interessen der Kommunen gaben schließlich den Ausschlag für die Einführung der Pflegeversicherung in zwei Stufen zum April 1995 für die häusliche Pflege und zum Juli 1996 für die stationäre. Die Ausgestaltung der Versicherung war geprägt von der auch in Deutschland in den 90er Jahren vorherrschenden Debatte um Kostenersparnisse bzw. Kostendämpfung im sozialen Bereich. Die Leistungen der Pflegeversicherung liefern lediglich eine Basisabsicherung im Pflegefall, denn nach wie vor wird erwartet, dass die Pflegebedürftigen bzw. ihre Familien selbst einen Teil der entstehenden Kosten übernehmen. Die gesellschaftlich vorherrschenden Vorstellungen zum Geschlechterverhältnis bzw. zu Aufgabenzuwiesungen an Männer und Frauen finden ihren deutlichen Niederschlag in der Ausformung des Gesetzes. Prinzipiell ist die Versicherungsleistung in Form einer Geld- oder Sachleistung, d.h. der Inanspruchnahme von Pflegediensten zu erhalten. Die Möglichkeit der Inanspruchnahme einer Geldleistung soll Frauen verstärkt zur Pflege im privaten Rahmen bewegen, die informellen Netzwerke stärken und damit die Pflegekosten senken. Diese geschlechterpolitische Vorstellung dominierte die Debatte seit den 80er Jahren. Erst am Ende des Diskussionsprozesses fanden zudem in der Frauenbewegung entwickelte Vorstellungen einen Zugang in den Entscheidungsprozess. Ermöglicht werden soll eine individuelle rentenrechtliche Absicherung auch für im Rahmen der Familie pflegende Frauen, die bis zu einem Grade auch parallel einer Teilzeitbeschäftigung nachgehen dürfen. Dies spiegelt die innerhalb der Frauenbewegung getragene Wertvorstellung wider, einerseits Frauen unterschiedliche Lebensweisen zu gestatten, und andererseits stärker die Familienarbeit und nicht den Status der Ehefrau abzusichern und damit eine größere individuelle Unabhängigkeit vom (Ehe)-Partner zu ermöglichen.

Seit der Einführung der Pflegeversicherung hat sich die Mehrheit der Anspruchsberechtigten für Geldleistungen ausgesprochen. Ewers (1997) sieht dies in einem Zusammenhang mit einer in Deutschland vorhandenen Kultur der familiären oder informellen Pflege. Die Gelder werden zur Absicherung schon bestehender Netzwerke von Verwandten, Nachbarinnen oder auch bezahlten Haushaltstätigkeiten verwandt. Professionelle Kompetenzen finden nur in zwei Bereichen weitere Entwicklungsmöglichkeiten, zum einen als Beratung der Angehörigen in Fragen zur Pflege und zum anderen zur Unterstützung wohlhabenderer Personen in der Ausführung der Haushaltstätigkeiten.

Im Zuge der Pflegeversicherung ist ein ganzes Spektrum an Tätigkeiten entstanden, das von lediglich symbolisch bezahlten Leistungen im familiären Rahmen, über Aufgaben, die eher außerhalb des regulären Arbeitsmarktes erbracht werden, und regulär entlohnter Erwerbsarbeit reicht. Die Ausführung der unterschiedlichen Tätigkeiten ist jedoch weitgehend sozial strukturiert. Höherqualifizierte Frauen greifen eher auf ein bezahltes Pflegeangebot zurück und gehen selbst einer Erwerbstätigkeit nach bzw. finden auch im Bereich der Pflege günstigere Arbeitsbedingungen vor. Weniger qualifizierte Frauen dagegen führen eher die symbolisch bezahlten Pflegeaufgaben aus oder arbeiten außerhalb eines regulären Arbeitsmarktes (Gerste/Rehbein 1998, Ostner 1998). Die erst in den 90er Jahren forcierte Professionalisierung der Tätigkeit – unter der Zielsetzung einer Kostendämpfung im sozialen Bereich und der nach wie vor vorhandenen Norm der Wahlfreiheit der Erwerbsintegration von Frauen – geht mit einer sozialen Differenzierung der Arbeitsmarktchancen von Frauen einher. Frauen mit einer Berufsausbildung unterhalb der Hochschulebene finden im Vergleich zu Schweden weniger Erwerbsmöglichkeiten vor. Das Geschlechterverhältnis beeinflussen die Länderunterschiede im Ausbau sozialer Pflegedienste nur wenig, denn auch in Deutschland ist dies ein weiblich dominierter Arbeitsbereich.

Die Ausführungen zum Wandel der Wohlfahrtsstaaten anhand der Professionalisierung sozialer Pflegedienste verdeutlichen ihre Einbettung in bereits etablierte Logiken des Wohlfahrtsstaates und auch die damit einher gehende Ambivalenz gegenwärtig stattfindender Änderungen in der Funktionslogik des Staates. Neoliberale Reformelemente, wie Privatisierung, Durchsetzung von Kosteneffizienz und Vermarktwirtschaftlichung von Politik, gehen einher mit bürgergesellschaftlichen Fortschritten, wie Wahlfreiheit von Bürgern und Bürgerinnen durch den Abbau staatlicher Monopole, Dienstleistungsorientierung und steigendem Service öffentlicher Einrichtungen sowie mehr Eigeninitiative statt staatlicher Bevormundung. Beide Entwicklungslinien sind untrennbar miteinander verknüpft und führen aus der Perspektive weiblicher Beschäftigung und in der sozialen Strukturiertheit zu eher widersprüchlichen Ergebnissen.

Diese ambivalenten Entwicklungslinien sollen im folgenden anhand der Diskussion über kommunale Verwaltungsreformen etwas näher ausgeleuchtet werden. Die kommunale Verwaltungsmodernisierung ist Bestandteil des tiefgreifenden Umbruchs bisheriger Organisationsmuster und Steuerungsformen des Staates der Nachkriegszeit, der auch im Zusammenhang mit Entwicklungen zu analysieren ist, die über den nationalstaatlichen Rahmen hinaus weisen. Diese Diskussion zeigt zudem, dass die skizzierten Wandlungsprozesse staatlicher Regulierung und die Auswirkungen auf das Geschlechterverhältnis nicht mehr nur vor dem Hintergrund nationaler Entwicklungen zu verstehen sind.

3. Die Modernisierung des Staates, asymmetrische Geschlechterverhältnisse und die Verwaltungsreform

Seit den 90er Jahren sind in einigen deutschen Städten und Gemeinden einige - wenn auch noch eher punktuelle - Ansätze zu grundlegenden Verwaltungsmodernisierungen zu beobachten. Die Kommunalpolitik und –verwaltung in Deutschland steht vor der Herausforderung ihre Strukturen und Verfahren tiefgreifend zu reformieren. Dies ist einerseits notwendig, um chronischen fiskalischen Engpässen auf kommunaler und staatlicher Ebene zu begegnen. Die Reformanstrengungen gehen jedoch andererseits über diesen Aspekt weit hinaus. Neben Ansätzen zur Steigerung der Effizienz, Effektivität und Flexibilität der Mitarbeiterinnen und Mitarbeiter gewinnen auch Reformvorhaben zur Stärkung der „Bürgernähe", der Leistungsqualität und der Kundenorientierung eine zunehmende Bedeutung. Die zu beobachtenden Veränderungen, die unter dem Schlagwort „Modernisierung des Staates" diskutiert werden, sollten daher nicht nur als defensive Kostensenkungs- und Rationalisierungsprogramme interpretiert werden, sondern auch als Ausdruck eines demokratischen Wandels, eines neuen Verständnisses des Stellenwertes und der Funktionsweise staatlicher Verwaltung und ihrer Beziehung zu Politik und Bürgern bzw. Bürgerinnen (Stichworte: New Public Management, New Publik Administration oder Public Governance) (Riegraf 2000).

Die Verwaltungsmodernisierung auf kommunaler Ebene muss – über den Kontext von Fiskalkrisen und Legitimationsdefiziten vorherrschender demokratischer Entscheidungsfindungsprozesse hinaus – auch vor dem Hintergrund des sich wandelnden Umfeldes der Nationalstaaten analysiert werden. In den 60er Jahren wurde der Staat als Spitze der Gesellschaft und „Ort der Politik" konzipiert, dem die Fähigkeit zugeschrieben wurde, die gesellschaftliche Umwelt relativ autonom gestalten zu können. Im Zuge der in der Einleitung skizzierten Veränderungen der internen bzw. nationalen sowie der externen bzw. internationalen Umfeldbedingungen (Globalisierung, restriktive ökonomische Rahmenbedingungen, Standortwettbewerb, Legitimationsdefizite, Erosion der Reichweite staatlichen Handelns) wird der Staat zunehmend nicht mehr im Sinne des über der Gesellschaft thronenden Leviathan interpretiert. Seine Stellung als Dreh- und Angelpunkt der gesellschaftlichen Organisation wird in Frage gestellt. In den aktuellen sozialwissenschaftlichen Staatsdiskussionen herrscht weitgehend Einigkeit darüber, dass sich der Staat zukünftig von einem hierarchisch steuernden, territorialen Souverän zu einem kooperativen „Moderator" transformiert, der Interessen unterschiedlicher gesellschaftlicher Gruppen zu integrieren hat. Aus der Perspektive der Diskussionen über die „Modernisierung des Staates" und die „Zukunft des Staates" erfahren Nationalstaaten im Zuge der Restrukturierung staatlicher Apparate, der sich vertiefenden Globalisierung und der gleichzeitigen Dezentralisierung von politischen Entscheidungsfindungsprozessen einen Souveränitätsverlust. Aus dieser Perspektive bewirkt die Verwaltungsreform eine grundlegende Neustrukturierung der Pole „bürokratischer Staat", „Markt" und „Demokratie" unter dem Bedingungen zunehmender „Globalisierung" und Prozessen der „Ausdifferenzierung der Gesellschaft". Die Reform des öffentlichen Sektors ist demnach die Suche nach neuen Organisationsmustern, aber auch nach neuen Steuerungsformen des Staates.

Die Neuorganisation des Verhältnisses zwischen der Rationalität rechtsstaatlicher Bürokratie, ökonomischen und demokratischen Prinzipien spiegelt sich im Prozess der Modernisierung des Staates auf kommunaler Ebene wider. Dieser Prozess der Modernisierung auf kommunaler Ebene zeigt das grundlegend neue Verständnis von der Rolle des Staates in der Gesellschaft.

Grundlage der Diskussion in der BRD bilden Entwicklungen in anderen OECD-Ländern (wie Schweden), die bereits seit den 80er Jahren Reformen auf kommunaler Ebene durchgeführt haben, und für die Modernisierung der Verwaltung in der Bundesrepublik Deutschland „Leitbild"-Funktion übernehmen. Naschold u.a. unterscheiden zwar grob eine neoliberale Variante (v.a. Australien, Neuseeland, Großbritannien und USA) von einer sozialdemokratischen Variante (v.a. Schweden, Finnland und Dänemark); in allen diesen Ländern lassen sich jedoch folgende Haupttendenzen herauskristallisieren (Naschold u.a. 1994: 7):

- Rückbau des Staates: Besinnung auf seine „Kernfunktionen", Aufgabenkritik, Aufgabenverlagerung auf Unternehmen oder auf Organisationen des Dritten Sektors (non-profit-Organisationen)
- Demokratie im Binnen- und Außenverhältnis: Erhöhung von Partizipationschancen von Bürgern, Bürgerinnen und Beschäftigten, Einbeziehung zivilgesellschaftlicher Gruppen in lokale Entscheidungsverfahren
- Reorganisation des öffentlichen Sektors: Schaffung organisatorisch selbständiger Verwaltungseinheiten („agencies"), Entbürokratisierung, Dezentralisierung und technische Rationalisierung, neue Managementkonzepte. etc.
- Reform des Finanzmanagements: ergebnisorientierte Budgetierung, interne Kostenrechnung, Schaffung wettbewerbsähnlicher Strukturen, etc.
- Leistungsorientierte Personalpolitik öffentlicher Verwaltungen nach Maßstäben aus der Privatwirtschaft: leistungsgerechte Bezahlung, flexibler Personaleinsatz, Personalentwicklungssysteme, etc.
- Qualitätssicherung und Kundenorientierung: Einführung von Wahlmöglichkeiten, Produktvielfalt und differenzierten Dienstleistungen, Bürger- und Beschwerdeverfahren („empowerment"); Wettbewerb mit privaten Anbietern.

Die Arbeiten in der Frauen- und Geschlechterforschung zum Staat zeigen nun, dass sich dieser Wandel keineswegs geschlechtsneutral vollzieht. So sind Frauen sowohl als Beschäftigte in der Verwaltung als auch als „Kundinnen" bzw. Bürgerinnen von diesem Wandel betroffen. Aus der Perspektive feministischer Forschung geht es in der Diskussion um die „Zukunft" und die „Modernisierung des Staates" also um die gegenseitige Konstituierung von Staat und Geschlechterverhältnis unter sich wandelnden gesellschaftlichen Bedingungen. Aus Sicht der Frauen- und Geschlechterforschung gilt es, die Dynamiken, Chancen und Risiken für den Wandel des Geschlechterverhältnisses in diesem Umstrukturierungsprozess auszuloten. Welche Chancen und Risiken für eine Neustrukturierung der Geschlechterverhältnisse liegen nun in diesem Umbruchprozess?

4. Die Richtung der Staatsreformen in den 90er Jahren: Drei Interpretationsmuster der Frauen- und Geschlechterforschung

Einige wenige Diskussionsbeiträge in den politischen und wissenschaftlichen Debatten der Frauen- und Geschlechterforschung beschäftigten sich direkt mit dem Zusammenhang der Transformation des Staates und den Auswirkungen auf das Geschlechterverhältnis. Diese Beiträge lassen durchaus unterschiedliche, häufig dichotom formulierte negative oder positive Einschätzungen des Veränderungsprozesses erkennen. Im wesentlichen sind die folgenden Positionen zu unterscheiden:

Der Ausbau von Staatstätigkeiten führte zu einer Ausweitung der Frauenerwerbstätigkeit und mehr Chancengleichheit:

„Die Integrationschancen von Frauen in den Arbeitsmarkt haben mit dem Ausbau der Staatstätigkeit und der Zunahme relativ qualifizierter und sicherer Arbeitsplätze in den vergangenen Jahrzehnten nachweisbar zugenommen. Der öffentliche Sektor hat zugleich eine Vorreiterrolle in Bezug auf Frauenförderung und die Herstellung von mehr Chancengleichheit" (Oppen 1996: 4, vgl. auch Oppen 1994).

Es wird befürchtet, dass die Prozesse der „Modernisierung" und „Verschlankung" des Staates Frauenerwerbstätigkeit reduzieren und die Entwicklung sowie die Umsetzung von Gleichstellungsmaßnahmen in der Verwaltung erheblich beeinträchtigen könnten. Aus dieser Perspektive gilt es den Wohlfahrtsstaat in der bisherigen Form zu verteidigen, seine Potenziale zur Verbesserung von Chancengleichheit weiter zu entwickeln und die Chancen von Frauen auf dem Arbeitsmarkt zu verbessern. Suchprozesse in diesem Korridor drohen tendenziell die Errungenschaften des Wohlfahrtstaates positiv zu überzeichnen, gegenüber den „neoliberalen Angriffen" auf das soziale Sicherungssystem einseitig reaktiv zu argumentieren (Verteidigung der existierenden Strukturen des Wohlfahrtsstaates) sowie Anpassungszwänge und Probleme der Sozialsysteme (z.B. überbordende Bürokratie; Existenz von Sozialleistungen für gutsituierte Mittelschichten bei gleichzeitiger Entstehung „neuer Armut"; Erosion gesellschaftlicher Solidaritätspotenziale durch „Verstaatlichung sozialer Verantwortung") zu übersehen oder zu unterschätzen und daher Spielräume für neue politische Optionen unterzubelichten.

„Vermarktwirtschaftlichung" der Gesellschaft bedroht Frauenpolitik und Chancengleichheit:

Von einer Reihe von Autorinnen wird auf die systematische Unvereinbarkeit einer „staatlichen Logik der Konfliktvermeidung und Gemeinwohlorientierung, einer marktförmigen Logik von Kostenminderung und Effizienzsteigerung und einer politischen Logik demokratischer Öffentlichkeit und ziviler Gesellschaft" hingewiesen (Holland-Cunz 1995: 23, vgl. auch Oppen 1996). Es wird betont, dass die Formel: „Entbürokratisierung = lean administration und lean management = Demokratie" zu schlicht sei. Frauengleichstellung sei beispielsweise kein kommerzielles, sondern ein soziales Gut, das im Kontext von Verwaltungsreformen nur schwer quantifizierbar und qualifizierbar sei und in Marktkategorien nicht gemessen werden könne und dürfe. Der Staat habe in Bezug auf die Frauengleichstellung in mehrfacher Hinsicht eine Vorbildfunktion einzunehmen – diese Aufgabe könne nur gegen den Markt durchgesetzt werden (vgl. Holland-Cunz 1995: 23). Markt, Staat, Gesellschaft werden hier nicht als Spannungsverhältnis, sondern in „Widerspruchskategorien" interpretiert. Staatliche Steuerung und Marktallokation können sich jedoch auf das Geschlechterverhältnis, die Chancengleichheit und die Arbeitsteilung zwischen Männern und Frauen positiv wie negativ auswirken. Das Primat der Politik verteidigen zu wollen, um Frauen- und Geschlechterpolitik zu ermöglichen, heißt nicht nur die „Vermarktwirtschaftlichung der Gesellschaft" zu verhindern, sondern kann auch bedeuten, solche staatliche Bürokratien abbauen zu helfen, die Gestaltungsspielräume verbauen – was zuweilen durch Privatisierung oder die Delegation von öffentlichen Funktionen an private Akteurinnen und Akteure bewerkstelligt werden muss.

Modernisierung des Staates als Chancen für die Frauen:
Von anderen Theoretikerinnen wird entgegen der gerade skizzierten Argumentation betont, dass die Entwicklung hin zu mehr Effizienz, Effektivität, weniger Hierarchie und die Ausdehnung demokratischer Mitsprachemöglichkeiten die Potenziale für die Herstellung von mehr Chancengleichheit von Frauen und Männern erweitere. Der „strukturelle Konservatismus" (Häußermann 1977) der „männerbündischen Bürokratie" (Kreisky 1995a) gerate endlich unter nachhaltigen Veränderungsdruck. Die Überwindung eines dem Militär nachgebildeten und männlichen Interessen und Lebenserfahrungen entsprechenden Verwaltungssystems eröffne Gestaltungsspielräume für Frauen (nach dem Motto „besser Markt und Demokratie als Männerbund"). Aus dieser Perspektive wird die relative Offenheit des Umbruchprozesses betont und zur Einmischung aufgerufen. Frauen- und Geschlechterforschung kann und muss aus dieser Sichtweise einen Beitrag zur Erweiterung von Handlungsspielräumen für Frauen- und Geschlechterpolitik leisten.

Während die ersten beiden Diskussionsstränge die Risiken der aktuellen Veränderungen betonen, werden in dem dritten Diskurs deren Chancen hervorgehoben. A priori kann keine dieser Debattenbeiträge für sich beanspruchen die komplexen Veränderungsprozesse in Gänze abzubilden. Da in der „jungen" feministischen Staatsforschung bislang keine kohärente Staatstheorie existiert, muss an die dargestellten Sichtweisen und Interpretationsmuster angeknüpft werden. Dabei kommt dem Diskurs zwischen den unterschiedlichen Perspektiven, die jeweils Ausschnitte des Gesamtprozesses beleuchten, große Bedeutung zu, um die Validität der bisher präsentierten Argumente zu prüfen und eine tragfähige Gewichtung von Einflussfaktoren zu erreichen. Im folgenden sollen Ansatzpunkte für eine solche Diskussion aufgezeigt werden.

5. Auseinandersetzung mit dem Staat als Akteur, Struktur und Regulierung: Die Weiterentwicklung feministischer Staatstheorie in den 90ern

Seit den 90er Jahren stellen Ergebnisse ländervergleichender empirischer Wohlfahrtsstaatsanalysen zunehmend die lange Zeit die wissenschaftliche Auseinandersetzung dominierende dichotome Annahme eines patriachalen versus frauenfreundlichen Wohlfahrtsstaates in Frage. Offenbar wurde, dass von Nationalstaat zu Nationalstaat unterschiedliche Konzepte zum Geschlechterverhältnis existieren, die wiederum eingebettet sind in differente Ansätze zum Zusammenhang von Staat und Gesellschaft, in unterschiedliche Konzeptionen zum Status als Staatsbürgerin und Staatsbürger sowie in politische Einflussmöglichkeiten gesellschaftlicher Gruppierungen einschließlich der Frauenbewegung (vgl. Sauer 1997). Auf einer theoretischen Ebene trug die seit Mitte der 80er Jahre entstandene feministische Auseinandersetzung mit dem Staat dazu bei, diese Dichotomie zwischen frauenfreundlichem und patriarchalem Staat zu überwinden. Kritisiert wurde, dass beide Positionen den Staat als ein hermetisches Gebilde betrachten, wodurch das Prozesshafte wie die Veränderbarkeit sozialer Strukturen und Politiken verschwindet (vgl. Sauer 1988: 33).

Sauer (1997, 1998) fordert, die in den beiden letzten Jahrzehnten eingetretenen Veränderungen des Staates – vor allem im Bereich Arbeitsmarkt- und Gleichstellungspolitik einschließlich ihrer Auswirkungen auf das Geschlechterverhältnis – wahrzunehmen. Auch wenn der keynesianische Wohlfahrtsstaat kein originär frauenfreundliches Projekt war, so wurden doch Formen männlicher Dominanz feiner und auch widersprüchlicher. Beispielsweise modifizierte die Gleichstellungspolitik die männlichen Strukturen staatlicher Institutionen, die Wohlfahrtsstaatspolitik wiederum schwächte die Abhängigkeit der Frauen vom individuellen (Ehe)partner und damit von der Familie.

In ihrer Analyse sieht Sauer in diesen Veränderungen nicht nur Nebenprodukte des keynesianischen Wohlfahrtsstaates seit dem II. Weltkrieg, sondern auch das Ergebnis politischer Handlungserweiterung der Frauenbewegungen seit den 70er Jahren und ihrem Vermögen, frauenspezifische

Probleme auf die politische Agenda zu setzen. In den Blickpunkt der Forschung geraten somit neben den Inhalten staatlicher Regulierung die verschiedenen Dimensionen des Politikprozesses, die eine je unterschiedliche Konfiguration von Machtverhältnissen und Netzwerken mit unterschiedlichen Veränderungsmöglichkeiten für die verschiedenen Akteure und Akteurinnen reflektieren. Der Staat gilt nicht länger als ein monolithischer androzentrischer Block, sondern er besteht aus diversen Apparaten, in denen auch die Interessen von Frauen repräsentiert sein können. Zudem ist der Staat bezüglich der Geschlechterverhältnisse ein relativ autonomer Akteur, der eigene Interessen und Strategien verfolgen kann, die durchaus patriarchalen Interessen widersprechen. Der Staat wird somit zu einer Institution, die patriarchale Verhältnisse in Frage stellen und verändern kann.

Nach Kulawik (1997) muss eine differenzierte Untersuchung des Staates drei unterschiedliche Ebenen einbeziehen. In Anlehnung an traditionelle politikwissenschaftliche Konzepte unterscheidet sie zwischen dem Staat als Regulierungs- und Verteilungsinstanz (policy), dem institutionellen Ensemble (polity) und dem Staat als Arena politischer Kämpfe (politics). Zu der ersten Ebene, dem Staat als Regulierungs- und Verteilungsinstanz, liegen durch die Ansätze zu den Gender-regimen eine Reihe theoretischer Konzepte und auch empirische Analysen im Ländervergleich vor. Für eine Analyse des Staates als Arena politischer Kämpfe wird in einem ersten Schritt zentral, inwieweit unterschiedliche gesellschaftliche Gruppen ihre Inhalte innerhalb des gesellschaftspolitischen Diskurses etablieren können (vgl. Fraser 1994 zit. nach Kulawik 1997: 299). Jenson (1986 zit. nach Kulawik 1997: 299) beschreibt den politischen Prozess zu einem großen Anteil als einen Kampf um politische Repräsentation. Politische Macht besteht eben nicht nur aus der strategischen Stärke, sondern auch in der Fähigkeit, die eigene Interpretation gesellschaftlicher Probleme oder auch Ereignisse auf der politischen Agenda zu etablieren und damit die eigenen Lösungen durchsetzungsfähig zu machen. Sauer (1997) kritisiert die Begrenzung der Analyse auf gesellschaftliche Diskurse und fordert die staatlichen Strukturen bzw. Institutionen als eine Basis der Geschlechterungleichheit in die Analysen einzubeziehen. Skopcol (1992, zit. nach Kulawik 1997: 296) schreibt in ihrem Ansatz der Ausgestaltung staatlicher Institutionen, d.h. den institutionellen Bedingungen des politischen Entscheidungsprozesses, eine wesentliche Rolle für die Formulierung politischer Akteure und ihrer Einflussnahme auf die Politikgestaltung zu.

Grundsätzlich gilt für diese Ansätze, dass staatliche Politiken auf den drei Ebenen differenziert betrachtet werden und dass damit die dichotome Vorstellung eines frauenfreundlichen versus patriarchalen Wohlfahrtsstaats überwunden wird. Sauer (1998) beschreibt den Staat als eine flexible, modifizierbare aber auch ambivalente Qualität von Normen, Institutionen, Diskursen und psychischen Dimensionen. Diese prinzipielle Offenheit wird besonders bedeutsam für eine Betrachtung von Veränderungsprozessen. Die Auflösung des Staates in verschiedene Arenen wird zu einer Voraussetzung der Untersuchung politischer Gestaltungsmöglichkeiten, die gerade für einen Prozess der Restrukturierung – wie beispielsweise im Zusammenhang mit der Globalisierung oder auch dem Transformationsprozess in Osteuropa – zentral werden (Sauer 1998). Politiken beruhen eben nicht nur auf ökonomischen Vorgaben und Begrenzungen, sondern auch auf dem diskursiven Ringen unterschiedlicher Akteurinnen und Akteure. Eine staats- und institutionentheoretisch integrierte Analyse wohlfahrtsstaatlicher Transformationen legt sowohl Aspekte des Patriarchalismus des Wohlfahrtsstaates als auch frauenfreundliche Handlungsspielräume offen. Die Transformation des (Wohlfahrts)staates bedarf einer veränderten Konzeptualisierung von Staat und des Verhältnisses von Staat zu Frauenbewegungen. Das Ziel muss neben der Diskussion der gewünschten Inhalte von Politik auch die Betrachtung der Bedingungen der Institutionalisierung eines sozialstaatlichen Gesellschafts- und Geschlechtervertrags sowie der institutionellen Bedingungen seiner Modifikation sein. Wie der deutsch-schwedische Vergleich gezeigt hat, üben dabei bereits etablierte sozialpolitische Konzepte einen entscheidenden Einfluss auf die vorgenommenen Restrukturierungen aus. Der Einfluss vorfindlicher Regulierungen wird nicht nur auf der inhaltlichen politischen Ebene relevant, sondern zeigt sich auch in den Handlungsweisen der Akteuren und Akteurinnen, die im Transformationsprozess zwischen alten und neuen Anforderungen und Reaktionsmustern entstehen. Der Zusammenhang zwischen politischer Transformation und Handlungsweisen der Akteure und Akteurinnen wird im abschließenden Beitrag zur Transformation in Ostdeutschland erarbeitet.

6. Staatstransformation und Geschlechterverhältnisse: Das Beispiel Ostdeutschland

Transformationen ganz anderer Art vollziehen sich seit Ende der 80er Jahre in den ehemals sozialistischen Staaten Osteuropas. Mit der deutschen Vereinigung 1990 betreffen diese Systemumbrüche auch die Bundesrepublik Deutschland. Mit außergewöhnlicher Schärfe wurde dabei deutlich, wie der Wechsel eines Gesellschaftssystems erhebliche Auswirkungen auf Lebens- und Arbeitsverhältnisse hat. Die Folgen zeigten sich zuerst und am augenfälligsten in drastischem Arbeitsplatzabbau und im Entstehen von Massenarbeitslosigkeit. Es ist zu einem Allgemeinplatz der Diskussion über die Transformationsfolgen in den neuen Bundesländern geworden, dass Frauen von der Arbeitslosigkeit besonders betroffen sind. Offensichtlich ging mit dem Systemwechsel eine Verschärfung der Asymmetrie im Geschlechterverhältnis einher.

6.1. Staatstransformation als Wechsel der Regulierung der Geschlechterverhältnisse

Es greift zu kurz, die Transformation vornehmlich als Wechsel von der Plan- zur Marktwirtschaft zu sehen. Vielmehr handelt es sich um den komplexen Wandel einer gesamten Regulationsweise, verstanden als gesellschaftliche Einheit aus ökonomischen Bedingungen der Produktion und Konsumtion, aus politischen Regulationsformen und sozialen Handlungspraxen. In diesem Spannungsfeld von Ökonomie, Politik und Handlung sind die Folgen der Transformation auf das Geschlechterverhältnis zu beleuchten. Damit nicht genug ist die Transformation der ehemaligen DDR als „doppelte" zu verstehen (Dörr/Schmidt 1992: 60): Der Systemwechsel findet innerhalb der oben beschriebenen gesellschaftlichen Umbrüche statt; insofern stehen seine Konsequenzen für das Geschlechterverhältnis in Zusammenhang mit den Tendenzen zur Globalisierung und Regionalisierung, zu Flexibilisierung und Deregulierung, um nur einige Kennzeichen der sich herausbildenden postfordistischen Regulationsweise der westlichen Industrienationen zu nennen (vgl. u.a. Hirsch/Roth 1986, Klein 1995, Lipietz 1985). Auf den Zusammenhang der „zwei ineinander verschlungenen Transformationsprozesse" und die Verschärfung von Verteilungskämpfen, wie sie sich insbesondere als steigende Diskriminierung von ostdeutschen Frauen auf dem Arbeitsmarkt manifestieren, hat Nickel (1995: 24) hingewiesen.

Der Verlauf und die Folgen dieses Systemwechsels sind Gegenstand zahlreicher empirischer Analysen und einiger theoretischer Entwürfe im relativ jungen Forschungszweig der Transformationsforschung (vgl. resümierend Reißig 1998). Aus Perspektive der Frauenforschung sind u.a. Arbeiten entstanden, die sich im deutsch-deutschen Vergleich vornehmlich mit dem Einfluss der Staatsformen auf die Geschlechtergleichstellung beschäftigen. Dabei bilden Fragen der Erwerbsbeteiligung von Frauen sowie die geschlechtsspezifische Arbeitsteilung in Erwerb und Familie einen zentralen Fokus auf die Beurteilung der Gleichstellungserfolge der DDR sowie auf die Veränderungen infolge der Transformation (vgl. für viele andere Beer/Chalupsky 1993, Diemer 1994, Nickel/Schenk 1996, Sørensen/Trappe 1995).

Der Vergleich des Geschlechterverhältnisses der DDR mit dem der BRD vor der 'Wende' zeigt vor allem – dies ist weitgehender Konsens in der sozialwissenschaftlichen Debatte –, dass auch in der DDR die Gleichstellung von Frau und Mann nicht verwirklicht war. Trotz sozialistischer Eigentumsordnung und Wirtschaftsweise, trotz rechtlicher Gleichstellung und einer politischen Regulierung, die auf die Vollbeschäftigung der Frauen zielte und die Rahmenbedingungen für die Vereinbarkeit von Beruf und Familie sicherstellte, kann auch das Geschlechterverhältnis der DDR als „Sekundärpatriarchalismus" (Beer 1990) bezeichnet werden: Beruflicher Patriarchalismus kommt in horizontaler wie vertikaler Segregation des Arbeitsmarktes zum Ausdruck; familialer Patriarchalismus stützt sich auf eine nach wie vor bestehende Hauptzuständigkeit der Frauen für reproduktive Aufgaben. Damit ähnelte der Patriarchalismus in der DDR auf erstaunliche Weise demjenigen in den alten Bundesländern.

Erklären lässt sich diese Ähnlichkeit mit der strukturell identischen Lösung des Reproduktionsproblems im weiteren Sinne, die als gemeinsamer patriarchaler 'Sockel des Eisbergs' umschrieben werden kann: Zur Sicherung sowohl der ökonomischen als auch der generativen Reproduktionsfähigkeit der Gesellschaft baute auch die DDR auf Wirtschaftswachstum und stabile Geburtenraten und stützte sich dazu auf familienvermittelte Versorgungsleistungen, die im wesentlichen durch Frauen erbracht wurden. Die daraus resultierende doppelte Vergesellschaftung von Frauen in die Bereiche Erwerb und Reproduktion führte auch für Frauen in der DDR zu einer „Zweitrangigkeit" (Maier 1991a: 312) auf dem Arbeitsmarkt im Gegensatz zu Männern.

Bei genauerem Hinsehen zeigen sich dennoch einige nicht unwesentliche Unterschiede in der Ausdrucksform dieser Patriarchalismen, die auf eine Variationsbreite innerhalb einer spezifischen Regulationsweise hinweisen: Die 'Spitzen des Eisbergs' ruhen zwar auf dem gleichen Sockel, können aber offensichtlich unterschiedliche Formen annehmen. Die „Zweitrangigkeit" der Frauen führte in der DDR nicht zu ihrem Ausschluss vom Arbeitsmarkt, sondern zu segregiertem, aber vollständigem Einschluss. Anders als im bundesdeutschen Fordismus war nicht die „modernisierte Versorgerehe" (Pfau-Effinger/Geissler 1992: 367) die vom Ehemann abgeleitete Existenzgrundlage von Frauen, sondern ihre eigenständigen Erwerbseinkommen. Das Sozialstaatsmodell der DDR unterschied sich durch seine „Erwerbszentrierung der Sozialpolitik" (Maier 1991b: 649) von dem westdeutschen, in dem sich finanzielle Absicherungen auf Phasen erzwungener Erwerbslosigkeit beziehen (ebd.: 655). Um die von Frauen abverlangte Vereinbarkeit von Vollzeit Erwerbsarbeit und Familienaufgaben zu gewährleisten, wurden enorme Interventionen im Bereich der gesamten Planungs- und Handlungskompetenz des sozialistischen Staates getätigt: Die Geschlechterpolitik der DDR, als Zusammenfassung von u.a. Frauen-, Familien-, Sozial-, Arbeitsmarkt- und Bildungspolitik (vgl. Diemer 1994: 112), umfasste über die gesamte Zeit der DDR hinweg in unterschiedlicher Gewichtung Maßnahmen zur Integration der Frauen in die Erwerbsarbeit, Qualifizierung, Frauenförderung in technischen und zuvor männerdominierten Berufsfeldern sowie in höhere Hierarchiestufen und schließlich Geburtenförderung (vgl. Hildebrandt 1994; Sørensen/Trappe 1995; Keiser 1997).

Im Hinblick auf die Frage nach den Gestaltungsspielräumen (wohlfahrts)staatlicher Regulierung mit der Zielrichtung größerer Geschlechtergerechtigkeit ist die Motivation der DDR-Geschlechterpolitik interessant: Der Anspruch auf soziale Gleichstellung der Geschlechter kann als eine wesentliche legitimatorische Basis des DDR-Staates angesehen werden, neben seiner antifaschistischen Tradition, den wohlfahrtsstaatlichen Leistungen und dem Recht auf Arbeit. Über den vom klassischen sozialistischen Verständnis der Frauenbefreiung abgeleiteten und verfassungsrechtlich verankerten Emanzipationsanspruch hinaus war aber allem voran der eklatante und bis zum Mauerbau 1961 dramatisch steigende Arbeitskräftemangel ein wesentliches Motiv der umfassenden Integration der Frauen in den Arbeitsmarkt (vgl. Hildebrandt 1994; Obertreis 1986). Die entscheidende Bedeutung, die den ökonomischen und bevölkerungspolitischen Interessen des Staates zukommt, macht sich besonders in der Umorientierung der Geschlechterpolitik in den 70er Jahren bemerkbar: Sinkende Geburtenraten führten zu einem Widerspruch zwischen den ökonomischen Interessen der Vollbeschäftigung von Frauen und den bevölkerungspolitischen Interessen der generativen Reproduktionsfähigkeit der DDR. In diesem Zielkonflikt entschied man sich – über die Ausweitung von familienpolitischen Leistungen, die sich ausschließlich an Frauen richteten – für eine Politik der Vereinbarkeit stabiler Geburtenraten mit eingeschränkten Erwerbschancen in vertikaler wie horizontaler Hinsicht.

Der Status der Frau als „Zweitrangige“ auf dem Arbeitsmarkt wurde auf diesem Wege verstärkt, ohne dass er zum Gegenstand politischer Debatten oder Auseinandersetzungen wurde. Statt dessen wurde proklamiert, die Geschlechterfrage sei nunmehr rechtlich wie faktisch gelöst (Maier 1991b: 652), während Männer sich die Entlastung von reproduktiven Verpflichtungen unbemerkt zunutze machen konnten. In dieser stillschweigenden Ausdehnung patriarchaler Strukturmuster der geschlechtsspezifischen Arbeitsteilung sieht Nickel einen entscheidenden „nachholenden Benachteiligungseffekt“ (Nickel 1992: 47) für Frauen im Transformationsprozess: Unter den transformierten Arbeitsmarktbedingungen haben die Strukturen der geschlechtsspezifischen Arbeitsteilung nun Schließungsprozesse gegenüber Frauen auf dem Arbeitsmarkt zur Konsequenz, wo sie zuvor ‘nur’ zu segregiertem Einschluss führten.

Die in der DDR staatlich verordnete Gleichstellung, hauptsächlich verstanden als vollständige Erwerbsintegration von Frauen, wirkt aber nicht nur auf der strukturellen Ebene transformierter Bedingungen als Erwerbshindernis für Frauen. Aus der „Mythologie der Gleichberechtigung“ (Nickel 1992a: 11) resultiert zudem ein „Sensibilitätsdefizit“ (Nickel/Schenk 1996: 270) der Frauen selbst und führt zu Erwerbsbarrieren auf der Handlungsebene: Waren Handlungs- und Deutungsroutinen für die Lösung der Vereinbarkeitsprobleme unter DDR-spezifischen Bedingungen adäquat im Sinne von erfolgreich, so führen sie nun in die Krise. Neuartige Handlungsprobleme erfordern neuartige Deutungen und Handlungspraxen. Das Zusammenspiel von Struktur und Handlung als Ursachen der Arbeitsmarktdiskriminierung von Frauen in den neuen Bundesländern soll am Beispiel einer regionalen Arbeitsmarktakteurin verdeutlicht werden (vgl. ausführlich Fischer 2000).

6.2. *Von der Strukturlogik der „Gleichstellung als Verwaltungsakt" zur Gleichstellungspolitik*

Im Rahmen der oben referierten Unterscheidung zwischen policy, polity und politics (Kulawik 1997) zur Analyse des Staates lassen sich Gleichstellungsbeauftragte in der Kommune, beim Arbeitsamt und in den Kreisen als Akteurinnen innerhalb der Arena politischer Kämpfe (politics) auf der Ebene der Region verorten. Regionen stellen im Transformationsprozess nicht nur eine politische Entscheidungsebene und insofern ein Wirkungsfeld für soziale Praxis dar, sondern sie bilden aufgrund der regional stark unterschiedlichen Transformationsfolgen auch den Hintergrund für politischen Anforderungsdruck im Sinne regionaler Arbeitsmarktkrisen.

Innerhalb dieser Rahmung geben die transformations-, erwerbs- und geschlechtsbezogenen Deutungen einer 'Beauftragten für Frauenbelange' (und Arbeitsvermittlerin) beim Arbeitsamt einer Großstadt im Süden der ehemaligen DDR Aufschluss über Wirkungsmechanismen von policy und politics in bezug auf die Gestaltungsspielräume zur Gleichstellung. Zwei Aussagen sollen dazu interpretiert werden:

> „Zu DDR-Zeiten, da konnte irgendwo auch ein Mann mal sagen: Ich muss die Kinder abholen. Und da gab es das auch, wenn ein Kind krank war. Ich weiß noch, wir hatten eine Lehrerin in der Familie, da blieb in der Regel der Mann zu Hause. (...) Und da gab es doch zu DDR-Zeiten keinen Arbeitgeber, keinen Betrieb, der dort,.. der konnte das insgeheim sich denken, aber deutlich sagen: so geht das nicht! Das traute sich doch keiner. Das ging eben so. Und sagen Sie mal heute als Mann: Ich muss heut meine Kinder abholen. Dann war es das!"

Die Transformation wird in der Deutung von 'Frau Müller' als Wechsel der Konsequenzen dargestellt, die die Zuständigkeit für die Kinderbetreuung für Erwerbschancen hat. In der DDR war demnach die Beteiligung der Männer an reproduktiven Aufgaben nicht nur möglich, sondern in der Wahrnehmung von Frau Müller wurde dies faktisch auch vollzogen. Als Rahmenbedingung für dieses Arrangement stellt sie nicht Arbeitskrafteinsatzmuster und deren ökonomischen Hintergrund heraus, sondern eine Handlungspraxis von Arbeitgebern, die einem von außen gesetzten Zwang folgt: Gegen die eigene Überzeugung *(„der konnte das insgeheim sich denken")* ließen Betriebe die Beteiligung von Männern an der Kinderbetreuung zu, weil sie sich nichts dagegen zu sagen *trauten*. Diese Form der geschlechtsspezifischen Arbeitsteilung bleibt für die Erwerbschancen ohne nachteilige Konsequenzen, weil sie auf Arbeitgeberseite auf einer Handlungsroutine beruht, die Geschlechtergleichstellung als Verwaltungsakt vollzieht. Er entspricht der formalen, ökonomisch notwendigen und politisch 'verordneten' Gleichstellung von Mann und Frau in der DDR.

Sobald die Rahmenbedingungen, der äußere Zwang, für die Einhaltung dieser Handlungsroutine entfallen, ist mit einer solchen Bereitschaft nicht mehr zu rechnen. Heute führt die Beteiligung an der Kinderbetreuung zum Ausschluss vom Arbeitsmarkt. In der Deutung von Frau Müller geschieht dies jedoch nicht, weil sich die Arbeitskrafteinsatzmuster unter den transformierten Bedingungen geändert haben, sondern weil sich Arbeitgeber heute *trauen* zu sagen, was sie sich damals nur *insgeheim denken* konnten. Hier kommt eine Kontinuität patriarchaler Deutungsroutinen zum Ausdruck, die die Zuständigkeit für reproduktive Aufgaben für ein Ausschlusskriterium für Erwerbschancen hält und die in der DDR-Zeit latent überdauert haben. Das stabile patriarchale Fundament, von dem oben die Rede war, liegt also nicht allein in der Struktur der geschlechtsspezifischen Arbeitsteilung verankert, sondern auch in den darauf ruhenden Deutungen und Handlungspraxen. In der DDR stellt nur die Verordnung der Gleichstellung ein abweichendes Verfahren sicher, das aber immerhin die 'Spitze des Eisbergs' beeinflusst.

Wie sich die transformierten Bedingungen als neue Anforderungen an die Handlungspraxis der Arbeitsvermittlerin und Frauenbeauftragte darstellen, zeigt folgende Passage:

„Wenn ich sage: Wir haben keinen Mann mehr, ich kann Ihnen bloß ne Frau schicken. Dann ist das noch was anderes. Aber sowie der weiß, die hat Männer und will bloß nicht, dann wenden die sich doch nicht mehr ans Arbeitsamt. Dann ist der Arbeitgeber als Partner für mich weg. Ich muss ja für beide da sein. Ich muss für den Arbeitgeber da sein und den Arbeitnehmer. Und ohne den Arbeitgeber kann ich auch dem Arbeitnehmer am Ende nicht mehr helfen. Also ich muss schon um Schönwetter auch auf der Seite bitten."

Die Rahmung ist eine fiktive Gesprächssituation zwischen der Arbeitsvermittlerin und einem Arbeitgeber. In der Formulierung *„bloß ne Frau"* drückt sich eine Wertung der Arbeitskräfte nach ihrer Geschlechtsspezifik aus, die Frauen abwertet und die der oben beschriebenen „Zweitrangigkeit" entspricht. Noch deutlicher als in der ersten Passage wird die stillschweigende Übernahme dieser Deutung durch Frau Müller selbst: Oben stellte sich das thematisierte Problem der Zuständigkeit für die Kinderbetreuung als Erwerbshemmnis nur für Männer, als sei es für Frauen außerhalb des Verhandelbaren und eine wesenhaft mit Frauen verbundene Aufgabe. In diesem zweiten Zitat wird die Aufgabenzuschreibung nicht mehr expliziert, sondern ein direkter Vergleich von männlichen und weiblichen Arbeitskräften vorgenommen. Stehen sich beide in unmittelbarer Konkurrenz gegenüber, sieht Frau Müller ihren Handlungsspielraum dadurch begrenzt, dass der Arbeitsplatzanbieter in dem Fall dem Mann den Vorzug gibt. Unter der Drohung, den Arbeitgeber als Partner zu verlieren, ist sie ihrer Einschätzung nach aufgefordert, um *„Schönwetter" zu bitten* und die Wünsche und Präferenzen des Arbeitgebers zu berücksichtigen. Dies schildert Frau Müller als unumstößliches Gebot. An späterer Stelle im Interview bezeichnet sie diesen Strukturkonflikt der Abhängigkeit des Arbeitsamtes als *„Machtlosigkeit"*.

Anhand der angedeuteten Interpretationen wird deutlich, wie sich Strukturen der Deutung und Handlung auf der einen Seite mit Strukturen des grundlegenden Geschlechterverhältnisses auf der anderen Seite verweben. Mit bemerkenswerter Stabilität treten hier Deutungen der Geschlechterdifferenz als Ergebnis geschlechtsspezifischer Zuständigkeiten in Erscheinung, die ihre Wurzeln weit vor der DDR-Zeit haben, die die DDR überdauert haben und – aktualisiert im Transformationsprozess – als Erwerbshindernis für Frauen wieder hervortreten. Dabei sind es nicht allein die Arbeitgeber, es ist auch Frau Müller selbst, die von der Geschlechtszugehörigkeit über die zugrundeliegende Arbeitsteilung auf die 'Tauglichkeit' für den transformierten Arbeitsmarkt schließt. Die Erfordernisse einer aktiven Gleichstellungspolitik zur Reduzierung der transformationsbedingten Arbeitslosigkeit von Frauen können diese Deutungen kaum einlösen. Wenn Frauengleichstellung auf dem Arbeitsmarkt unter den transformierten Bedingungen zu einem umkämpften Terrain geworden ist, wird eine Deutung der *„Machtlosigkeit"* die Erwerbschancen von Frauen nicht erhöhen.

Hieran anknüpfend sind sowohl für die weitere Forschung als auch für die Entwicklung von Handlungskonzepten folgende Fragen von Belang:

- Gibt es funktionale Äquivalente für die patriarchale Lösung des Reproduktionsproblems moderner Gesellschaften (für den 'Sockel des Eisbergs')?
- Inwiefern wirkt die Verwobenheit von patriarchalen Strukturen geschlechtsspezifischer Arbeitsteilung mit Deutungsmustern und Handlungsroutinen als strukturelle Pendants auf Ebene der Subjekte als stabiler Sockel für Frauendiskriminierung?
- Gibt es wirkungsvolle Alternativen zu der DDR-spezifischen 'Verordnung' der Gleichstellung, also eine Gestaltung der 'Spitze des Eisbergs', die zur Reduzierung der Arbeitsmarktdiskriminierung von Frauen führt?
- Welche staatlichen Gestaltungsspielräume gibt es und welche Inhalte und Ziele verhelfen einer Gleichstellungspolitik zu ihrem gewünschten Erfolg?

- Welche Art von staatlicher Regulierung für die Gleichstellung der Geschlechter hilfreich ist, muss zukünftig deutlicher herausgearbeitet werden?

Die Analyse der Entwicklung in Schweden und die Debatte der Verwaltungsmodernisierung bieten Ansatzpunkte für eine solche Auseinandersetzung. Inwiefern staatliche Gleichstellungsmaßnahmen Einfluss auf die asymmetrischen Geschlechterverhältnisse nehmen, kann im Vergleich von Gleichstellungskonzeptionen verschiedener Länder analysiert werden. Im Vergleich DDR/BRD ist der Zusammenhang angedeutet. Bei der Analyse der Transformationsfolgen für Frauen auf dem Arbeitsmarkt hat sich ein 'synthetischer Ansatz' als sehr ergiebig erwiesen. Ein Ansatz, der die Einflussfaktoren auf weibliche Erwerbschancen sowohl auf Makro-, Meso- und Mikroebenen verfolgt und auch dort jeweils strukturelle Bedingungen und zugleich Prozesse des 'Doing Gender' bzw. der Deutungs- und Handlungspraxis von Akteurinnen und Akteuren in Beziehung setzt (vgl. Fischer 2000). Auf diesem Wege lassen sich institutionelle und politische Bedingungen der Geschlechterverhältnisse und ihrer Modifikation zukünftig dezidierter thematisieren als bislang.

7. Schluss

Die real stattfindenden „Modernisierungen des Staates“, die sich nicht nur auf die hier diskutierten Reformen des Sozialstaates, Verwaltungsreformen und den Transformationsprozess in ehemaligen sozialistischen Ländern beziehen, sondern in einem umfassenden Sinne auf eine neue Form von Staatlichkeit hinauslaufen, gehen, wie gezeigt wurde, zugleich mit einer tiefgreifenden Veränderung der Geschlechterverhältnisse einher. Die realen Veränderungen koinzidieren mit vielfältigen theoretischen Weiterentwicklungen der klassischen Staatstheorie, die wiederum reales Handeln der Akteurinnen mitprägen. Die sozialwissenschaftliche Frauen- und Geschlechterforschung muss sich diesem realpolitisch wie theoretisch zentralen Themenfeld widmen, zumal nicht von der Hand zu weisen ist, dass feministische Forschung in Westdeutschland die Diskussion über den Staat lange vernachlässigt hat. Zukünftige Arbeiten werden um fünf Problemfelder kreisen müssen:

1. Dezentralisierung durch Verwaltungsreformen, Rückverlagerungen von sozialstaatlichen Dienstleistungen in die Gesellschaft und die steigende Handlungsfähigkeit privater Akteure bzw. Akteurinnen und Organisationen, führen zur Erosion hierarchischer Steuerung der Gesellschaft durch den Staat und zur Herausbildung *„polyzentrischer Handlungssysteme“*. Dieser Prozess zieht einen noch längst nicht abgeschlossenen

Wandel der Funktionslogik des Staates und eine qualitative Neuorganisation des Verhältnisses zwischen Staat, kommunalen Verwaltungen, übernationalen Institutionen, Zivilgesellschaft, Arbeitsverhältnissen, Familie und Markt nach sich. Die Folgen für die Geschlechterverhältnisse sind einerseits noch längst nicht absehbar – und andererseits kein unbeeinflussbarer, quasi selbstläuferischer Prozess. Gestaltungsmacht setzt jedoch das Wissen um Wirkungszusammenhänge voraus.

2. Im Zentrum dieser Transformationsprozesse stehen *Neuziehungen der Grenzlinien zwischen „öffentlichen" und „privaten" Sphären*. Die Frauenforschung hat seit langem gezeigt, dass die jeweiligen Grenzen zwischen öffentlich und privat in unterschiedlichen Gesellschaften konstitutiv für die Geschlechterverhältnisse sind. Die aktuellen Umbrüche gehen, wie oben skizziert, mit einer grundlegenden Neuzuweisung von Tätigkeiten und Zuweisungen für Männer und Frauen einher. Sie könnten Ansatzpunkte für den Abbau hierarchischer Geschlechterverhältnisse bilden, aber auch zu einer Zurücknahme von Errungenschaften der Frauenbewegung beitragen. Ein genaues Verständnis der Reorganisation von „Öffentlichem" und „Privatem" unter den gegenwärtig stattfindenden Wandlungsprozessen stellt daher eine weitere Herausforderung für feministische Forschung dar. Dabei gilt es, Oberflächenphänomene und tatsächliche Veränderungen der Tiefenstrukturen von Gesellschaften genau zu unterscheiden. Unsere Ausführungen zu Geschlechterverhältnissen in der ehemaligen DDR haben erstens gezeigt, dass hierarchisch gesetzte Regelsysteme häufig mikrogesellschaftliche Verhaltensroutinen nur langsam, zuweilen gar nicht verändern können. Sie machten zweitens deutlich, dass auf den ersten Blick progressiv aussehende Regelungsstrukturen (garantierte Erwerbstätigkeit für Frauen) nicht selten durch tradierte Zuschreibungen (Hausarbeit ist Frauenarbeit) karikiert und in neue Formen der Geschlechterungleichheit transformiert werden (strukturelle Doppelbelastung durch Erwerbs- und Familienarbeit – ideologisch interpretiert als Frauenemanzipation).
3. Der Schweden-Deutschland-Vergleich verdeutlicht viele Gemeinsamkeiten, aber auch Unterschiede zwischen Ausprägungen westeuropäischer Wohlfahrtsstaaten. Es zeigt sich ein beachtliches Maß an Gestaltbarkeit staatlicher Organisations- und Steuerungsmuster, des Verhältnisses von Öffentlich und Privat und damit auch der Geschlechterverhältnisse – innerhalb eines gemeinsamen Entwicklungskorridors. Ein genaueres Verständnis des *Verhältnisses von „relativer Kontingenz" und Pfadabhängigkeit* wäre wichtig, um die Handlungsspielräume genauer ausleuchten zu können, die nun auch in der Phase der Reform der klassischen Wohlfahrtsstaaten entstehen. Nur so können deterministische Interpretationen vermieden werden.

4. Die Frauen- und Geschlechterforschung sollte dem Zusammenhang zwischen *„Bürokratie"* und *„Geschlecht"* größere Aufmerksamkeit widmen als bisher. Die Grenzlinien zwischen „privat" und „öffentlich" und die geschlechtsspezifischen Zuweisungen werden über staatliche Maßnahmen und bürokratische Regelungen festgeschrieben; deren Ausgestaltung ist also zentral für das Geschlechterverhältnis. Staatliche Steuerung ist weder per se von Übel („Männerbünde"), noch a priori ein Segen (Staat als Vorbild für Frauenförderung und Wohlfahrtsstaat als Motor der Herstellung von Chancengleichheit).
5. Die entstehenden neuen Gesellschaftsformationen werden noch immer als „post- x" (postfordistisch, postkeynesianisch, postetatistisch etc) bezeichnet. Damit wird auch ausgedrückt, dass die Beschreibung der zentralen Merkmale des „Neuen" noch schwerer fällt, als die Abgrenzung vom „Alten". Dies verdeutlichen auch unsere Überlegungen zur Reform der Wohlfahrtsstaaten, zu Verwaltungsreformen und der Rekonstruktion des Staates in Transformationsgesellschaften. Nebeneinander stehen *„neoliberale" Reformelemente* (Privatisierung, Durchsetzung von Kosteneffizienz, Vermarktwirtschaftlichung von Politik, neue soziale Ungleichheiten durch Abbau staatlicher Regulierungen, Abbau der Erwerbsarbeit von Frauen durch Privatisierung) und *„bürgergesellschaftliche Fortschritte"* (Wahlfreiheit von Bürgern und Bürgerinnen sowie von Konsumenten durch Abbau staatlicher Monopole, mehr Eigeninitiative statt staatliche Bevormundung, Dienstleistungsorientierung und steigender Service öffentlicher Einrichtungen, Stärkung gesell Netzwerke, Professionalisierung von weiblicher Beschäftigung durch Privatisierung). Sie sind aber oft auch miteinander verknüpft, ergänzen oder vermischen sich mit Elementen des alten Wohlfahrtsstaatsmodells. Auch aus der Perspektive der Frauen- und Geschlechterforschung ergeben sich so äußerst *ambivalente Konstellationen und Entwicklungsdynamiken*, die vorurteilsfrei analysiert werden müssen, um den Stand der „post-Konnotationen" sukzessive zu überwinden. Welche Wirkungen auf die Geschlechterverhältnisse haben die stattfindenden Umbrüche, wenn, wie oben skizziert, Prozesse der Privatisierung, Vergesellschaftung, Re-Etatisierung, Globalisierung, Lokalisierung, Zentralisierung und Dezentralisierung gleichzeitig von statten gehen?

Die weitreichenden gesellschaftlichen Veränderungen zu Beginn des 21. Jahrhunderts werden zu neuen Formen und Funktionen von „Staatlichkeit" führen, deren Ergebnisse noch nicht absehbar und schwer prognostizierbar sind. Vor diesem Hintergrund und angesichts der Tatsache, dass eine (oder mehrere) ausdifferenzierte „Staatstheorie(n)" in der Frauen- und Geschlechterforschung bislang nicht existiert(en), wird es für „die" Frauen- und Geschlechterforschung immer wichtiger, die skizzierten Problemfelder und Sichtweisen mit großer Ergebnisoffenheit auszuleuchten, Forschungsergebnisse rasch in Bezug zueinander zu setzen und den Diskurs gerade auch zwischen den divergierenden Ansätzen zu pflegen.

Literatur

Äldreuppdraget 1999: Konkurrensutsättning och entreprenader inom äldreomsorgen. Stockholm: Socialstyrelsen, Bd. 6

Beer, Ursula 1990: Geschlecht – Struktur – Geschichte. Soziale Konstituierung des Geschlechterverhältnisses. Frankfurt a.M. und New York

Beer, Ursula/Chalupsky, Jutta 1993: Vom Realsozialismus zum Privatkapitalismus. Formierungstendenzen im Geschlechterverhältnis. In: Aulenbacher, Brigitte/-Goldmann, Monika (Hg.): Transformationen im Geschlechterverhältnis. Frankfurt a.M. und New York, S. 184-230

Behning, Ute 1999: Zum Wandel der Geschlechterrepräsentation in der Sozialpolitik. Opladen

Cornelißen, Waltraud/Wrangel von, Ute 1995: Die Verwaltungsstrukturreform aus Sicht der Frauenbeauftragten, in: Zeitschrift für Frauenforschung, Nr. 1+2, S. 39-51

Diemer, Susanne 1994: Patriarchalismus in der DDR. Strukturelle, kulturelle und subjektive Dimensionen der Geschlechterpolarisierung. Opladen

Dörr, Gerlinde/Schmidt, Stefan 1992: Aspekte des betrieblichen Wandels in ehemaligen Kombinatsbetrieben – Eine Problemskizze aus dem Maschinenbau. In: Heidenreich, Martin (Hrsg.): Krisen, Kader, Kombinate. Kontinuität und Wandel in ostdeutschen Betrieben. Berlin, S. 59-73

Ewers, Adalbert 1997: Geld oder Dienste. In: WSI-Mitteilungen, 50, 7, S. 510-518

Fischer, Ute Luise 2000: Entwicklung der Frauenerwerbsarbeit im Transformationsprozess der neuen Bundesländer. Eine Rekonstruktion von Erwerbschancen und Erwerbsbarrieren am Beispiel der Arbeitsamtsbezirke Annaberg-Buchholz und Dresden. Diss. Dortmund: Universität/Wirtschafts- und Sozialwissenschaftliche Fakultät

Gerste, Bettina/ Rehbein, Isabel 1998: Der Pflegemarkt in Deutschland. Bonn: Wissenschaftliches Institut der AOK

Gough, Ritva 1994: Fran Hembiträden till social hemtjänst. In: Baude, Annika/ Runnström, Cecilia (Hrsg.): Kvinnans plats i det tidiga välfärdssamhället. Stockholm, S.39-56

Grand, Edgar/ Prätorius, Rainer (Hrsg.) 1997: Modernisierung des Staates?, Baden-Baden

Häussermann, Hartmut 1977: Die Politik der Bürokratie. Einführung in die Soziologie staatlicher Verwaltung, Frankfurt a. Main/ New York

Hernes, Helga Maria 1984: Women and the Welfare State: The Transition From Private to Public Dependence. In: Holter, Harriet (Hrsg.): Patriarchy in a Welfare Society. Oslo, S. 26-45

Hernes, Helga Maria 1987: Introduction. In: Hernes, Helga Maria (Hrsg.). Welfare State and Women Power. Oslo, S. 9-25

Hildebrandt, Karin 1994: Historischer Exkurs zur Frauenpolitik der SED. In: Bütow, Birgit/Stecker, Heidi (Hrsg.): EigenArtige Ostfrauen. Frauenemanzipation in der DDR und den neuen Bundesländern. Bielefeld, S. 12-31

Hirdman, Yvonne 1990: Genussystemet. In: Statens Offentliga Utredningar (SOU): Demokrati och Makt i Sverige. Maktudredningens Huvudrapport. SOU Bd. 44 Stockholm

Hirsch, Joachim/Roth, Roland 1986: Das neue Gesicht des Kapitalismus. Vom Fordismus zum Post-Fordismus. Hamburg

Holland-Cunz, Barbara 1995: Frauenpolitik im schlanken Staat, in: Zeitschrift für Frauenforschung, Nr. 1+2, S. 16-27

Holter, Harriet (Hrsg.) 1984: Patriarchy in a Welfare Society. Oslo

Jessop, Bob 1997: Nationalstaat, Globalisierung, Gender. In: Kreisky, Eva/ Sauer, Birgit (Hrsg.): Geschlechterverhältnisse im Kontext politischer Transformation, Politische Vierteljahresschrift, Sonderheft 28, S. 262-292

Johansson, Stina 1997: Hälsoprofessioner i välfärdsstatens omvandling, In: Sundin, Elisabeth (red.) Om makt och kön., SOU Bd. 83. Stockholm: Arbetsmarktdepartement

Keiser, Sarina 1997: Ostdeutsche Frauen zwischen Individualisierung und Re-Traditionalisierung. Ein Generationenvergleich. Hamburg

Kickbusch, Ilona/ Riedmüller, Barbara (1984): Die armen Frauen. Frauen und Sozialpolitik. Frankfurt a.Main

Klein, Dieter 1995: Wechselwirkungen – Östliche Transformation und westliche Suche nach postfordistischen Optionen. In: Wollmann, Hellmut/Wiesenthal, Helmut/Bönker, Frank (Hrsg.): Transformation sozialistischer Gesellschaften: Am Ende des Anfangs. Leviathan Sonderheft 15, S. 54-76

Krauß-Pötz, Renate 1993: Vom Vater Staat zum „Unternehmen Stadt". Die Feminisierung des politischen Systems unter neuen Strukturbedingungen. In: Kommune, Heft 7

Kreisky, Eva 1994: Aspekte der Dialektik von Politik und Geschlecht. In: Appelt, Eva/ Neyer, Gerda (Hrsg.): Feministische Politikwissenschaft. Wien, S.13-35

Kreisky, Eva 1995: Ansätze feministischer Staatskritik und Staatserklärung. In: Kreisky, Eva /Sauer, Birgit (Hrsg.) Feministische Standpunkte in der Politikwissenschaft. Eine Einführung: Frankfurt/Main, New York

Kreisky, Eva 1995a: Der Stoff aus dem die Staaten sind. Zur männerbündischen Fundierung politischer Ordnung, in: Becker-Schmidt, Regina/ Knapp, Gudrun-Axeli: Das Geschlechterverhältnis als Gegenstand der Sozialwissenschaften, Frankfurt a. Main, S. 85-124

Krell, Gertraude 1995: Neues Steuerungsmodell und kommunale Gleichstellungsarbeit, in: Zeitschrift für Frauenforschung, Nr. 1+2, S. 28-38

Kulawik, Teresa 1997: Jenseits des – androzentrischen – Wohlfahrtsstaates? Theorien und Entwicklungen im internationalen Vergleich. In: Kreisky, Eva/Sauer, Birgit (Hrsg.): Geschlechterverhältnisse im Kontext politischer Transformation. Politische Vierteljahresschrift SH 28, S. 293-310

Landenberger, Margarethe (1994): Pflegeversicherung als Vorbote eines anderen Sozialstaates. In: Zeitschrift für Sozialreform, Bd. 40, 1, S. 314-342

Lipietz, Alain 1985: Akkumulation, Krisen und Auswege aus der Krise: Einige methodische Überlegungen zum Begriff „Regulation". In: Prokla, Heft 58, S. 109-137
Maier, Friederike 1991: Geschlechterverhältnisse der DDR im Umbruch – Zur Bedeutung von Arbeitsmarkt und Sozialpolitik. In: Zeitschrift für Sozialreform, 37, Heft 7, S. 648-662
Maier, Friederike 1991a: Erwerbstätigkeit von Frauen – Geschlechtsspezifische Umbrüche im Arbeitsmarkt und Beschäftigungssystem. In: Westphal, Andreas/Herr, Hansjörg/Heine, Michael/Busch, Ulrich (Hrsg.): Wirtschaftspolitische Konsequenzen der deutschen Vereinigung. Frankfurt a.M. und New York, S. 295-318
Naschold, Frieder/Oppen, Maria/Wegener, Alexander 1997: Innovative Kommunen – Internationale Trends und deutsche Erfahrungen, Stuttgart
Nickel, Hildegard Maria 1992: Arbeitsmarktsegregation: Mentale Brüche und ambivalente Folgen. Thesen. In: Knapp, Gudrun-Axeli/Müller, Ursula (Hg.): Ein Deutschland – zwei Patriarchate? Dokumentation der Jahrestagung der Sektion „Frauenforschung in den Sozialwissenschaften" in Hannover, 21.-23. Juni 1991, Bielefeld und Hannover, S. 45-53
Nickel, Hildegard Maria 1992a: Frauenarbeit im Beruf und in der Familie. Geschlechterpolarisierung in der DDR. In: Joester, Agnes/Schöningh, Insa (Hrsg.): So nah beieinander und doch so fern. Frauenleben in Ost und West. Pfaffenweiler, S. 11-23
Nickel, Hildegard Maria 1995: Frauen im Umbruch der Gesellschaft. Die zweifache Transformation in Deutschland und ihre ambivalenten Folgen. In: Aus Politik und Zeitgeschichte, B 36-37, S. 23-33
Nickel, Hildegard Maria/Schenk, Sabine 1996: Prozesse geschlechtsspezifischer Differenzierung im Erwerbssystem. In: Nickel, Hildegard Maria/Kühl, Jürgen/Schenk, Sabine (Hg.): Erwerbsarbeit und Beschäftigung im Umbruch. Opladen, 2. Auflage, S. 259-282
Nyberg, Anita 1999: Hemnära Marknadstjänster – kvinnornas befriare? In: Kvinnovetenskaplig tidskrift, 3, S. 31-48
Obertreis, Gesine 1986: Familienpolitik in der DDR 1945-1980. Opladen
O'Connor, Julia 1996: From Women in the Welfare State to Gendering Welfare State Regimes. In: Current Sociology, 44
Oppen, Maria 1994: Modernisierung als Privatisierung. Folgen für den öffentlichen Sektor und die Frauen im Westen, in: Das Argument 204, S. 185-198
Oppen, Maria 1995: Gleichstellungserfahrung im Kontext internationaler Verwaltungsreformen, in: Landesarbeitsgemeinschaft der hauptamtlichen Gleichstellungsbeauftragten (Hrsg): Gleichstellungsgesetz und Verwaltungsstrukturreform, Landeszentrale für Politische Bildung, Kiel., 15-37
Oppen, Maria 1996: Schlanker Staat – magere Beschäftigungsperspektiven?, discussion paper FS II 96-201, Wissenschaftszentrum Berlin für Sozialforschung, Berlin
Ostner, Ilona 1998: The Politics of Care Policies in Germany. In: Lewis, Jane (Hrsg.): Gender, Social Care and Welfare State Restructuring in Europe. Aldershot: Ashgate, S. 111-137

Pfau-Effinger, Birgit/Geissler, Birgit 1992: Institutionelle und sozio-kulturelle Kontextbedingungen der Entscheidung verheirateter Frauen für Teilzeitarbeit. In: MittAB 3, S. 358-370

Reißig, Rolf 1998: Transformationsforschung: Gewinne, Desiderate und Perspektiven. In: Politische Vierteljahresschrift, 2, S. 301-328

Riegraf, Birgit 1999: Die Kategorie „Geschlecht" in der Politikwissenschaft und die Staatsdiskussion in der Frauen- und Geschlechterforschung. In: Dausien, Bettina/Herrmann, Martina/Oechsle, Mechthild/Schmerl, Christiane/Stein-Hilbers, Marlene (Hrsg.): Erkenntnisprojekt Geschlecht. Feministische Perspektiven verwandeln Wissenschaft, Opladen, S. 29-48

Riegraf, Birgit 2000: Dimensionen der Debatten um „Die Modernisierung des Staates" – Plädoyer für eine Einmischung der Frauen- und Geschlechterforschung. In: Sauer, Birgit/Kreisky, Eva/Lang, Sabine: Geschlecht des Staates. Transformation von Staatlichkeit in Europa, Wien, im Erscheinen

Sauer, Birgit 1997: „Die Magd der Industriegesellschaft".Anmerkungen zur Geschlechtsblindheit von Staats- und Institutionentheorien. In: Kerchner, Brigitte/-Wilde, Gabriele (Hrsg.): Staat und Privatheit. Aktuelle Studien zu einem schwierigen Verhältnis. Opladen, 1. Auflage, S. 29-53

Sauer, Birgit 1998: Globalisierung oder das Ende des maskulinistischen Wohlfahrtskompromisses? In: global, lokal, postsozial. beiträge zur feministischen theorie und praxis, Bd. 47/48, S. 29-44

SCB (Statistisches Bundesamt) 1990: Arbetskraftundersökningen.Stockholm: Statistisches Bundesamt

SCB (Statistisches Bundesamt) 1993: Löner i Sverige. Stockholm: Statistisches Bundesamt

SCB (Statistisches Bundesamt) 1995: Unveröffentlichte Daten zum sozialen Dienstleistungsbereich. Stockholm: Statistisches Bundesamt

SCB (Statistisches Bundesamt) 2000: Arbetskraftbarometern'99.Stockholm: Statistisches Bundesamt

Siim, Biirte 1987: The Scandinavian Welfare States – Towards Sexual Equality or a New Kind of Male Domination. In: Acta Sociologica, Bd. 30, 3-4, S. 255-270

Sørensen, Annemette/Trappe, Heike 1995: Frauen und Männer: Gleichberechtigung – Gleichstellung – Gleichheit? In: Huinink, Johannes/Mayer, Karl Ulrich (Hrsg.): Kollektiv und Eigensinn. Lebensverläufe in der DDR und danach. Berlin, S. 189-222

Szebehely, Marta 1995: Vardagens Organisering. Lund: Arkiv

Szebehely, Marta 1996: Hemhjälp under skiftande villkor – om gamla och hjälpgivare i den svenska hemtjänsten. Särtrycksserien. Stockholm: Socialhögskolan

Szebehely, Marta 1999: Omsorgsarbetets olika former. In: Sociologiska Forskning, 1, S. 7-32

Theobald, Hildegard 1999: Geschlecht, Qualifikation und Wohlfahrtsstaat. Berlin

Voigt, Rüdiger 1996: Des Staates neue Kleider. Entwicklungslinien moderner Staatlichkeit. Baden-Baden

Wiechman, Elke/Kißler, Leo 1997: Frauenförderung zwischen Integration und Isolation. Gleichstellungspolitik im kommunalen Modernisierungsprozeß. Berlin

Zürn, Michal 1998: Regieren jenseits des Nationalstaates. Frankfurt a.M.

Christine Bauhardt:

Universalismus und Differenz in Frankreich: „Ethnizität" und „Geschlecht" in der politischen Debatte um die Geschlechterparität (parité)

Mehrere Erfahrungen erstaunen die politisch engagierte linke Feministin in Frankreich: die hohe Zustimmung zur *Nation* als einer fortschrittlichen Idee, die starke Orientierung am *Staat* und seinen Institutionen bei der politischen Linken, die weit verbreitete Ablehnung der *Differenz* als einer politischen Kategorie.

Hier zu Lande gilt die *Nation* als überlebtes Konzept politischer Identitätsstiftung der Moderne, dessen repressiver Charakter nach innen und sein Überheblichkeitsgestus nach außen zur ideologischen Legitimation von Herrschaft dient. Zur Herrschaftssicherung eingesetzt ist der *Staat*, der – zugespitzt gesagt – über den wohldosierten Einsatz von wohlfahrtsstaatlichen Leistungen und polizeilicher Repression Zugehörigkeiten und Ausschlüsse konstruiert. Insbesondere um das Spannungsverhältnis von *Differenz* und Gleichheit kreist die feministische und antirassistische Debatte nicht nur in Deutschland: Was macht manche Menschen gleich und manche anders? Mündet Differenz automatisch in Über- und Unterordnungsverhältnisse? Gibt es überhaupt ein Anders-Sein jenseits eines Anders-gemacht-Werdens?

Die Fragen sind bekannt und sie stellen sich in allen gesellschaftlichen Kontexten. Warum aber werden sie von der Linken in Frankreich so anders bearbeitet? Diese Frage beschäftigt mich unter anderem in meinem Habilitationsprojekt „Migration und Stadtentwicklung", das politikwissenschaftliche, raumplanerische und feministische Fragestellungen aus interkultureller Perspektive zusammenführt[1]. Ich greife damit Problemstellungen auf, die

1 Aus *politikwissenschaftlicher Perspektive* stellt sich die Aufgabe nationale Migrationspolitiken auf ihre demokratietheoretischen Implikationen zu überprüfen. Dafür ist zu fragen, wann und unter welchen Bedingungen ein Staat bereit ist, bestimmten Menschen politische Partizipationschancen zuzubilligen oder zu verweigern. Diese Bedingungen unterliegen sozialem Wandel, sie sind historisch kontingent und politisch gestaltbar, wie am französischen und am deutschen Beispiel abzulesen ist. Beide Staaten bilden je ein Extrem auf einer Skala von Möglichkeiten nationale Zugehörigkeit und damit Bürgerrechte verbindlich zu regeln. Die *raumplanerische Perspektive* richtet sich auf die Vermittlung der räumlichen Ebenen von

die Konstruktion von Identitäten und ihre institutionelle Vermittlung einerseits und ihre Dekonstruktion in politischen und sozialen Kontexten andererseits thematisieren.

Am Beispiel der Geschlechterparität („parité") werde ich in diesem Beitrag darlegen, wie die Auseinandersetzung um Universalismus und Differenz in Frankreich geführt wird. Die Darstellung erfolgt aus einer vorwiegend politikwissenschaftlichen Perspektive. Die Debatte um die Einführung der Geschlechterparität in politischen Gremien, die auch in der französischen Öffentlichkeit leidenschaftlich diskutiert wurde und nicht auf politisch-institutionelle Diskursebenen beschränkt blieb, soll verdeutlichen, wie die Kategorie „Geschlecht" als politische Kategorie thematisiert wurde. Gleichzeitig kann diese Debatte als exemplarisch für die Problematisierung von Differenzkonstruktionen und den daraus abzuleitenden politischen Konsequenzen angesehen werden.

Wird Feminismus als theoretische Positionierung und politische Bewegung zur Beseitigung aller Herrschaftsverhältnisse verstanden, dann stellen sich nach wie vor ungeklärte Fragen: Wie positionieren sich Feministinnen zu Differenzkonstruktionen jenseits der Geschlechterhierarchie? Wie lassen sich Herrschaftsverhältnisse, die mittels Differenzkonstruktionen aufrecht erhalten und legitimiert werden, auflösen? Gibt es einen Horizont der Freiheit für alle qua Differenz Ausgeschlossenen jenseits der Gleichheit?

Auch wenn diesen Fragen universeller Charakter innewohnt, so werden sie doch in verschiedenen historischen und politischen Kontexten unterschiedlich bearbeitet. Um die französische Debatte nachvollziehbar zu machen, muss deshalb dieser Hintergrund zunächst erläutert werden (I). Das universalistische Prinzip, das der Auffassung von Gesellschaft in Frankreich zu Grunde liegt, ist ohne ein tieferes Verständnis der Konzeption der Nation nicht möglich. Die Nation ist im französischen Verständnis *die* Universalie gesellschaftlicher Integration. Fremde Andere können Zugehörigkeit auf Grund von Dazu-gehören-Wollen für sich beanspruchen. Gesellschaftliche

---

Staat und Stadt. Stadtplanung ist in hohem Maße an der Ausgestaltung konkreter Lebensbedingungen vor Ort beteiligt. Dabei geht es weniger um die Frage, ob es in einer Stadt zu Segregationsprozessen kommt, sondern eher darum, wie die Stadtplanung mit unterschiedlich ausdifferenzierten räumlichen Teilbereichen umgeht. Auch hier stehen die BRD und Frankreich für unterschiedliche Auffassungen von Planungsprozessen. Anhand eines *feministischen Zugangs* zu der Frage von Selbst- und Fremdkonstruktionen, von Differenzen und Dominanzen, bei der im Zentrum die Wechselwirkungen von Identitätskonstrukten und Raumaneignung stehen, soll die Handlungsebene der Subjekte einbezogen werden. Für die Raumaneignungsmöglichkeiten von Individuen und ethnischen Minderheiten und für die Stadtentwicklung insgesamt macht es einen relevanten Unterschied, welche Einwanderungspolitik auf der nationalstaatlichen Ebene verfolgt wird.

Für ihre Unterstützung und Beratung bei der inhaltlichen Konzeption danke ich Prof. Dr. Ruth Becker. Ein Forschungsstipendium des DAAD ermöglichte die Feldphase in Marseille als Gastwissenschaftlerin am CNRS in Aix-en-Provence: Dank an Prof. Dr. Barbara Mettler-von Meibom und Prof. Dr. Hinnerk Bruhns.

Integration basiert auf Individuen, deren Zugehörigkeit zu kollektiven Identitäten, seien es ethnische, religiöse oder sexuierte, für ihre politische Identität als „citoyen" keine Relevanz hat. Sämtliche Gruppenzugehörigkeiten werden dem Privaten zugerechnet, das Öffentlich-Politische gilt als nicht markiert und neutral. Häufig werden in der deutschen Debatte Nation und Staat gleichgesetzt, in Frankreich jedoch sind beide Konzepte streng getrennt: Die Nation gilt als sinnstiftende kollektive Identität, unterhalb derer keine anderen Gruppenidentitäten politikfähig sind. Der Staat stellt das Instrumentarium bereit, das garantiert, dass das politische Subjekt in seiner Individualität allen anderen gleichgestellt und gleich behandelt wird.

Erst vor diesem beinahe als pathetisch zu bezeichnenden Verständnis der Gleichheit der politischen Subjekte ist die Auseinandersetzung um die Geschlechterdifferenz nachzuvollziehen (II). Für die hier skizzierten Überlegungen zum Verhältnis von Universalismus und Differenz in Frankreich hat diese Debatte exemplarischen Charakter. Sie verweist darüber hinaus auf die Ambivalenz der Instrumente des Umgangs mit der Konstruktion von Differenz in der politischen Praxis. In diesem Abschnitt soll deutlich werden, wie die oben genannten Fragestellungen, die nicht nur die französische Situation, sondern generell das Verhältnis des Feminismus zu Differenzkonstruktionen und Gleichheitsutopien betreffen, im konkreten Fall behandelt werden. Meine These ist, dass die Auseinandersetzung in Frankreich deshalb so leidenschaftlich und mit großem öffentlichem Interesse geführt wurde, weil der universalistische Gleichheitsgedanke gesellschaftlicher Integration, wie er über die Nation vermittelt wird, tief in den Überzeugungen rechter wie linker Politikdiskurse verwurzelt ist. Darüber hinaus wird auch erkennbar, wie die Geschlechterdifferenz zu anderen Differenzen ins Verhältnis gesetzt wurde. Dieser Abschnitt rekonstruiert vor allem die Auseinandersetzung mit der politischen Institutionalisierung – Wahlverfahren, Fragen der politischen Repräsentation, Verfassungskonformität – von Differenz in einem universalistischen Konzept gesellschaftlicher Integration.

Abschließend gehe ich auf die Verknüpfung von realen Differenzen und Hierarchien und das universalistische Gleichheitsversprechen in der französischen Debatte ein (III). Es geht hier um, wie ich meine, nach wie vor ungeklärte Probleme des Spannungsverhältnisses von Identitätspolitik und Dekonstruktion.

1. Migration und soziale Integration „à la française"

Frankreich und Deutschland gelten als zwei Extreme auf einer Skala von Möglichkeiten, nationale Zugehörigkeit und damit Bürgerrechte verbindlich zu regeln. Während das deutsche Staatsangehörigkeitsrecht als restriktives

Einwanderungsverhinderungsrecht gilt, können die Einwanderungsregelungen des französischen Staates als relativ großzügig und durchlässig charakterisiert werden[2]. Auf Grund der Geschichte Frankreichs als Zielland vielfältig motivierter Einwanderung – staatlich geförderte Arbeitsmigration bis 1974, Einwanderung aus den ehemaligen Kolonien, Fluchtziel für politisch Verfolgte – erscheint dies auf den ersten Blick leicht nachvollziehbar. Die französische Gesetzgebung zur Staatsangehörigkeit kann als Beispiel für eine leicht zugängliche Regelung der Bürgerrechte für „Fremde" angesehen werden, auch wenn die Änderungen der Gesetzgebung von 1993 hier Eingriffe vorgenommen haben. Die juristische Ebene scheint also auf den ersten Blick ein positives Vorbild für Staatsangehörigkeitsregelungen nach dem Rechtsverständnis des ius soli zu sein. Gleichzeitig wird das gesellschaftliche Integrationsmodell Frankreichs aus deutscher und angelsächsischer Sicht als assimilationistisch kritisiert, als ein Modell, das den Gesellschaftsmitgliedern kein Recht auf kulturelle Eigenständigkeit einräume, sondern weitgehende Anpassung an die Werte und Normen der Mehrheitsgesellschaft verlange. Diese Widersprüchlichkeit aufzuklären, ist Ziel der folgenden Ausführungen.

Die Nation als Integrationsprinzip basiert auf dem Willen von *Individuen*, sich der Nation zugehörig zu fühlen und sich dazu zu bekennen. Gruppenzugehörigkeiten finden keine Anerkennung im öffentlich-politischen Raum. Historisch übernimmt die normative Vorstellung der Gleichheit aller Individuen seit der Französischen Revolution eine Schutzfunktion des Einzelnen gegenüber der Vereinnahmung und Unterdrückung durch Aristokratie, Orden oder Zünfte. Der universelle Staatsbürger ist direkt der staatlichen Administration verbunden, ohne Vermittlung einer zwischengeschalteten kollektiven Instanz. Das Prinzip der individuellen Gleichheit „vor dem Gesetz und durch das Gesetz" (De Rudder/Poiret 1999: 398) erstreckt sich auf Staatsangehörige und Ausländer gleichermaßen. Ethnische oder kulturelle Zugehörigkeiten werden auf der Ebene des Individuums als Privatangelegenheit zugestanden, als Ausdruck kollektiver Identität können sie jedoch keine politische oder juristische Gültigkeit beanspruchen.

Dieses so genannte republikanische Modell basiert auf dem Prinzip des Universalismus. Dieses Prinzip, so die Soziologin Dominique Schnapper, bestätigt die Einheit der menschlichen Gattung: „Il pose que tous les hommes, en tant qu'hommes, ont la même capacité ou la même potentialité intellectuelle et morale, même si l'on ne peut qu'observer les différences de

2 Die gesetzlichen Grundlagen sind in beiden Ländern in den vergangenen Jahren flexibler geworden und haben sich im Zuge der europäischen Integration tendenziell aufeinander zu bewegt. Für Frankreich relevant sind die Pasqua-Gesetze von 1993, die Einschränkungen hinsichtlich der automatischen Einbürgerung von MigrantInnen bei Volljährigkeit vornehmen. Die deutsche Gesetzgebung zur Staatsangehörigkeit erleichtert die Einbürgerung der in Deutschland geborenen Migrantengeneration.

leurs réalisations. Ils ont la même aptitude, même si leurs performances sont inégales, parce qu'ils partagent la même raison et la même vocation à la liberté" (Schnapper 1999: 130f.)[3]: Selbst wenn auf der Beobachtungsebene unterschiedliche Handlungen erkennbar sind, so haben doch alle Menschen die gleichen intellektuellen und moralischen Fähigkeiten oder Anlagen, da sie die gleiche Vernunft und den gleichen Wunsch nach Freiheit teilen.

Dominique Schnapper definiert die Nation im Unterschied zu ethnischen Gruppen als *politische* Einheit, während Ethnien sich durch historische Gemeinsamkeiten und kulturelle Besonderheit auszeichnen. Beide Konzepte, Nation und Ethnie, repräsentieren historische Formen, „Produkte einer politischen Situation" (Schnapper 1994: 30), und gründen nicht auf einer natürlichen Basis. Im Unterschied zum historischen Konstrukt Nation erlebten jedoch die Individuen, so die Autorin, die Zugehörigkeit zu einer Ethnie wie eine natürliche Gegebenheit (vgl. auch Heckmann 1991). Gerade weil die Ethnie im Unterschied zur Nation nicht über eine politische Organisation verfüge, erscheine sie den Menschen als natürlich.

Die Nation ist jedoch auch nicht identisch mit dem Staat. Der Staat – l'État mit großem E – vereinigt Institutionen, Kontroll- und Zwangsmaßnahmen, die Zusammenhalt nach innen und Handlungsfähigkeit nach außen ermöglichen. Die staatliche Organisation unterscheidet nationale politische Einheiten von ethnischen Kollektiven. Dennoch fallen Staat und Nation nicht zusammen: „C'est tout au contraire l'existence d'une communauté de citoyens, distincte de l'État, qui rend spécifique la nation démocratique parmi les unités politiques" (Schnapper 1994: 36). Ganz im Gegenteil zeichnet die Gemeinschaft der „citoyens", der „Bürger", die nicht dasselbe wie der Staat ist, die demokratische Nation unter den politischen Einheiten aus.

Dass das Zitat fast unübersetzbar ist, liegt am Begriff des „citoyen"[4]. Wie sollen wir uns einen „Bürger" ohne Staat vorstellen? Gibt es einen anderen Bürger als den Bourgeois? Das Besondere des Konzeptes des citoyen und der daraus abgeleiteten citoyenneté ist seine Neutralität gegenüber staatlichem und ökonomischem System. Es ist ein zutiefst politischer Begriff, für den es im Deutschen keine wirkliche Entsprechung gibt. La communauté des citoyens, die Gemeinschaft der „Bürger", der politischen Subjekte, bildet die Nation. Sie legitimiert die Handlungen des Staates. Der Staat ist das Instrument der Nation (Schnapper 1994: 38): „La nation ne se confond ni avec l'ethnie ni avec l'État. Elle se définit dans une double relation dialectique avec la (ou les) première(s) et avec le second, grâce à laquelle elle s'incarne dans la réalité sociale. La reconnaissance politique des ethnies, intégrées

---

3 Im Regelfall folgt auf das Originalzitat eine sinngemäße Zusammenfassung in deutscher Sprache.

4 Dem Übersetzungsproblem wird bei Brubaker (1994) durch den Begriff und die Schreibweise „Staats-Bürger" versuchsweise Rechnung getragen.

dans la nation, conduit à la désintégration et à l'impotence; l'État, lorsqu'il devient trop puissant, tyrannique ou totalitaire, absorbe la nation et détruit la communauté des citoyens. Entre l'ethnie et l'État il faut faire place à la nation"[5] (ebd.).

Dieses Verständnis der Nation als politische Einheit umfasst zwei zentrale Gedanken. Zum einen weist das Konzept ethnische Konnotationen explizit zurück, die politischen Subjekte erklären sich der Nation zugehörig, sie werden nicht vergemeinschaftet. Zum anderen ist der Staat auf seine administrativen, dienenden Funktionen reduziert, er gilt als unpolitisch und der Gemeinschaft der citoyens äußerlich. Sobald er zuviel Macht erhält, tyrannische oder totalitäre Züge annimmt, zerstört er die Nation und die Gemeinschaft der politischen Subjekte.

Festzuhalten ist aus diesen Überlegungen, dass der französische Nationenbegriff sich ethnischen Zuschreibungen verweigert und gleichzeitig nicht deckungsgleich mit dem rein administrativen Staat ist. Unbegründet bleibt die Aussage, die politische Anerkennung von Ethnien führe zu Desintegration und Handlungsunfähigkeit.

Diese Unterscheidung von drei verschiedenen Ebenen – Ethnizität, Nation, Staat – trennt drei Sphären, die gemeinhin so nicht getrennt werden. Um zu verdeutlichen, was gemeint ist, können drei Politikmodelle herangezogen werden.

1. Der Multikulturalismus us-amerikanischer und kanadischer Provenienz akzeptiert und betont ethnische Zugehörigkeit als zentrales Moment politischer und sozialer Identität. Verschiedene Kulturen und Herkünfte führen zu vielfältigen, nebeneinander existierenden Identitäten. Der Staat erkennt ethnische und kulturelle Identitäten an und fördert ihre Ausprägung beziehungsweise vermindert daraus entstehende Diskriminierungen.
2. Der „Verfassungspatriotismus" Habermas'scher Prägung dominiert die deutsche Debatte, wonach die Achtung der Menschenrechte und die Akzeptanz der Verfassung Grundlage politischer Identität sind. Ethnische Zugehörigkeiten werden normativ als politisch unerheblich ausgeschlossen, es herrscht ein abstrakt-instrumentelles Verhältnis zum Politischen in Form von Institutionen und rechtsstaatlicher Ordnung.

5 „Die Nation darf weder mit der Ethnie noch mit dem Staat verwechselt werden. Sie wird definiert durch eine doppelte dialektische Beziehung mit der (oder den) erstgenannten und mit dem zweiten, dank welcher sie in der sozialen Realität Gestalt annimmt. Die politische Anerkennung von Ethnien innerhalb der Nation führt zu Desintegration und zur Handlungsunfähigkeit; wenn der Staat zu mächtig wird, tyrannisch oder totalitär, absorbiert er die Nation und zerstört die Gemeinschaft der Bürger. Zwischen der Ethnie und dem Staat muss der Nation Raum gegeben werden."

Der französische Begriff der Nation verlangt etwas anderes. Die Nation umfasst „die Gesamtheit von Werten, Traditionen und spezifischen Institutionen", wie es bei Schnapper (1994: 79) heißt. Die beiden anderen Politikmodelle sind danach zu schwach, um gesellschaftlich und politisch integrativ zu wirken. Die erste Variante, basierend auf essentialistischen Identitätskonstruktionen, liefe Gefahr zu gesellschaftlicher Fragmentierung und zu gewalttätigen Konflikten zu führen. Die zweite Variante biete dagegen auf Grund ihrer Rationalität und ihres Abstraktionsgrades keine Identifikationsmöglichkeiten, um dem Nationalismus anderer politischer Gebilde standzuhalten. Deshalb erhielten ethnische Elemente wachsende Bedeutung, um diesem Modell Identifikationskraft zu verleihen: „Les nations ont toujours réinventé un ensemble de mythes et de valeurs ethniques, elles ont besoin d'un terrotiore sacré, de héros et d'âge d'or, bref elles suscitent une forme d'ethnicité, qui nourrit chez les nationaux le sentiment de leur appartenance au collectif. L'invention de la tradition est une condition de l'existence de toute nation" (Schnapper 1994: 81).

Die Nation stellt Zugehörigkeit über die Erfindung von Tradition her, sie produziert Ethnizität[6] auf der Basis von Mythen, ethnischen Werten[7], einem heiligen Territorium, von Helden und einem Goldenen Zeitalter (ebd.). Hier wird dem Begriff der Nation etwas unterlegt, was an anderer Stelle explizit benannt wird – Transzendenz: „À l'âge de l'affaiblissement des religions institutionnalisées, la nation peut encore être une des instances susceptibles de donner un sens à l'existence" (Schnapper 1994: 189) – die Nation als eine Art Religionsersatz, die der Existenz einen Sinn gibt.

Auch wenn dieser Gedanke zunächst abschreckend erscheint, so ist doch das ihn verbindende Element, das Ideal der Gleichheit aller Menschen unabhängig von der faktischen ökonomischen und sozialen Ungleichheit, als Zielvorstellung attraktiv. Die als Gleiche gedachten Citoyens versammeln sich um ein Projekt, das ihnen am Herzen liegt, das sie emotional verbindet: die politische Gemeinschaft der Gleichen. Schnapper spricht in diesem Zusammenhang von „emotionalen Gemeinschaften": „La participation des individus à des communautés émotionnelles peut leur permettre de donner un sens à la souffrance humaine et d'établir des relations directes et affectives avec les autres" (ebd.: 200). Das Einbezogensein der Individuen in emotionale Gemeinschaften kann ihnen danach erlauben, dem menschlichen Leiden Sinn zu verleihen und direkte und affektive Beziehungen zu den Anderen aufzubauen.

---

6 Ähnlich, allerdings kritisch, äußern sich De Rudder und Poiret (1999), indem sie darauf hinweisen, dass Ethnisierung von sozialen Beziehungen nicht nur bezogen auf „Minderheiten", sondern auch der französischen Mehrheit erfolgt, wenn z.B. zwischen „verwurzelten Franzosen" (français de souche) als richtigen Franzosen und „Franzosen auf dem Papier" (français de papiers) unterschieden werde.

7 Es wird nicht erläutert, was darunter zu verstehen ist.

Diese Gefühlsgemeinschaft erfährt ihre Bestärkung durch den äußeren Feind: „Les guerres ravivent les sentiments qui unissent les individus à la collectivité ethnique ou nationale. La conscience des particularismes est affaiblie par le sentiment de solidarité né du danger commun, renforcé par la rigueur de l'organisation collective et la militarisation, au moins provisoire, de l'organisation sociale"[8] (Schnapper 1994: 46). Diese andere Seite des Zugehörigkeitsgefühls zum politischen Gemeinwesen der Nation wird von der Autorin sehr nüchtern präsentiert, ohne Kritik und ohne Bedauern wird festgestellt, dass Kriege und Militarisierung die Gefühle beleben, die die Individuen der ethnischen oder nationalen Gemeinschaft vereinen. Die gemeinsame Bedrohung schwächt das Bewusstsein von Partikularität ab. Ganz offensichtlich bilden die beiden Gefühlsebenen zwei Seiten derselben Medaille: das Gefühl der nationalen Zugehörigkeit und das Gefühl, für dieses Gefühl sterben zu wollen. Bei so viel Gefühl spricht doch wiederum vieles für die kühle Rationalität des bundesrepublikanischen „Verfassungspatriotismus".

Mein Eindruck ist, dass diese emotionale Bindung rechte wie linke Politikdiskurse in Frankreich durchzieht. Beide beteiligen sich an einer positiven Rekonstruktion der Nation, in der Traditionen immer wieder neu erfunden werden, Mythen, Helden und ein Goldenes Zeitalter permanent im Bewusstsein gehalten werden. Auch die Einheit des Territoriums gilt als unhinterfragt. Es gibt einen Kampf um die inhaltliche Füllung des jeweils Gemeinten, aber die Struktur als solche steht nicht zur Debatte. Regionale Traditionen spielen beispielsweise im Alltagsbewusstsein der Menschen eine große Rolle, aber kaum jemand spricht auch nur ansatzweise eine Regionalsprache. Die Akzeptanz des Standardfranzösischen ist völlig unhinterfragt, auch bei der Migrationsbevölkerung. Und dennoch gibt es zum Beispiel einen politischen Kampf um den Begriff „Provence". Als die rechtsextreme Partei Front National in Vitrolles, einer Kleinstadt in der Marseiller Region, an die Macht gewählt wurde, war eine der ersten Aktionen der neuen Stadtregierung, den Ort in „Vitrolles-en-Provence" umzubenennen. „Provence" steht hier für die Tradition, das Echte, Ursprüngliche, das es vor „Überfremdung" zu verteidigen gilt. „Provence" für die Linke ist aber nicht das Synonym für hinterwäldlerischen Provinzialismus oder idyllisches Landleben, sondern steht auch für regionales und historisches Selbstbewusstsein gegenüber des Zentralgewalt in Paris und für Einwanderungsgeschichte und kulturelle Vielfalt, die durch ihre Nähe zu Italien und Nordafrika schon immer

8 „Kriege beleben die Gefühle, die die Individuen zur ethnischen oder nationalen Einheit vereinigen. Das Bewusstsein der Besonderheiten wird abgeschwächt durch das Gefühl von Solidarität aufgrund der gemeinsam erlebten Gefahr, das durch die Strenge der kollektiven Organisation und der zumindest zeitweiligen Militarisierung der sozialen Organisation verstärkt wird."

durch „Fremdes" geprägt wurde. Aber selbstverständlich stehen beide Gruppen hinter der Idee, Frankreich sei „une et indivisible"[9].

Es findet hier ein Ringen um diskursive Hegemonie statt, die es sowohl Rechtsextremen wie linksalternativen Gruppen erlaubt, sich positiv auf die Provence als einem Traditionskonstrukt zu beziehen. Beide Gruppen würden jedoch niemals die Dominanz der französischen Sprache gegenüber beispielsweise dem traditionellen, aber von niemanden gesprochenen Provençal in Frage stellen. Man kann dies fortsetzen mit Beispielen von „Helden" – zu den Helden gehören De Gaulle ebenso wie die kommunistische Résistance, die beide die französische Nation gegen den Nationalsozialismus verteidigten – oder vom „Goldenen Zeitalter" der Revolution[10]: es steht nie die Sache als solche zur Disposition, sondern ihre inhaltliche Füllung.

Eine weitere dieser mythischen Erzählungen hat die Republik zum Inhalt. Sie ist nicht nur eine Staatsform, sie ist die Inkarnation von Nation, Staat und Ethnizität. Die Republik bildet die Klammer, die diese Konzepte zusammenhält: die Nation als die Gemeinschaft der politischen Subjekte, die dieser Gemeinschaft emotional verbunden sind, der Staat als die Gesamtheit aller administrativen Institutionen, Ethnizität als eine die politischen Subjekte verbindende kulturelle Konstruktion. All dieses findet sich im Artikel 2[11] der Verfassung der Fünften Republik vom 4. Oktober 1958: „La France est une République indivisible, laïque, démocratique et sociale. Elle assure l'égalité devant la loi de tous les citoyens sans distinction d'origine, de race ou de religion. Elle respecte toutes les croyances" (Les Constitutions 1995: 426) – „Frankreich ist eine unteilbare, laizistische, demokratische und soziale Republik. Sie stellt die Gleichheit aller Bürger vor dem Gesetz sicher ohne Unterscheidung nach Herkunft, Rasse oder Religion. Sie respektiert alle Glaubensbekenntnisse."

Vor dem Hintergrund dieser Ausführungen treten die Grundzüge des französischen Verständnisses des politischen Universalismus hervor. Zusammenfassend lässt sich sagen: Das Modell gesellschaftlicher Integration ist radikal individualistisch konzipiert. Die Individuen agieren in der Sphäre des Politisch-Öffentlichen unabhängig von „essentialistischen Partikularismen" wie Herkunft oder Geschlecht. Durch ihr aktives und emphatisches Bekenntnis zu diesem Gemeinwesen tragen sie zur Rekonstruktion der Nation bei. Die Nation wird dabei nicht als vorpolitische Essenz entworfen, sondern als ein permanent durch die Erfindung von (französischen) Traditionen und die Produktion (französischer) Ethnizität hergestelltes politisches Konstrukt gedacht. Auf dieser Ebene ist die „citoyenneté" angesiedelt. Sie stellt

---

9 vgl. Fußnote 21

10 Selbst der rechtsextreme Front National bezieht sich mit dem Titel „Pour une vraie révolution française" auf den Mythos der Revolution; zur Ideologie des Front National vgl. Bauhardt (2001a)

11 Art.1 beinhaltet die Zustimmung der Republik und der überseeischen Gebiete zur Verfassung

nicht in erster Linie ein juristisch – institutionelles oder staatlich – territoriales Konzept von Staatsbürgerschaft dar. Durch das emphatische Moment geht das Verständnis politischer Partizipation über die Teilnahme an Wahlen hinaus. Ethnizität als Konstrukt bedient sich der Verbindlichkeit der Sprache, der geteilten geschichtlichen Erfahrung, der gemeinsamen Traditionen. Mythen und Symbole werden unterschiedlich interpretiert, aber nicht als solche in Frage gestellt. Der Staat und seine Institutionen garantieren die universalistische Konzeption gesellschaftlicher Integration: flächendeckend gleiche Leistungen für prinzipiell gleiche Ansprüche und Fähigkeiten. Das gilt für die Schulen und die Post ebenso wie für die Rekrutierung der Beschäftigten des öffentlichen Dienstes über den Concours.

Das französische Integrationsmodell, darauf verweist zum Beispiel Jacqueline Costa – Lascoux (1999), ist nicht allein und nicht in erster Linie auf die Zuwanderung und die Integration von Fremden zugeschnitten. Es betrifft die Konzeption gesellschaftlicher Integration und die Definition des Politischen insgesamt. Durch die starke Betonung der Gleichheit im öffentlichen Raum und die politische und juristische Indifferenz gegenüber unterschiedlichen Herkünften sowie kulturellen und religiösen Traditionen werde Differenz überhaupt erst ermöglicht. So garantiere die in der Verfassung festgeschriebene Laizität den Pluralismus der religiösen Überzeugungen (Costa-Lascoux 1999: 339). Ebenso überträfen personelle und finanzielle Investitionen in die Gesamtheit aller Fördermaßnahmen zum Abbau sozialer und Bildungsrückstände von Individuen oder Gruppen[12] das angelsächsische Welfare-System bei weitem (ebd.).

2. Die Diskussion um die Geschlechterparität

Differenz als politisches Konstrukt hat in Frankreich eine wechselvolle Geschichte erlebt. Nicht umsonst ist Differenz ein zentrales Thema der französischen Philosophie (vgl. Derrida 1967). Eine starke Thematisierung hat die Differenz in der Frauenbewegung und in der antirassistischen Bewegung der frühen achtziger Jahre erfahren. Seit sich die extreme Rechte den Begriff angeeignet hat, ist er in der Linken weitgehend diskreditiert. Deshalb gab es eine sehr kontroverse öffentliche Auseinandersetzung um die politische Umsetzung der Forderung nach Verankerung der Geschlechterparität (parité) im politischen Prozess. Auf dem Höhepunkt der Debatte Anfang 1999, als

12 Zu denken ist v.a. an die territorial definierten staatlichen Förderpolitiken, z.B. die ZEPs (zones d'éducation prioritaires) und die politique de la ville. Für die Untersuchung von Stadt- und Raumplanung ist diese Aussage zentral, denn Fördermittel werden nicht im Sinne des Abbaus von Diskriminierung einzelner Gruppen, sondern nach räumlich definierten Kriterien vergeben.

die Frage diskutiert wurde, ob es eine Verfassungsänderung geben und wenn ja, welcher Artikel der Verfassung geändert werden solle, vertrat Sylviane Agacinski, Philosophieprofessorin und Ehefrau des amtierenden Premierministers Lionel Jospin, die Auffassung, die Geschlechterdifferenz sei die „einzige universelle Differenz der Menschheit“, „la seule différence universelle au sein de l'humanité“ (Agacinski 1999).

Der Artikel erschien auf der ersten Seite von Le Monde und eröffnete eine Serie von kontroversen Meinungsäußerungen, die während des Monats Februar nicht nur in Le Monde, sondern auch in dem Nachrichtenmagazin L'Express weitergeführt wurde. Die mediale Aufmerksamkeit trug zu einer breiten öffentlichen Wahrnehmung und Diskussion der Thematik bei und verstärkte den Druck auf den Senat, der sich noch im Januar gegen eine vom Ministerrat und vom Staatspräsidenten vorgeschlagene Verfassungsänderung ausgesprochen hatte. Am 4. März 1999 stimmte dann auch der Senat der Vorlage zu und die verfassungsmäßige Verankerung der Geschlechterparität konnte vorbereitet werden.

Dem politischen Prozess voraus ging die feministische Forderung nach einer größeren Repräsentanz von Frauen in den politischen Gremien, die von Wissenschaftlerinnen, Politikerinnen und Journalistinnen getragen wurde. Der erste Anstoß erfolgte durch die bei Seuil erschienene Publikation „Au pouvoir, citoyennes! Liberté, Égalité, Parité“ (Gaspard/Servan-Schreiber/Le Gall 1992), die von drei namhaften Frauen verfasst wurde[13]. Mit ihrem Buchtitel spielen sie direkt auf die Revolution und ihre Prinzipen an: Der Untertitel setzt an die Stelle der „fraternité“ die „parité“, der Titel greift die Nationalhymne, die Marseillaise, auf und dichtet sie um. Statt „Zu den Waffen, Bürger!“ heißt es nun „An die Macht, Bürgerinnen!“

Diesem ersten politisch-publizistischen Vorstoß folgte 1993 das in Le Monde veröffentlichte „Manifest der 577 für eine geschlechterparitätische Demokratie“[14] und 1996 das „Manifest der Zehn für die Geschlechterparität“ in L'Express. Letzteres wurde unter anderem von vier ehemaligen Mi-

---

13 Françoise Gaspard ist Wissenschaftlerin und Absolventin der Eliteschule für Verwaltung ENA. Zwischen 1977 und 1988 hatte sie zahlreiche politische Mandate inne, u.a. war sie Abgeordnete in der Nationalversammlung und Mitglied des Europaparlaments. Bekannt wurde sie als Bürgermeisterin von Dreux, einer Kleinstadt in der Pariser Region, die landesweit von sich reden machte, weil hier eine Koalition der beiden bürgerlichen Parteien RPR und UDF mit dem Front National 1983 die Stadtratswahl gewann und Gaspard (PS) deshalb als Bürgermeisterin abgewählt wurde. Claude Servan-Schreiber wurde als Journalistin einer größeren Öffentlichkeit bekannt, Anne Le Gall ist als Juristin für diverse internationale Organisationen tätig.

14 Die Zahl 577 nimmt die Anzahl der Abgeordneten der Nationalversammlung auf, 289 Frauen und 288 Männer unterschrieben die Petition, „um die Idee der geschlechterparitätischen Demokratie klar zur Geltung zu bringen“ (Mossuz-Lavau 1998: 38). Unter den Unterzeichnerinnen befanden sich bekannte Politikerinnen und Wissenschaftlerinnen, u.a. Edmonde Charles-Roux, Françoise Gaspard, Michelle Perrot, Yvette Roudy, Janine Mossuz-Lavau, zu den Unterzeichnern zählen u.a. Étienne Balibar, Pierre Bourdieu, Maurice Godelier, Hervé Le Bras, Jacques Le Goff, Alain Touraine, Michel Wieviorka.

nisterinnen rechter und linker Regierungen (Yvette Roudy, Frédérique Bredin, Monique Pelletier, Michèle Barzacq) sowie von Édith Cresson und Simone Veil unterzeichnet (vgl. Mossuz-Lavau 1998: 41).

Aber nicht nur die BefürworterInnen einer in der Verfassung verankerten Geschlechterparität, auch die GegnerInnen konnten renommierte Persönlichkeiten des öffentlichen Lebens zu ihrer Unterstützung gewinnen und hatten ebenfalls Zugang zu den Massenmedien. Zu den bekanntesten GegnerInnen der parité als in die Verfassung eingeschriebenes Prinzip zählen die feministische Philosophin Élisabeth Badinter und ihr Ehemann Robert Badinter, Mitglied der Sozialistischen Partei, Angehöriger des Senates und ehemaliger Präsident des Verfassungsrates. Beide sprachen sich gegen die Verfassungsänderung im Namen des republikanischen Universalismus aus: „La grandeur de la République, c'est qu'un citoyen abstrait, n'importe quel être humain, peut représenter tous les autres" (Interview in: Libération v. 18.6.1998: 3). Die Größe der Republik bestehe darin, dass ein abstrakter Staatsbürger, jegliche Person, alle anderen Personen repräsentieren könne.

In L'Express erschien dann folgerichtig im Februar 1999, als die mediale Debatte in Le Monde wieder aufgenommen wurde, unter der Überschrift „Oui à l'égalité, non à la parité" eine Stellungnahme von vierzehn bekannten Wissenschaftlerinnen, Juristinnen und Schriftstellerinnen gegen die Verankerung der Geschlechterparität in der Verfassung. Zu ihnen zählt unter anderen neben Élisabeth Badinter die im ersten Abschnitt ausführlich zitierte Soziologin Dominique Schnapper. Sie sagt: „Ich bin aus philosophischen und politischen Gründen gegen die Geschlechterparität. Nach Sylviane Agacinski sind Männer und Frauen die untrennbaren Elemente des sexuierten Universellen. Ich denke, das Universelle ist nicht sexuiert. Wir sind alle unterschiedlich, aber als Staatsbürger sind wir alle gleich" (Interview in: L'Express n° 2484, semaine du 11 au 17 février 1999: 82). Sie warnt – nicht überraschend – vor partikularistischen Bestrebungen nach Repräsentation wie beispielweise in den USA, wo die Schwarzen sich den feministischen Kampf zunutze machten, um eine spezifische Repräsentation zu fordern (vgl. ebd.)[15].

Geschlechterparität, Repräsentation und Demokratie

Frankreich ist im Hinblick auf die politische Partizipation von und Repräsentation durch Frauen von zwei Besonderheiten gekennzeichnet. Zum einen erhielten Frauen hier besonders spät das Wahlrecht: Erst nach der Befreiung wurde mit der Verordnung von Algier vom 21. April 1944 das aktive und passive Frauenwahlrecht eingeführt, obwohl bereits die Verfassung

15 Diese Sichtweise ist einigermaßen problematisch. Historisch betrachtet geht die Bürgerrechtsbewegung der Schwarzen in den USA der neueren feministischen Bewegung voraus.

von 1848 das allgemeine Wahlrecht postulierte (Art. 23: Die Wahlen haben die Bevölkerung zur Basis. Art. 24: Das Wahlrecht ist direkt und allgemein. Die Abstimmung ist geheim; vgl. Les Constitutions 1995)[16]. In der Verfassung der Vierten Republik vom 27. Oktober 1946 findet sich in der Präambel die Formulierung: „Das Gesetz garantiert der Frau in allen Bereichen gleiche Rechte wie dem Mann." Im Artikel 4 heißt es: „Wahlberechtigt sind entsprechend den gesetzlichen Bestimmungen alle französischen und der französischen Gerichtsbarkeit unterstehenden volljährigen Staatsbürger beiderlei Geschlechts, die über ihre bürgerlichen und politischen Rechte verfügen" (ebd.).[17]

Neben der späten Einführung des Frauenwahlrechts stellt der geringe Anteil von Frauen an politischen Ämtern und Mandaten die zweite Besonderheit der französischen politischen Rahmenbedingungen dar. Anfang der 90er Jahre erreichte der Frauenanteil in Nationalversammlung und Senat gerade einmal fünf Prozent (Nationalversammlung: 31 weibliche und 546 männliche Abgeordnete, Senat: 12 Senatorinnen und 310 Senatoren) (vgl. Gaspard/Servan-Schreiber/Le Gall 1992: 20). Nach den Parlamentswahlen von 1997 stieg der Frauenanteil in der Nationalversammlung auf 10,2 Prozent. Damit teilte sich Frankreich mit Griechenland den letzten Platz in der europäischen Rangliste bezogen auf die Repräsentanz von Frauen in politischen Funktionen (vgl. Mossuz-Lavau 1998: 21).

---

16 Der Ausschluss der Frauen wird durch ihre Zuordnung zur Familie begründet. Frauen und Kinder galten als Eigentum des Mannes: „Les droits à la famille et la propriété etaient littéralement les droits des hommes sur les femmes, permettant à des hommes de ressources et de classes différentes de se reconnaître en tant qu'égaux et citoyens" (Scott 1998: 95). Dies ist nichts Besonderes für Frankreich, sondern konstitutiv für die Staats- und Demokratiekonzepte der Aufklärung (vgl. Appelt 1997; Pateman 1988). In der Parlamentsdebatte am 25. Juli 1848 wurde festgeschrieben, dass Frauen die politische Betätigung verboten sei. Alle politischen Versammlungen seien öffentlich, Frauen und Kinder könnten weder Mitglieder politischer Gremien sein noch an ihren Sitzungen teilnehmen. Als er vorschlägt, das Wort „Frauen" in der entsprechenden Formulierung herauszustreichen, erntet der sozialistische Abgeordnete Ferdinand Flocon Gelächter und die Bemerkung: „Sie sind noch anstrengender, wenn man sie wie Erwachsene behandelt," wie es das Protokoll der Diskussion vermerkt (vgl. Scott 1998: 96). Weiter heißt es dort: „Die historische Erinnerung an die Anwesenheit der Frauen in politischen Versammlungen reicht aus, um sie davon auszuschließen" (ebd.).

17 Im Verfassungsentwurf vom 19. April 1946 finden sich bemerkenswerte Formulierungen, die nicht in die Verfassung der Vierten Republik aufgenommen wurden: „Die Nation garantiert der Familie die notwendigen Bedingungen für ihre freie Entfaltung. (...) Sie garantiert der Frau die Ausübung ihrer Funktionen als Staatsbürgerin (citoyenne) und als Arbeiterin zu Bedingungen, die ihr erlauben, ihre Rolle als Mutter und ihre soziale Mission zu erfüllen." Der endgültige Text in der Präambel der Verfassung lautet: „Die Nation sichert dem Individuum und der Familie die notwendigen Bedingungen für ihre Entwicklung zu." Vergleichbare Formulierungen finden sich in der Verfassung der Fünften Republik vom 5. Okotober 1958 nicht wieder. Es wird hier lediglich auf die Erklärung der Menschen- und Bürgerrechte von 1789 und auf die Präambel der Verfassung von 1946 Bezug genommen. Im Artikel 3 wird jedoch nochmals explizit das Wahlrecht beider Geschlechter benannt.

Dennoch gehörten Frauen immer auch linken wie rechten Regierungen an. In der ersten Regierungsperiode von Alain Juppé 1995 beispielsweise betrug der Frauenanteil an der Regierung 27,9%, Staatssekretärinnen eingeschlossen. Der Frauenanteil sank im zweiten Kabinett Juppé auf 12,5% und stieg nach den Wahlen von 1997 in der Regierung Jospin auf 30,7% an (ebd.). Mit Martine Aubry (Arbeits- und Sozialministerin) und Élisabeth Guigou (Justizministerin) erhielten Frauen unter Jospin keine „frauentypischen" Ressorts, sondern zentrale Ministerien. Dennoch – oder gerade deshalb – kam Geneviève Fraisse, Philosophin und unter Lionel Jospin von 1997-98 die erstmals ernannte Beauftragte des Premierministers für die Rechte der Frauen, zu der Einschätzung: Frauen „regieren, aber sie repräsentieren nicht" (zit. nach Mossuz-Lauvau 1998: 22). „[J]e crois en effet qu'il est en république plus facile d'être nommée ministre que d'être élue députée. Car le ministre est compétent plus que représentatif; le ministre est choisi pour son savoir et son expérience et non pour être mandataire du peuple et symboliser la nation. Le ministre gouverne mais ne représente personne, ou lui-même" (Fraisse 1996: 42). Ministerin zu werden scheint danach in der Republik einfacher zu sein als Abgeordnete im Parlament, denn MinisterInnen würden wegen ihrer Kompetenz und ihrer Erfahrung ernannt, nicht um das Volk oder die Nation (sic) zu repräsentieren. MinisterInnen regieren, aber sie repräsentieren niemanden, höchstens sich selbst.

Das Problem, mit dem sich die Forderung nach Geschlechterparität in der Politik beschäftigt, zielt also auf ein Herzstück repräsentativer Demokratien: die Repräsentanz des (Wahl-)Volkes. Deshalb fordern die Autorinnen des Aufrufs „An die Macht, Bürgerinnen!" (Gaspard/Servan-Schreiber/Le Gall 1992: 130): „[L]a démocratie constitue une aspiration universelle, l'universalité englobe les femmes et les hommes, il n'y a donc pas de démocratie représentative si la représentation n'est pas paritaire." Die Demokratie ist demnach eine universelle Zielsetzung und ihr universeller Charakter umfasst Frauen und Männer. Ohne paritätische Repräsentation deshalb keine repräsentative Demokratie. Zur Realisierung geschlechterparitätischer Repräsentation schlagen sie deshalb ein Gesetz mit folgendem Wortlaut vor: „Les assemblées élues, au niveau territorial comme au niveau national, sont composées d'autant de femmes que d'hommes" (ebd.: 10). Alle gewählten Parlamente auf nationalstaatlicher Ebene und auf der Ebene der Gebietskörperschaften[18] sollen von gleichviel Männern wie Frauen zusammengesetzt sein. Damit ist die Auseinandersetzung um die Frage eröffnet, in welcher Form und mit welchen Verfahren die Geschlechterparität institutionalisiert werden soll. Sie bestimmt die folgende Debatte, bei der die KontrahentInnen in der Einschätzung übereinstimmen, dass die geringe Repräsentanz von

18 conseil municipal (Stadtrat), conseil général (Département), conseil régional (Region)

Frauen in politischen Ämtern und Mandaten überwunden soll. Die Frage ist, *wie* dies geschehen soll.

Verfahren und Wahlmodus

Die Politologin und Wahlforscherin Janine Mossuz-Lavau weist auf drei institutionelle Gründe hin, warum es für Frauen in Frankreich besonders schwierig ist in Parlamente gewählt zu werden. Der erste Grund ist das Mehrheitswahlrecht, das es den lokalen Notablen erlaubt regelmäßig wiedergewählt zu werden. Zugleich warnt sie vor allzu großen Erwartungen hinsichtlich des Verhältniswahlrechts. Frauen würden nur dann gewählt, wenn sie auf aussichtsreichen Listenplätzen kandidierten. Als Beispiel nennt sie die Parlamentswahl von 1986, wo die Rekordzahl von 24,7% weiblicher Kandidaten so schlecht platziert war, dass der Frauenanteil in der Nationalversammlung nur 5,9% betrug (Mossuz-Lavau 1998: 24). Die zweite wichtige Einschränkung für die politische Repräsentanz von Frauen besteht in der für Frankreich typischen Ämterhäufung des politischen Personals. Es ist für Abgeordnete der Nationalversammlung zum Beispiel gängige Praxis auf der kommunalpolitischen Ebene verankert zu sein. Dass die lokale Ebene einen hohen politischen Stellenwert innehat, illustriert schon allein die Tatsache, dass in Frankreich 36.672 selbständige Kommunen existieren (alte BRD: ca. 8.500, neue Länder: 7.563). Die enge Bindung an die kommunale Ebene wird besonders sichtbar, wenn Minister einer nationalen Regierung gleichzeitig Bürgermeister einer großen Stadt sind, wie dies beispielsweise bei dem Bürgermeister von Marseille und langjährigen Innenminister Gaston Defferre der Fall war. Auch wenn das Gesetz zur Einschränkung der Ämterhäufung von 1985 versuchte, der Konzentration von wichtigen politischen Posten in wenigen Händen einen Riegel vorzuschieben, so existiert das Problem jedoch nach wie vor und beschränkt den Zugang zu Ämtern und Mandaten, nicht nur, aber auch von Frauen.

Den wichtigsten Grund für die geringe Repräsentanz von Frauen sieht Mossuz-Lavau jedoch in der Weigerung der Parteien, Frauen bei Wahlen auf aussichtsreichen Plätzen aufzustellen. Parteien seien geschlossene, sich selbst reproduzierende Männervereine, die nicht bereit seien, eine aussichtsreiche Position einem Mann wegzunehmen, um ihn einer Frau anzubieten (ebd.). Passierte dies dennoch einmal, wie bei der vorgezogenen Parlamentswahl 1997, als die Sozialistische Partei im ersten Wahlgang 133 Frauen als Kandidatinnen und damit in einem guten Viertel aller Wahlkreise Frauen präsentierte, dann gäbe es sogar mehr Kandidatinnen als verfügbare Plätze – was bedeute, dass die Entscheidung, eine bestimmte Anzahl von Wahlkreisen Kandidatinnen vorzubehalten, die Bereitschaft weiblicher Kandidaturen erst hervorrufe (ebd.: 63).

In welcher Weise nun aber sichergestellt werden soll, dass Frauen sowohl die Möglichkeit zur Kandidatur erhalten als auch eine realistische Chance, gewählt zu werden, ist ein Streitpunkt, zu dessen Lösung verschiedene Vorschläge ausgearbeitet wurden. Gaspard, Servan-Schreiber und Le Gall schlugen als erste vor, die Anzahl der Wahlkreise zu halbieren und in jedem Wahlkreis einen Kandidaten und eine Kandidatin aufzustellen. Es würden also zwei Personen, eine Mann und eine Frau, in einem binominalen Wahlmodus gewählt (Gaspard/Servan-Schreiber/Le Gall 1992: 173). Durch die Halbierung der Wahlkreise bliebe die Anzahl der Abgeordneten gleich. Der Vorschlag wurde von Michel Rocard, Parteisekretär der Sozialistischen Partei und seit 1993 überzeugter Unterstützer der Forderung nach Geschlech_terparität (auch deshalb, weil WählerInnen sich in Meinungsumfragen deutlich für das Prinzip der parité und gegen die fortgesetzte Männerdominanz in politischen Ämtern aussprachen) aufgegriffen und weiterentwickelt. Er schlug 1996 in L'Express vor, jedem/jeder Wahlberechtigten zwei Wahlzettel auszuhändigen. In jedem Wahlbüro sollten zwei Personen, ein Mann und eine Frau, auf unterschiedlichen Wahlzetteln gewählt werden, die in unterschiedlichen Wahlurnen gesammelt würden (vgl. Mossuz-Lavau 1998: 45). Dieser Vorschlag wurde vom Verfassungsrechtler Guy Carcassonne unterstützt, da im ersten Fall Frauen dem lokalen Notablen ihre Kandidatur und ihre Wahl verdanken würden, der sie aufgefordert hätte, auf seinem „Ticket" zu kandidieren. Die getrennte Wahl je eines Mannes und einer Frau würde beiden gleiche Ausgangsbedingungen sichern. Wieder aufgegriffen wurde diese Idee der doppelten Stimmabgabe in der Debatte Anfang 1999 von Stany Grudzielski, der unterstreicht, dass jede/r Wähler/in zwei Stimmen abgeben muss und nicht Männer Männer und Frauen Frauen wählen (Grudzielski 1999).

Dieser Punkt war auch für die Feministinnen, die die Debatte initiierten, zentral. Auf keinen Fall sollten Frauen Fraueninteressen vertreten (müssen). Frauen repräsentierten nicht ihr Geschlecht, sondern das Volk oder die Nation und damit das Ganze. Die wichtigste Forderung besteht darin, dass die Regel, die Frauen machen die Sitten, die Männer die Gesetze, durchbrochen wird. Frauen sollen Macht ausüben, und zwar offen und bewusst[19]. Die Trennung der Sphären in öffentliche männliche und private weibliche Machtausübung durch Gesetze einerseits und durch Erziehung und Weitergabe von Sitte und Moral andererseits sollte aufgehoben werden (vgl. Gas-

19 Als einen wichtigen Grund, warum in Frankreich die Verbindung von Frauen und politischer Macht auf der symbolischen Ebene nicht gelingt – obwohl bekanntlich Frauen in Frankreich im ökonomischen und wissenschaftlichen Bereich für europäische Verhältnisse häufiger statushohe Funktionen einnehmen und überdurchschnittlich in den Arbeitsmarkt integriert sind – nennt Geneviève Fraisse (1996) das salische Recht von 511 (la loi salique - im 14. Jahrhundert und später von Napoleon wiederbelebt), das Frauen im Ancien Régime von der Thronfolge ausschloß.

pard 1996). Diese Idee der republikanischen Arbeitsteilung zwischen Männern und Frauen, zwischen „faire les lois" und „faire les moeurs", erhob die Frauen beispielsweise in den Augen von Rousseau als Garantinnen der Sitten zur „wertvollen Hälfte der Republik" (zit. nach Fraisse 1996: 41).

Die Verfassungsänderung

Die Debatte, ob die Geschlechterparität als Prinzip in die Verfassung aufzunehmen ist, kristallisierte sich an der Frage, ob Artikel 3 oder Artikel 4 der Verfassung der Fünften Republik geändert werden soll. Der Artikel 3 ist das „Herzstück der republikanischen Souveränität" (Robert Badinter im Interview in: Le Monde vom 14./15. Feb. 1999). Er lautet: „Die nationale Souveränität liegt beim Volk, das sie ausübt durch seine Repräsentanten und auf dem Weg des Volksbegehrens. Kein Teil des Volkes und kein Individuum kann sich ihre Ausübung aneignen. Wahlen können gemäß den verfassungsgemäßen Bedingungen direkt oder indirekt sein. Sie sind immer allgemein, gleich und geheim. Wahlberechtigt sind entsprechend den gesetzlichen Maßgaben alle volljährigen Franzosen[20] beider Geschlechter, die über ihre bürgerlichen und politischen Rechte verfügen" (Les Constitutions 1995: 426).

Der Vorschlag der AktivistInnen für die Geschlechterparität lautete seit 1994, folgenden Satz als fünften Absatz zum Artikel 3 hinzuzufügen: „Der gleiche Zugang von Frauen und Männern zu politischen Mandaten wird durch die Geschlechterparität sichergestellt" (Mossuz-Lavau 1998: 113). Der Änderungsvorschlag, der vom Staatspräsidenten und vom Premierminister im Dezember 1998 vorgelegt wurde, sah die Ergänzung des Artikels 3 um folgenden Satz vor: „Das Gesetz begünstigt den gleichen Zugang von Frauen und Männern zu Mandaten und Ämtern" (vgl. Courtois 1999).

Diese Formulierung wurde sowohl von der Nationalversammlung als auch vom Senat kritisiert. Die Nationalversammlung forderte eine stärkere Betonung der gesetzlichen Unterstützung des gleichen Zugangs, er sollte nicht „begünstigt", sondern durch das Gesetz „organisiert" werden. Der Senat lehnte, wie bereits erwähnt, den gesamten Änderungsvorschlag ab, da dadurch die Prinzipien der Volkssouveränität – Unteilbarkeit des Volkes, Universalität des Wahlrechts – zur Disposition stünden. Er schlug deshalb eine Ergänzung des Artikels 4 der Verfassung vor, in dem die Aufgabe der Parteien und politischen Organisationen beschrieben ist: „Die Parteien und politischen Vereinigungen tragen zum Ausdruck des Wählerwillens bei. Sie bilden sich frei und üben ihre Aktivitäten frei aus. Sie müssen die Prinzipien der nationalen Souveränität und der Demokratie respektieren." Dieser Artikel sollte den Zusatz erhalten: „Die Parteien begünstigen den gleichen Zu-

---

20 Im Original heißt es hier „tous les *nationaux* français", nicht „citoyen".

gang von Männern und Frauen zu Ämtern und Mandaten." Gleichzeitig sollte über finanzielle Anreize und Sanktionen die Umsetzung der Forderung in die Praxis kontrolliert werden (vgl. Courtois 1999).

Folgende Formulierung wurde schließlich als Satz fünf des Artikels 3 in die Verfassung aufgenommen: „La loi favorise l'égal accès des femmes et des hommes aux mandats électoraux et fonctions électives." – Das Gesetz begünstigt den gleichen Zugang von Frauen und Männern zu Mandaten und Ämtern.

Die Debatte scheint der Beobachterin von außen ein bisschen müßig. Ob nun die Parteien oder ein Gesetz den gleichen Zugang von Männern und Frauen zur politischen Repräsentation ermöglicht, scheint nur eine Frage der Verfahren zu sein. Nachvollziehbar wird die Auseinandersetzung erst vor dem Hintergrund des Verständnisses von Nation und Staatsbürgerschaft, das ich im ersten Kapitel beschrieben habe. Der radikale Universalismus, nach dem Religionszugehörigkeit, ethnische Herkunft oder Geschlechtszugehörigkeit in der Sphäre des Privaten verortet und aus der Sphäre des Politischen verbannt sind, lässt eine Unterscheidung von Männern und Frauen prinzipiell nicht zu. Die „nationale Souveränität" besteht genau darin, dass jeder Bürger jeden anderen repräsentieren kann, weil alle StaatsbürgerInnen sich zu den gleichen Prinzipien und Werten der Nation bzw. der Republik bekennen. Dass es Männer und Frauen gibt und dass Frauen beim Zugang zu Ämtern und Mandaten benachteiligt sind, stellen auch die KritikerInnen der parité nicht in Frage. Diese Ungleichheit zu beseitigen soll Aufgabe der Parteien sein. Hauptargument der GegnerInnen einer Änderung des Artikels 3 ist die Befürchtung, auf diese Weise würde die Geschlechterdifferenz als natürliche Differenz in die Verfassung und die demokratischen Prinzipien eingeschrieben.

Dazu Evelyne Pisier, Professorin für Öffentliches Recht und Politologie an der Sorbonne: „Ich bin eine Frau der politischen Linken. Entschieden antiparitätisch. (...) Links zu sein, das heißt nicht, sich damit zufrieden zu geben, „die eine und unteilbare Republik"[21] auszurufen oder das „universalistische Menschengeschlecht" zu proklamieren, sondern das konkret zu wollen. Das heißt gegen die Diskriminierungen zu kämpfen, die die Gesellschaft in unterschiedliche Kategorien aufspalten, das heißt es abzulehnen, die Ungleichheiten welcher Art auch immer resignierend zu akzeptieren, seien sie ökonomisch, ethnisch, religiös, sexuell" (Pisier 1999: 12).

Warum überhaupt die Verfassung ändern, wenn dadurch die Gefahr der Festschreibung der Geschlechterdifferenz entsteht? Diese Frage wurde ebenso diskutiert wie die Alternative des Gesetzgebungsweges (vgl.Mossuz-

21 Die Formulierung „la République une et indivisible" stammt aus dem ersten Artikel der Verfassung von 1793 und hat in Frankreich den Rang einer stehenden Redewendung. In der Verfassung von 1791 lautet der erste Artikel in gleicher Diktion: „Le Royaume est un et indivisible."

Lavau 1998: 111-134). Das größte Problem stellte nämlich der Verfassungsrat dar, der einen ersten Vorstoß, Quotenregelungen zugunsten von Frauen in der Verfassung zu verankern, schon 1982 vereitelt hatte. Es bestand also die begründete Befürchtung, dass der Verfassungsrat auch gut fünfzehn Jahre später im Sinne des Universalismus argumentieren würde[22]. Die Argumente gegen den legislativen Weg lassen sich damit zusammenfassen, dass die diversen Möglichkeiten alle hochkompliziert und ebenso unwägbar seien wie eine Verfassungsänderung, die darüber hinaus den Vorteil hätte, ein politisches und symbolisches Zeichen im Grundlagentext der französischen Republik zu setzen.

3. Differenz und Universalismus

Die Vorbehalte gegenüber einer Verfassungsänderung zugunsten der Geschlechterparität lassen sich in zwei Begründungszusammenhänge einordnen. Der erste ist die Befürchtung des Differenzialismus, der zweite die Angst vor dem Kommunitarismus. Beide Argumentationsmuster setzen sich direkt oder indirekt mit der Naturalisierung gesellschaftlicher Verhältnisse auseinander. Die Zurückweisung des Differenzialismus liegt in der Abwehr essenzialistischer Annahmen über die Natur der Geschlechterdifferenz begründet. Evelyne Pisier (1999) beispielsweise weist – in ihrem Widerspruch zu Sylviane Agacinski (1999) – die Geschlechterdualität als konstitutives Prinzip der Menschheit zurück. Den Naturalismus, der darin stecke, lehnt sie ab. Die Einschreibung der natürlichen Geschlechterdifferenz in das Recht öffne den schlimmsten Regressionen Tür und Tor: „L'égalité en droit est une idée théoriquement vraie parce qu'elle seule permet de lutter contre les préjugés essentialistes, substantialistes et naturalistes qui, au cours des siècles, ont contribué et contribuent encore dans de nombreux domaines, et pas seulement dans l'ordre politique, à justifier l'infériorité des femmes" (Pisier zit. nach Mossuz-Lavau 1998: 72). Allein die theoretische Rechtsgleichheit erlaube den Kampf gegen essenzialistische und naturalisierende Vorurteile, die über Jahrhunderte die Unterlegenheit der Frauen in zahlreichen Bereichen, nicht allein in der politischen Sphäre, rechtfertigten.

Dieser Überlegung halten die BefürworterInnen der parité das nicht eingelöste Gleichheitsversprechen entgegen. Der Ökonom Alain Lipietz zum

22 Dies war kurz zuvor geschehen, als es um das Wahlrecht in Korsika ging. In seiner Entscheidung hatte der Verfassungsrat den Begriff des „korsischen Volkes" abgelehnt. Zur Erinnerung: Im Oktober 2000 trat der Innenminister der Regierung Jospin, Chevènement, zurück, weil er die Teilautonomie für Korsika nicht mittragen wollte. Es hatte schon viele Konflikte in der Regierung Jospin gegeben, die Chevènement durchstand, aber diesen Angriff auf die „République une et indivisible" hielt er für unverantwortbar für einen Innenminister.

Beispiel schreibt: „Die Forderung nach Geschlechterparität ist nur die nach Einlösung eines formal gebliebenen Rechts" (zit. nach Mossuz-Lavau 1998: 73). In der von Le Monde dokumentierten Debatte heißt es: „Der Universalismus darf keine Abstraktion sein, sondern eine plurielle Repräsentation, eine bewusst hergestellte Einheit. Die „Ideen" sind in den sozialen Realitäten verkörpert, die Stimmen sind vielfältig. Mit den Frauen wird die Realität des Ausschlusses aus der Politik deutlich, der eine scheinheilige Demokratie umtreibt" (Comte/Lipietz 1999: 14).

Françoise Gaspard hält der Essenzialismus-Unterstellung entgegen, dass die Geschlechterparität nicht das biologische Geschlecht thematisiere, sondern das soziale Geschlecht/gender: „[N]on pas parce que les femmes sont différentes des hommes mais parce que l'expérience et l'expertise des unes et des autres, en raison de la construction du genre, ont fait que les unes et les autres ont une appréhension différente, aujourd'hui, des mots et des choses, de l'espace et du temps" (zit. nach Mossuz-Lavau 1998: 75). Nicht weil sie anders seien als Männer, sondern aufgrund der sozial und historisch unterschiedlichen Erfahrungen hätten Frauen heute ein anderes Verständnis von Worten und Dingen, Raum und Zeit.

Der zweite Begründungszusammenhang gegen die parité ist die Angst vor dem Kommunitarismus[23]. Darin schwingt die Befürchtung ethnischer Differenzierung und ethnischer Identitätsbildung mit. Dass dieses mit der französischen Staats- und Gesellschaftsauffassung gar nicht zusammengeht, habe ich im ersten Abschnitt ausgeführt. Die Befürchtung der Paritätsgegner ist der Zerfall der Nation in einzelne Gruppen oder gar Ghettos. Vor diesem Hintergrund ist die Aussage von Dominique Schnapper im oben genannten Interview zu sehen, in dem sie die Identitätsbildung von Frauen als Gruppe der Forderung nach Gruppenrepräsentation der Schwarzen in den USA gleichsetzt. Elisabeth Badinter schreibt: „Les paritaires ne proposent rien moins que de changer de système politique et d'imposer la démocratie communautaire des quotas importée des Etats-Unis" (zit. nach Mossuz-Lavau 1998: 82). Nichts weniger als die Veränderung der politischen Systems durch Einführung einer kommunitaristischen Quotendemokratie wollten die BefürworterInnen der Geschlechterparität.

Hier setzt deren zentrales Argument an. Es gehe nämlich genau nicht um Einführung einer Quote, sondern um die gleichwertige Repräsentation der beiden Geschlechter: „[I]l est question d'une division du monde, de toute société, en deux parties à peu près égales et dont la pérennité ne peut pas être mise en cause", so Janine Mossuz-Lavau (1998: 83). Die Welt und jede Gesellschaft sei aufgeteilt in zwei ungefähr gleich große Gruppen, die Dau-

23 Der Begriff „Kommunitarismus" ist mein Versuch, das französische Wort „communautarisme" angemessen zu übersetzen. Es ist nicht die us-amerikanische Debatte um Gemeinschaft als politisches Prinzip gemeint, sondern es steckt darin die Idee der „communauté", der Gemeinschaft insbesondere mit ethnischen Konnotationen.

erhaftigkeit dieser Zweiteilung könne nicht in Zweifel gezogen werden. Die Aufteilung der Menschheit in Männer und Frauen sei der einzige Fall von auf genau zwei begrenzte Kategorien, ungefähr gleich groß und völlig objektiven Kriterien gehorchend, so der bereits zitierte Verfassungsrechtler Guy Carcassonne (vgl. Mossuz-Lavau 1998: 84).

Diese Argumentation trifft sich mit dem eingangs genannten Zitat von Sylviane Agacinski, die von der Geschlechterdifferenz als der einzigen universellen Differenz der Menschheit spricht[24]. Genau deshalb sei der Vorwurf des Kommunitarismus und der Ghettobildung verfehlt: „Ces arguments sont jugés irrecevables par les paritaires, au motif que les femmes ne constituent pas une catégorie analogue aux minorités citées, mais la moitié de l'humanité, et qu'il s'agit d'un état immuable" (Mossuz-Lavau 1998: 83). Frauen seien keine Kategorie und keine Minderheit, sondern die Hälfte der Menschheit, und dies sei ein unveränderlicher Zustand – worauf Evelyne Pisier (1999: 12) antwortet: „[E]n faisant de la dualité sexuelle un principe constitutif de l'humanité, la gauche paritaire change de principe. Elle s'interdit de lutter pour la reconnaissance plurielle des êtres humains. Au nom de la parité, elle se sert d'un marquage identitaire doublement méprisant: pour les femmes en général et pour chaque catégorie discriminée en particulier. „En clamant qu'elles ne sont 'pas une catégorie comme les autres' les femmes de gauche jouent avec une idéologie réactionnaire. " Indem die geschlechterparitätisch argumentierende Linke aus der sexuellen Dualität ein konstituierendes Prinzip der Menschheit mache, werde die pluralistische Anerkennung der Individuen verunmöglicht und es finde eine doppelt erniedrigende Identitätskonstruktion statt: Verachtung der Frauen im allgemeinen und jeder diskriminierten Gruppe im besonderen. Indem die linken Frauen behaupteten, sie seien „keine Kategorie wie die anderen", spielten sie das Spiel einer reaktionären Ideologie.

Besonders von der Bewegung der Schwulen und Lesben wurde die Argumentation Agacinskis heftig kritisiert, da sie die Frage der parité und die postulierte „universelle Differenz" mit der Debatte um gleichgeschlechtliche Lebensformen und Elternschaft sowie der technischen Manipulation der biologischen Reproduktion verknüpft. Sie äußert sich explizit ablehnend zu Judith Butler und zur Vorstellung, „Geschlecht" sei eine Konstruktion, die dem kulturellen Muster der Heterosexualität folge (Agacinski 1999: 14). Von Lesben aus außerinstitutionellen antifaschisti Zusammenhängen wurde der Bewegung für die parité vorgeworfen, Lesben innerhalb der Frauenbewegung unsichtbar zu machen. Während der nationalen Tagung für die Frauenrechte 1997 durfte die Forderung nach den „Rechten für Lesben" nicht öffentlich werden. Caroline Fourest schreibt dazu: „Dans l'ensemble, les débats, accaparés par la „parité", donnent l'impression d'une grande fri-

24 An anderer Stelle (Bauhardt 2001b) habe ich diese Argumentation als besondere, französische Form der Rettung des Universalimus bezeichnet.

losité. Pire, le Collectif national pour la défense des droits des femmes, en quête de respectabilité paritaire, semble prononcer le mot 'féminisme' à mots couverts. (...) Ainsi absorbés, les droits des femmes sont-ils appelés à se cantonner dans les cuisines de la contraception, l'avortement et la parité sans oser tenir le flambeau de la lutte contre l'extrême droite?" (Fourest 1997: 220). Die Debatten seien von der Forderung nach Geschlechterparität dominiert worden und insgesamt von großer Ängstlichkeit gekennzeichnet. Selbst der Begriff „Feminismus" fiele dem Wunsch nach Respektabilität zum Opfer. Die Frauenrechte müssten wohl befürchten, in den Küchen der Empfängnisverhütung, des Rechts auf Abtreibung und der Geschlechterparität eingesperrt zu werden und nicht als Mittel des Kampfes gegen die extreme Rechte zu dienen.

Beide Positionen, die Befürchtung des Differenzialismus und die Ablehnung des Kommunitarismus, sind in sich kohärent und nachvollziehbar. Allerdings sind sie nicht miteinander vereinbar. Die Entscheidung für die Änderung des Artikels 3 der französischen Verfassung scheint letztendlich pragmatisch begründet zu sein. Kaum jemand erwartet, dass sich nun die Zahl der Frauen in den Parlamenten derjenigen der Männer angleicht, dazu gibt es keine ausreichend verbindlichen Vorgaben. Wahltaktische Überlegungen der Sozialistischen Partei sowie des amtierenden Premierministers Jospin, der bei den anstehenden Präsidentschaftswahlen im Jahr 2002 kandidieren wird, spielen dabei ebenso eine Rolle wie Prestigefragen zur Positionierung Frankreichs innerhalb der Europäischen Union.

Interessant scheint mir, wie sich die jeweils vertretenen Positionen im feministischen Diskurs verorten lassen. Zwei Positionen sind dort grob zu identifizieren: erstens die Forderung feministischer Theoretikerinnen nach Gruppenrepräsentation, wobei ausgehend vom Konzept strukturell ausgeschlossener Gruppen, zu denen auch die Frauen gehören, „die Ausgeschlossenen" ein Anrecht auf Repräsentanz ihrer vernachlässigten Sichtweisen und Interessen haben, zweitens die Forderung nach einer Vervielfältigung der Stimmen, bei denen jede für sich spricht, ohne eine wie auch immer definierte Gruppenidentität zu verkörpern. Die erste Position würde ich als identitätspolitische, die zweite als dekonstruktivistische Position bezeichnen.

Die Argumente der parité-GegnerInnen sind eher der zweiten Position zuzuordnen. Differenz wird von Evelyne Pisier als eine Vielfalt von Differenzen gesehen, die die Gesellschaft durchziehen und hierarchisieren, der Geschlechterdifferenz komme dabei keine herausragende Bedeutung zu. Das utopische Moment der Gleichheit und Freiheit, bei der Differenzen keine politische Relevanz haben (sollen), kommt bei Dominique Schnapper nochmals deutlich zum Ausdruck: „Les individus ne devraient pas être autoritairement assignés à faire partie d'un groupe particulier, ils doivent rester libres d'y entrer ou d'en sortir, faute de quoi c'est leur liberté même qui serait remise en question" (Schnapper 1998: 484). Die Individuen dürften nicht autoritär einer bestimmten Gruppe zugerechnet werden, sie müssten frei sein zu entscheiden, einer Gruppe anzugehören oder sie zu verlassen, sonst sei ihre Freiheit als solche in Frage gestellt. Die „citoyenneté" sei die einzige Idee, die es den Menschen erlaube, jenseits von Differenzen und Ungleichheiten in Würde zu leben und juristisch und politisch gleich behandelt zu werden. Das sei der Kern der Demokratie (ebd.: 498).

Die Pro-parité-Position ist schwieriger einzuordnen. Sie entspricht nicht völlig der Forderung nach Gruppenrepräsentation, obwohl Elemente daraus in der Argumentation aufgegriffen werden. Es wird der strukturelle Ausschluss der Frauen von der politischen Macht angesprochen, der in der Konstruktion der „republikanischen Arbeitsteilung" angelegt ist, nach der die Männer für die Gesetzgebung innerhalb des Politisch-Öffentlichen und die Frauen für die Sitten, die Weitergabe von Werten und Normen im Privaten zuständig sind. Die Argumentation vor allem von Françoise Gaspard basiert auf den historisch gewordenen anderen Erfahrungen der Frauen, deren Einbeziehung das politische System und die politische Agenda als Ganzes verändern würde.

Um jedoch der Falle zu entgehen, dass Frauen „Fraueninteressen" vertreten müssten und somit die Besonderheit der Frauen auf Dauer gestellt würde, wird nicht Gruppenrepräsentation gefordert, sondern das zahlenmäßige Gleichgewicht von Männern und Frauen in allen politischen Gremien. Dies würde erlauben essenzialistische Zuschreibungen nach Geschlecht zu unterlaufen. Inwieweit jedoch andere Differenzkonstruktionen entlang von Klasse und Ethnie damit obsolet werden, scheint mir eine offene Frage zu sein. Sie wurde zumindest nicht politisch beantwortet, sondern quasianthropologisch mit der Konstruktion der „einzigen universellen Differenz der Menschheit", wie Sylviane Agacinski die Geschlechterdifferenz bezeichnet.

Literatur

Agacinski, Sylviane 1999: Contre l'effacement des sexes. In: Le Monde vom 6. 2. 1999, S.1

Appelt, Erna 1997: Familialismus. Eine verdeckte Struktur im Gesellschaftsvertrag. In: Kreisky, Eva/Sauer, Birgit (Hrg.): Das geheime Glossar der Politikwissenschaft. Geschlechtskritische Inspektion der Kategorien einer Disziplin. Frankfurt/New York, S. 114-136

Bauhardt, Christine 2001a: Der Front National in Frankreich: Ideologie, Politikverständnis, Wähler einer rechtsextremen Partei. In: Appelt, Erna (Hrg.): Demokratie und das Fremde. Multikulturelle Gesellschaften als demokratische Herausforderung des 21. Jahrhunderts. Innsbruck/Wien/München, S. 93-113

Bauhardt, Christine 2001 b: Différences et dominances – Questions de pouvoir. In: Utinam – revue de sociologie et d'anthropologie (i.E.)
Brubaker, Rogers 1994: Staats-Bürger. Deutschland und Frankreich im historischen Vergleich. Hamburg
Derrida, Jacques 1967: L'écriture et la différence. Paris: Éd. du Seuil
Comte, Francine/Lipietz, Alain 1999: Briser le plafond de verre ! In: Le Monde vom 17. 2. 1999, S. 14
Costa-Lascoux, Jacqueline 1999: L'intégration à la française: une philosophie, des lois. In: Dewitte, Philippe (dir.): Immigration et intégration. L'état des savoirs. Paris: La Découverte, S. 328-340
Courtois, Gérard 1999: La parité permet à Lionel Jospin de mettre en porte-à-faux Jacques Chirac. In: Le Monde vom 14./15. 2. 1999
De Rudder, Véronique/Poiret, Christian 1999: Affirmative action et „discrimination justifiée": vers un universalisme en acte. In: Dewitte, Philippe (dir.): Immigration et intégration. L'état des savoirs. Paris: La Découverte, S. 397-406
Fourest, Caroline 1997: Les féministes contre l'extrême droite en France. In: Lesselier, Claudie/Venner, Fiammetta (dir.): L'extrême droite et les femmes. Enjeux et actualité. Villeurbanne: Éd. Golias, S. 195-226
Fraisse, Geneviève 1996: Quand gouverner n'est pas représenter. In: Viennot (dir.), S. 37-49
Gaspard, Françoise 1996: Préface. In: Viennot (dir.), S. 7-16
Gaspard, Françoise/Servan-Schreiber, Claude/Le Gall, Anne 1992: Au pouvoir, citoyennes! Liberté, Égalité, Parité. Paris: Éd. Du Seuil
Grudzielski, Stany 1999: La parité républicaine par le double vote. In: Le Monde vom 25. Februar 1999, S. 16
Heckmann, Friedrich 1991: Ethnos, Demos und Nation, oder: Woher stammt die Intoleranz des Nationalstaats gegenüber ethnischen Minderheiten? In: Bielefeld, Uli (Hg.): Das Eigene und das Fremde. Neuer Rassismus in der Alten Welt? Hamburg, S. 51-78
Les Constitutions 1995: Les Constitutions de la France depuis 1789 (Éd. mise à jour, 1995). Paris: Garnier Flammarion (1979)
Mossuz-Lavau, Janine 1998: Femmes/hommes pour la parité. Paris: Presses de Sciences Po
Pateman, Carol 1988: The Sexual Contract. Cambridge UK: Polity
Pisier, Evelyne 1999: Contre l'enfermement des sexes. In: Le Monde vom 11.2.1999, S.12
Schnapper, Dominique 1994: La communauté des citoyens. Sur l'idée moderne de nation. Paris: Gallimard
Schnapper, Dominique 1998: La relation à l'autre. Au coeur de la pensée sociologique. Paris: Gallimard
Schnapper, Dominique 1999: L'Autre est un autre moi-même. In: Commentaire.
Vol. 22, N°. 85, S.129-136
Scott, Joan W. 1998: La citoyenne paradoxale. Les féministes françaises et les droits de l'homme. Paris: Ed. Albin Michel (am. Orig.: Only paradoxes to offer. Harvard University Press 1996)
Viennot, Éliane (dir.): La démocratie à la française" ou les femmes indésirables. Paris: Publications de l'université Paris 7

Steffani Engler, Sigrid Metz-Göckel, Karin Zimmermann

AkteurInnen in der Welt der Wissenschaft

Helge Pross schrieb 1969, dass wir nicht wissen, wie viele Arbeitertöchter studieren. Und sie fügt hinzu, „viele können es nicht sein". Diese Unsichtbarkeit betraf nicht nur Arbeitertöchter, sondern Frauen in der Hochschule und in der Wissenschaft überhaupt. Sie schlug sich auch in der Forschung nieder, denn es gab nur vereinzelt Veröffentlichungen bzw. Untersuchungen zum Thema Frauen in der Wissenschaft. Die unsichtbaren Frauen wurden inzwischen sichtbar gemacht und ebenso das kulturelle Erbe der (westdeutschen) Wissenschaft aufgezeigt, das dem weiblichen keine dem männlichen Geschlecht vergleichbare intellektuelle Geistigkeit, Leistungsfähigkeit und Genialität zusprach.[1]

Machen wir einen Sprung in die Gegenwart, dann fällt zunächst ins Auge, dass sich die Datenlage verändert hat: Seit langem weist die amtliche Statistik den Frauen- und Männeranteil bezogen auf unterschiedliche Positionen in der Hochschule aus. Auch der Sachverhalt, dass es kaum Untersuchungen über Frauen (als Studierende, Lehrende und Forschende) gibt, hat sich längst verändert.

Beiträge von Wissenschaftlerinnen zum Themenkomplex Wissenschaft und Hochschule allerdings finden bislang kaum Berücksichtigung und Anerkennung und sind im *Mainstream* der bundesrepublikanischen Hochschulforschung bislang selten zur Kenntnis genommen worden. Zumindest mag sich der Eindruck, dass die Arbeiten von Wissenschaftlerinnen als Anregung und Bereicherung oder gar als Neuerung aufgenommen würden, nicht so recht einstellen (Metz-Göckel 1999). Ähnlich hartnäckig präsentiert sich die geschlechtshierarchische Verteilung der Geschlechter auf die Positionen im Wissenschaftsbetrieb: je höher die Qualifikations- und Hierarchiestufe ist, desto weniger Frauen sind dort anzutreffen. So bilden Frauen in den obe-

1 In der Untersuchung von Anger (1960) über die Deutsche Universität wurden noch ungeniert abschätzige Urteile über Studentinnen und noch abschätzigere über Kolleginnen geäußert, die heute nicht mehr öffentlich formuliert werden könnten, ohne auf Entrüstung zu stoßen.

ren Etagen der Hochschulen ebenso wie in außeruniversitären Forschungseinrichtungen eine „Liga für sich“ (Allmendinger et. al. 1999).

Dass die Geschlechterhierarchie nicht einfach eine Folge der Geschlechterdifferenz ist, darauf machen bereits Publikationen in den 70er Jahren wie die der Berliner Dozentinnen Gruppe in „Frauen und Wissenschaft“ von 1976 aufmerksam, aber auch das von Bärbel Clemens, Sigrid Metz-Göckel, Aylâ Neusel und Barbara Port 1986 herausgegebene Buch „Töchter der Alma Mater“.[2] Diese Untersuchungen richteten sich zunächst auf den Integrationsprozess der Frauen in die Wissenschaft und arbeiteten mit Konzepten wie Marginalisierung, Tokenism, Akkulturation und kulturelle Zwischenwelten.[3] Hierbei standen zunächst die subjektiven Erfahrungen von Frauen und ihre Bilder von der Wissenschaft im Vordergrund und mit ihnen Prozesse der Vergemeinschaftung von Frauen und ihre Radikalisierung. Dieser Zugriff änderte sich später insofern, als Frauen nun als Akteurinnen gesehen und ihre Einflussnahme auch in mikropolitischen Aushandlungsprozessen analysiert werden.[4] Nicht mehr die Auseinandersetzung mit Stereotypen und Marginalisierungen, sondern die Wissenschaftlerinnen als (verwickelte) Akteurinnen stehen auf dem Programm. Zunehmend geraten die Hochschule als Organisation, die Wissenschaft als System bzw. Institution[5] oder als soziales Feld ins Blickfeld.

Der damit verbundene Blickwechsel von „den Frauen“ als Objekten, Opfern und Diskriminierten hin zu einer Akteurinnenperspektive und Handlungsposition verdankt sich dem langsamen, aber zunehmend erfolgreichen wissenschaftlichen Integrationsprozess von Frauen und deren kritischem Potenzial, anders formuliert: ihrer wissenschaftlichen Subjektwerdung. Verändert hat sich dadurch vor allem auch der Status, den die Kategorie Geschlecht in den Analysen einnimmt. Geschlecht entwickelte sich von einer „statuszuweisenden Strukturkategorie zu einer kontextuellen Relevanzkategorie mit vielfältigen Differenzierungen“ (Kuhlmann 1999). Die Hochschulen und andere Organisationen und Professionen werden nun in einem Zusammenspiel von strukturellen wie kulturellen Aspekten analysiert, das Spielräume für die Hinzugekommenen eröffnet, aber auch die Spuren von einst erfolgreichen Kämpfen aufweist. Letztere führten und führen wiederum zu widersprüchlichen Positionierungen: Frauen beanspruchen als Gleiche wahrgenommen zu werden (und müssen dies offiziell auch), können aber Ungleichheit nicht mehr benennen oder gar einklagen, da diese sich nicht mehr deutlich sichtbar präsentiert. Die fortwährenden Prozesse, in de-

2 Vgl. auch Hausen/Nowotny 1986. Für Zusammenfassungen des jeweiligen Forschungsstandes vgl. Wetterer 1992 und 1995 sowie Neusel/Wetterer 1999.

3 Vgl. z.B. auch Bock et al. 1983, Schultz 1990, Onnen-Isemann/Oßwald 1991, Geenen 1994.

4 Vgl. z.B. Roloff 1998, zum mikropolitischen Ansatz in betrieblichen Aushandlungsprozessen vgl. Riegraf 1996.

5 Vgl. z.B. Metz-Göckel 1992, Kirsch-Auwärter 1995, Müller 1999.

nen sich dennoch heterosexuellen Geschlechterdifferenzen konstituieren (die sich u.a. in dem statistisch messbaren Zustand äußern, dass es viele Professoren und wenig ProfessorInnen gibt), scheinen begriffs- und namenlos geworden zu sein. Sie spielen sich im Subtext ab (vgl. Müller 1999; Metz-Göckel 1997).

Wie die innerhalb des DFG-Graduiertenkollegs „Geschlechterverhältnisse und sozialer Wandel" im Bereich der Hochschul- und Wissenschaftsforschung entstandenen Arbeiten zeigen, bewegen sich Subtexte bzw. Konstruktionen nicht ausschließlich auf der Ebene von bewusstem und rationalem Handeln und lassen sich von daher auch nicht nur auf diesen Ebenen fassen und beschreiben. Auch liegen Konstruktionen nicht einfach auf der Hand, sondern sie müssen aus den alltäglichen Selbstverständlichkeiten empirisch herauskristallisiert werden. Im *Femalestream* der Hochschulforschung geht es daher inzwischen eher um verdeckte Ermittlungen. Dabei wird auch die soziale Logik der Herstellung von Geschlecht entschlüsselt.

Die drei Arbeiten aus der Hochschul- und Wissenschaftsforschung, die wir in diesem Beitrag vorstellen und diskutieren, beobachten die Prozesse der Konstruktion bezogen auf:[6]

- die Aneignung einer „Spielfähigkeit" bei Nachwuchswissenschaftlerinnen (vgl. Hasenjürgen 1996),
- die Herstellung der „Passfähigkeit" in Personalauswahlverfahren bei den Universitätsprofessuren (vgl. Zimmermann 2000) und
- die soziale Konstruktion der „wissenschaftlichen Persönlichkeit" auf dem Weg zur Professur (vgl. Engler 1999/2001).

Die größte Gemeinsamkeit dieser empirisch begründeten Arbeiten liegt darin, dass sich die Autorinnen mit Denkwerkzeugen ausstatten, die aus der Macht- und Kultursoziologie Pierre Bourdieus stammen. Hierauf kommen wir am Ende unseres Beitrages wieder zurück. Mit dem Rekurs auf die Soziologie Bourdieus werden in diesen Arbeiten nicht einfach soziale Unterschiede und Ungleichheiten etc. thematisiert,

> „vielmehr geht es immer um Herrschaftsbeziehungen; vor allem um das mit *jeder legitimen Herrschaft* aufgeworfene Problem, wie es denn zugeht, dass jene, die der Herrschaft unterworfen sind, diese anerkennen und mit ihrer Anerkennung mit-konstruieren und reproduzieren." (Dölling/Krais 1997: 10, Hervorh. d. A.)

Damit richten sich die Forschungsinteressen in Bourdieus Soziologie – und dies trifft auch auf alle drei hier vorzustellende Arbeiten zu – auf die soziale Praxis als klassifizierende Praxis. Das heißt auf die Einteilungs- und Bewertungsschemata, die in einem sozialen Feld von Akteurinnen und Akteuren

6 Der Beitrag ist das Ergebnis eines Diskussionsprozesses zwischen den drei Verfasserinnen. Gleichwohl ist darauf hinzuweisen, dass zwei dieser Verfasserinnen auch Autorinnen jener wissenschaftlichen Arbeiten sind, die hier vorgestellt werden.

verwendet werden, um ihre Sichtweisen hervorzubringen. Der Erkenntnisschwerpunkt wird somit auf die *symbolische Ordnung* (Wahrnehmungs- und Erkenntnismittel) gelegt, die mit Bourdieu als Kultur zu verstehen ist, die nicht unabhängig, sondern unmittelbar mit dem Sozialen, dem alltäglichen Handeln verquickt ist. Bei Bourdieu verbindet sich damit außerdem eine erkenntniskritische Position, die als erste Voraussetzung jeder sozialwissenschaftlichen Analyse den *Bruch* mit den Kategorien des Alltags, mit dem Selbstverständlichen erfordert. Dieses schließt zuallererst eine „Kritik der Wahrnehmungs- und Erkenntnismittel, mit denen WissenschaftlerInnen arbeiten" ein (vgl. ebd.).

Durch ihre Bezugnahme auf die Soziologie Bourdieus entwickeln die drei im Graduiertenkolleg entstandenen Arbeiten ein, wie wir meinen, subversives sozialwissenschaftliches Forschungspotenzial, das den Blick feministischer Wissenschaftlerinnen bzw. in der Frauen- und Geschlechterforschung auf die universitäre Welt und die Art der Forschung, die wir und wie wir sie betreiben, verändert. Diesen Diskussionspunkt greifen wir als Blickwechsel im *Femalestream* der Hochschulforschung abschließend auf und diskutieren ihn im Kontext des bisher nur angedeuteten Wandels, der sich seit mehreren Jahren in der bundesrepublikanischen Frauen- und Geschlechterforschung hin zu einem konstruktivistischen Wissenschaftsverständnis vollzieht.

Hochschule und Wissenschaft als vergeschlechtlichte soziale Felder

Die klassifizierende Praxis in einem sozialen Feld steht im Zentrum des Forschungsinteresses der drei Arbeiten. Das soziale Feld wird je nach Untersuchungsgegenstand und -gruppe unterschiedlich konstruiert, so dass es sich anbietet die Arbeiten zunächst für sich darzustellen. Über die unterschiedlichen Untersuchungsgruppen, Fragestellungen, Forschungsmethoden etc. gibt das nachfolgende Schaubild einen Überblick.

	Hasenjürgen:	Zimmermann:	Engler:
Untersuchungsgruppen	Promovierende SozialwissenschaftlerInnen und Frauenforscherinnen	Mitglieder von universitären Berufungskommissionen, Wissenschaftsorganisationen, Expertengremien für die Berufungspolitiken im Reorganisationsprozess ostdeutscher Hochschulen	Professorinnen und Professoren der Sozial- und Ingenieurwissenschaften an Universitäten
Methoden	Berufsbiografische Interviews	Interviews mit Expertinnen und Experten	Berufsbiografische Interviews
Fragestellungen	Wie sind soziale Unterschiede und Ungleichheit bei NachwuchswissenschaftlerInnen in den Sozialwissenschaften und speziell im Teilfeld der Frauenforschung zu erklären?	Wie tragen die Prozedere der ProfessorInnenrekrutierung dazu bei, dass aus der Universität eine Einrichtung wird, deren Spitze (C4-Professuren) sich fast nur noch aus männlichen Professoren zusammensetzt?	Wie funktioniert das wissenschaftliche Feld und welche Bedeutung kommt der sozial konstruierten wissenschaftlichen Persönlichkeit hierbei zu?
zentrale Kategorien/ Konzepte	„Spielfähigkeit“	„Passfähigkeit“	„illusio“ des Feldes „wissenschaftliche Persönlichkeit“
analytisches Vorgehen	Deutungsmusteranalyse; Aufzeigen des sozialen, kulturellen und ökonomischen Kapitals von NachwuchswissenschaftlerInnen	Herausarbeitung und Durchsetzung dominanter Klassifikationen in universitären Entscheidungsprozessen über die Personalrekrutierung, kontextualisiert durch Interaktions- und Machträume	Analyse des Zustandekommens der Realitätskonstruktionen von ProfessorInnen in den Schilderungen ihres Weges zur Professur; Rückbindung der Konstruktionsarbeit ans wissenschaftliche Feld

Der Einfluss von sozialer Herkunft und Geschlecht auf die „Spielfähigkeit“

Brigitte Hasenjürgen (1996a) hat NachwuchswissenschaftlerInnen interviewt. Es geht in ihrer Untersuchung darum, die „Spielfähigkeit“ von promovierenden Frauen und Männern auszuloten und zu analysieren, welche Bedeutung dabei dem Geschlecht und der sozialen Herkunft zukommt. Unter „Spielfähigkeit“ versteht Hasenjürgen „so etwas wie einen „Spiel-Sinn“, der sich in „Veröffentlichungen, Themen und Titeln, auch in kultureller Kompetenz und einem sicheren Auftreten im wissenschaftlichen Feld niederschlagen könnte“ (Hasenjürgen 1996a: 186). Bourdieu selbst spricht nicht von „Spielfähigkeit", gleichwohl entwickelt Hasenjürgen anknüpfend an die Diskussion um das Verhältnis von Klasse und Geschlecht eine Forschungsperspektive rekurrierend auf den „sozialen Raum" und den „Habitus" bei Bourdieu und knüpft dabei ebenso an die Hochschulforschung an.

Der soziale Raum, der nach der Logik der Differenz und des differenziellen Abstands – wie ein symbolischer Raum – funktioniert, ist eine heuristische Vorstellung. Je nach sozialem Hintergrund und Werdegang unterscheidet sich der Lebensstil, der Geschmack der untersuchten SozialwissenschaftlerInnen und Frauenforscherinnen, der wie ein Distinktionszeichen wirkt: Wie klassifizieren sich die WissenschaftlerInnen selbst und welchen Klassifizierungen setzen sie sich aus? Der Habitus als geronnene Erfahrung wird dabei als Stil einer Person gefasst auf individuelle Art und Weise zu handeln, wahrzunehmen und zu deuten.

Die zentrale Frage bei Brigitte Hasenjürgen ist, wie sich die Selbstverständigungsprozesse der Befragten (symbolische Ebene) mit herkunfts-, geschlechts- und stellungsspezifischen Bedingungen und Tendenzen im wissenschaftlichen Feld verschränken (Hasenjürgen 1996a: 47). Die vorliegende Arbeit liefert dazu entlang konkreter Fragen (zur familiären und politischen Sozialisation, zu Reibungspunkten zwischen Klasse und Geschlecht, zu theoretischen Vorlieben und Verhältnissen gegenüber Vorgesetzten im soziologischen Feld etc.) einen empirischen Beitrag.

So arbeitet Brigitte Hasenjürgen heraus, dass die sozialwissenschaftlichen NachwuchswissenschaftlerInnen durch ihre Herkunftsfamilie und Erfahrungen der sekundären Sozialisation geprägt sind und inwieweit dies ihre „Spielfähigkeit" im wissenschaftlichen Feld bestimmt. Die Deutungen der NachwuchswissenschaftlerInnen zeigen, wie sie selbst mit den „Spielregeln" im wissenschaftlichen Feld zurechtkommen und sich dort einrichten. Ausgestattet mit einem bestimmten Habitus, den sie im Elternhaus und in der sekundären Sozialisation erworben haben, versuchen die NachwuchswissenschaftlerInnen Spielstrategien im wissenschaftlichen Feld zu entwickeln. Der Erfolg ihrer Professionalisierungsprozesse hängt auch davon ab, ob und wie die jungen Wissenschaftlerinnen fähig und bereit sind die in der Wissenschaft herrschenden Regeln zu begreifen sowie altgediente politische, herkunfts- und geschlechtsspezifisch Deutungsmuster zu transformieren und an die Anforderungen des wissenschaftlichen Feldes anzupassen. Als ein Ergebnis der Untersuchung hebt Hasenjürgen hervor:

> „Die Interpretation der Deutungen, Wahrnehmungen und Handlungen der InterviewpartnerInnen konnte deutlich machen, dass insbesondere WissenschaftlerInnen aus den „oberen" Herkunftsklassen über diese geeigneten Dispositionen für den Aufstieg im wissenschaftlichen Feld verfügen und aufgrund ihres „Spielsinns" in der Lage sind, diesen „Vorsprung" gegenüber ihren KollegInnen mit anderen Lebenswegen durch ein erfolgreiches Agieren im wissenschaftlichen Feld weiter auszubauen" (Hasenjürgen 1996a: 272).

Darüber hinaus kommt sie zu dem Ergebnis, dass sich die von ihr interviewten promovierenden Frauen und Männer in ihren Handlungen und Deutungen nicht so gravierend unterscheiden, als dass daraus fundamentale geschlechtsspezifische Differenzen ableitbar wären. Doch kommt auch Hasenjürgen nicht an dem Sachverhalt vorbei, dass sich Frauen und Männer – entgegen der von ihr festgestellten überwiegenden Gemeinsamkeiten – auf differenten, d.h. „oberen" und „unteren" Plätzen im Wissenschaftsbetrieb befinden. Dies ist möglich,

> „weil Männer wie Frauen selbst aktiv geschlechtsspezifische Zuschreibungen praktizieren. Auch Frauen vermögen zur vermeintlichen Stabilisierung der Geschlechterhierarchien damit gewinnbringend zu arbeiten, wenn sie z.B. Schuldzuweisungen oder Geschlechterstereotype als Mittel zur Verwaltung eigener Probleme dienstbar machen – einer der zahlreichen Hinweise für „doing gender" (Hasenjürgen 1996a: 275).

Das gleichzeitige „doing class", das z.B. anhand von Distanzierungstechniken gegenüber den Theoretikerinnen/Praktikerinnen, Lehrenden oder Forschenden analysiert wird, sieht Brigitte Hasenjürgen herkunftsspezifisch verteilt. Bezogen auf die Gegenüberstellung von Forschung und Lehre, die in den Interviews vorgenommen wird, gelangt sie zu dem Ergebnis:

> „Ohne Zweifel wird die Lehrtätigkeit unter SozialwissenschaftlerInnen weniger anerkannt und gefördert; diese unterschiedliche Bewertung ist vermutlich auch mit der bestehenden Hierarchie von „Frauenarbeit" und „Männerarbeit" verknüpft. Als problematisch wurde jedoch der Umstand gewertet, dass auffällig viele Frauen aus Familien ohne kulturelles und ökonomisches Kapital die Lehre deshalb hochzuhalten scheinen, weil sie aus ihnen Bestätigung als Wissenschaftlerinnen zu ziehen vermögen, die ihnen in anderen Bereichen versagt bleibt. Diese individuelle „Strategie" ist zum einen eingebunden in einen kollektiv geführten Kampf um die Legitimität bestimmter Deutungsmuster, hier die Anerkennung der Lehrtätigkeit von Frauen" (Hasenjürgen 1996a: 275).

Brigitte Hasenjürgen interpretiert die Anerkennung der Lehrtätigkeit jedoch auch als nicht intendierten Versuch von Wissenschaftlerinnen, ihre unzureichende „Spielfähigkeit" für andere wissenschaftliche Aktivitäten auszugleichen (vgl. ebd.: 275).

Hier wurde durch die Analyse von Einflüssen aus sozialer Herkunft, Fach und Geschlecht die weitgehende Übereinstimmung zwischen inneren (Individuum, Subjekt etc.) und äußeren gesellschaftlichen Strukturen analysiert; anknüpfend an andere Untersuchungen aus der Fachkulturforschung: Die Inkorporierung des Sozialen stellt in Bezug auf das Geschlecht nicht einfach einen frühen Einfluss der Sozialisation dar, der, wie Bourdieu meint, niemals ganz verschwindet. Die empirischen Befunde verdeutlichen in dieser Hinsicht, *wie* z.B. NachwuchswissenschaftlerInnen (bei Engler Studierende verschiedener Fächer) Machtverhältnisse verinnerlicht haben, und *wie* sich diese Verinnerlichung in den Reproduktionsmodi ausdrückt (vgl. Engler 1993: 249).

Während es Brigitte Hasenjürgen darum geht, die „Spielfähigkeit" von Nachwuchswissenschaftlerinnen anhand ihrer mitgebrachten Ressourcen auszuloten (die in Anlehnung an Bourdieus Kapitalbegriffe bestimmt und geordnet werden) – und hierbei die NachwuchswissenschaftlerInnen noch als Einzelpersonen im Zentrum der Analyse stehen, ist die Perspektivität der beiden jüngeren Arbeiten von Karin Zimmermann und Steffani Engler eine andere. Hier steht nicht der oder die Einzelne im Zentrum. Es geht nicht um ihre jeweilige Kapitalausstattung und die damit verknüpfte „Spielfähigkeit", um herauszufinden, welchen Einfluss die soziale Herkunft und das Geschlecht auf die Identifikation von NachwuchswissenschaftlerInnen mit der Wissenschaft haben. Wo Brigitte Hasenjürgen fragt, ob sich NachwuchswissenschaftlerInnen unterscheiden, worauf diese Unterschiede zurückzuführen sind und ob diese Unterschiedlichkeit relevant für die Identifikation mit der Hochschule sind, verfolgen Karin Zimmermann und Steffani Engler eine andere Fragerichtung: Sie untersuchen die Frage, wie es gelingt, Frauen aus der Wissenschaft herauszuhalten bzw. hinauszutreiben. Damit ist jedoch ein radikaler Perspektivenwechsel verbunden. Erhebt Brigitte Hasenjürgen den Anspruch, vom Individuum auszugehen („Nicht aus der Perspektive des Feldes, sondern aus der des Individuums betrachtet, müssen wir uns fragen, wie die WissenschaftlerInnen sich selbst im sozialen Raum verorten, d.h. welche Identität sie für sich konstruieren..." (Hasenjürgen 1996a: 186)), so wird insbesondere von Steffani Engler betont, dass der Ausgangspunkt nicht das Individuum sein kann. Vielmehr ist eine wissenschaftliche Konstruktion des Gegenstandes vorzunehmen, die den Ausgangspunkt der Analyse des wissenschaftlichen Feldes bildet. Auch Karin Zimmermann geht nicht von den Individuen aus, sondern von einem konkreten Sachverhalt.

Die Herstellung der „Passfähigkeit"

Karin Zimmermann (2000) rückt das soziale Geschehen von universitären Berufungsverhandlungen in das Zentrum ihrer Analyse. Damit lenkt sie die Aufmerksamkeit auf jenes komplexe Geflecht universitärer Aushandlungs- und Entscheidungsprozesse, deren Ergebnis wir in dem Sachverhalt vorfinden, dass es viele Professoren und wenige Professorinnen gibt.

Das Fundament der qualitativen Fallstudie zum Berufungsgeschehen bilden 35 Interviews mit Expertinnen und Experten, die als ProfessorInnen (ost- wie westdeutscher Herkunft), als AufsteigerInnen in die Professur, als Angehörige des wissenschaftlichen Mittelbaus, als Frauenbeauftragte etc. in universitären Berufungskommissionen, in politikberatenden Expertengremien oder für Wissenschaftsorganisationen tätig geworden sind. Diese unterschiedlichen Positionen und verschiedenen Sichtweisen bilden die Grundlage einer qualitativen Analyse des Berufungsgeschehens während der deutsch-deutschen Transformation als sozialen Prozess. Dementsprechend zieht sich die Frage, *wie* die Verfahren bei der Personalauswahl für die Professuren in den verschiedenen Gremien und auf den unterschiedlichen Entscheidungsebenen funktionieren, als roter Faden durch die Untersuchung.

Das Resultat der analytischen Rekonstruktionsarbeit wird in der – aus den Sichtweisen herausdestillierten und am Datenmaterial entwickelten – Kategorie der „Passfähigkeit" begrifflich verdichtet. Anhand dieser Basiskategorie kann verdeutlicht werden, wie alle Beteiligten an einem kollektiven Erkenntnisakt mitwirken, in dessen Rahmen sie Realitäten im sozialen Berufungsgeschehen schaffen: Sie sorgen aktiv dafür, dass die Auswahlprozedere (weiterhin) so prozessualisieren (können), dass die ex post und offiziell so dargestellte Bestenauslese diejenigen Stelleninhaber (und manchmal auch Stelleninhaberinnen) bezeichnet, die in den Auswahlprozessen als die am besten „Passfähigen" klassifiziert worden sind. Zwar konterkariert die „Passfähigkeit" – da sie eine soziale Konstruktion darstellt – die Ansprüche an Objektivität und (Geschlechts-)Neutralität der angelegten Auswahlkriterien (Veröffentlichungslisten, Drittmittelaktivitäten etc.). Denn neben fachlichen fließen immer auch soziale Kriterien (Kollegialität, Zugehörigkeiten und Bekanntschaften aufgrund gemeinsamer Themen, Theorien etc.) bis hin zu individuellen und persönlichen Vorlieben in die Entscheidungsfindung ein. (z.B. in Wahrnehmungen und Bewertungen von Selbstpräsentationen von Männern oder Frauen beim Probevortrag). Gleichwohl nehmen die Auswählenden wie selbstverständlich für sich in Anspruch, die angelegten Kriterien seien „objektiv" bzw. „(geschlechts-) neutral".

Genau dieser im wissenschaftlichen Feld fest verankerte Common Sense wird in den „Spiele(n) mit der Macht in der Wissenschaft" re-konstruiert und dadurch de-konstruiert. Dekonstruktion bedeutet hier, die Konstruktions- bzw. Klassifikationsarbeit unter die Lupe zu nehmen, die die Beteiligten bei der Herstellung der „Passfähigkeit" aufwenden,.

Um sie analysieren und interpretieren zu können, wird auf der Basis des empirischen Materials ein *Machtraum der wissenschaftspolitischen Steuerung* (Zimmermann 2000: 18ff.) konstruiert. Hierbei wird der soziale Raum (bei Bourdieu als ein Raum aufeinander bezogener sozialer Positionen entworfen) als heuristisches Modell auf das in die ostdeutschen Bundesländer übertragene westdeutsche Steuerungssystem (Bund-Länder-Koordination) angewandt. Im statischen Zustand betrachtet besteht der Machtraum der wissenschaftspolitischen Steuerung aus den beteiligten Wissenschaftsorganisationen, wie dem Wissenschaftsrat auf gesamtstaatlicher Ebene (Makro), aus den politikberatenden Hochschulstrukturkommissionen auf der Ebene der ostdeutschen Bundesländer (Meso), den Gründungsdekanen und –beauftragten für ein Fach sowie aus anderen Mitgliedern universitärer Gremien und Auswahlkommissionen, einschließlich der Frauenbeauftragten auf der

Hochschulebene (Mikro). Auf jeder dieser vertikalen Ebenen bestehen zusätzlich horizontale Kompetenz- und Arbeitsteilungen zwischen Wissenschaft und Staat. Während die Wissenschaft mit dem kulturellen Kapital (Bourdieu) ausgestattet ist, das die soziale Positionierung der wissenschaftlichen Akteure (Gremien, Organisationen, Netzwerke oder Einzelpersonen) prägt, sind die staatlichen Akteure am entgegengesetzten Pol des Machtraumes vorwiegend in Besitz politisch-ökonomischen Kapitals. Unter politisch-ökonomischem Kapital ist z.B. das staatliche Letztentscheidungsrecht bei der Besetzung von Professuren oder die Zuständigkeit für die Profilbildung und Finanzierung der Hochschulen zu verstehen. Das kulturelle Kapital im wissenschaftlichen Feld resultiert hingegen aus unterschiedlichen Prestigeformen, über die Wissenschaftler und Wissenschaftlerinnen persönlich verfügen – als Ausdruck ihrer wissenschaftlichen Macht als Gremienmitglieder oder Gutachter und Gutachterin etc.

Diese Heuristik des Machtraumes wird in der Untersuchung zur Passfähigkeit interaktionistisch gewendet. Das heißt, in den statischen Raum kommt Bewegung, wenn Interaktionen (Aushandlungen) zwischen sozialen Akteuren auf und zwischen den verschiedenen Ebenen stattfinden. Der Raum wird dadurch zu einem dynamischen sozialen Feld, zu einem „Machtfeld“ und bezeichnet als solches

„eine ganz reale Population von Inhabern jener greifbaren Realität (...), die man Macht nennt: worunter ich die Machtverhältnisse zwischen sozialen Positionen verstehe, die ihren Besitzern ein ausreichendes Quantum an gesellschaftlicher Macht – oder Kapital – sichern, um sie in die Lage zu versetzen, in die Kämpfe um das Monopol auf die Macht einzutreten, zu deren wichtigsten Dimensionen die Kämpfe um die Definition der legitimen Form der Macht gehören“ (Bourdieu 1996: 263).

Um jene „Kämpfe“ empirisch zu rekonstruieren, werden bei Karin Zimmermann Berufungskommissionen, wissenschaftliche Expertengremien, Verfahrensabläufe und Entscheidungssituationen etc. als *Interaktionsräume* gefasst. Der zentrale Gedanke dabei ist, dass die Aushandlungen in verschiedenen Interaktionsräumen, die innerhalb des mehrdimensionalen Machtraumes der wissenschaftspolitischen Steuerung angesiedelt sind, nicht ungeordnet bzw. unabhängig nebeneinander stehen. Vielmehr sind sie in dem obengenannten Machtraum miteinander verbunden – so wie die unterschiedlich ausgestatteten Zimmer mit verschiedenen Funktionalitäten zusammen ein Haus bilden. Zusammenhänge und Abhängigkeiten zwischen Interaktions- und Machträumen auf den verschiedenen Ebenen des Gesamtfeldes können so empirisch ausgeleuchtet werden.

Für die Phase der deutsch-deutschen Reorganisation des Machtraumes werden Spannungsverhältnisse nachgezeichnet, die zwischen den Herkunftsfeldern der genannten beiden sozialen Akteursgruppen (WissenschaftlerInnen und PolitikerInnen) bestehen. Sie resultieren aus der feldspezifischen universitären Autonomie der ProfessorInnenschaft gegenüber den Kompetenzen des Staates im sozialen Berufungsgeschehen. Ermöglichen diese Spannungsfelder einerseits Abgrenzungen zwischen den wissenschaftlichen und den staatlichen Akteuren, so erlauben sie es ihnen andererseits sich in legitimatorischer Absicht aufeinander zu berufen (vgl. ebd.: 75ff.). Dies geschieht, wenn z.B. der Wissenschaftsminister eines Bundeslandes Mitglieder von Expertengremien beruft und feststellt, es könne keine Frau nominiert werden, weil die Repräsentanten der Wissenschaft keine „exzellenten und hochrangigen“ Wissenschafterinnen empfohlen hätten. Wie im einzelnen herausgearbeitet wird, führt das Empfehlungswesen des wissenschaftlichen Feldes zu einem *Raritätseffekt* bei den Expertinnen, während das symbolische Kapital an *Anerkennung und Bewährung* (vgl. ebd.: 106ff.) bei den immer wieder benannten Experten und Gutachtern einen *Kumulationseffekt* erzeugt. Die so erworbene Anerkennung (symbolisches Kapital) ist jedoch eine der grundlegenden Voraussetzungen dafür, sich in dem Spannungsverhältnis zwischen wissenschaftlichen und staatlichen Kompetenzen die als legitim anerkannte wissenschaftliche Definitionsmacht anzueignen, um das Berufungsgeschehen wirkungsvoll zu beeinflussen. Erst dadurch wird ermöglicht, dass die von der Wissenschaft Ausgewählten und durch die Politik Empfohlenen ihre Netzwerkverbindungen aktivieren und somit z.B. als Gründungsbeauftragte zum Teil an mehreren ostdeutschen Universitäten gleichzeitig agieren. Dabei verteilen sie die legitime Definitionsmacht über netzwerkartige Strukturen und konstruieren dabei Kriterien für die „Passfähigkeit“ in den unterschiedlichen Interaktionsräumen.

In der Untersuchung zur „Passfähigkeit“ wird anhand des empirischen Materials ein dynamisches Machtfeld entworfen, dem soziale Akteure und Akteurinnen angehören, sofern sie empirisch nachweisbar Machteffekte verursachen – wie in dem gegebenen Beispiel, wenn wissenschaftspolitische Akteure Wissenschaftler berufen. Wenn die Wissenschaftler dabei keine als exzellent und hochrangig klassifizierten Frauen empfehlen und solche Empfehlungen von den politischen Akteuren fraglos akzeptiert werden, können wir von Geschlechtereffekten sprechen, deren Spezifika für das wissenschaftliche Machtfeld jeweils nachzuweisen sind. Entgegen Behauptungen, die so genannte Frauenfrage sei prinzipiell nur ein Problem des Funktionssystems Familie (vgl. Sektion Wissenschafts- und Technikforschung 1997 sowie Luhmann 1992) und – in spezifischen Ausprägungen – nicht auch das anderer gesellschaftlicher Felder, wird in den „Spielen mit der Macht in der Wissenschaft“ das Zusammenspiel sozialer Felder, hier des wissenschaftlichen und des wissenschaftspolitischen Machtfeldes, rekonstruiert und gezeigt, wie so genannte außerwissenschaftliche Kriterien (z.B. durch Wissenschaftspolitik) bei Personalauswahlverfahren in das wissenschaftliche Feld hineinwirken.

Hier bietet das Konzept der gesellschaftlichen Teilfelder bei Bourdieu gegenüber anderen gesellschaftstheoretischen Modellen den Vorteil, dass analytisch keine Entgegensetzungen (Dualismen) vorgenommen werden müssen, wie sie gleichwohl in den alltäglichen Interaktionen durch die Klassifikation von Objekten, die den Gegenstand der Analyse bilden, vorfindbar sind. Ein weiterer Vorteil liegt darin, Männer und Frauen, Wissenschaftler und Politiker, Ost und West etc. nicht substanziell, sondern relational mit-, zu- und gegeneinander zu denken. Entsprechend der Heuristik des sozialen Raumes sind dies die sozialen Positionen, die sich in Abhängigkeiten voneinander bewegen und durch Nähe und Ferne bestimmen, wobei die Entwicklungsdynamik durch die Rekonstruktion der verborgenen Machtspiele in den verschiedensten Interaktionsräumen sichtbar gemacht werden muss.

Im Ergebnis zeigt sich, dass die soziale Konstruktion der (Nicht)Passfähigkeit den Modus procedendi für die vergeschlechtlichte Wirklichkeit im Feld der akademischen Personalrekrutierung darstellt. Dabei läuft – neben anderen Klassifikationsschemata wie „ost-west", „gute-schlechte Gutachter" etc. – das Schema der zweigeschlechtlichen Klassifikation latent als unbewusst Gewusstes mit. In den Handlungsvollzügen (Interaktionsräumen) wird dieses Schema nur manchmal bewusst eingeschaltet. Meistens bleibt es präreflexiv, was u.a. daran deutlich wird, dass die „anerkannten und bewährten Gutachter" wie selbstverständlich Männer sind. Diese durch Nichtthematisierung bewirkte Irrelevanz der Geschlechterdifferenz, aber auch ihr relevant Machen beschreiben flexible Seiten der Konstruktionsprozesse, z.B. dann wenn Auswählende zu Protokoll geben, dass es in einer bestimmten Situation wünschbar erschienen sei, dass „es eine Frau wäre" (um anschließend sofort wieder zu betonen, dass das Geschlecht auch in einem solchen Fall sicherlich keine Rolle gespielt habe). Die Flexibilität kommt mit dem „praktischen Sinn" des Habitus (Bourdieu) in die Interaktionsräume. In ihnen realisieren sich die „sanften", das heißt, die am wenigsten ins Bewusstsein tretenden Formen der Beherrschung, die Bourdieu „symbolische Gewalt" (vgl. z.B. Bourdieu 1997) nennt.

Ein Beispiel für die symbolische Gewalt, wie sie sich bei den Personalauswahlen im wissenschaftlichen Feld findet, soll hier aus einer Stellungnahme zitiert werden, die ein Gründer mehrerer eingeschlechtlich-männlicher Institute an verschiedenen ostdeutschen Universitäten gibt:

> „In [Y, eine ostdeutsche Universität] hatte ich Frau C, die uns sehr gut gefallen hat und die wir auf den zweiten Platz der Liste gestellt haben. Sie hatte Pech gewissermaßen, weil der, der auf den ersten kam nun wirklich so stark war, dass man, hätte man ihn hinter die Frau gesetzt, hätte man ein, hätte man irgendwie, wäre der nicht dagewesen, dann hätten wir die Frau auf den ersten Platz genommen. Es tat uns leid." (Interviewzitat, vgl. Zimmermann 2000: 169)

In Interaktionsräumen wie diesem, in denen sich in der Endauswahl, wenn überhaupt, oft nur eine Kandidatin befindet, entstehen (in den Interviews mit den Experten) zuweilen jene hier deutlich gewordenen Begründungsschwierigkeiten. Die Verlegenheit legt offen, dass die Akteure als Auswählende in den Gremien der Personalrekrutierung über Vorstellungen und über ein entsprechendes Empfindungsvermögen verfügen, das ihnen anzeigt, wann die soziale und kulturelle Rangordnung zwischen Männern und Frauen durchbrochen würde. Dies ist immer dann der Fall, wenn dem Mann eine jeweils nachrangige Position zugewiesen werden müsste, was in diesem Fall gleichzusetzen ist mit „hinter einer Frau“ zu platzieren. Da dadurch aber die männliche Nachfolge auf die Professur möglicherweise tatsächlich in Frage gestellt würde, halten die beteiligten Akteure und in aller Regel auch die Akteurinnen daran fest, eine „Passfähigkeit“ zu konstruieren, die ein Gemisch aus wissenschaftlichen, fachlichen, wissenschaftspolitischen und persönlichen Kriterien darstellt und die sie nach Außen als Bestenauswahl darstellen, die auf der Grundlage rein objektiver Kriterien vollzogen worden sei. Unter dieser Bedingung fallen die symbolischen Profite, wie zufällig, den (männlichen) Professoren zu. Dieses kulturelle Muster, dass eben „ein stärkerer Mann“ vor eine Kandidatin auf der Berufungsliste zu platzieren ist oder der Kandidatin gar ein Platz außerhalb der Berufungsliste (aus insgesamt drei Berufungsvorschlägen) zuzuweisen war – der Vorgang der *sozialen Konstruktion des dritten Listenplatzes* (vgl. ebd.: 162ff.) – findet sich in allen sozialen Situationen, in denen im wissenschaftlichen Feld Kollegialität inszeniert wird. Vor allem in Wissenschaftsorganisationen an der Spitze des Machtfeldes tragen solche Kollegialitätsinszenierungen einen stark ritualisierten Charakter. Hier kommt es zuweilen zur Hinzuwahl einer von Befragten so bezeichneten *Legitimationsfrau* (vgl. ebd.: 97). Sie stellt ein soziales Konstrukt dar, das den Zusammenhalt der männlichen Gruppe dadurch bekräftigt, dass diese sich – nach außen – für die Kooptation von Professorinnen offen präsentieren kann, während sich die als passfähig befundenen Repräsentanten der Wissenschaft(sorganisationen) gleichzeitig – nach innen – in homosozial-männlichen Machtzirkeln abkapseln.

Somit enthält „Passfähigkeit“ nichts, was nicht hergestellt oder produziert worden wäre, aber auch nichts, was vollständig beliebig und willkürlich wäre. Denn sie wird in Interaktionsräumen hergestellt, die strukturiert sind durch die feldspezifisch aufeinander bezogenen Interaktions- und Machträume mit ihren Ressourcen (Kapitalien) und Mechanismen der Bildung legitimer Gruppen (Definitionsmacht), der Konstruktion des dritten Listenplatzes in den universitären Berufungskommissionen sowie der Erzeugung des Raritätseffektes bei den Gutachterinnen etc. Als soziologisches Konzept, das Resultat der Analyse des Berufungsgeschehens ist, markiert „Passfähigkeit“ kein essenzielles Passfähig-Sein, sondern ein prozessuales Passfähig-Machen bzw. Gemacht-Werden. Es beinhaltet, dass Passfähigkeit ein durch und für die soziale Realität des Berufungsgeschehens konstruiertes Klassifikationsschema ist, das von sozialen Akteurinnen und Akteuren so flexibel eingesetzt wird, dass es so erscheint, als produzierten sich die verzweigeschlechtlichten Passungsverhältnisse wie von selbst.

Dass eine Frau nur selten als anerkannte Expertin und „wissenschaftliche Persönlichkeit“ (vgl. im folgenden Engler) auf die wissenschaftspolitische Bühne tritt, ist somit zugleich Ursache und Wirkung der feldspezifischen Eigendynamik, wie sie am Beispiel des Berufungsgeschehens rekonstruiert wird.

Die Konstruktion der wissenschaftlichen Persönlichkeit

Steffani Engler (2001) rückt Professorinnen und Professoren ins Blickfeld. Doch bei ihr bilden nicht diese AkteurInnen den Ausgangspunkt ihrer Untersuchung, sondern das wissenschaftliche Feld zu einem gegebenen Zeitpunkt, in dem ProfessorInnen zu dem geworden sind, was sie sind. Es geht ihr nicht um Forschung *über* Frauen und Männer oder um den Nachweis der sozial konstruierten Verschiedenheit von Frauen und Männern, sondern immer auch um die Analyse sozialer Verhältnisse, die in einem hohen Maße vergeschlechtlicht sind. Mit diesem Ausgangspunkt wird ein Blickwechsel von den Einzelnen hin zum wissenschaftlichen Feld vorgenommen. Hierbei werden wissenschaftstheoretische Probleme deutlich, die in der Soziologie bisher nur wenig zu Kenntnis genommen wurden.

Mit dem Blickwechsel von den Einzelpersonen zum sozialen Feld ist verbunden, dass die Wissenschaftlerin nicht mehr die Existenz eines ontologisches Subjekts voraussetzen kann (wie dies geschieht, wenn die Abwesenheit von subjekttheoretischer Reflexion in konstruktivistischen Ansätzen beklagt wird oder auch wenn der Anspruch erhoben wird, die Welt aus der Perspektive des Individuums zu betrachten). Damit wird aber auch deutlich, dass die Wissenschaftlerin keinen objektiven Blick auf ihren Gegenstand mehr beanspruchen kann. Die Idee, dass es einen objektiven Standpunkt gibt, den die Wissenschaftlerin einnehmen kann, wenn sie Selbstreflexion betreibt, wird mit der Vorstellung von sozialen Feldern aufgegeben. Wenn man diesen objektiven Blick, der meist selbstverständlich vorausgesetzt wird, wenn Wissenschaftlerinnen Interviews deuten, aufgibt dann stellt sich die Frage: Wie kann man, wie muss man Wissenschaft betreiben, wenn man nicht mehr voraussetzt, dass es einen objektiven Standpunkt gibt?

Auf den Gegenstand ihrer Arbeit bezogen wirft Steffani Engler daher zunächst die Frage auf, wie ein soziologisches Verstehen der sozialen Praxis von AkteurInnen möglich ist, ohne „symbolische Gewalt“ (Bourdieu 1997) auszuüben, ohne den Interviewten die eigene Sichtweise aufzuzwingen, ohne Deutungsmuster herauszuarbeiten, die immer mehr über die interpretierende Wissenschaftlerin sagen als über das, was die interviewten AkteurInnen geschildert haben. Eine erste Antwort auf dieses Problem lautet, man muss die wissenschaftliche Beobachterin aus dem Dunkeln ans Licht führen, man muss sie sichtbar machen und mit ihr die stillschweigende Voraussetzung von wissenschaftlichen Analysen.

Anders gesagt: Wenn wir nicht davon ausgehen, dass es sich bei der Kategorie Geschlecht um eine natürliche Tatsache handelt, sondern um eine soziale Konstruktion, dann nehmen wir an, dass AkteurInnen sich als KonstrukteurInnen ihrer Realität betätigen und hierbei Zuschreibungen vornehmen und Unterscheidungen treffen, die immer wieder dazu beitragen, Frauen und Männer als verschiedene Wesen hervorzubringen. Aber dann muss man nicht nur die Frage aufwerfen, wie konstruieren die Interviewten ihren Weg zu Professur, sondern auch, was macht die Wissenschaftlerin, wenn sie Wissenschaft betreibt und die Interviews interpretiert? Dann kommt man nicht umhin festzustellen, dass auch sie sich als Konstrukteurin betätigt. Wie aber ist es ihr möglich, die Realitätskonstruktionen der Befragten zu verstehen, ohne den Befragten die Sichtweise der Wissenschaftlerin aufzuzwängen? Die in der sozialwissenschaftlichen Hermeneutik verbreitete Antwort lautet, dass die Wissenschaftlerin „Distanz" zu ihrem Gegenstand einnehmen muss. Damit ist aber das Problem nicht gelöst. In das Zauberwort „Distanz" geht die Annahme ein, dass die Wissenschaftlerin über einen objektiven Blick verfügt und dieses Zauberwort fungiert meist als Legitimation, dem empirischen Material die Sichtweise der WissenschaftlerIn aufzuzwingen. Damit hat man die von den Interviewten geschilderte soziale Praxis aber keineswegs verstanden.

So führen die exemplarisch anhand der Biographieforschung geführten wissenschaftstheoretischen Auseinandersetzungen mit diesen Problemen nicht zu dem Anspruch, dass die Wissenschaftlerin zu der Sichtweise der Interviewten „Distanz" einnehmen muss, sondern dazu, dass sie vielmehr Distanz zu ihren eigenen Wahrnehmungs- und Bewertungsschemata herstellen muss, um den Interviewten nicht ihre Sicht- und Denkweise überzustülpen. Dann kann sie eine analytische Nähe zu den Schilderungen der Interviewten herstellen, um mit wissenschaftlichen Mitteln die Realitätskonstruktionen zu verstehen. Somit geht es bei diesem soziologischen Verstehen darum, die „symbolische Gewalt" im Verstehensprozess zu minimieren und nicht durch Distanz oder den Anspruch einer subjekttheoretischen Reflexion einen objektiven Blick zu beanspruchen, der dazu führt, dass im Verstehensprozess „symbolische Gewalt" ausgeübt wird. Das so elaborierte soziologische Verstehen wird bei der Analyse der Schilderung von ProfessorInnen angewandt, die ihren Weges zur Professur rekonstruieren. Mit diesem soziologischen Verstehen wird nicht nach Deutungsmustern gefahndet, nicht in den inneren Tiefen des Subjektes nach Verborgenem gesucht, werden nicht Ambivalenzen aufgespürt, die den ProfessorInnen nicht bewusst sind etc. Denn damit wäre immer verbunden, dass die Wissenschaftlerin einen objektiven Blick beansprucht (auch wenn sie dies nicht absichtlich tut), der es ihr erlaubt, die geschilderten Rekonstruktionen der ProfessorInnen zu bewerten und zu beurteilen. Es wird aber auch nicht danach gefragt, ob das Geschlecht oder die soziale Herkunft der Interviewten einen Einfluss ausüben und beurteilt, ob dies der Fall ist oder nicht. Solche Fragen werden in eine andere analytische Blickrichtung gedreht. So wird vielmehr gefragt, wie die von den ProfessorInnen vermittelten Eindrücke zu Stande kommen, um somit etwas über das Funktionieren des wissenschaftlichen Feldes zu erfahren, in dem der sozialen Herkunft und dem Geschlecht eine ganz spezifische Bedeutung zugeschrieben werden und andere Dinge wie Konkurrenz, eine ganz spezifische Form annehmen. Es geht um jene in die sozialen und mentalen Strukturen eingelagerten Verhältnisse, die so selbstverständlich sind, dass es den am sozialen Geschehen Beteiligten schwer fällt, sie zu identifizieren und zu ordnen.

Die mit diesem analytischen Blick verbundene Denkweise ist „neu". Sie bricht mit unserem gesunden wissenschaftlichen Alltagsverstand, der uns immer wieder substantialistische Zuschreibungen vornehmen lässt und dazu verleitet, das, was die Interviewten geschildert haben, zu klassifizieren, anstatt die von den Interviewten vorgenommenen Konstruktionen zu analysieren. So wird klassifiziert und das Zustandekommen der Realitätskonstruktionen der Interviewten bleibt unverstanden. Anders das soziologische Verstehen. Hier werden die Realitätskonstruktionen der Professoren und Professorinnen und die dabei vollbrachte Konstruktionsarbeit im Zusammenhang mit dem wissenschaftlichen Feld untersucht, in dem sie generiert wurden. So ist es möglich, die erzählte soziale Praxis zu analysieren. Zwar schildern die Professoren und Professorinnen ihren je eigenen, ganz spezifischen Weg zur Professur und bringen ihre eigene Sichtweise hervor, aber sie tun dies mit Wahrnehmungs- und Bewertungsschemata, die sie nicht selbst erfunden haben.[7] Sie nutzen auf unterschiedliche Weise die Schemata, die im wissenschaftlichen Feld relevant sind, um Einteilungen und Aufteilungen hervorzubringen und Bewertungen, Einschätzungen und Zuschreibungen vorzunehmen. Dabei sind diese Dinge selbstverständlich, sie gehören zum täglichen Geschäft der ProfessorInnen. Doch mittels des soziologischen Verstehens kann das, was den Interviewten selbstverständlich ist, das, woran die in diesem Feld Agierenden glauben und was in ihr Handeln eingeht, an die Oberfläche gebracht werden – und das ist die *illusio* des wissenschaftlichen Feldes.

So kann man anhand der Realitätskonstruktionen von ProfessorInnen erfahren, wie die Welt der Wissenschaft funktioniert. Dazu werden die Schilderungen von zwei Professorinnen und vier Professoren analysiert, die

7 Um dies zu verdeutlichen: Wir alle bringen unserer eigene Sichtweise im Hinblick auf die Kategorie Geschlecht hervor, aber wir tun dies in Kategorien wie Frauen und Männer, die wir nicht selbst erfunden haben.

ihren Weg zur Professur rekonstruieren. In diesen Schilderungen kann man beispielsweise „entdecken", dass die ProfessorInnen alle an ihre wissenschaftliche Leistung glauben. Dennoch präsentieren sie sich nicht als ProfessorInnen die glauben, dass ihre wissenschaftliche Leistung sie zu ihrer Position des Erfolges geführt hat. Die ProfessorInnen verfügen vielmehr über die praktisches Erkenntnis, dass nicht die eigentliche wissenschaftliche Arbeit und Leistung zum Erfolg führt, sondern die in sozialen Prozessen anerkannte und zugeschriebene Leistung durch andere WissenschaftlerInnen. Man kann auch feststellen, dass die ProfessorInnen daran glauben, dass die soziale Herkunft bei ihrer wissenschaftlichen Karriere keine Rolle gespielt hat, und zwar unabhängig von ihrer jeweiligen sozialen Herkunft.

Neben solchen hier angedeuteten Ergebnissen, die auf die *illusio* des wissenschaftlichen Feldes zielen, hat sich im Verlaufe der Analyse herausgestellt, dass die wissenschaftliche Persönlichkeit – allerdings als Produkt der wissenschaftlichen Welt und nicht als ontologische Gegebenheit – von großer Bedeutung für das wissenschaftliche Universum ist und diese ebenso real wie sozial konstruiert ist. Zwar scheint es für den naiven Beobachter selbstverständlich, dass Wissenschaft von Persönlichkeiten gemacht wird, aber angesichts der Tatsache, dass Wissenschaft gerade auf Objektivierung zielt, auf objektive, von der Person des Wissenschaftlers und der Wissenschaftlerin ablösbare Erkenntnisse, ist die Hervorhebung der Persönlichkeit in der Wissenschaft keineswegs selbstverständlich. Die Schilderungen der Professorinnen geben Auskunft darüber, wie die wissenschaftliche Persönlichkeit im sozialen Gefüge der Wissenschaft, im Alltag entworfen wird und entsteht. In den Darstellungen wird die Konstruktionsarbeit deutlich, die geleistet werden muss, um die wissenschaftliche Persönlichkeit hervorzubringen. Dabei geht es nicht einfach darum, wissenschaftliche Leistung zu vollbringen und die der andern zur Kenntnis zu nehmen, sondern vermittelt über Zuschreibungsprozesse wird Konstruktionsarbeit geleistet. In diesen Prozessen wird Eigenes und Neues ebenso wie Originelles zugeschrieben und hervorgebracht. Ein Professor der Soziologie streicht beispielsweise heraus:

„Und dann kam ich mit bestimmten Ideen an die akademische Öffentlichkeit, die hatten Erfolg, und dann machte es auch Spaß, weil ich auch das Gefühl hatte, dass ist was, was neu ist und mir auch liegt."

Dieser Artikel, „in dem eigene Gedanken stehen", hat ihn zu einem „ziemlich überzeugten Sozialwissenschaftler" gemacht. Ein anderer Soziologe attestiert nicht nur großen wissenschaftlichen Persönlichkeiten, dass diese etwas Eigenes und Neues erarbeiteten haben, sondern auch, dass er selbst keine Kopie eines Originals werden wollte. Und ein Professor der Elektrotechnik wehrt sich gegen den Vorwurf, dass er das „geistige Eigentum" und somit die Ideen eines Diplomanden in seiner Habilitation verwendete. Ein anderer wiederum betont, dass „ein Mann mit Ideen" gebraucht wurde und dass sein erster Artikel „auch später noch öfters benannt worden ist in anderen Veröffentlichungen. Weil „das Prinzip (...) einfach eine neue Methode war, ist es auch von anderen Leuten dann in Vorträgen zitiert worden." So ist die wissenschaftliche Persönlichkeit das Produkt der wissenschaftlichen Welt, sie wird im wissenschaftlichen Feld erzeugt, die Schöpfer werden selbst geschaffen. Sie wurden zitiert und hatten in der akademischen Öffentlichkeit Erfolg. Die wissenschaftliche Persönlichkeit ist dabei alles andere als geschlechtsneutral, sie ist vergeschlechtlicht.

So werden in der von den befragten ProfessorInnen vorgenommenen Konstruktionsarbeit die Anerkennungs- und Zuschreibungsprozesse sichtbar, die dazu führen, dass es wissenschaftliche Persönlichkeiten gibt und dass es sich dabei hauptsächlich um Männer handelt. Denn die wissenschaftliche Persönlichkeit entsteht in sozialen Spielen in Prozessen gegenseitiger Anerkennung und Zuschreibung. Hierbei wird ihre Größe in Konkurrenzkämpfen ausgehandelt. Dies geschieht durch wechselseitige Zuschreibungen von neuen, originellen Gedanken und innovative Ideen zu einer Person. Und genau von diesen Zuschreibungen sind Frauen ausgenommen, sie „müssen" sich damit begnügen, dass sie respektiert werden als Kollegin. Keine der beiden Soziologinnen erzählt, dass sie mit ihren Ideen in der soziologischen Welt Erfolg hatte. Das heißt nicht, dass sie keine produktive, kreative, originelle, innovative wissenschaftliche Arbeit leisten, es heißt vielmehr, dass die Zuschreibung ausbleibt.[8] Das bedeutet wiederum, dass es sich bei jenen sozialen Spielen, in denen die Größe der wissenschaftlichen Persönlichkeit ausgehandelt wird und somit entsteht, um Männerspiele handelt, da schöpferische Kraft als männlich gilt und Männern zugeschrieben wird (ausführlich vgl. Engler 2000). Die Prozesse der Zuschreibung führen erst dazu, dass die wissenschaftliche Persönlichkeit als „männlich" vorgestellt wird. Das Resultat von solchen komplexen Prozessen ist unbequem, denn diese Prozesse der Anerkennung und Zuschreibung führen auch dazu, dass zwischen Frauen und Männern Unterschiede bestehen, die sowohl konstruiert als auch real sind und die sich letztlich in dem Sachverhalt niederschlagen, dass es wenig Professorinnen und viele Professoren gibt.

---

8 Als ein Beispiel hierfür kann man Barbara McClintock anführen, die für ihre Beobachtung der „springenden Gene" 36 Jahre nach der Entdeckung den Nobelpreis für Medizin und Physiologie erhielt. Sie leistete einen wirklich eigenständigen Beitrag zur Wissenschaft. Allerdings bezieht sich dieses Eigene nicht auf das soziale Spiel, in dem es um die Positionierung in Relation zu anderen Spielern geht, sondern auf ihre wissenschaftliche Arbeit. Dieser eigenständige Beitrag hat sie nicht zu einer „großen Persönlichkeit" gemacht, sondern in die Isolation getrieben. Sie definierte sich durch ihre Arbeit und nicht in Relation zu ihren Kollegen. Dies zeigt, dass wissenschaftliche Persönlichkeiten in einem sozialen Feld entworfen werden und dass sich das Eigene, Schöpferische nicht auf einen Beitrag zur Wissenschaft bezieht oder beziehen muss (vgl. Engler 2000).

Blickwechsel im Femalestream der Hochschulforschung

Wenn in der Frauen- und Geschlechterforschung von einem Blickwechsel oder Paradigmenwechsel die Rede ist, so meint dies unter dem Vorzeichen von „Konstruktion“, dass nicht mehr vorauszusetzen ist, dass es Frauen und Männer gibt. Vielmehr wird davon ausgegangen, dass sich die Geschlechtszuweisung nicht von selbst versteht und immer wieder hergestellt werden muss, um wirksam zu sein.[9] Insofern wird Geschlecht als soziale Konstruktion verstanden. Obgleich dieser Sachverhalt auf den ersten Blick mittlerweile als selbstverständlich erscheint, ist das Reden von einem konstruktivistischen Verständnis von Geschlecht eine Sache, die Realisierung aber eine ganz andere. Das wird sowohl bei der Umsetzung in empirischen Studien als auch bei wissenschaftstheoretischen Überlegungen deutlich. Ulrike Teubner und Angelika Wetterer weisen auf den inflationären Gebrauch des Begriffes Konstruktion im Zusammenhang mit Geschlecht hin (Teubner/-Wetterer 1999).[10] Und sie konstatieren, dass zwar in der deutschen Frauen- und Geschlechterforschung schon seit ca. zehn Jahren über die soziale Konstruktion von Geschlecht geredet und diskutiert wird, dies aber in einer Weise geschieht, die oftmals unproduktiv sei.[11] Warum? Vielfach liegt den theoretisch geführten Auseinandersetzungen ein Wissenschaftsverständnis zugrunde, das in der Bundesrepublik der kritischen Theorie verpflichtet ist. Aus dieser Perspektive werden Mängel im Hinblick auf jene Blickrichtungen konstatiert, die sich auf konstruktivistische Ansätze beziehen. Oft weisen die Kritikerinnen auf eine fehlende gesellschaftstheoretische Perspektive oder auf die Abwesenheit einer subjekttheoretischen Reflexion hin.

Damit stehen nicht nur grundlegende soziologische Kategorien zur Diskussion, die langwierige gesellschafts-, wissenschafts- und erkenntnistheoretische Diskurse erwarten lassen. Hinzu kommt die Gefahr, dass sich die Kategorien Geschlecht bzw. Geschlechterverhältnis unter der Hand verflüssigen, weil sie womöglich in Diskurse eingezwängt werden, die oft mehr implizit als explizit auf einer dualen Denkweise (Individuum/Gesellschaft, Subjekt/Objekt etc.) basieren. Deshalb erscheint es notwendig an dieser Stel-

---

9 Schon Durkheim (1895; 1911) führt aus, dass es für den soziologischen Blick notwendig ist, soziale Tatsachen wie Dinge zu behandeln. Dabei geht es ihm auch darum, die Vorstellungen und Klassifikationen, die Menschen vornehmen, als konstruiert zu fassen.

10 Auch Ian Hacking stellt fest, dass nicht überall wo Konstruktion im Titel geführt wird, auch ein konstruktivistischer Blick angewendet wird. Und er weist darauf hin, dass es viele Arbeiten gibt, bei denen im Titel nicht von Konstruktion die Rede ist, aber dieser Blick angewendet wird, wie beispielsweise schon von Ludwick Fleck 1935 in seinem Buch „Entstehung und Entwicklung einer wissenschaftlichen Tatsache“.

11 Kessler/McKenna haben schon 1978 einen Paradigmenwechsel vorgeschlagen: „In essence we are proposing a paradigm change in the way gender is viewed, a shift to seeing gender attribution as primary and gender as a practical accomplishment“ (Kessler/McKenna 1978).

le auf einige theoretische Prämissen einzugehen, die sich aus dem gemeinsamen Bezugspunkt der drei vorgestellten Arbeiten im soziologischen Denken Bourdieus ergeben. Die theoretischen Konzepte Bourdieus sind für diese Arbeiten zum wissenschaftlichen Feld gerade deshalb attraktiv, weil es möglich wird, eine andere Blickrichtung zu wählen, aus dualen „Konstruktionen" auszusteigen bzw. sie in eine ganz andere Richtung zu wenden.

Der damit verbundene Ansatzpunkt impliziert für die Analyse der sozialen Welt, dass hier nicht von „der Gesellschaft" und „dem Geschlechterverhältnis" in der Gesellschaft als „Totalitäten" ausgegangen wird.[12] Vielmehr wird in Rekurs auf die Konzeption von sozialen Feldern bei Bourdieu dem Gedanken einer arbeitsteilig organisierten modernen Gesellschaft Rechnung getragen.[13] Damit sind entscheidende Konsequenzen verbunden, die sich auf das Verständnis der Konstruktion von Geschlecht beziehen: Die Herstellung von Geschlecht und die damit verbundenen Prozesse, die dazu führen, dass das soziale Feld der Wissenschaft und Hochschule noch immer von Männern dominiert ist, folgt im wissenschaftlichen Feld ganz spezifischen Logiken, die sich von denen in anderen sozialen Feldern unterscheiden. Von sozialen Feldern mit je spezifischen sozialen Praxen auszugehen, bedeutet auch den Gedanken *aufzugeben*, dass die Herstellung von Herrschaftsbeziehungen – und nicht „nur" von sozialer Ungleichheit – zwischen den Geschlechtern einer allgemeinen, für alle gesellschaftlichen Felder gültigen sozialen Logik folgt.

Dies führt dazu, theoriegeleitete empirische Untersuchungen bezogen auf konkrete Felder vorzunehmen und die soziale Praxis unter die Lupe zu nehmen. So wird nicht von einem vermeintlich allgemeinen, theoretisch hergeleiteten abstrakten Sollverständnis ausgegangen – also davon, wie das Geschlechterverhältnis aussehen sollte – , um anschließend den Ist-Zustand der Geschlechterverhältnisse in der Gesellschaft oder der Wissenschaft zu beurteilen und zu bewerten. Vielmehr wird eine theoriegeleitete Annäherung an die Einteilungs- und Bewertungsschemata unternommen, die in einem Feld von Akteurinnen und Akteuren eingesetzt werden, um ihre Sicht-

12 Insbesondere soziologische Diskussionen, die sich auf den Nationalstaat beziehen, machen die Problematik des Gesellschaftsbegriffs deutlich. Sie zeigen, dass oftmals von Gesellschaft die Rede ist, aber der Nationalstaat gemeint ist.

13 Schon Max Weber fasst die moderne Gesellschaft als eine nach Wertsphären ausdifferenzierte. Luhmann redet in seiner Gesellschaftstheorie nicht von sozialen Feldern, sondern er rückt Wissenschaft als ein System ins Blickfeld. Gemeinsam ist hier jedoch der Grundgedanke, dass es sich bei der modernen Gesellschaft um eine differenzierte handelt. Bourdieu allerdings redet nicht von Gesellschaft und begreift seine theoretischen Konzepte zur Analyse der sozialen Welt und seine heuristische Konzeption des sozialen Raums nicht als Gesellschaftstheorie im herkömmlichen Sinne. Denn bei vielen Gesellschaftstheorien wird oftmals zwischen subjektiv und objektiv unterschieden. Das setzt voraus, dass es das Eine wie das Andere gibt. Solche Voraussetzungen werden bei Bourdieu kritisch unter die Lupe genommen und ihre Wirkungen und Auswirkungen sowie die damit verbundene Machtposition der WissenschaftlerInnen offengelegt.

weisen hervorzubringen. Bei der Untersuchung der sozialen Praxis in verschiedenen Feldern werden die Konzepte jeweils auf den zu konstruierenden Gegenstand bezogen. Das impliziert eine wissenschaftstheoretische Position, die durch Offenheit für die soziale Praxis gekennzeichnet ist und auch zu Modifikationen der theoretischen Konzepte führt.[14] Ebenso ist damit eine wissenschaftliche Sichtweise der soziale Welt und ihre Mechanismen verbunden, die nicht mit Dualismen operiert und dabei das soziale Geschehen entlang von Gegensätzen einteilt und ordnet (wie z.B. direkt/indirekt; bewusst/unbewusst aber auch weiblich und männlich). Angewandt wird vielmehr ein Denken in Relationen. Für das Verständnis von sozialen Konstruktionen bedeutet dies, dass nicht nur Geschlecht als Konstruktionsarbeit von AkteurInnen analysiert wird, sondern dass AkteurInnen klassifizieren, um ihre jeweilige Sicht der Welt hervorzubringen. Da AkteurInnen ihre Sicht der Welt von unterschiedlichen sozialen Positionen aus, aber im Verhältnis zueinander hervorbringen und mit den jeweiligen Standpunkten unterschiedliche Interessen verbunden sind, ist das, was für sie in ihrem sozialen Feld zu einem bestimmten Zeitpunkt wichtig und wahrnehmbar ist, unterschiedlich.

Wie die drei Arbeiten zum wissenschaftlichen Feld auf der Grundlage unterschiedlicher empirischer Fallstudien verdeutlichen, ist diese soziale Welt eine vergeschlechtlichte. Denn der Geschlechterdualismus ist ein permanenter, aber präreflexiv gehaltener Referenzpunkt in den Perzeptionen sozialer AkteurInnen im wissenschaftlichen Feld und wirkt dadurch vergeschlechtlichend. Dies bedeutet, dass Geschlecht immer über das konstruiert wird, was in dem Feld zählt und was sich für die AkteurInnen im günstigsten Fall auszahlt: u.a. die von WissenschaftlerInnen zugeschriebene wissenschaftliche Leistung, die zur Herstellung der wissenschaftlichen Persönlichkeit notwendig ist und beispielsweise bei Stellenbesetzungen im wissenschaftlichen Feld als passfähig erkannt und anerkannt wird (vgl. Zimmermann 1997).

Allerdings wäre es zu kurzschlüssig, den KonstrukteurInnen des Geschlechts die pure Berechnung eines homo oeconomicus oder eine reine strategische Absicht zu unterstellen. Um deutlich zu machen, dass sich soziales Handeln nur bedingt verstehen und erklären lässt, wenn es als rationales und bewusstes begriffen wird, verwendet Bourdieu oft die Metapher des Spiels. Denn das Handeln folgt einer sozialen Logik, die den AkteurInnen zur Natur geworden ist, die sie durch die soziale Praxis eingeübt haben und ohne großes Nachdenken anwenden. So ist den AkteurInnen ihr Handeln in einem bestimmten sozialen Feld selbstverständlich, ohne dass es sich von selbst versteht. Nur so erklärt sich die symbolische Gewalt. Sie bedient sich

14 Bourdieu selbst hat seine theoretischen Konzepte durch ethnologische und soziologische Analysen der sozialen Praxis in verschiedensten sozialen Feldern entwickelt und immer wieder modifiziert. Zusammenfassend hierzu vgl. Bourdieu/Wacquant 1996.

„der stillschweigenden Komplizenschaft derer (...), die sie erleiden, und oft auch derjenigen, die sie ausüben, und zwar in dem Maße, in dem beide Seiten sich dessen nicht bewusst sind, dass sie sie ausüben oder erleiden. Aufgabe der Soziologie wie aller Wissenschaften ist es, Verborgenes zu enthüllen; sie kann daher dazu beitragen, die symbolische Gewalt innerhalb der sozialen Beziehungen zu verringern“ (Bourdieu 1998: 21f.).

Die Aufklärung über die Selbstverständlichkeit, mit der vor allem auch in einem Feld wie dem wissenschaftlichen die symbolische Gewalt alltäglich ausgeübt wird, ist ein gemeinsames Anliegen der präsentierten Arbeiten. Sie wiesen darauf hin, dass es immer wichtiger wird, die Frage nach den Bedingungen des soziologischen Erkennens auch im Feld der Frauen- und Geschlechterforschung als Teil des wissenschaftlichen Feldes zum Erkenntnisgegenstand zu machen. Denn die „Komplizenschaft“ (Bourdieu) ist auch und gerade für das wissenschaftliche Feld charakteristisch. Darin kämpfen Wissenschaftler und Wissenschaftlerinnen – jene, die Frauen- und Geschlechterforschung betreiben, eingeschlossen – um die Durchsetzung ihrer Sichtweisen und sie konkurrieren miteinander.[15]

Die vorgestellten Arbeiten behandeln auf unterschiedliche Weise das soziale Geschehen im wissenschaftlichen Feld, in dem sie NachwuchswissenschaftlerInnen, das Berufungsgeschehen und den Weg zur Professur ins Blickfeld rücken. Wichtig ist, dass die Spielfähigkeit, die Passfähigkeit und die wissenschaftliche Persönlichkeit nicht als etwas Gegebenes vorausgesetzt werden, sondern die Konstruktionsarbeit analysiert wird, die diese Dinge in der sozialen Realität hervorbringen. Damit ist aber verbunden, dass die vorgestellten Untersuchungen den Versuch unternehmen, mit stillschweigend vorausgesetzten Kategorien zu brechen und das Zustandekommen von sozialen Verhältnissen im wissenschaftlichen Feld zu analysieren. Das schließt jene Kategorien mit ein, die gewöhnlich nicht zum Erkenntnisgegenstand soziologischer Analysen gemacht werden, weil sie als ein Common Sense gelten wie beispielsweise das Wort „Professor“ oder „Professorin“ oder die von allen gewusste Tatsache, dass die Wissenschaft in „old-boys-networks“ betrieben wird. Dieser Blickwechsel impliziert, dass auch Dinge wie Subjektivität nicht als gegeben vorausgesetzt werden, weil damit immer schon ein Subjekt und ein ihm äußerliches Objekt angenommen wird.

Dieses soziologische Denken, das die mit dem Substanzdenken verbundene – auch eigene – dualistische Denkweise analysiert und die wissenschaftliche Welt als eine betrachtet, die von AkteurInnen in bestimmter

---

15 Ein Beispiel hierfür ist auch die Einführung von theoretischen Konzepten zur Analyse der sozialen Welt in der Frauen- und Geschlechterforschung seit Ende der 80er Jahre, die nicht dem femalstream folgten, sondern sich vielmehr auf das soziologische Denken Bourdieus stützten (vgl. Schlüter 1986; Engler 1988; Engler/Friebertshäuser 1989, 1992; Krais 1993, Frerichs/Steinrücke 1993). Der in Anlehnung an Bourdieu praktizierte theoretische Zugriff war und ist nicht selten von Missbilligung und Ignoranz begleitet. Zu aktuellen Umbrüchen und den damit verbundenen Zuordnungen bzw. Kämpfen im Feld der Frauen- und Geschlechterforschung vgl. Hausen 1998, Annuß 1996.

Weise gesehen, eingeteilt und auf diese Weise gemacht wird, stellt eine Herausforderung des wissenschaftlichen Alltagsverstandes dar. Die wissenschafts- und erkenntnistheoretisch angelegte Arbeit von Steffani Engler, in der die Erkenntnissubjekte im wissenschaftlichen Feld untersucht werden, verdeutlicht, dass auch die wissenschaftliche Beobachterin als Konstrukteurin nicht unbeobachtet bleiben darf. Es wird nicht vorausgesetzt, dass diese mit einem objektiven Blick ausgestattet ist bzw. dass es dergleichen überhaupt gibt. Dies bedeutet für WissenschaftlerInnen auch eine Analyse der eigenen Wahrnehmungs- und Denkschemata, die nicht so eigen sind, wie uns die Subjektphilosophie glauben lässt. Denn es handelt sich um Schemata, die im wissenschaftlichen Feld zur Klassifikation angewandt werden. Ein solches Vorgehen ist immer heikel: *„Sich für die Zauberei des eigenen Stammes und seiner Fetische zu interessieren ist mit dem Risiko verbunden, Reize zu entfesseln, die sich gegen den Zauberlehrling selbst kehren"* (Engler 1999: 9). Eine spezifische Art der Reflexion, die berücksichtigt, dass der Fortschritt der Erkenntnis Fortschritte im Erkennen der Bedingungen der Erkenntnis voraussetzt (vgl. Bourdieu 1987: 7), ist jedoch unabdingbar.

Wie wir meinen, kann die soziologische Denkweise Bourdieus, die in seine theoretischen Konzepte zur Analyse der sozialen Welt eingeht, neue Möglichkeiten für die Frauen- und Geschlechterforschung eröffnen. Dabei ist uns die Denkweise Bourdieus eine Herausforderung: eine Denkweise, die nicht einteilt und klassifiziert in ein Subjekt und ein Objekt und keine Brücke zwischen Struktur und Handeln schlägt, (wie oft behauptet wird), sondern dieses alte soziologische Problem in eine andere, für unsere herkömmliche Denkweise ungewöhnliche Richtung dreht. Es ist eine Herausforderung mit diesen Konzepten zu arbeiten, weil wir immer wieder neu gegen Selbstverständliches „andenken" müssen, um genau diese Selbstverständlichkeiten der sozialen Praxis offen zu legen. Die analytische Sonde muss gegen den Alltagsverstand angesetzt und es muss immer wieder gegen den Strich gearbeitet werden, um die soziale Praxis und ihre Logik zu erschließen.

Wenn wir dabei die Hochschule als soziales Feld ins Zentrum rücken, handelt es sich um eine vertraute Welt und das macht die Analyse so schwierig. Denn es gilt die soziale Ordnung, die auch in unsere Vorstellungen eingeht, wie auch die soziale Tatsache, dass Wissenschaft von Persönlichkeiten gemacht wird, als Konstruktionsarbeit zu fassen, die sich nicht von selbst versteht – auch wenn sie uns selbstverständlich ist. Dass wir vor allem in Bereichen, die uns vertraut sind, mehr Antworten als Fragen haben, ist dabei das eine Problem. Ein anderes ist, dass Analysen, denen eine relationale Betrachtungsweise zugrunde liegt, immer in der Gefahr stehen, mit einem dualistischen Blick rezipiert zu werden. Gegen diese Ströme zu schwimmen, ist eine Herausforderung, die unsere eigene soziale Praxis durch neue wissenschaftliche Erkenntnisse erhellt.

Literatur

Allmendinger, Jutta et al. 1999: Eine Liga für sich? Berufliche Werdegänge von Wissenschaftlerinnen in der Max-Planck-Gesellschaft. In: Neusel, Ayla/-Wetterer, Angelika (Hrsg.): Vielfältige Verschiedenheiten. Geschlechterverhältnisse in Studium, Hochschule und Beruf. Frankfurt a. M, S. 193-220

Annuß, Evelyn: Umbruch und Krise der Geschlechterforschung 1996: Judith Butler als Symptom (unter Mitarbeit von Robert Schmidt). In: Das Argument 216, S. 505-524

Arndt, Marlies/Deters, Magdalene/Harth, Gabriele/Jähnert, Gabriele/Kootz, Johanna/Riegraf, Birgit/Roßbach, Manuela/Zimmermann, Karin (Hrsg.) 1993: Ausgegrenzt und mittendrin, Frauen in der Wissenschaft, Dokumentation einer Tagung an der Humboldt-Universität Berlin am 23./24. Oktober 1992, Berlin

Berliner Dozentinnen Gruppe (Hrsg.) 1977: Frauen und Wissenschaft. Beiträge zur Berliner Sommeruniversität für Frauen. Juli 1976. Berlin

Bock, Ulla/Anne Braszeit/Christiane Schmerl (Hrsg.) 1983: Frauen an Universitäten. Frankfurt/M

Bourdieu, Pierre 1998: Über das Fernsehen. Frankfurt a.M

Bourdieu, Pierre 1997: Die männliche Herrschaft, in: Dölling, Irene/Beate Krais (Hg.): Ein alltägliches Spiel. Geschlechterkonstruktion in der sozialen Praxis. Frankfurt a.M., S. 153-217

Bourdieu, Pierre 1992: Rede und Antwort. Frankfurt a. M.

Bourdieu, Pierre 1988: Homo Academicus. Frankfurt a. M.

Bourdieu, Pierre 1987: Sozialer Sinn. Kritik der theoretischen Vernunft. Frankfurt/M.

Bourdieu, Pierre/Wacquant, Loïc J.D. 1996: Reflexive Anthropologie. Frankfurt a. M.

Clemens, Bärbel/Metz-Göckel, Sigrid/Neusel, Ayla/Port, Barbara (Hrsg.) 1986: Töchter der Alma Mater – Frauen in der Berufs- und Hochschulforschung. Frankfurt/M.

Durkheim, Emile [1911] 1967: Werturteile und Wirklichkeitsurteile. In: Ders.: Soziologie und Philosophie. Hg. v. Theodor W. Adorno. Frankfurt a. M., S. 137-157.

Durkheim, Emile [1895] 1984: Die Regeln der soziologischen Methode. Hg. von René König. Frankfurt a. M.

Engler, Steffani 2000: Zum Selbstverständnis von Professoren und der „illusio“ des wissenschaftlichen Feldes. In: Krais, Beate (Hrsg.): Wissenschaftsstruktur und Geschlechterordnung. Über die verborgenen Mechanismen männlicher Dominanz in der akademischen Welt, Frankfurt a.M./New York, S. 121-151

Engler, Steffani 1999: „In Einsamkeit und Freiheit“? Zur Konstruktion der wissenschaftlichen Persönlichkeit auf dem Weg zur Professur. Habilitationsschrift zur Vorlage beim Fachbereich 2, Gesellschafts- und Geschichtswissenschaften der Technischen Universität Darmstadt, Münster Nov. 1999, Manuskript (erscheint 2001)

Engler, Steffani 1993: Fachkultur, Geschlecht und soziale Reproduktion. Eine Untersuchung über Studentinnen und Studenten der Erziehungswissenschaft, Rechtswissenschaft und des Maschinenbaus. Weinheim

Engler, Steffani 1988: Theoretische Vorarbeiten: Die Reproduktionstheorie Pierre Bourdieus; Der Raum studentischer Fachkulturen; Beziehungsschwierigkeiten: „Männliche" Reproduktionstheorie und feministische Wissenschaft. Publikationsreihe „Studium und Biographie". Nr. 2. Universität-Gesamthochschule Siegen

Engler, Steffani/Friebertshäuser, Barbara 1989: Zwischen Kantine und WG. Studienanfang in Elektrotechnik und Erziehungswissenschaft. In: Faulstich-Wieland, Hannelore (Hrsg.): Weibliche Identität. Dokumentation der Fachtagung der AG Frauenforschung in der Deutschen Gesellschaft für Erziehungswissenschaft. Bielefeld, S. 123-136

Engler, Steffani/Friebertshäuser, Barbara 1992: Die Macht des Dominanten. In: Wetterer, A. (Hrsg.): Profession und Geschlecht. Über die Marginalität von Frauen in hochqualifizierten Berufen. Frankfurt/Main; New York, S. 101-120.

Frerichs, Petra/Steinrücke, Margareta 1993: Frauen im sozialen Raum. Offene Forschungsprobleme bei der Bestimmung der Klassenposition. In: dies. (Hrsg.): soziale Ungleichheit und Geschlechterverhältnisse. Opladen, S. 191-205

Fleck, Ludwik [1935] 1999: Entstehung und Entwicklung einer wissenschaftlichen Tatsache. Frankfurt a. M.

Geenen, Elke M. 1994: Blockierte Karrieren. Frauen in der Hochschule.Opladen

Hacking, Ian 1999: Was heißt „soziale Konstruktion"? Zur Konjunktur einer Kampfvokabel in den Wissenschaften. Frankfurt a. M.

Hasenjürgen, Brigitte 1996a: Soziale Macht im Wissenschaftsspiel. Sozialwissenschaftlerinnen und Frauenforscherinnen an der Hochschule. Münster

Hasenjürgen, Brigitte 1996b: Winners and Losers. SozialwissenschaftlerInnen an der Hochschule. in: Fischer, Ute Luise/Kampshoff, Marita/Keil, Susanne/Schmitt, Mathilde (Hrsg.), Kategorie: Geschlecht. Empirische Analysen und feministische Theorien. Opladen, S. 41-55

Hausen, Karin 1998: Geschlechterforschung und Interdisziplinarität – Perspektiven in Umbruchzeiten. In: Werkstatt Geschichte 19, S. 59-68

Hausen, Karin/Nowotny, Helga (Hrsg.) 1986: Wie männlich ist die Wissenschaft? Frankfurt a.M.

Kirsch-Auwärter, Edit 1995: Kulturmuster organisationalen Handelns am Beispiel wissenschaftlicher Institutionen. In: Wetterer, Angelika (Hrsg.), Die soziale Konstruktion von Geschlecht in Professionalisierungsprozessen. Frankfurt/M., New York, S. 73-83

Krais, Beate 1993: Geschlechterverhältnis und symbolische Gewalt. In: Gebauer, Gunter/Wulf, Christoph (Hrsg.): Praxis und Ästhetik. Neue Perspektiven im Denken Piere Bourdieus. Frankfurt a. M., S. 208-250

Krais, Beate 1989: Soziales Feld, Macht und kulturelle Praxis. Die Untersuchungen Bourdieus über die verschiedenen Fraktionen der „herrschenden Klasse" in Frankreich. In: Eder, Klaus (Hrsg.): Klassenlage, Lebensstile und kulturelle Praxis, Frankfurt a. M., S. 47-70

Kuhlmann, Ellen 1999: Geschlechterdifferenz und Geschlechterhierarchie – (k)ein symbiotisches Verhältnis. Ergebnisse einer historischen und empirischen Untersuchung zur Bedeutung von Geschlechterdifferenzierungen in der zahnmedizinischen Profession. In: Neusel, Ayla/Wetterer, Angelika (Hrsg.): Vielfältige Verschiedenheiten. Geschlechterverhältnisse in Studium, Hochschule und Beruf, Frankfurt a. M./New York, S. 285-304

Luhmann, Niklas 1992: Die Wissenschaft der Gesellschaft. Frankfurt a. M.

Metz-Göckel, Sigrid 1999: Hochschulreform als Personalentwicklung. Zur Produktivität von WissenschaftlerInnen. In: Neusel, Ayla/Wetterer, Angelika (Hrsg.): Vielfältige Verschiedenheiten. Geschlechterverhältnisse in Studium, Hochschule und Beruf, Frankfurt a. M./New York, S. 161-191

Metz-Göckel, Sigrid 1998: Lehrkulturen und Lehrökonomie. Zur Mikropolitik der Lehre als Modernisierungsstrategie der Hochschulen. In: Roloff, Christina (Hrsg.): Reformpotenzial an Hochschulen. Frauen als Akteurinnen in Hochschulreformprozessen. Berlin, S. 77-107

Metz-Göckel, Sigrid 1997: Das Geschlecht in der Hochschulforschung und im Hochschulalltag. Unerwünschte und gewollte Unterschiede. In: Metz-Göckel, Sigrid/Steck, Felicitas (Hg): Frauenuniversitäten. Initiativen und Reformprojekte im internationalen Vergleich. Opladen, S. 17-40

Metz-Göckel, Sigrid 1992:, Beobachtungen über Privates und Öffentliches in professionellen Institutionen. In: Wetterer Angelika (Hrsg.): Profession und Geschlecht. Über die Marginalität von Frauen in hochqualifizierten Berufen. Frankfurt/M., New York, S. 277-284

Müller, Ursula 1999: Asymmetrische Geschlechterkonstruktionen in der Hochschule. In: Neusel, Ayla/Wetterer, Angelika (Hrsg.): Vielfältige Verschiedenheiten. Geschlechterverhältnisse in Studium, Hochschule und Beruf. Frankfurt a. M./New York, S. 135-159

Neusel, Aylâ 1998: Annäherungen an ein Forschungskonzept zur Untersuchung des Zusammenhangs von Geschlecht und Organisation in der Hochschule. In: Teichler, Ulrich/Daniel, Hans-Dieter/Enders, Jürgen (Hg.): Brennpunkt Hochschule. Neuere Analysen zu Hochschule, Beruf und Gesellschaft. Frankfurt a. M./New York, S. 97-119

Onnen-Isemann, Corinna/Ursula Oßwald 1991: Aufstiegsbarrieren für Frauen im Universitätsbereich, in: Schriftenreihe Studien Bildung Wissenschaft 99, hrsg. vom Bundesminister für Bildung und Wissenschaft. Bad Honnef

Pross, Helge [1969] 1976: Über die Bildungschancen von Mädchen in der Bundesrepublik. Frankfurt a. M.

Riegraf, Birgit 1996: Geschlecht und Mikropolitik. Opladen

Schlüter, Anne 1986: „Wenn zwei das Gleiche tun, ist das noch lange nicht dasselbe“ – Diskriminierungen von Frauen in der Wissenschaft. In: Schlüter, Anne/Kuhn, Annette (Hrsg.): Lila Schwarzbuch. Zur Diskriminierung von Frauen in der Wissenschaft. Düsseldorf, S. 10-33

Schultz, Dagmar 1990, Das Geschlecht läuft immer mit. Die Arbeitswelt von Professorinnen und Professoren. Pfaffenweiler

Sektion Wissenschafts- und Technikforschung 1997: „Wissenschaft und Geschlechterdifferenz“, Tagungsbericht. In: Soziologie, Mitteilungsblatt der Deutschen Gesellschaft für Soziologie 4. Opladen, S. 61-68

Teubner, Ulrike/Wetterer, Angelika 1999: Gender-Paradoxien: soziale Konstruktion transparent gemacht. In: Lober, Judith. Gender-Paradoxien. Opladen, S. 9-29

Weber, Max 1920: Gesammelte Aufsätze zur Religionssoziologie. Band 1. Tübingen: Mohr

West, Candace/Zimmerman, Don H. 1991: Doing Gender. In: Lorber, Judith/Farell, Susan A. (Hrsg.), The Social Construction of Gender. Newbury Park, London, New Delhi, S. 13-37

Wetterer, Angelika 1999: Theoretische Entwicklungen der Frauen- und Geschlechterforschung über Studium, Hochschule und Beruf – ein einleitender Rückblick. In: Neusel, Ayla/Wetterer Angelika (Hrsg.): Vielfältige Verschiedenheiten. Geschlechterverhältnisse in Studium, Hochschule und Beruf. Frankfurt a.M./New York, S. 15-34

Zimmermann, Karin 2000: Spiele mit der Macht in der Wissenschaft. Passfähigkeit und Geschlecht als Kriterien für Berufungen. Berlin

Zimmermann, Karin 1999: Die soziale Konstruktion der Passfähigkeit in Personalauswahlverfahren. In: Hochschule Ost ¾: Bretschneider, Falk/Pasternack, Peer (Hrsg.): Akademische Rituale. Symbolische Praxis an Hochschulen. Leipzig, S. 171-194

Zimmermann, Karin 1997: Wissenschaftliche Netzwerke im deutsch-deutschen Wissenschaftstransfer. In: Lang, Sabine/Sauer, Birgit (Hrsg.): Wissenschaft als Arbeit – Arbeit als Wissenschaft. Frankfurt a. M./New York, S. 247-262

Ellen Kuhlmann, Edelgard Kutzner, Ursula Müller, Birgit Riegraf, Sylvia Wilz

Organisationen und Professionen als Produktionsstätten der Geschlechter(a)symmetrie[1]

1. Einleitung

Die Optionen für Frauen in der Berufswelt sind vielfältiger, zugleich aber ambivalenter und widersprüchlicher geworden. Zu diesem oder ähnlichen Ergebnissen kommen mehrere neue empirische Studien in so unterschiedlichen Arbeitsmarktbereichen wie industriellen Produktionsbetrieben, Banken, Hochschulen, Professionen. Vom „Ende der Gewissheiten" (Peinl 1999), von „vielfältigen Verschiedenheiten" (Neusel/Wetterer 1999) oder von einer „unordentlichen Geschlechterordnung" (Kutzner 1999) ist die Rede. „Flexibilisierung" stellt sich demnach auch auf der Ebene der Geschlechterverhältnisse ein, wie „nachhaltig" – um einen weiteren Begriff aus dem Kanon der Standortdebatte aufzugreifen – diese allerdings wirkt, scheint noch keineswegs ausgemacht zu sein. Die Verwirrung, welche die „bunte Vielfalt" gegenwärtig in der Frauen- und Geschlechterforschung stiftet, liegt vor allem darin, dass einerseits empirische Belege für ein Schwinden der Bedeutung der Geschlechterdifferenz angeführt werden, andererseits aber bereits ein Blick in die Arbeitsmarkt- und Berufsstatistiken die Persistenz geschlechtshierarchischer Arrangements in der Arbeitswelt unübersehbar macht. Bisweilen scheint es, als stelle sich das Geschlechterverhältnis in einem Vexierbild dar, das den Blick auf Geschlechterdifferenzen und die sie produzierenden Prozesse in Abhängigkeit von der Betrachtungsperspektive mal mehr und mal weniger freigibt oder vollständig verstellt.

Organisationen werden aus der Perspektive der Frauen- und Geschlechterforschung nicht lediglich als „Resonanzkörper" betrachtet, sondern sie verfügen über eigenständige und jeweils spezifische Handlungs- und Gestaltungsspielräume bei der Produktion, aber auch beim Abbau von Geschlechterungleichheiten (vgl. Alvesson/Due Billing 1997). Organisationen wie

1 Dieser Beitrag und seine Autorinnen konnten wesentlich von der anregenden Kommentierung durch Prof. Dr. Tilla Siegel profitieren. Ihr ganz besonders, aber auch den TeilnehmerInnen der Arbeitsgruppe „Organisation und Profession" danken wir herzlich für die wertvollen Hinweise und die engagierte Diskussion.

Hochschulen und Unternehmen bilden zentrale „Schaltstellen" bei der Herstellung oder der Relativierung der Geschlechterasymmetrien. Die Rationalität von Organisationsentwicklungen und -zielen stellt sich als gestaltbar und in sozialen Kontexten konstituiert dar. Entscheidende Weichenstellungen für ein Verständnis der gegenwärtig ablaufenden Prozesse im Geschlechterverhältnis werden in Organisationen vorgenommen. Prozesse des Wandels oder der Persistenz im Geschlechterverhältnis sind ohne die Betrachtung der Entwicklungen in Organisationen kaum zu verstehen. Vor dem Hintergrund der skizzierten Erkenntnisse über Wandlungen in den Geschlechterverhältnissen bedeutet dies, dass die „gendered substructure" (Acker 1991) von Organisationen flexibler zu werden scheint und/oder nicht mehr eindeutig zu fassen ist. Die organisationale Restrukturierung und ihre Auswirkungen auf die Arrangements der Geschlechter werden zu einem „messy, unpredictable and uneven process", wie Halford, Savage und Witz aus ihren Fallstudien im Banksektor, im Pflegebereich und in der öffentlichen Verwaltung schlussfolgern (1997: 269).

In diesem Beitrag zu „Organisation und Profession" sollen Hinweise dazu gegeben werden, wie die Erkenntnisse der feministischen Professionssoziologie mit aktuellen Debatten in der Organisationssoziologie verknüpft werden können und welcher Erkenntnisgewinn aus einer solchen Verknüpfung resultiert. Die Debatte erfolgt anhand empirischer Studien aus Industriebetrieben, dem öffentlichen und privaten Dienstleistungsbereich und den Hochschulen sowie anhand theoretischer Überlegungen zum Organisationslernen auf der Seite der Organisationssoziologie und Untersuchungen zur Zahnmedizin auf der Seite der Professionen erfolgen. Bei aller Verschiedenheit der Untersuchungsfelder, Forschungsfragen und Methoden soll der Versuch unternommen werden, die Prozesse der Geschlechterdifferenzierung unter Berücksichtigung der jeweiligen Kontexte vergleichend zu analysieren. Die Diskussionen geben Einblicke in ganz unterschiedliche Bereiche des Arbeitsmarktes und Entwicklungen in Organisationen. In einem reflexiven Vorgehen sollen innovative Ansätze auf ihre Reichweite und Aussagekraft in anderen Untersuchungsfeldern hin betrachtet und Möglichkeiten der Weiterentwicklung diskutiert werden.

2. Geschlecht, Organisation, Profession – Fragen, Thesen, Konzepte

Wie können „flexibler" werdende Geschlechterverhältnisse theoretisch, empirisch und methodisch angemessen erfasst werden? Welche Prozesse in Organisationen weisen auf einen Abbau bzw. eine Reproduktion der Geschlechterungleichheit hin? Mit Kirsch-Auwärter (1996a) ließe sich fragen:

Wie weit ist die „beharrliche Ermächtigung“ von Frauen in Organisationen und Professionen fortgeschritten? Wo zeichnen sich Grenzen, wo Öffnungsmomente ab und wie sind diese Prozesse genauer zu bestimmen? Welche Interventionsmöglichkeiten im Sinne des Abbaus der Geschlechterungleichheiten sind erkennbar? Welche Erklärungspotenziale bietet die soziale Kategorie „Geschlecht“ angesichts der Ausdifferenzierungen von Geschlechterverhältnissen und von Handlungsspielräumen innerhalb der beiden Genusgruppen? Diese Fragen sollen im Zentrum stehen; dabei interessiert uns insbesondere der Wandel von Organisationen und die hierin eingelagerten Möglichkeiten, differenzkonstruierende Prozesse zu durchkreuzen. Die Diskussion soll sich dabei auf mehreren Ebenen bewegen. Im wesentlichen kristallisieren sich drei Untersuchungskomplexe heraus, die in den einzelnen Arbeiten zusammengeführt werden: der Wandel im Geschlechterverhältnis, die Bedeutung der Kategorie „Geschlecht“ im Zusammenspiel mit anderen strukturierenden Faktoren sowie die theoretischen Bezugspunkte.

Wir gehen davon aus, dass das Verhältnis von Wandel und Persistenz geschlechtshierarchischer Arrangements widersprüchlich ist und sich diese Prozesse gleichzeitig beobachten lassen – es finden sich Belege sowohl für das eine, als auch für das andere. In organisationalen Wandlungsprozessen scheinen immer auch nicht zu unterschätzende Handlungs- und Gestaltungsspielräume zum Abbau von Geschlechterungleichheiten durch. Von einer durchgängigen Marginalisierung und Abwertung von Frauen kann so eindeutig nicht mehr gesprochen werden. Diese Handlungsräume lassen sich allerdings nur jeweils für das spezifische Untersuchungsfeld genauer bestimmen und damit Möglichkeiten für organisationale Veränderungen und kollektive Handlungsoptionen benennen, die einen Abbau „asymmetrischer Geschlechterverhältnisse“ (Müller 1998, 1999) begünstigen. Aussagen über Organisationen „an sich“ werden – aufgrund der Unterschiedlichkeiten beispielsweise auf der Ebene von Kommunikationsstrukturen, Integrationsweisen etc. – erst durch empirische Fallstudien gehaltvoll. Die Bedeutung der Kategorie Geschlecht und ihr Verhältnis zu Hierarchisierungen muss empirisch präzisiert werden.

Für einzelne Organisationen wie den Hochschulbereich liegen mittlerweile Vorschläge und erste praktische Erfahrungen vor, wie Geschlechtergleichheit zum Anliegen wissenschaftspolitischer Strukturveränderungen gemacht werden kann (vgl. Metz-Göckel 1999; Plöger/Riegraf 1996; Roloff 1998, 1999). Aus dieser Perspektive erhalten die sozialen und politischen Prozesse in Organisationen und Professionen auf der Suche nach Gestaltungsoptionen einen zentralen Stellenwert (vgl. Kutzner 1995, Riegraf 1996). Die Organisationen selbst, ihre Strukturen und symbolischen Deutungsmuster, rücken in den Vordergrund der Analyse; dabei gehen wir von einer Wechselbeziehung von Struktur und Handlung aus und messen der

Dimension der Kultur eine damit verbundene, aber auch partiell eigenständige Relevanz bei. Das zweite, nicht minder bedeutsame Fazit: Die anhaltende Bedeutung einer für Frauen nachteiligen Geschlechterdifferenz mahnt dazu, die berufliche Ungleichheit zwischen den Geschlechtern nicht aus dem Blick zu verlieren.

Die Metapher des Vexierbildes aufgreifend geht es darum, die Perspektive so zu erweitern, dass die neuen Handlungsoptionen wie auch die alten und neu errichteten Hindernisse für Frauen gleichermaßen ins Blickfeld gerückt werden. Hieraus ergibt sich bereits, dass wir zwar an der Bedeutung der Kategorie Geschlecht festhalten, diese aber in Bezug zu anderen Kategorien sozialer Differenzierung setzen, die Ungleichheit generieren und Erfahrung strukturieren können. Die Geschlechterdifferenz stellt ein latent verfügbares Angebot für die Konstruktion von Hierarchien und ungleichen Chancen dar, das aber nicht zwangsweise in diesem Sinne genutzt werden muss und auch nicht mehr bedingungslos genutzt werden kann.[2]

Dieser Blick auf Geschlechterverhältnisse bringt neue theoretische Herausforderungen mit sich. Die kontextabhängige Ausformulierung von Geschlechterverhältnissen ermöglicht es, an vorhandene Bereichstheorien (z.B. in der Professions- und Organisationsforschung) anzuknüpfen und deren mögliche Erklärungspotenziale für geschlechtersensible Forschungen zu ermitteln. Wenn das Ziel eine möglichst präzise Bestimmung des Kontextes ist, folgt daraus zum Beispiel, die organisationalen Prozesse und die relevanten Akteure und Akteurinnen auf unterschiedlichen Ebenen sowie ihre Verweisungszusammenhänge konzeptionell zu erfassen und empirisch zu bestimmen. Mikropolitische und strukturbildende Prozesse, das Handeln der Subjekte, die vorgefundenen Strukturen und die Diskurse über die Strukturen und Prozesse sind miteinander in Beziehung zu setzen. Mögliche theoretische Angebote, wie diese vielschichtigen Verweisungen zu fassen sind, finden sich auf einer sehr allgemeinen Ebene insbesondere bei Giddens (1988) oder auch bei Bourdieu (1991).[3] Für die Spezifizierung im Sinne der Forschungsfragen werden mikropolitische Organisationstheorien (Neuberger 1995; Ortmann 1995) und die Idee der „lernenden Organisation" (Vollmer 1996) sowie Professionalisierungstheorien (Abbott 1988; Larson 1977) herangezogen.

Diese kontextspezifische „Verfeinerung" von Geschlechterverhältnissen ersetzt allerdings nicht den kritischen Blick auf die soziale Wirkungsmächtigkeit einer „zweigeschlechtlichen Ordnung" (Hagemann-White 1988), die sich in den Wahrnehmungs- und Handlungsschemata der Individuen und als

2 Diese theoretische Perspektive wird aktuell an einem in der Bewilligung befindlichen Projekt zu „Geschlechterkonstruktionen im Organisationswandel am Beispiel Polizei" verfolgt (vgl. Müller/Müller-Franke 1999).

3 Ein Teil der neueren Debatte um „Geschlecht und Organisation" ist ferner stark inspiriert durch die Arbeiten von Michel Foucault (vgl. Halford/Savage/Witz 1997; Müller 2000).

„geronnene Strukturen“ (Knapp 1997) in den gesellschaftlichen Institutionen abzeichnet. Diesen Spagat zwischen variablen und universellen Kategorien, zwischen Gemeinsamkeiten und Ausdifferenzierungen innerhalb der Genusgruppen ohne Beschädigung des einen oder des anderen „Standbeins“ zu vollziehen, scheint gegenwärtig die größte Herausforderung zu sein. Unsere Antworten auf diese Herausforderung fallen im Detail durchaus verschieden aus. Wir werden nachfolgend einige Vorschläge für spezifische Kontextbestimmungen und produktive Aneignungsversuche der Mainstream-Theorien vorstellen und anhand empirischer Ergebnisse ausführen.

3. Arbeitsorganisation und Geschlechterpolitik in Industrieunternehmen

In betrieblichen Umstrukturierungen und arbeitsorganisatorischen Wandlungsprozessen wird auch Geschlechterpolitik „gemacht“. Es finden also soziale und politische Aushandlungsprozesse über die Herstellung und Relativierung von Geschlechterasymmetrien bei der Einführung veränderter Arbeitsorganisationen (wie Gruppenarbeit) statt. In diesen Veränderungsprozessen werden die Möglichkeiten und Grenzen der Einflussnahme durch Frauen verhandelt. Eine zentrale Frage in diesen Umstrukturierungsprozessen ist also: Unter welchen Bedingungen können tradierte geschlechtsspezifische Segregationslinien durchbrochen werden?

Neuere betriebliche Fallstudien in Industrieunternehmen (Kutzner 1999a, b) zeigen, wie in Wandlungsprozessen der Arbeitsorganisation die Arbeitsteilung zwischen den Geschlechtern reproduziert und/oder modifiziert wird. Es wird deutlich, dass und wie sich im Alltagshandeln die bestehende Geschlechterordnung als soziale Ordnung je nach Kontext verschieben, verändern oder verfestigen kann. Auffällig ist, dass die herkömmlichen Mechanismen der Zuschreibung weiblich/männlich brüchig, alte Deutungsmuster erklärungsbedürftig werden. Differenzierungen nach Geschlecht sind nicht mehr nur mit Abwertung verbunden. Angelernte Frauen erschließen sich (neue) Arbeitsfelder, auch solche Felder, in denen traditionell nur Männer arbeiteten. Die Analyse einzelner Gruppen und deren Arbeitsteilung, ihrer Kommunikation und Kooperation zeigt, wie sich das Verhältnis der Geschlechter ändert. Dabei verliert Geschlecht in einigen Gruppen seine ausschließliche „Platzanweiserfunktion“ (Gottschall 1998), wonach Frauen nur für bestimmte Arbeiten geeignet seien. Auf Grundlage der Untersuchung dieser gruppeninternen Prozesse können Handlungsspielräume und Begrenzungen sichtbar gemacht werden.

Im Rahmen umfassender Fallstudien in fünf Industrieunternehmen wird der Einführungsprozess von Gruppenarbeit in der Produktion untersucht, einem Arbeitsbereich, in dem angelernte Arbeit dominiert. Analysiert wird, ob und wenn ja, wie und wodurch sich in einem Prozess betrieblicher Umstrukturierung der Arbeitsorganisation die bestehende Geschlechterordnung verändert. Die Erkenntnis, dass Arbeitsorganisationen immer das Ergebnis sozialer und politischer Aushandlungsprozesse darstellen, an denen Frauen wie Männer beteiligt sind – ob sie wollen oder nicht und ob das Management sich dessen bewusst ist oder nicht – ist hierbei zentral. Cynthia Cockburns Studien (1988, 1991) haben gezeigt, dass nicht nur die Arbeitenden ein Geschlecht haben, sondern auch die Arbeit geschlechtlich geprägt ist. Damit ist gemeint, dass die Zuweisung von Personen auf Arbeitsplätze nicht ökonomisch zweckrationale Gründe hat, sondern Resultat komplexer Zuweisungsprozesse von Arbeit und Qualifikation durch die beteiligten Akteure und Akteurinnen ist. In diesen Aushandlungsprozess gehen bestehende Machtverhältnisse wie die zwischen den Geschlechtern ein. Zugleich trägt die betriebliche Organisation der Arbeit immer wieder zur Reproduktion jener Machtverhältnisse bei. Wenn dies zutrifft, gilt aber auch: Eine veränderte Arbeitsorganisation stellt ein wirksames Instrument zur Integration der Frauen dar. Durch eine entsprechend gestaltete Arbeitsorganisation kann, so die These, die geschlechterhierarchische Arbeitsteilung aufgebrochen und eine Verbesserung der Beschäftigungsperspektiven von Frauen erreicht werden.

Ein Beispiel verdeutlicht dies: Mit der Einführung von Gruppenarbeit ist auch das Ziel verbunden die bestehende Arbeitsteilung zu ändern. Durch Qualifizierung sollen die Gruppenmitglieder in die Lage versetzt werden verschiedene Arbeiten auszuführen. Wer sich nun für welchen Arbeitsplatz qualifiziert und wer dann später welche Arbeitsplätze einnimmt, bleibt nahezu in allen Betrieben den Gruppenmitgliedern überlassen. Die Untersuchung dieser gruppeninternen Aushandlungsprozesse ergab zum Teil verblüffende Befunde. Grundsätzlich kann ein Aufbrechen der bestehenden geschlechterspezifischen Arbeitsteilung festgestellt werden: Frauen übernehmen „Männerarbeit“, Männer übernehmen „Frauenarbeit“. Aber dieser Prozess verläuft keineswegs einheitlich oder gar reibungslos in den Gruppen. Im Betrieb A beispielsweise wird die neu hinzugekommene Arbeit der Feinplanung des Produktionsablaufs, eine ehemalige Vorgesetztenaufgabe, in den drei untersuchten Gruppen mit den verschiedensten Begründungen überwiegend von Frauen gemacht. In Gruppe 1, einer stark frauendominierten Gruppe, wird diese Arbeit nur von einer bestimmten Anzahl von Frauen ausgeführt. Andere trauen sich diese Arbeit nicht zu. Das hat zur Folge, dass diejenigen Frauen, die für die Feinplanung zuständig sind, zu heimlichen Vorgesetzten avancieren. Hier bildet sich informell eine Arbeitsteilung unabhängig vom Geschlecht heraus. In Gruppe 2, einer geschlechtlich gemischten, aber von Männern dominierten Gruppe überlassen die Männer einigen Frauen diese Arbeit. Sie reservieren sich damit ihre angestammten „Männerarbeitsplätze" und bewerten diese auch höher. Hier verfestigt sich eine geschlechterspezifische Arbeitsteilung auf anderem Niveau. In Gruppe 3, einer ebenfalls geschlechtlich gemischten Gruppe, haben sich zunächst nur Frauen für solche Aufgaben qualifiziert. Diese Gruppe verfolgt jedoch das Ziel, dass sich bis auf wenige Ausnahmen (unabhängig vom Geschlecht) alle für alle Arbeiten qualifizieren. Hier bricht die bestehende geschlechterspezifische Arbeitsteilung auf.[4] Betriebliche Prozesse der Interessenrealisierung finden in asymmetrischen, aber auch in symmetrischen Konstellationen statt. Politik wird „von oben", „von unten" und „von gleich zu gleich" gemacht. Handeln wird dann zum politischen Handeln, wenn ein bestimmtes Ziel mit Macht und einer Strategie kollektiv durchgesetzt wird. Geschlechterpolitik beinhaltet alle Handlungen und Handlungsergebnisse, die auf das Geschlechterverhältnis wirken. Primäres Ziel einer egalitären Geschlechterpolitik ist die Beseitigung der Unterdrückung und Benachteiligung von Frauen, die aus ihrer Geschlechtszugehörigkeit resultieren. Dabei sind Frauen nicht nur Opfer männlicher Machtausübung, sondern auch sie üben bestimmte Formen von Macht aus.

Veränderungen zugunsten von Frauen sind nach diesen Ergebnissen am ehesten durch eine direkte Beteiligung von Frauen an der Gestaltung der Arbeitsorganisation zu erreichen. Formen direkter Beteiligung der Arbeitenden konstituieren eine unmittelbare Austauschbeziehung zwischen Beschäftigten und Vorgesetzten, aber auch unter Beschäftigten entsteht eine andere Beziehung. Frauen in Organisationen sind auf vielfältige Weise eingetreten in den Aushandlungs- und Auseinandersetzungsprozess darüber, wessen Stimme in einem Diskurs zählt und wessen Situationsdeutung sich durchsetzt (vgl. Müller 1998). Dieser Umstand wird auch mit „Politisierung der Geschlechterdifferenz" (Heintz et al. 1997: 240) beschrieben. Durch Verfahren der direkten Beteiligung können Handlungsspielräume geschaffen werden, um auf die Gestaltung des Arbeitsprozesses Einfluss zu nehmen. Frauen definieren mit, was als betriebliche Wirklichkeit gilt. Sie üben dadurch ihren Teil an „Definitionsmacht" aus.

Bei einer solchen Betrachtung erweist sich die betriebliche Wirklichkeit, die eigentlich eine feste soziale Ordnung zu haben scheint, „unordentlicher" als zuvor. Nicht nur Frauen stellen die bestehende Geschlechterordnung infrage, auch Männer sind „beeindruckbar" für Ent-Diskriminierung (Müller 1999). Zu beobachten sind Ungleichzeitigkeiten in der Entwicklung. Beides, Beharrung und Veränderung, ist möglich, so dass wir in der Beschreibung der heutigen betrieblichen Situation von einer „Geschlechterunordnung" sprechen können. Bestehende Geschlechterdifferenzen verlieren in den der-

4 In den anderen untersuchten Betrieben wird die Feinplanung der Arbeitsabläufe überwiegend von Männern gemacht.

zeit stattfindenden Umbruchprozessen als ordnende Strukturen ihren „Gesetzescharakter". Geschlechterordnungen werden kontingent, sie erweisen sich als abhängig von individuellen und kollektiven Konstitutionsprozessen.

4. Restrukturierungen in Versicherungsunternehmen

Die Frage nach Differenzierungen innerhalb und zwischen den Genusgruppen, die sich ändern oder kontinuierlich reproduzieren, ist eine zentrale Perspektive, wenn geklärt werden soll, welche politischen Handlungsmöglichkeiten Männer und Frauen in Organisationen haben und welche Einflusschancen sich Frauen in betrieblichen Reorganisationsprozessen erschließen können. Diese Frage könnte übergreifend formuliert lauten: Wie wird Geschlecht in Organisationen überhaupt relevant gemacht – wann, von wem, und mit welchen Effekten? Ist Geschlecht eine der gesellschaftlichen Strukturkategorien, deren Wirkmächtigkeit auch Organisationen zu strukturell vergeschlechtlichten macht oder muss in Anbetracht von Heterogenität, Wandel, Ausdifferenzierungen und Ungleichzeitigkeiten der Zusammenhang von Organisation und Geschlecht anders gefasst werden? Empirische Befunde weisen darauf hin, dass die betriebliche Realität widersprüchlich, „unordentlich" ist, wie beispielsweise die Untersuchung von Kutzner (1999a, b) aus dem Bereich industrieller Produktion belegt. Aber auch Befunde aus der Dienstleistungsbranche, wiewohl ein gänzlich unterschiedlicher Kontext im Hinblick auf die quantitative Verteilung der Geschlechter, auf Qualifikationen, Arbeitskulturen und Entwicklungsdynamiken von Arbeit und Beschäftigung, weisen in dieselbe Richtung.

Eine Fallstudie aus einem Versicherungsunternehmen[5] (Wilz 1999a, b) zeigt folgendes widersprüchliche Bild: Entgegen vielfältigen Befunden der Frauen- und Geschlechterforschung (exemplarisch: Acker 1991, 1994; Cockburn 1991; Leidner 1991; Wetterer 1995; zusammenfassend diskutieren diese Befunde Gottschall 1998; Müller 1999) wirkt im gemischtgeschlechtlichen Bereich der Sachbearbeitung Geschlecht nicht differenzierend und hierarchisierend in dem Sinn, dass sich in der Arbeitsverteilung, Arbeitsgestaltung und in alltäglichen Arbeitspraxen nach Geschlecht verlaufende Segregationslinien herausbilden. Es gibt Bereiche, in denen Geschlecht keine Rolle spielt: Im Bereich der Aufgaben und Tätigkeiten, die die KundenbetreuerInnen in ihrer alltäglichen Arbeit tun, in der Zuweisung

5 Basis der Untersuchung sind offene, problemzentrierte Interviews mit Führungskräften und Beschäftigten, Arbeitsplatzbeobachtungen und die Auswertung betriebsinterner Dokumente in der Zweigniederlassung einer großen, national agierenden Spartenversicherung mit dem Schwerpunkt private Krankenversicherung.

und Bearbeitung von Spezialgebieten, in der Kooperation von Männern und Frauen bei der Arbeit oder in der individuellen Nutzung der flexiblen Arbeitszeiten finden sich keine formalen, informellen und/oder unterschiedlich prestigeträchtigen Segregationen zwischen den Geschlechtern. Andere Bereiche von Organisation, wie z.B. die Definition von Arbeitsanforderungen, Kriterien der Personalbewertung und -auswahl, sind einerseits an „übergeschlechtlich" gültigen Normen orientiert, stellen andererseits aber situativ und inhaltlich variable Bezüge zu Geschlecht her. Diese Bezüge schlagen sich auch eindeutig nieder: Führungspositionen sind durchgängig von Männern besetzt. Die organisationalen Hierarchien weisen also eine starke vertikale Segregation auf. In den Mittelpunkt des Interesses rückt damit die Frage, wie eine geschlechterasymmetrische vertikale Segregation zustande kommt, wenn auf horizontaler Ebene keine durchgängigen Segregationslinien auszumachen sind. Der zentrale Ort, an dem Geschlecht relevant gemacht wird, sind, so zeigt sich, Personalentscheidungen, in denen mit Geschlecht „aufgeladene" mit „nicht-vergeschlechtlichten" Elementen „kontingent gekoppelt" werden.

In der Begründung der Personalauswahl, in der Bewertung von Personen und in der Definition von Anforderungen an Führungskräfte wird, um ein Beispiel zu nennen, auf das Kriterium der Emotionalität zurückgegriffen: Emotionalität wird als Charakteristikum von Beschäftigten, als Bestandteil der Arbeitsanforderungen und als Element der Konstruktion von Anforderungen an Führungskräfte thematisiert. Frauen gelten durchgängig als stärker emotional als Männer und daher als weniger belastbar. Andererseits werden von männlichen wie von weiblichen Beschäftigten und Führungskräften Emotionen als Bestandteil alltäglicher Arbeitspraxis angeführt, und zwar sowohl im Verhältnis zu KollegInnen als auch in Gesprächen mit KundInnen. Nahezu alle Befragten führen aus, dass sie solche Emotionen haben. Sie führen aber ebenso aus, wie unangemessen es ist, Emotionen zu äußern: Für alle gilt die Anforderung freundlich zu sein und Ärger nicht ungebremst auszuagieren, sondern sich zu beherrschen und kontrolliert zu bleiben, um die Standards zu erfüllen, die an Arbeitsleistung und Kollegialität gestellt werden. Diese Verhaltensnormen gelten für alle Beschäftigten; sowohl Männer als auch Frauen werden daran gemessen und positionieren sich selbst in bezug auf ihre Emotionalität. Für Führungskräfte gilt die Norm in besonderem Maße – als Maximen ihres Verhaltens werden unter anderem regelmäßig Beherrschtheit, Überlegtheit, Ausgeglichenheit, Neutralität, Härte, Festigkeit, Ruhe, Stressresistenz und Belastbarkeit formuliert. In der Begründung und Legitimation von Personalentscheidungen kann daher auf geschlechtsstereotypisierende Differenzierungen zurückgegriffen werden: Frauen gelten als erfahrungsgemäß und von Natur aus emotionaler als Männer und sind daher als Führungskräfte ungeeignet. Da das Interpretationsmuster der „kontrollierten Emotionalität" aber für die Selbst- und

Fremdpositionierung von Männern und Frauen gleichermaßen gilt, lässt sich folgern, dass ein Ausschluss von Frauen aus Führungspositionen nicht den „direkten Weg" von Attributionen – im Sinne von „Frau = emotional = ungeeignet als Führungskraft" – nimmt. Deutlich wird vielmehr, dass Personalentscheidungen und ihre Legitimation eingebettet sind in die gemeinsame Konstruktion von Normen und Sinn, die auch in Arbeitsanforderungen und Arbeitspraxen verankert ist und in die Personalentscheidungen sinnvoll eingeordnet werden können. In Personalentscheidungsprozessen kann dementsprechend, muss aber nicht zwingend, nach Geschlecht differenziert werden. Damit kann Geschlecht mittelbar in Personalentscheidungen relevant gemacht werden, auch wenn keine „direkten" Anknüpfungspunkte in arbeitsorganisatorischer Hinsicht bestehen.

Die Konstruktion von Begründungen und Legitimationen ist in Entscheidungsprozessen also zentral: Im Rahmen von Begründungszwängen werden bestimmte Normen und Bewertungskriterien aktualisiert. Wie Kriterien der Stellenbesetzung situativ inhaltlich gefüllt und mit welchem Stellenwert sie jeweils versehen werden, welches Kriterium als letztlich ausschlaggebend benannt wird, ist einerseits kontingent und damit so, aber auch anders möglich: Sowohl Inhalte als auch Verfahren von Entscheidungen sind variabel, solange sie mit nachvollziehbarem Sinn gefüllt und durch gemeinsame Wahrnehmungen, Deutungen und Normen gedeckt sind (vgl. dazu z.B. Ortmann/Sydow/Windeler 1997; Weick 1995). Andererseits sind diese Konstruktionsprozesse eingebunden in Machtverhältnisse: Macht zeigt sich als dialektische Beziehung (zwischen allen Organisationsmitgliedern, Macht wird nicht „einfach" top-down durchgesetzt), als Verfügung über relevante Ressourcen, als Möglichkeit der Kontrolle von Unsicherheitszonen und als Definitionsmacht, (mit)bestimmen zu können, ex ante und ex post, was wann zur relevanten Ressource wird und was wann als guter Grund gilt (vgl. zum Ablauf von Entscheidungsprozessen z.B. Becker/Küpper/Ortmann 1988; Berger 1988; Luhmann 1993; Ortmann 1995).

Mit Blick auf das Verhältnis von geschlechtsspezifischen Differenzen und Asymmetrien in Organisationen kann man argumentieren, dass im mikropolitischen Feld innerbetrieblicher Aushandlung die Definitionsmacht über das, was in Entscheidungsprozessen als aushandelbar gilt und was als (nicht politisch verhandelbarer) Sachzwang gesetzt wird, zwischen Männern und Frauen ungleich verteilt ist – und zwar auf der Basis ihrer außerorganisatorischen Positionierung und ihrer niedrigeren hierarchischen Positionierung in Organisationen (vgl. Riegraf 1996). In Anbetracht verschwimmender Differenzierungslinien zwischen den Geschlechtern ist zunächst aber festzuhalten: Die Geschlechterasymmetrie steht im Zusammenhang mit der hierarchischen Positionierung – allerdings nicht in einem Verhältnis, in dem sich Geschlechter(un)gleichheit und hierarchische Organisationsstruktur 1:1 entsprächen. Sie ist verflochten mit auf Hierarchie begründeter Definitions- und Entscheidungsmacht sowie mit Selbst- und Fremdpositionierungen innerhalb geteilter Sinnsysteme – allerdings nicht immer und nicht überall mit Ungleichheit generierender Relevanz. Somit ist Geschlecht einerseits kontingentes Kriterium der Reduktion von Komplexität in Personalentscheidungen, andererseits Strukturmerkmal gesellschaftlicher Verhältnisse, das sich in organisatorischen Strukturen und Prozessen wiederfindet. Das Spannungsverhältnis zwischen Differenz und Hierarchie und zwischen Kontingenz und strukturellem Zwang im „relevant Machen" und „relevant Werden" von Geschlecht zu analysieren, ist also, so zeigt auch diese Untersuchung, ein weiter zu bearbeitendes theoretisches und empirisches Feld der „geschlechtersensiblen" Organisationsforschung.

5. Asymmetrische Geschlechterbeziehungen an Hochschulen

Dass an Hochschulen asymmetrische Geschlechterbeziehungen vorherrschen, leuchtet aufgrund der immer noch vorhandenen quantitativen und positionalen Dominanz von Männern (die um so ausgeprägter ist, je höher die besetzten Positionen sind) ein. Nicht von ungefähr hat Angelika Wetterer 1994 ihre berühmt gewordene Formel „rhetorische Präsenz – faktische Marginalität" am Beispiel der Frauenförderung an Hochschulen gewonnen (Wetterer 1994). Aber auch auf der diskursiven Ebene hat der lange Ausschluss von Frauen aus der Wissenschaft viel Raum zur Herstellung von nachteiliger Geschlechterdifferenz geboten. In heutiger Zeit ist eine Subtilisierung von Differenzbildung im Rahmen einer asymmetrischen Geschlechterkultur zu beobachten. Hierbei findet zugleich eine Modernisierung von Stereotypenbildung statt. Hielten noch in der Untersuchung von Hans Anger (1960) große Gruppen deutscher Professoren ca. 50 Jahre nach der Durchsetzung des allgemeinen Frauenstudiums Frauen nach wie vor für nicht fähig wissenschaftlich zu arbeiten, so treffen wir offene Formen von Frauenfeindlichkeit im Wissenschaftsbetrieb heute nicht mehr an. Vielmehr wird die Verantwortlichkeit der Frauen für die Kindererziehung als unumstößliches Faktum benannt, das die Benachteiligung bedauerlicherweise hervorrufe (Holzbecher et al. 1994; Metz-Göckel/Müller 1986). Da die „objektiven" Möglichkeiten, Differenzen zwischen den Geschlechtern auf eine Weise zu konstruieren, die Frauen abwertet, sehr gering geworden sind, werden symbolische und kommunikative Mittel zur Herstellung von Separierungen der Geschlechter bedeutsamer – insbesondere angesichts des Umstandes, dass formale Grenzen wegfallen und in der Gesellschaft insgesamt die Sensibilität für geschlechtsdiskriminierende Strategien wächst. Die subtile oder offene Abwertung von Frauen vollzieht sich heute überwiegend halb- bis unbewusst, d.h. als vorausgesetzt selbstverständlich. Auf der bewussten Ebene dominiert bei Männern und Frauen das Selbstverständnis von Gleichheit und Fairness: Gleichheiten der Zugangschancen zu höherer Bildung, Gleichheit von Lehrenden und Lernenden als erwachsene Menschen und Partner im Lehr- und Forschungsprozess, Gleichheit zwischen Männern und Frauen, Qualifikation als ausschließliches Kriterium für Beurteilung und Förderung, u.a.m. Junge Frauen, die die Hochschule betreten, befinden sich daher im Überschneidungsbereich von mindestens drei Gleichheitsdiskursen, deren „Subtext" aber fortbestehende Geschlechterungleichheit ist. Wissenschaftliche Professionalisierungsprozesse und -kriterien waren bisher orientiert auf eine Gruppe von Menschen, denen die herrschende Kultur eine Kultur der Ermutigung bedeutet; jungen Frauen tritt die Hochschule meist als eine Kultur der Entmutigung gegenüber. Entgegen ihrem Anspruch wirkt die Universität geschlechter- und damit differenzkonstruktiv.

Vor diesem Hintergrund lassen sich Gleichstellungsrichtlinien[6] als wichtiges Element von kulturellem Wandel in Organisationen begreifen, dem starker kultureller Widerstand entgegengesetzt wird. Sie stellen den Versuch dar, der nicht bewusst intendierten, gleichwohl aber nach wie vor wirksamen Ausgrenzung des weiblichen wissenschaftlichen Nachwuchses entgegenzusteuern, in dem die sich real vollziehenden, aber der alltäglichen Wahrnehmung relevanter Akteure weitgehend entzogenen Ausgrenzungspraktiken ins Bewusstsein gehoben und für Umgestaltung zugänglich gemacht werden. Sie bedeuten eine organisationskulturelle Innovation und leiten eine Periode von Organisationswandel ein, die grundsätzlich Züge einer Krise trägt.

Statt der traditionellen asymmetrischen Geschlechterkultur wollen Gleichstellungsstrategien eine symmetrische etablieren und zudem die Struktur der Geschlechterbeziehungen symmetrisch gestalten. Der feministische Diskurs trifft hier bereits auf Konsequenzen seines Erfolges. Junge Frauen in der Hochschule erwarten, im vorgegebenen Rahmen einen selbstverständlichen Platz vorzufinden, an dem sie sich Anerkennung verschaffen können, ohne speziell „gefördert" zu werden. Zugleich vollzieht sich in bezug auf den Diskurs über Geschlechterungleichheit eine Art „diskursiver Enteignung". Es gilt vielfach als nicht mehr zeitgemäß Diskriminierungserfahrungen aufgrund weiblicher Geschlechtszugehörigkeit zu thematisieren und weibliche Studierende scheinen für diese „stille Post" besonders sensibel zu sein. Die Botschaft lautet: Einer sozusagen „schwerelos" emanzipierten Frau (die keinen Feminismus und keine Frauenförderung nötig hat) stehen heutzutage alle Türen offen. Die Frau, die alle (widersprüchlichen) Anforde-

6 Die folgenden Ausführungen basieren auf einem empirischen Forschungsprojekt, in dem die „Grundsätze zur Frauenförderung an den Hochschulen des Landes Nordrhein-Westfalen" einer Evaluierung unterzogen wurden (vgl. Holzbecher/Müller/Schmalzhaf-Larsen 2000).

rungen an Professionalität und Weiblichkeit problemlos miteinander verbindet „und diese gelungene Synthese in angenehmer Weise für alle sichtbar darstellt" (Brückner 1994: 40), ist gefragt: Der idealen Frau, die bereits heute vollendet frei ist, obwohl die Rahmenbedingungen dies nicht im entferntesten befördern, würde auch jeder Kollege die gerade mit einem Mann besetzte ehedem vakante Professur gegeben haben – wäre sie doch nur vorhanden gewesen. „Geschlecht" in bisher geschlechtsblinden Diskursen immer wieder zum Thema zu machen, ist zentrales Element des Gleichstellungsdiskurses, wirkt sich aber innerhalb von Organisationen meist zunächst als diskursive Marginalisierung von Frauen aus.[7]

In organisationstheoretischer Betrachtungsweise lassen sich beobachtbare Abwehrreaktionen gegenüber Gleichstellungsmaßnahmen als paradoxe Form der Akzeptanz auffassen. Sie haben das Ziel Optionen zu eröffnen, neue Formen der Interaktion zu ermöglichen, neue Professionalitätskriterien durchzusetzen, Qualifikationskriterien zu hinterfragen, auf verschwiegene, aber hochwirksame Zulassungsvoraussetzungen – z.B. männliche Geschlechtszugehörigkeit – hinzuweisen u.a.m. (vgl. Kirsch-Auwärter 1996a). Die Kritik an herkömmlichen Professionalisierungsprozessen und Professionalitätskriterien, deren vorgebliche Geschlechtsneutralität Frauen bisher erfolgreich ausgrenzte, hat in Form von Gleichstellungsrichtlinien im Hochschulbereich mit einer Uminterpretation von Kriterien für Leistung und Förderung begonnen; Kirsch-Auwärter nennt dies ein Beispiel für gelungene praktische Dekonstruktionsprozesse. Die seit Jahrzehnten massiv vorgetragene Kritik aus der Selbstorganisation von Frauen im Wissenschaftsbetrieb hat an einigen Hochschulen und in einigen Bundesländern z.B. zu Veränderungen bezogen auf die Bewertung der bisherigen wissenschaftlichen Biographie geführt.[8] So rührt der Frauenförderdiskurs an Vorstellungen, die Hochschulen als Organisationen von sich selbst haben, indem er die Kriterien offenlegt, anhand derer sie tatsächlich funktionieren (Kirsch-Auwärter 1996b). Die feststellbaren Abwehrreaktionen sind insofern nur vordergründig problematisch. Auch die konservativste Hochschule muss sich angesichts der veränderten Rahmenbedingungen dem Gleichstellungsdiskurs

7 Dies gilt z.B. für die Studentin, die in einem Seminar feststellt, dass der Seminarplan keinerlei Berücksichtigung des Geschlechteraspektes vorsieht und auf ihre entsprechende Nachfrage die Antwort erhält: „Dann können Sie sich ja um diesen Geschlechteraspekt kümmern, wenn er Ihnen so wichtig ist" (vgl. Müller 1997). Diesem Aspekt ist ein Projekt zum organisationellen Lernen bezogen auf subtile Diskriminierung an der Universität Bielefeld nachgegangen (vgl. Müller/Holzbecher/Meschkutat 2000).

8 An Hochschulen in Nordrhein-Westfalen werden z.B. Zeiten der Kinderbetreuung, Doppelstudien, Forschungstätigkeiten im Ausland u.a.m. als „verjüngend" im Sinne der Laufbahnvoraussetzungen betrachtet, weshalb nicht mehr wie früher eine große Zahl jüngerer Frauen, die Mutter geworden sind oder nach einer Berufstätigkeit außerhalb der Hochschule erst in die Hochschule gekommen sind, aus wissenschaftlichen Laufbahnen zuverlässig aussortiert wurden.

stellen und ihn damit als ein Problem anerkennen, für das sie auch zuständig ist. Vor diesem allgemeinen Hintergrund lassen sich jedoch höchst unterschiedliche Umgangsweisen von Hochschulorganisationen mit der Gleichstellungspolitik feststellen (vgl. Holzbecher/Müller/Schmalzhaf-Larsen 2000).

Eine Evaluierung aller 27 Hochschulen des Landes Nordrhein-Westfalen bezogen auf die seit 1993 verbindlich geltenden „Grundsätze zur Frauenförderung" ergibt folgendes Bild: ca. ein Viertel der Hochschulen des Landes verfolgen mittlerweile eine strukturell und kulturell implementierte Gleichstellungspolitik. Sie haben Gleichstellungsaspekte in ihre Grundordnung und in die Berufungsordnung integriert, verfügen über einen Gleichstellungsplan, über eine ganz oder zu erheblichen Teilen freigestellte Gleichstellungsbeauftragte, die zudem ihre Zeit nicht mit Kämpfen um ihre Ressourcen verbrauchen muss, und betrachtet geschlechtsbezogene Diskriminierungen als Geschehnisse, die an der eigenen Hochschule durchaus vorkommen können und Handlungsbedarf anzeigen. Die Gleichstellungsbeauftragte wird als wichtige Instanz zur Selbstevaluation und zur innovativen Weiterentwicklung der Hochschule betrachtet oder zumindest als habituell zu berücksichtigender Faktor ernstgenommen. Die Hochschulleitung fordert regelmäßig Berichte über die Entwicklung der Frauenanteile in allen Bereichen der Universität an und stellt sie hochschulöffentlich zur Diskussion. Auch für hohe Positionen in der Verwaltung finden diese Hochschulen häufig qualifizierte Frauen, weil sie speziell auf die Förderung qualifizierten weiblichen Nachwuchses auch im Verwaltungsbereich achten.

Diesem relativ weit entwickelten Typ von Hochschule, was die Umsetzung von Gleichstellungspolitik als organisationeller Organisation angeht, steht polar eine ungefähr gleich große Gruppe von Hochschulen gegenüber, in denen eine wirksamer Gleichstellungspolitik strukturell und kulturell verhindert wird. Sie haben Gleichstellungselemente bisher kaum und wenn, dann nicht innerhalb der vorgesehenen Fristen in Grundordnung und Berufungsordnung übersetzt; ein eigener Gleichstellungsplan ist nicht vorhanden und in absehbarer Zeit auch nicht zu erwarten. Die Gleichstellungsbeauftragte ist nicht oder nur minimal freigestellt, hat keine Vertreterinnen und ist mangels Anrufbeantworter oder e-mail-Anschluss schwer zu erreichen; die Durchsetzung angemessener Arbeitsbedingungen nimmt einen großen Teil ihrer Zeit in Anspruch. Nach übereinstimmender Meinung der Hochschulleitung gibt es an der Hochschule keine Gleichstellungsproblematik, da Diskriminierung aufgrund des Geschlechts bei Stellenbesetzungen keine Rolle spiele, sondern lediglich Qualität entscheide. Eine Gleichstellungsbeauftragte als dauerhafte Instanz ist nach Meinung der Hochschulleitungen nicht unbedingt wünschenswert, da es immer auf die Einzelperson ankomme. Eine ungeeignete Person als Gleichstellungsbeauftragte könne mehr zerstören als ermöglichen und ein aufgeklärter Rektor oder Kanzler sei besser als jede bürokratische Richtlinie.

Der relativ größte Teil der Hochschulen (ca. die Hälfte) hingegen zeichnet sich durch partielle Öffnungen für Gleichstellungspolitik bei gleichzeitiger Beibehaltung prinzipieller Vorbehalte aus. Hier zeigen sich widersprüchliche objektive Strategien und kulturelle Muster – bezogen auf Gleichstellungsanliegen. Die Grundsätze zur Frauenförderung werden grundsätzlich akzeptiert und meist auch in den Ordnungen implementiert; durchsetzungsmächtige Akteure verhindern jedoch häufig deren Wirksamkeit. So ist ein Frauenförderplan oft noch nicht vorhanden und die hochschulinterne Diskussion um einen solchen noch nicht weit fortgeschritten. Es existiert aber eine hochschulinterne Frauenöffentlichkeit, die diesen Prozess vorantreiben möchte. Die Haltung der Hochschulleitungen zu Gleichstellungsfragen ist durchaus nicht einheitlich. Während einige Gleichstellungsrichtlinien als zu bürokratisch empfinden, ohne aber über deren Bestimmungen im Detail Bescheid zu wissen, sind andere für mehr Konsequenz in der Gleichstellungspolitik. Die Gleichstellungsbeauftragten dieses Hochschultyps können sich in Bezug auf Ausstattung, Einbezug in Entscheidungen, Einhaltung von Informationspflichten etc. meist noch nicht auf sicherem Terrain bewegen und werden vielfach noch personalisiert und als neues Strukturelement wahrgenommen. Gleichwohl finden sich in diesen Hochschulen nicht selten entgegen den grundsätzlichen Verlautbarungen innovative Elemente von Gleichstellungspolitik. Das reicht von Kinderbetreuungseinrichtungen über Dezernentinnen in noch „frauenunüblichen" Feldern (z.B. im Beschaffungsdezernat, wo es um viel Geld geht) bis hin zu überraschenden Entscheidungen über Berufungslisten, wenn z.B. aufgrund der Intervention der Gleichstellungsbeauftragten zunächst nicht beachtete Bewerberinnen eingeladen und dann auch hoch platziert wurden. Hochschulleitungen in diesem Hochschultyp tendieren überwiegend dazu, Benachteiligungen von Frauen als historisches Relikt zu sehen, das sich mit der Zeit von selbst erledigt. Die meisten setzen sich jedoch für gezielte Förderung des weiblichen Nachwuchses ein und einige können auch auf entsprechende Initiativen verweisen. Die Selbstevaluierungsmethoden der Hochschulen dieses Typs sind unterschiedlich weit entwickelt; es drängt sich der Eindruck auf, dass Hochschulen, die über professionalisierte Evaluierungs- und Planungsmethoden für ihre selbstgesteuerte Entwicklung verfügen, auch Gleichstellungsrichtlinien leichter in ihre Verfahren und Entscheidungsroutinen integrieren können.

Diese Befunde aus dem Hochschulbereich lassen den Schluss zu, dass Gleichstellungsrichtlinien als wichtige Innovation zur Weiterentwicklung der Organisation Hochschule einzuschätzen sind, auch wenn diese sich erst langsam dieser Tatsache bewusst wird. In diesem Untersuchungsfeld verbinden sich aus organisationstheoretischer Perspektive mehrere Problematiken miteinander: der Unwille von Organisationen gegenüber Veränderungen aller Art, der dazu führt, dass innovative und auf Öffnung von Prozessen hinzielende Maßnahmen in der Regel nicht aktiv und gestaltungsorientiert auftreten, sondern hinhaltend und verzögernd beantwortet werden; der dem Wissenschaftssystem wie der Gesellschaft insgesamt eigene Geschlechterkonservativismus, der sich zwar nicht mehr ungebrochen durchhält, aber durch Dominanz von Männern im Wissenschaftssystem sowie die diskursive Infragestellung von Gleichstellungsaktivitäten gestützt wird, und schließlich die eher subtilen kulturellen Asymmetrien zwischen den Geschlechtern, die erst dann wahrnehmbar werden, wenn die formalisierbaren Barrieren beiseite geräumt worden sind. Wir sehen aber in der Organisation Hochschule heute eine Fülle kultureller Akteurinnen und Akteure am Werke, von denen einige gelernt haben, die bisher mächtigen Ausgrenzungspraktiken zu thematisieren und damit die verleugneten problematischen Voraussetzungen des heutigen status quo zu erhellen (vgl. Eckart 1995). Die Abwehrreaktionen, auf die sie teilweise noch treffen, sind mehr als nur „backlash": sie sind bereits Teil des Innovationsprozesses, den Frauenforschung und Frauenförderung in Gang gesetzt haben und der den Beginn einer geschlechtssensibilisierten, reflektierenden Analyse von Qualifikationskriterien, von Qualifikations-Zuschreibungsverfahren, von Prozessen der Dokumentation und der Erzeugung von Reputation anzeigt (Kirsch-Auwärter 1996b: 53; vgl. auch unten Abschnitt 6).

Gleichstellungsinteressen in Organisationen wie der Hochschule lassen sich als Geschlechterauseinandersetzung dekonstruieren. Sie bedeuten organisationstheoretisch einen Innovationskonflikt, den die Organisation mit verschiedenen Strategien bewältigen kann. Strategien, bei denen einige den Konflikt verleugnen (und diese Verleugnung wiederum verleugnen), andere ihn umlenken und wiederum andere schließlich konstruktiv bezogen auf das Organisationsziel wenden können. Es findet eine Auseinandersetzung um Definitionsmacht statt, in dem sich noch keine Einigung abzeichnet; schließlich müssen aus verschleierten Geschlechterdifferenzen artikulierte Kontroversen werden (vgl. Eckart 1995).

6. Suchbewegungen: Organisationswandel, Organisationslernen und asymmetrische Geschlechterverhältnisse

In der Literatur zu „Geschlecht und Organisation" wird die „Rationalität" von Organisationen als gestaltbar begriffen und wird auch als Resultat sozialer und politischer Aushandlungsprozesse in den jeweiligen Organisationen gedacht:

„Each organisation has its own history, linked to the action of its members as well as its wider social and political context, with the result that particular organisational forms and cultures are developed as the crystallisation of various forms of struggle, contestation and negotiation between various organisational members“ (Halford/Savage/Witz 1997: 19).

Organisationen können demnach die Forderung nach Geschlechtersymmetrien durchaus unterschiedlich aufgreifen. Neuere Untersuchungen zeigen zudem, dass selbst in der Binnenstruktur von Organisationen erhebliche Unterschiede in der Reaktion auf Gleichstellungsforderungen und auf die Implementation von Gleichstellungsmaßnahmen erkennbar sind. So können in bezug auf die Geschlechterfrage innovative von weniger innovativen Unternehmensbereichen unterschieden werden (vgl. Müller 1998, Rudolph/Grüning 1994).

Diese Varianzen über alle Ähnlichkeiten hinweg machen eine genauere Betrachtung der Fähigkeit einzelner Organisationen interessant, das „Geschlechterthema“ aufzugreifen und rücken die Bedingungen ins Blickfeld, unter denen in Organisationen Maßnahmen zum Abbau der Geschlechterasymmetrie „gelernt“ (oder auch verhindert) werden können. Die Frage nach der Gestaltbarkeit und Veränderbarkeit von Organisationen steht damit verstärkt im Mittelpunkt der Analysen: Mit welchen Prozessen und Strategien reagieren Organisationen auf die Forderung nach Gleichberechtigung zwischen den Geschlechtern? Unter welchen Umständen und zu welchen Zeitpunkten sind Organisationen überhaupt in der Lage das Thema aufzugreifen? Oder in die Begrifflichkeit von organisationalen Lerntheorien übersetzt: In welchem Rahmen können in Organisationen Lernprozesse zum Abbau asymmetrischer Geschlechterverhältnisse angestoßen werden? In welchem Ausmaß sind Organisationen überhaupt in der Lage Maßnahmen zum Abbau von Geschlechterasymmetrien zu lernen? Wie kann organisationelles „Wissen“ im Sinne der Geschlechtergerechtigkeit verändert und in handlungsrelevanter Form gespeichert werden?

In der Organisationssoziologie lassen sich seit Jahren anhaltende Diskussionen beobachten, die unter Schlagworten wie „Organisationslernen“, „Organisationsverstand“, „Organisationsgedächtnis“ und „Organisationswissen“ geführt und in denen die Reaktionen von Organisationen auf veränderte Umweltbedingungen thematisiert werden (vgl. Albach et al. 1998; Dogdson 1993; Senge 1998). Hierbei spielt die Metapher einer „lernenden“ Organisation, die mit einem „Gedächtnis“ und einem „Verstand“ ausgestattet ist (Vollmer 1996), eine prominente Rolle. Ein zentraler Anknüpfungspunkt der Diskussion ist die Erkenntnis, dass scheinbar sehr ähnliche Organisationen unterschiedliche Innovations- und Lernfähigkeiten aufweisen. Organisationslernen gilt als Ansatzpunkt, „viel zu allgemeine“ und „unspezifische“ Begriffe wie Organisationswandel und Organisationsentwicklung zu konkretisieren. Die Debatte konzentriert sich auf Prozesse und Strategien, mit denen Organisationen auf veränderte Umweltbedingungen reagieren. Die Ausgangsüberlegung einer Reihe von Beiträgen ist dabei, dass Organisationen über eine differenzierte Handlungstheorie mit implizitem und von den Organisationsmitgliedern gemeinsam geteiltem Wissen verfügen, welches sich auf die individuellen Sichtweisen auswirkt. Die Organisationsmitglieder werden in ihren Handlungen durch das kollektive Gedächtnis der Organisation geleitet (jedoch nicht determiniert), welches sich in der organisationalen Handlungstheorie niederschlägt. Die organisationale Handlungstheorie umfasst (zentrale und weniger zentrale) Regeln, Normen und Verhaltensroutinen. Sie verbindet die individuellen Sichtweisen miteinander, stiftet Identität mit der Organisation, sichert die Kontinuität in Organisationsentwicklungsprozessen und gewährleistet damit in Veränderungsprozessen auch den Fortbestand der Organisation. Die organisationale Handlungstheorie übernimmt eine Art „Filterfunktion“ bei der Aufarbeitung von Umweltveränderungen, es kommt zu einer selektiven Wahrnehmung der Umweltanforderungen und der passenden Verhaltensweisen. Neues „Organisationswissen“ muss im Rahmen der Organisation verarbeitet und in handlungsrelevanter Form gespeichert werden. Wie und was Organisationen lernen, ist Resultat der Interpretationen, die durch die etablierten Filter (also der organisationalen Handlungstheorie) gesteuert werden.

Bezogen auf Organisationslernen wird häufig ein „einfacher“ von einem „komplexen“ Typus unterschieden (vgl. Argyris/Schön 1978). Im einfachen Lerntypus wird keine grundlegende Transformation der Kernelemente der organisationalen Handlungstheorie ausgelöst. Grundlegende Implikationen der organisationalen Handlungstheorie, die auf ihr basierenden Regeln, Normen und Verhaltensroutinen der Organisation werden durch diesen Lerntypus nicht in Frage gestellt. Umweltveränderungen oder neuartige Situationen bewirken höchstens einen Wandel „randständiger“ Regeln, Normen und Routinen. Der komplexe Lerntypus zielt demgegenüber auf tiefgreifende Veränderungen der organisationalen Handlungstheorie ab – und damit auf einen grundlegenden Wandel der operativen Regeln, Organisationsnormen und Verhaltensroutinen in Organisationen. Gegenstand des komplexen Lernens ist das „Wissenssystem“ der Organisationen bzw. das „Organisationsgedächtnis“, in dem die operativen Regeln, Normen und Routinen „gespeichert“ sind. Allerdings muss die organisationale Handlungstheorie vor grundlegenden Infragestellungen geschützt werden, da sie Identität und Kontinuität der Organisation sichert. Dieser Mechanismus lässt vermuten, dass lediglich „anschlussfähige“ Informationen im Wissenssystem aufgenommen werden können.

Untersuchungen zu „Geschlecht und Organisation“ machen deutlich, wie tief Geschlechterasymmetrien in Organisationen verankert sind und veranschaulichen, wie Geschlechterungleichheit in Wandlungs- und Reorganisationsprozessen in Organisationen „pfadabhängig“, also beeinflusst durch die vorhandenen organisationalen Rahmenbedingungen, immer wieder neu hergestellt wird. Der Abbau von Geschlechterasymmetrien im Rahmen von Organisationen ist aus der Perspektive der dargestellten Diskussion damit lediglich über den komplexen Lerntypus möglich. Er verlangt also einen tiefgreifenden Wandel der Kernelemente der organisationalen Handlungstheorie (vgl. Riegraf 2000). Der Abbau der Geschlechterasymmetrie im Rahmen von Organisationen bedarf somit – in der Terminologie der organisationalen Lerntheorie – eines tiefgreifenden Wandels des organisationalen Normen- und Deutungssystems und kann nicht durch eine Änderung randständiger Regeln, Normen und Routinen herbeigeführt werden.

Die skizzierten Diskussionen über Organisationslernen zeigen, dass ein vollständiger Austausch der Kernelemente der organisationalen Handlungstheorie selbst im Rahmen komplexen Lernens lediglich als ausgesprochen langfristiger und stufenweiser Prozess denkbar ist. Ein solcher Austausch stellt sozusagen einen Paradigmenwechsel im „Kernwissen" und im kognitiven Rahmen einer Organisation dar und setzt entsprechend starke und lang anhaltende „Lernanreize" voraus. Wenn wir erfolgreiche Geschlechterpolitik in Organisationen als einen solchen Paradigmenwechsel begreifen, liegen die Konsequenzen auf der Hand. Sie muss als langfristiger Prozess mit starken Lernanreizen gedacht werden, wobei einzelne Elemente, die den Kernbestand der organisationalen Handlungstheorie nicht angreifen, durchaus vergleichsweise rasch integriert werden können. In den Debatten zum Organisationslernen bleibt allerdings ungeprüft, ob und bis zu welchem Grad selbst im Rahmen des komplexen Lerntypus tiefgreifendes Lernen überhaupt möglich ist, da das „Organisationsgedächtnis" eine Selektion vornimmt und Veränderungen immer bis zu einem bestimmten Grad mit den „Grundannahmen" des Organisationsgedächtnisses vereinbar sein müssen. Die Elemente der organisationalen Handlungstheorie wirken selektiv auf „neues Wissen", folglich muss sich auch der komplexe Lerntypus durch eine gewisse Pfadabhängigkeit auszeichnen.

In der Literatur gibt es nun einige wenige Hinweise, unter welchen Umständen ein grundlegender Wandel der organisationalen Handlungstheorie gefördert werden kann (Wiesenthal 1995: 145ff). Als erleichternde Randbedingungen werden ein Wechsel von Führungspersonen, die Anerkennung von „Organisationsdissidenten" und hohe Experimentierbereitschaft benannt. So können beispielsweise veränderte Umweltbedingungen dazu führen, dass Einzelne in Organisationen, die bislang mit ihren Anliegen eher als Außenseiter bzw. Außenseiterinnen galten, Durchsetzungsmöglichkeiten erhalten. Solche Entwicklungen in Organisationen sind (nur) in Zeiten tiefgreifender Organisationskrisen denkbar.

7. Professionalisierungstheorien: Erklärungspotenziale und Grenzen für die Analyse von Geschlechterungleichheit in hochqualifizierten Berufsfeldern

Standen bisher die Entwicklungen in Organisationen im Zentrum, wenden wir uns nun den professionalisierten Berufsfeldern zu. Am Beispiel der Hochschulen wurden zuvor die Erklärungspotenziale einer organisationssoziologischen Konzeption wissenschaftlicher Tätigkeit herausgearbeitet (vgl. auch Gerhard 1995; Kuhlmann et al. 2000). Daneben lassen sich diese Berufsfelder auch über die Profession ihrer Akteure und die Prozesse der Sinnstiftung und Strukturbildung bestimmen, die in die Professionalisierung eingelagert sind. Welche Anknüpfungspunkte und Erklärungspotenziale bieten die Professionalisierungstheorien für unsere Fragestellungen?

Die Herausbildung von Professionen war historisch untrennbar mit der Exklusion und später mit der marginalisierenden Integration von Frauen verbunden. Die faktische Definitionsmacht von Männern, verstanden als Durchsetzungsmacht einer „hegemonialen Männlichkeit" (Connell 1999), setzt sich auf der Ebene der Theorien fort. In der Praxis löst die steigende Beteiligung von Frauen bis heute eine Angst vor Deprofessionalisierung aus. Die Grenzen und die Risiken der Aneignung geschlechtsindifferenter Mainstream-Theorien müssen folglich sorgsam ausgeleuchtet werden (vgl. Wetterer 1999: 20f). Dennoch bieten insbesondere die in kritischer Auseinandersetzung mit funktionalistischen Ansätzen entwickelten Professionalisierungstheorien Möglichkeiten für produktive Einsichten. Elemente der macht- und konfliktorientierten Theorien, in denen die Ressourcen der Akteure, legislative Einflüsse und Marktbedingungen im Vordergrund stehen (Johnson 1972; Larson 1977), können mit dem interaktionistischen Modell von Abbott (1988) kombiniert werden. Abbott betrachtet die Entwicklungen und Veränderungen im System der Professionen. Er stellt die Arbeit der Professionellen anstelle der Institutionen ins Zentrum. Entscheidend für unsere Fragen ist sein Vorschlag, die Professionen aus der Perspektive der Kämpfe innerhalb und zwischen den Professionen zu analysieren und die Vorstellung von Professionen als homogene Gruppen zugunsten der Identifizierung verschiedener Akteure aufzugeben. Nach Abbott ist Professionalisierung „a complex dynamic process with several levels of action. Professionalization is not a simple collective action by a cohesive group" (1991: 380). Die Dominanz von Männern erscheint so betrachtet nicht als monolithischer Block, sondern als Bedingungsgefüge unterschiedlicher Interessen und Strategien, die nicht zwangsweise und uneingeschränkt nach der Logik des Geschlechterverhältnisses ausgebildet werden.

Für die Professionalisierung der deutschen Zahnmedizin lässt sich zeigen, dass spezifische Akteurskonstellationen das Geschlechterverhältnis in unterschiedlicher Weise beeinflussen (Kuhlmann 1999). Historisch erwiesen sich solche Konstellationen als begünstigend für Frauen, in denen mehrere Akteure mit zum Teil konfligierenden Interessen Einfluss auf den Professionalisierungsprozess nahmen. Um ein Berufsfeld konkurrierende Professionen, staatliche Interessen, legislatorische Entscheidungen und die Politik der Krankenkassen können die Definitionsmacht der Profession bzw. ihrer dominierenden Mitglieder schwächen und solche strukturelle Veränderungen erwirken, die neue Räume für Frauen öffnen oder bestehende ausweiten. Erst im Zusammenspiel dieser Strategien, artikulierter Geschlechterinteressen (z.B. durch die Frauenbewegung) und symbolischer Deutungsmuster vollzieht sich die Aushandlung des Geschlechterverhältnisses.

Professionalisierungstheorien bieten Möglichkeiten, diese Konstellationen genauer zu bestimmen. Die Wirkungsmacht der Geschlechterdifferenz kann im Verhältnis zu anderen strukturierenden Einflussfaktoren ermittelt und Überlagerungen und Verschiebungen unterschiedlicher Einflüsse sichtbar gemacht werden. Das Verhältnis zwischen Geschlechterdifferenzierungen und Prozessen der Hierarchiekonstruktion wird als ein jeweils spezifisches der empirischen Bestimmung zugänglich. In der Zahnmedizin finden wir den Fall, dass Frauen ein prestigehohes Professionssegment, die Kieferorthopädie, in größerer Zahl und – gemessen an ihrer Positionierung an den Hochschulen und ihrem Anteil an den PraxisinhaberInnen – mit größerem Erfolg als im gesamten Berufsfeld besetzen konnten. Schon in den Anfängen der Professionalisierung wurde eine Analogiebildung zwischen „Frauen“ und „Kinderbehandlung“ konstruiert, die seither relativ ungebrochen tradiert und von beiden Geschlechtern geteilt wird. In der weiteren Entwicklung der Profession wurde diese Analogie mit fachlichen Ausdifferenzierungen verknüpft, was sich in der Kieferorthopädie mit einem hohen Anteil an Kinderbehandlungen als begünstigend für Frauen auswirkte. Eine Deprofessionalisierung dieses Segments zeichnet sich bis heute nicht ab. In den Wandlungsprozessen der Profession stehen unterschiedliche Strukturierungsprinzipien sowie symbolische Deutungen und vorgefundene Strukturen in einer flexiblen Beziehung. Im Ergebnis dieser Aushandlungsprozesse, das demonstriert das Beispiel der Kieferorthopädie, manifestiert sich die Konstruktion von Geschlechtern nicht zwangsweise und bedingungslos als eine für Frauen nachteilige Differenz im Berufsfeld.

Die Erklärungspotenziale von Professionstheorien liegen vor allem darin, Geschlechterdifferenzierungen mit bereichsspezifischen Faktoren zu verknüpfen. Strukturelle Wandlungsprozesse in unterschiedlichen Bereichen können so detaillierter analysiert werden. Als Problem erweist sich jedoch, dass Professionalisierung zwar als eine soziale Ungleichheit generierende berufliche Strategie konzeptualisiert wird (Larson 1977), dass aber die Organisationen selbst unscharf bleiben, in denen diese Kontrollstrategie institutionalisiert ist. Gerade in diesem Punkt verspricht ein systematischer Brückenschlag zu organisationssoziologischen Konzepten tiefergehende Einsichten in die mikropolitischen Prozesse in Organisationen und die Handlungspotenziale von Frauen.

Eine Addition dieser beiden Theoriestränge ist allerdings nicht hinreichend. ProfessionsinhaberInnen teilen eine spezifische Geschichte, Werte, Netzwerke und Richtlinien, die nicht vollständig in organisationalen Kategorien aufgehen. Starke professionelle Bindungen können unabhängig von organisationalen Kontexten bestehen, ebenso können organisationale Bedingungen die professionellen Einflüsse schwächen. Die Bedeutung von Geschlechterdifferenzierungen kann in diesen Bereichen unterschiedlich, sogar widersprüchlich sein. Bisher liegen kaum empirische Ergebnisse zu diesen Fragen vor. Hantrais und Walters argumentieren unter Bezug auf Crompton und Sanderson (1986), Professionen mit einem hohen Anteil Selbständiger seien für Frauen leichter zugänglich und weniger geschlechtersegregiert als professionalisierte Berufsfelder in großen Organisationen. In einem Vergleich der juristischen Professionen in Großbritannien und Frankreich finden sie ihre These empirisch bestätigt (Hantrais/Walters 1994: 31). Diese Schlussfolgerungen sind allerdings für die deutsche Zahnmedizin als einer Profession mit einem hohen Anteil Selbständiger (82%) nicht stimmig. Hier zeigt sich eine deutliche Geschlechtersegregation, zudem sind Frauen gerade unter den Selbständigen in kleinen Praxen seltener anzutreffen als in der gesamten Profession. Schon dieser Vergleich zweier Studien demonstriert, dass der Zusammenhang zwischen organisationalen und professionellen Einflüssen vielgestaltiger und komplexer ist, als sich in den undifferenzierten Kategorien der Beschäftigung in Organisationen versus selbständiger Praxistätigkeit erfassen lässt.

Die Eigendynamik der Geschlechterforschung wird offensichtlich, denn die Mainstream-Soziologie bietet kaum Anknüpfungspunkte für die Fragen nach Verweisungen zwischen Profession und Organisation. Die Professionsforschung folgt weitgehend dem Mythos, dass organisationale Einflüsse stets die Autonomie der Profession schwächen und unterstellt grundlegende Widersprüche zwischen Professionen und Organisationen. In neueren Arbeiten zeichnet sich allerdings eine Perspektivenerweiterung ab (Lipartito/Miranti 1998). Eine weitere Herausforderung für neue Konzeptionen liegt darin, dass die Erfahrungen und Lebensbedingungen außerhalb der beruflichen Sphäre in professions- wie in organisationstheoretischen Konzepten gleichermaßen ausgeblendet werden. Die differenzkonstruierende Unterscheidung zwischen „privat“ und „öffentlich“ bzw. beruflich wird in den Theorien reproduziert. Es erscheint lohnenswert, die Pfade des Mainstreams – die Trennung zwischen Professions- und Organisationsforschung sowie zwischen beruflichen und lebensweltlichen Einflussfaktoren – zu verlassen und stärker nach Vermittlungszusammenhängen zu suchen.

8. Das Ende der Geschlechter(a)symmetrien?

Die kritische „Indienstnahme" von Mainstream-Theorien für die Frauen- und Geschlechterforschung, die wir in unterschiedlichen Untersuchungsfeldern diskutierten, sehen wir weniger als einen grundlegenden Perspektivenwechsel, vielmehr liegt hierin eine Erweiterung und Konkretisierung bisheriger Forschungskonzepte. Der Erkenntnisgewinn der geführten Diskussion zeigt sich insbesondere in den Möglichkeiten, das komplexe Wechselverhältnis von bereichs- und kontextspezifischen strukturierenden Einflüssen auf das Verhältnis von Geschlechterdifferenzierungen und Geschlechterhierarchie genauer zu bestimmen. Das „doppelte Hinschauen" auf Gemeinsamkeiten und Unterschiede zwischen den Geschlechtern wird um einen „dritten Blick", nämlich um den Zusammenhang von Differenzen und Hierarchien ergänzt. Geschlecht wird nicht mehr voraussetzungslos als Ungleichheitskategorie gesetzt, sondern es gilt, die Wechselwirkungen zwischen Gemeinsamkeiten, Differenzen und Hierarchien jeweils empirisch konkret zu bestimmen. Aus dieser Perspektive relativieren sich zwei in der Frauen- und Geschlechterforschung lange Zeit dominierende Sichtweisen: Zum einen wird die Gleichsetzung von Feminisierung von Arbeitsbereichen mit deren Abwertung aufgegeben und zum anderen wird die selbstverständliche Gleichsetzung von Organisationshierarchie und Geschlechterhierarchie infrage gestellt. Von generalisierenden Aussagen über „die" Organisationen und „das" Geschlechterverhältnis in Wandlungsprozessen gelangen wir so zu Aussagen über die Bedingungen, unter denen in verschiedenen organisationalen Kontexten Gestaltungsoptionen, aber auch alte und neue Barrieren für Frauen – genauer: für bestimmte Gruppen von Frauen – sichtbar werden.

Es geht folglich neben den Handlungsorientierungen und -potenzialen von Frauen auch um die konkreten strukturbildenden Prozesse (z.B. die Einführung von Gruppenarbeit, Steuerungsprozesse an Hochschulen, Personalauswahlverfahren, etc.) und die konsensorientierten Strategien (z.B. Organisationslernen) sowie die darin eingelagerten Möglichkeiten, Symmetrie im Geschlechterverhältnis zu begünstigen oder zu behindern. Das mag zunächst irritieren, denn wie wir an verschiedenen Untersuchungsfeldern zeigten, sticht die Geschlechterdifferenz nicht immer in allen Bereichen als dominantes Ordnungskriterium hervor. So finden sich durchaus Belege dafür, dass auf Geschlecht als Zuweisungskategorie in bestimmten Tätigkeitsbereichen und in den Handlungen der Akteure nicht mehr selbstverständlich zurückgegriffen werden kann. Der Hinweis auf Geschlecht als „Platzanweiser" wird damit brüchig und gerät unter stärkeren Legitimationsdruck. Wenn auch unsere Ergebnisse auf partielle Veränderungen im Sinne der Herstellung von Geschlechtersymmetrie hinweisen, belegen sie jedoch mit eben solcher Deutlichkeit die Notwendigkeit, Geschlecht in Organisationen und

Professionen auch weiterhin als relevant zu betrachten. Werden die partialisierten Ergebnisse wieder zusammengefügt, dann zeigt sich, dass sich eine für Frauen nachteilige Differenzierungslinie zum Teil erst im Zusammenwirken unterschiedlicher Einflussebenen herausbildet, und dies gerade in den Bereichen, die unverkennbar mit Machtvorteilen und gesellschaftlichem Ansehen verbunden sind, seien es hohe soziale Positionierungen, Definitionsmacht in sozialen und politischen Aushandlungsprozessen oder finanzielle Belohnungen.

Insgesamt bestätigen die hier diskutierten Ergebnisse die Erkenntnis, dass Organisationen nicht lediglich „Resonanzkörper", sondern zentrale Schaltstellen mit eigenständigen Gestaltungsspielräumen bei der „Herstellung" wie auch beim Abbau von Ungleichheiten im Geschlechterverhältnis sind. Das Aufspüren von Veränderungspotenzialen in Organisationen erweist sich als eine notwendige und lohnenswerte Strategie zur Herstellung von Geschlechtersymmetrie, doch bleiben die Hinweise darauf sehr nahe an den jeweiligen Untersuchungsfeldern und sind demnach immer zu kontextualisieren. Aussagekräftige Verallgemeinerungen sind, wie wir schon eingangs vermuteten, aufgrund der Spezifik und Komplexität der Einflussfaktoren und Wandlungsprozesse zumindest auf dem gegenwärtigen Forschungsstand nur bedingt möglich. Das heißt allerdings keinesfalls, dass bereichsspezifische empirische Ergebnisse überhaupt keine verallgemeinerten Aussagen ermöglichen, nur sind die Merkmale „Organisation" und „Geschlecht" keine hinreichend präzisen Informationen, auf deren Basis allein bereits solche Aussagen und daraus abgeleitete Handlungsstrategien entwickelt werden können. Die Fragen nach bereichsübergreifend zu formulierenden Handlungsstrategien zur Herstellung von Geschlechtersymmetrie und deren Reichweite sind aus unserer Sicht gegenwärtig zentrale Aspekte in der Debatte um Organisation und Geschlecht, die einer letztendlichen Antwort noch harren.

Die Analyse und kritische „Indienstnahme" geschlechtsindifferenter Konzepte geht über die Anforderung hinaus, diese Theorien und Ansätze auf ihre Geschlechtsverzerrungen hin zu prüfen: Sie macht den Gegenstand der Forschung komplexer, er ist „so einfach nun auch nicht mehr zu haben", wie Angelika Wetterer (1999: 21) feststellt. Die Herausforderung einer flexiblen Sichtweise auf Geschlecht und Geschlechterverhältnisse in Organisationen und Professionen liegt aus unserer Sicht vor allem darin, bereichs- und kontextspezifische Entwicklungen detailliert zu erfassen, ohne die Geschlechterfrage vollständig in den Besonderheiten des Untersuchungsfeldes aufzulösen. Ein Beispiel dafür, wie und mit welchen Konsequenzen ein verengter Blick auf organisationale Prozesse die Sicht auf Ungleichheiten im Geschlechterverhältnis trüben kann, bietet die Untersuchung von Alvesson und Billing. Sie kommen zu dem Ergebnis, „it seems problematic to assume that gender is a fundamental organizational principle as well as that there are broadly shared and distinct women's interests in a specific society" (1997: 199; vgl. dazu Müller 1999: 71).

Wir schlagen statt dessen vor, weiterhin an „Geschlecht" als einem – wenn auch nicht als einzigem und nicht unbedingt determinierenden – Strukturierungsprinzip von Organisationen festzuhalten, das Ungleichheit generieren kann aber nicht zwingend muss. Bisher jedenfalls, das belegen empirische Ergebnisse, ist das Legitimationspotenzial der Geschlechterdifferenz latent verfügbar für Hierarchiebildungen. Die Macht von Männern ihre Lebensweisen, Interessen und Deutungsmuster in Organisationen und Professionen durchzusetzen, ist immer noch größer als die von Frauen (vgl. z.B. Maddock 1999; Zimmermann 2000). Solange die für Frauen nachteilige Geschlechterdifferenz als übergreifendes Strukturierungsprinzip verfügbar ist, bedarf es eines analytischen Rahmens, der eben diese übergreifenden Zusammenhänge erfassen kann und sie nicht auf bereichsspezifische Entwicklungen verengt. Die Anerkennung von Differenzierungen innerhalb der Genusgruppen, für die vor allem die postmodernen Theorien sensibilisieren, kann die Kategorie Geschlecht nicht ersetzen; sie kann sie aber präzisieren, wie wir insbesondere an den Entwicklungen in Industriebetrieben und Versicherungsunternehmen zeigten. Lang und Sauer sprechen in diesem Zusammenhang aus einer politikbezogenen Perspektive von der Notwendigkeit eines „temporären Universalismus" der „Kategorie Geschlecht als Gegenkraft gegen patriarchalen Universalismus" (1998: 89; siehe auch Knapp 1997; Nickel 1999).

Wir fragen also weiterhin nach der Bedeutung von Geschlechterdifferenzen, suchen aber zugleich nach Hinweisen auf die „Herstellung" von Geschlechtersymmetrie. Damit wird Geschlecht von einer „Strukturkategorie" tendenziell zu einer „Prozesskategorie" (vgl. auch Gottschall 2000). Tilla Siegel (1999) bemerkte treffend, in den Konzepten und den vorgestellten Ergebnissen zeichne sich eine tiefgehende Irritation über die Bedeutung von Geschlechterdifferenzen ab, die sehr ernst genommen werden müsse. Genau dies ist unsere Absicht: das „Ende der Eindeutigkeiten" (Peinl 1999) im Geschlechterverhältnis produktiv zu wenden und „relevante Ungewissheitszonen" (Siegel 1999) aufzudecken.

Literatur

Abbott, Andrew 1988: The System of Professions. Chicago: Chicago University Press

Abbott, Andrew 1991: The Order of Professionalization. In: Work and Occupations 18 (1991), S. 355-384

Acker, Joan 1991: Hierarchies, Jobs, Bodies: A Theory of Gendered Organizations. In: Lorber, Judith/Farrell, Susan A. (eds.): The Social Construction of Gender. Newbury Park: Sage, S. 162-179

Acker, Joan 1994: The gender regime of Swedish banks. In: Scandinavian Journal of Management 10 (1994) 2, S. 117-130

Acker, Joan 1998: The Future of „Gender and Organization": Connections and Boundaries. In: Gender, Work and Organization 5 (1998) 4, S. 195-206

Alvesson, Mats/Billing, Ivonne Due 1997: Understanding Gender and Organization. London u.a.: Sage

Anger, Hans 1960: Probleme der deutschen Universität: Bericht über eine Erhebung unter Professoren und Dozenten. Tübingen

Argyris, Chris/Schön, Donald A. 1978: Organizational Learning: A Theory of Action Perspective. Reading: Addison Wesley

Albach, Horst/Dierkes, Meinolf/Antal Berthoin, Ariane/Vaillant, Kristina (Hrsg.) 1998: Organisationslernen – institutionelle und kulturelle Dimensionen. Berlin

Becker, Albrecht/Küpper, Willi/Ortmann, Günther: Revisionen der Rationalität 1988: In: Küpper, Willi/Ortmann, Günther (Hrsg.): Mikropolitik. Opladen, S. 89-114

Berger, Ulrike 1988: Rationalität, Macht und Mythen. In: Küpper, Willi/Ortmann, Günther (Hrsg.): Mikropolitik. Opladen, S.115-130

Bourdieu, Pierre 1991: Die feinen Unterschiede. Frankfurt

Brückner, Margit 1994: Geschlecht und Öffentlichkeit. Für und wider das Auftreten als Frau oder als Mensch. In: dies./Meyer, Birgit (Hrsg.): Die sichtbare Frau. Freiburg, S. 19-56

Cockburn, Cynthia 1988: Die Herrschaftsmaschine. Geschlechterverhältnisse und technisches Know-how. Berlin u. Hamburg

Cockburn, Cynthia 1991: In the Way of Women. London: Macmillan

Connell, Robert 1999: Der gemachte Mann. Opladen

Crompton, Rosemary/Sanderson, Kai 1993: Credentials and Careers. In: Sociology 20 (1986), S. 25-42

Dogdson, Marc 1993: Organizational Learning: A Review of Some Literatures. In: Organizational Studies 14 (1993) 3, S. 375-394

Eckart, Christel 1995: Sackgassen der Selbstbehauptung. Kassel

Gerhard, Birgit M. 1995: Gender (de)Konstruktionen zwischen Doing Science und Doing Organization. Dissertation Universität Zürich

Giddens, Anthony 1988: Die Konstitution der Gesellschaft. Grundzüge einer Theorie der Strukturierung. Frankfurt u. New York

Gottschall, Karin 1998: Doing gender while doing work? Erkenntnispotenziale konstruktivistischer Perspektiven für die Analyse des Zusammenhangs von Arbeitsmarkt, Beruf und Geschlecht. In: Geissler, Birgit/Maier, Friederike/Pfau-Effinger, Birgit (Hrsg.): FrauenArbeitsMarkt. Berlin, S. 63-84

Gottschall, Karin 2000: Soziale Ungleichheit und Geschlecht. Kontinuitäten und Brüche, Sackgassen und Erkenntnispotenziale im deutschen soziologischen Diskurs. Opladen

Halford, Susan/Savage, Mike/Witz, Anne 1997: Gender, Careers and Organisations. London: Macmillan

Hantrais, Linda/Walters, Pat 1994: Making It In and Making Out: Women in Professional Occupations in Britain and France. In: Gender, Work and Organization 1 (1994), S. 23-32

Hagemann-White, Carol 1988: Wir werden nicht zweigeschlechtlich geboren. In: Hagemann-White, Carol/Rerrich, Maria (Hrsg.): FrauenMännerBilder. Bielefeld, S. 224-235

Heintz, Bettina/Nadai, Eva/Fischer, Regula/Ummel, Hannes 1997: Ungleich unter Gleichen. Studien zur geschlechtsspezifischen Segregation des Arbeitsmarktes. Frankfurt u. New York

Holzbecher, Monika/Kneissler, Edda/Müller, Ursula 1994: Sexuelle Belästigung an Fachhochschulen. Unveröff. Bericht über eine empirische Untersuchung: Bielefeld

Holzbecher, Monika/ Müller, Ursula/ Schmalzhaf-Larsen, Christa 2000: (unter Mitarbeit von Barbara Krischer): Evaluierung der „Grundsätze zur Frauenförderung an den Hochschulen des Landes Nordrhein-Westfalen". Forschungsbericht Bielefeld (Publ. i. Vorb.)

Johnson, Terrence 1972: Professions and Power. London: Macmillan

Kirsch-Auwärter, Edit 1996a: Anerkennung durch Dissidenz. In: Modelmog, Ilse/-Kirsch-Auwärter, Edit (Hrsg.): Kultur in Bewegung. Freiburg, S. 25-47

Kirsch-Auwärter, Edit 1996b: Emanzipatorische Strategien an den Hochschulen im Spannungsverhältnis von Organisationsstrukturen und Zielvorstellungen. In: VBWW-Rundbrief, 12, S. 51-55

Knapp, Gudrun-Axeli 1997: Differenz und Dekonstruktion. Anmerkungen zum „Paradigmenwechsel" in der Frauenforschung. In: Hradil, Stefan (Hrsg.): Differenz und Integration. Frankfurt u. New York, S. 497-513

Kuhlmann, Ellen 1999: Profession und Geschlechterdifferenz. Eine Studie über die Zahnmedizin. Opladen

Kuhlmann, Ellen/Matthies, Hildegard/Oppen, Maria/Simon, Dagmar 2000: Der Wissenschaftsbetrieb als Arena der Geschlechterdifferenzierung. Berlin: WZB Discussion Paper P 00-601

Kutzner, Edelgard 1995: Neue Formen der Arbeitsorganisation und die Beschäftigungsperspektiven von Frauen. In: WSI-Mitteilungen 7, S. 482-489

Kutzner, Edelgard 1999a: Arbeitsorganisation und Geschlechterpolitik. Die Beteiligung von Frauen an betrieblichen Umstrukturierungsprozessen. Projektbericht, Sozialforschungsstelle Dortmund

Kutzner, Edelgard 1999b: Labor Organisation and Gender Politics – The Participation of Women in Processes of Restructuration within a Company. In: Goldmann, Monika (ed): Rationalisation, Organisation, Gender. Dortmund, S. 94-99

Lang, Sabine/Sauer, Birgit 1998: Postmoderner Feminismus und politische Praxis. In: Hornscheidt, Antje/Jähnert, Gabriele/Schlichter, Annette (Hrsg.): Kritische Differenzen – geteilte Perspektiven. Opladen, S. 74-92

Larson, Safatti Magali 1977: The Rise of Professionalism. Berkely: University of California Press

Leidner, Robin 1991: Serving Hamburgers and Selling Insurance. In: Gender & Society 5 (1991) 2, S. 154-177

Lipartito, Kenneth J./Miranti, Paul J. 1998: Professions and Organizations in Twentieth Century Amerika. In: Social Science Quarterly 79 (1998) 2, S. 301-320

Luhmann, Niklas 1993: Organisation und Entscheidung. In: Ders.: Soziologische Aufklärung 3, 3. Aufl. Opladen, S. 335-389
Maddock, Sue 1999: Challenging Women. Gender, Culture and Organization. London u.a.: Sage
Metz-Göckel, Sigrid 1999: Hochschulreform als Personalentwicklung. In: Neusel, Ayla/Wetterer, Angelika (Hrsg.): Vielfältige Verschiedenheiten. Frankfurt u. New York, S. 161-191
Metz-Göckel, Sigrid/Müller, Ursula 1986: Der Mann. Weinheim
Müller, Ursula 1997: Von der Gegen- zur Interventionskultur: „Frauenforschung“ als institutionalisierte Sozialwissenschaft. In: Metz-Göckel, Sigrid/Steck, Felicitas (Hrsg.) Frauenuniversitäten: Initiativen und Reformprojekte im internationalen Vergleich. Opladen, S. 157-177
Müller, Ursula 1998: Asymmetrische Geschlechterkultur in Organisationen und Frauenförderung als Prozess – mit Beispielen aus Betrieben und der Universität. In: Zeitschrift für Personalforschung 12 (1998) 2, S. 123-142
Müller, Ursula 1999: Geschlecht und Organisation: Traditionsreiche Debatten – aktuelle Tendenzen. In: Nickel, Hildegard Maria/Völker, Susanne/Hüning, Hansko (Hrsg.): Transformation. Unternehmensorganisation. Geschlechterforschung. Opladen, S. 53-71
Müller, Ursula: Macht und Geschlecht. Traditionsreiche Debatten, aktuelle Tendenzen. (Publ. in Vorbereitung)
Müller, Ursula/Müller-Franke, Waltraud 1999: Geschlechterkonstruktionen im Organisationswandel am Beispiel Polizei. DFG-Projektantrag, Bielefeld/Villingen-Schwenningen
Müller, Ursula/Holzbecher, Monika/Meschkutat, Bärbel (unter Mitarbeit von Barbara Krischer) 2000: Asymmetrische Geschlechterkultur an der Hochschule und Frauenförderung als Prozess, am Beispiel „Sexismus“ und „sexuelle Belästigung“. Forschungsbericht Universität Bielefeld
Neuberger, Oswald (Hrsg.) 1995: Mikropolitik. Der alltägliche Aufbau und Einsatz von Macht in Organisationen. Stuttgart: Enke
Neusel, Ayla/Wetterer, Angelika (Hrsg.) 1999: Vielfältige Verschiedenheiten. Geschlechterverhältnisse in Studium, Hochschule und Beruf. Frankfurt u. New York
Nickel, Hildegard Maria 1999: Erosion und Persistenz. In: Dies./Völker, Susanne/Hüning, Hasko (Hrsg.): Transformation. Unternehmensreorganisation. Geschlechterforschung. Opladen, S. 9-33
Ortmann, Günther 1995: Formen der Produktion: Organisation und Reflexivität. Opladen
Ortmann, Günther/Sydow, Jörg/Windeler, Arnold 1997: Organisation als reflexive Strukturation. In: Ortmann, Günther (Hrsg.): Theorien der Organisation. Opladen, S. 315-354
Peinl, Iris 1999: Das Ende der Eindeutigkeiten. In: Nickel, Hildegard Maria/Völker, Susanne/Hüning, Hasko (Hrsg.): Transformation. Unternehmensreorganisation. Geschlechterforschung. Opladen, S. 131-154
Plöger, Lydia/Riegraf, Birgit 1996: Gleichstellung als Element innovativer Hochschulreform. Bielefeld
Riegraf, Birgit 1996: Geschlecht und Mikropolitik. Opladen

Riegraf, Birgit 2000: Organisationswandel, Organisationslernen und das Geschlechterverhältnis. In: Lenz, Ilse/Müller, Ursula/Nickel, Hildegard Maria/Riegraf, Birgit (Hrsg.): Arbeit – Zukunft – Geschlecht. Münster

Roloff, Christine (Hrsg.) 1998: Reformpotenzial an Hochschulen. Berlin

Roloff, Christine 1999: Geschlechterverhältnis und Studium in Naturwissenschaft und Technik – vom „Problem der Frauen" zum Modernisierungsdefizit der Hochschulen. In: Neusel, Ayla/Wetterer, Angelika (Hrsg.): Vielfältige Verschiedenheiten. Frankfurt u. New York, S. 63-85

Rudolph, Hedwig/Grüning, Marlies 1994: „Frauenförderung – Kampf oder Konsensstrategie?" In: Beckmann, Petra/Engelbrecht, Gerhard (Hrsg.): Arbeitsmarkt für Frauen 2000 – Ein Schritt vorwärts oder ein Schritt zurück? (BeitrAB 179). Nürnberg, S. 773-795

Senge, Peter M. 1998: Die fünfte Disziplin: Kunst und Praxis der lernenden Organisation. Freiburg

Siegel, Tilla 1999: Kommentierung auf dem Symposium „Ermutigt zu Eigensinn", Dortmund, 16. bis 18. Dezember 1999

Vollmer, Hendrik 1996: Die Institutionalisierung lernender Organisationen. In: Soziale Welt 47 (1996), S. 315-343

Weick, Karl E. 1995: Sensemaking in Organizations. Thousand Oaks: Sage

Wetterer, Angelika 1995: „Rhetorische Präsenz – faktische Marginalität. Zur Situation von Wissenschaftlerinnen in Zeiten der Frauenförderung". In: Zeitschrift für Frauenforschung, 12 (1994) ½, S. 93-109

Wetterer, Angelika 1995: Dekonstruktion und Alltagshandeln. – In: Dies. (Hrsg.): Die soziale Konstruktion von Geschlecht in Professionalisierungsprozessen. Frankfurt u. New York, S. 223-246

Wetterer, Angelika 1999: Theoretische Entwicklungen der Frauen- und Geschlechterforschung über Studium, Hochschule und Beruf – ein einleitender Rückblick. In: Neusel, Ayla/Wetterer, Angelika (Hrsg.): Vielfältige Verschiedenheiten. Frankfurt u. New York, S. 15-34

Wiesenthal, Helmut 1995: Konventionelles und unkonventionelles Organisationslernen: Literaturreport und Ergänzungsvorschlag. In: Zeitschrift für Soziologie 24 (1995) 2, S. 137-155

Wilz, Sylvia M. 1999a: Reorganisation in an Insurance Company: Elements of Gendering and De-Gendering. In: Goldmann, Monika (ed.): Rationalisation, Organisation, Gender. Dortmund, S. 169-175

Wilz, Sylvia M. 1999b: Personalentscheidungen in Reorganisationsprozessen. In: Schwengel, Hermann (Hrsg.): Grenzenlose Gesellschaft? Pfaffenweiler, S. 120-122

Zimmermann, Karin 2000: Spiele mit der Macht in der Wissenschaft. Passfähigkeit und Geschlecht als Kriterien für Berufungen. Berlin

Renate Schulz-Zander

Geschlechter und neue Medien in der Schule

Zusammenfassung

Im Computerbereich sind die Geschlechter unterschiedlich beteiligt. Jungen und Lehrer nutzen Computer und Internet häufiger und haben ein stärkeres technisches Interesse an den Informationstechnologien als Mädchen und Lehrerinnen. Funktionen wie die Betreuung der Hard- und Software oder die Wahrnehmung der Projektleitung werden stärker vom männlichen Geschlecht wahrgenommen. Mädchen zeigen dagegen mehr Interesse an Kommunikation und Kooperationsprojekten mit anderen Schülergruppen im In- und Ausland. Im Beitrag werden die Ergebnisse der wissenschaftlichen Evaluation des bundesweiten Projekts „Schulen ans Netz", die am Institut für Schulentwicklungsforschung (IFS) der Universität Dortmund zwischen 1998 bis 2000 durchgeführt wurde, unter der Kategorie Geschlecht analysiert und diskutiert.

1. Die Rolle der neuen Medien in der Schule

Informations- und Kommunikationstechnologien (IKT) oder neue Medien nehmen eine zentrale Rolle bei gesellschaftlichen Veränderungen ein. Ihre kompetente Nutzung gehört zu den Schlüsselqualifikationen und wird in den meisten Berufsfeldern vorausgesetzt. Fehlendes Know-how führt zu geringeren Chancen auf dem Arbeitsmarkt. Die Schule muss sich den Anforderungen einer zeitgemäßen Bildung in der Wissensgesellschaft stellen und die Medienkompetenz fördern. Internationale Organisationen wie die OECD (1998) und die Europäische Kommission (1995) haben auf die notwendige Vorbereitung von Schülerinnen und Schülern auf ein lebenslanges Lernen in der Informationsgesellschaft des 21. Jahrhunderts hingewiesen. Mit dem Wandel von der Industriegesellschaft zur Informationsgesellschaft oder Wissensgesellschaft vollzieht sich im Bildungsbereich ein Paradigmenwechsel. Neue Leitlinien für Lernen sind Selbststeuerung, Selbstkontrolle und Selbstverantwortung. Strategien des Wissensmanagements und Fähigkeiten zu einem eigenaktiven, selbstorganisierten und kooperativen Lernen, zur globalen Kommunikation und Kooperation sollen unter Nutzung von Informations- und Kommunikationstechnologien (IKT) erworben werden. Die Initiative „Schulen ans Netz“ des Bundesministeriums für Bildung, Wissenschaft, Forschung und Technologie (BMFT) und der Deutschen Telekom, gestartet im Jahre 1996, setzte sich das Ziel, deutsche Schulen an das Internet anzuschließen, um damit eine Förderung von Medienkompetenz unter Nutzung des Internet zu ermöglichen und Deutschland in Bezug auf die voranschreitende Globalisierung anschlussfähig zu machen.

Die deutlich geringere Beteiligung von Mädchen und Frauen im Bereich der Informations- und Kommunikationstechnologien ist im Blickpunkt bildungspolitischen Interesses. Mit Fördermaßnahmen soll eine aktive Teilhabe des weiblichen Geschlechts an diesen Entwicklungen unterstützt werden, um eine Chancengleichheit herzustellen, aber auch um den enormen Bedarf an qualifizierten Arbeitskräften decken zu können.

Um geeignete Maßnahmen zu entwickeln, bedarf es zunächst der Klärung, welche Geschlechterdifferenzen sich in Bezug auf Informations- und Kommunikationstechnologien (IKT) identifizieren lassen. Sind Unterschiede im Zugang zu den Technologien, im Nutzungsverhalten, im Interessenbereich und bei Einstellungen von Mädchen und Jungen feststellbar? Zu untersuchen bleibt, inwieweit beide Geschlechter an der Technologienutzung im Schulbereich teilhaben.

2. Bisherige Befunde zu Geschlechtern und Informationstechnologien in der Schule

Die deutlich geringere Beteiligung von Frauen im Bereich der Informationstechnologien war bereits Anfang der 80er Jahre im Blickpunkt des bildungspolitischen Interesses, als mit der breiten Nutzung der Mikroelektronik in nahezu allen Bereichen unserer Gesellschaft ein hoher Bedarf an qualifizierten PC-Nutzern und -nutzerinnen entstanden war. Mit der Förderung von schulischen Modellversuchen in Hessen, Niedersachsen und Nordrhein-Westfalen zum Thema „Mädchenbildung und neue Technologien“ war Mitte der 80er Jahre die Zielsetzung verbunden möglichst rasch eine Veränderung in der Bildungspraxis und Bedingungen für eine Gleichstellung der Mädchen herbeizuführen. Angebunden waren die Schulversuche an die Informationstechnische Grundbildung (ITG), die alle Schülerinnen und Schüler in allen Schulformen in der Sekundarstufe I erreichen sollte. Erstmals wurden an deutschen Schulen umfangreichere Daten über den geschlechtsspezifischen Zugang zu den Informationstechnologien erhoben und Materialien und Strategien zur Förderung von Mädchen entwickelt.

Unterschiede zwischen den Geschlechtern beim Zugang zum Computer, beim Nutzungsverhalten, bei Interessen und Einstellungen werden in verschiedenen empirischen Untersuchungen festgestellt (vgl. u. a. Lang/Schultz-Zander 1994, Janssen Reinen/Plomp 1997). Als Hinweis auf eine Benachteiligung von Mädchen an deutschen Schulen wurde die Tatsache gewertet, dass diese die freiwilligen Lernangebote zur Informatik in den Sekundarstufen kaum wahrnahmen und Informatikkurse in der Sekundarstufe II weit häufiger abwählten.

Ein durchgängiges Ergebnis ist, dass die Geschlechter an traditionellen Begabungsmustern festhalten. Mädchen trauen sich beim Umgang mit dem Computer weniger zu. Sie nehmen sich und andere Mädchen eher als Anfängerinnen wahr als Jungen. Dieses Selbstbild entspricht dem Fremdbild der Jungen. Sie halten Jungen für kompetenter im Umgang mit Computern und glauben auch, dass diese erheblich mehr Kenntnisse besitzen. Jungen halten sich selbst ebenso für kompetenter; sie behaupten auch dann Kompetenz zu besitzen, wenn wenig vorhanden ist, umgekehrt betonen Mädchen ihre Lücken, auch wenn sie über Kompetenzen verfügen (vgl. Faulstich-Wieland/Dick 1989). Metz-Göckel et al. (1991) kommen aufgrund einer vergleichenden Untersuchung von geschlechtshomogenen mit heterogenen außerschulischen Computerkursen zu dem Ergebnis, dass Jungen dazu neigen, ihren eventuellen Wissensvorsprung sozial auszunutzen, um eine überlegene Position aufzubauen, was zu einem blockierenden Lernklima führt. In den Mädchenkursen entwickelt sich dagegen ein produktives Lernklima. Die dadurch geprägte soziale Situation im Unterricht kann – so die Folgerung der Forscherinnen – schulisches Lernen beeinflussen.

Die Ergebnisse der internationalen Studie der IEA (International Association for the Evaluation of Educational Achievement) „Computers in Education", die zur Computernutzung in Schulen in Westdeutschland unter Federführung des Instituts für die Pädagogik der Naturwissenschaften (IPN) in Kiel (20 Länder 1989, 10 Länder 1992) durchgeführt wurde, weisen ebenfalls Geschlechterdifferenzen auf: Mädchen schneiden bei einem Wissenstest über Informationstechnik schlechter ab, sie haben weniger Spaß beim Arbeiten am Computer und mehr Probleme im Umgang mit der Software (vgl. Janssen Reinen/Plomp 1997, Lang/Schulz-Zander 1994). Mögliche Gründe können in der unterschiedlichen Unterstützung der Eltern in Bezug auf Jungen und Mädchen, dem Zugang zum Computer und dem geringen Anteil weiblicher Vorbilder liegen. Die Bedeutung der Informationstechnologien für die spätere Berufstätigkeit wird von beiden Geschlechtern in allen Ländern gleich hoch eingeschätzt. Während in Indien und den USA jedoch beiden Geschlechtern eine gleich hohe Computerkompetenz zugeschrieben wird, sind in Japan und der Bundesrepublik beide Geschlechter der Überzeugung, dass Jungen über mehr Computerkompetenz verfügen.

Zur Aufhebung der Benachteiligungen von Mädchen in der informationstechnischen Bildung wurden in der Bundesrepublik Strategien, Materialien und ein Leitfaden für Lehrerinnen und Lehrer „Mädchen und Neue Technologien“ am Landesinstitut für Schule und Weiterbildung entwickelt (LSW 1993). Vom Institut für die Pädagogik der Naturwissenschaften in Kiel wurden mit Expertinnen Empfehlungen und Strategien zur Förderung von Mädchen in einer Curriculum-Konferenz „Informationstechnische Bildung für Mädchen“ erarbeitet (Schulz-Zander 1992). Als Fazit lässt sich folgendes festhalten: Um den Mädchen gleiche Zugangschancen zu den Informationstechnologien zu ermöglichen, wird empfohlen,

- Materialien und Unterrichtsbeispiele zu wählen, die an die Erfahrungswelt von Mädchen anknüpfen und deren Interessen berücksichtigen,
- die Zugangsmöglichkeiten zu den schulischen Computern für die Mädchen zu erhöhen,
- traditionelle Rollenzuschreibungen zu überwinden und eine Veränderung von Selbstkonzepten bei beiden Geschlechtern zu unterstützen,
- eine Sensibilisierung der Lehrerinnen und Lehrer zu erzielen und ggf. zeitlich begrenzte geschlechtshomogene Gruppen einzurichten.

Die Vorstellung weiblicher Leitbilder wird als eine wichtige Aufgabe von Schule gesehen, um die männliche Attribuierung des informationstechnischen Bereichs zu überwinden.

Nach wie vor gilt, dass der Anteil der Mädchen, die Informatikkurse in der gymnasialen Oberstufe abwählten, sehr hoch ist (vgl. Westram 2000). Während der Mädchenanteil im ersten Halbjahr der 11. Jahrgangsstufe etwa bei einem Drittel der Teilnehmenden der Informatikkurse liegt, beträgt der Anteil der Mädchen im Grundkurs Informatik in der 13. Jahrgangsstufe am Gymnasium unter 10% und an Gesamtschulen etwa 15%.

Neuere repräsentative Studien zur Nutzung des Computers von Jugendlichen belegen, dass Mädchen unter den Computernutzenden zwar deutlich unterrepräsentiert sind, sich die Differenz zwischen den Geschlechtern jedoch verringert: Im Jahre 1998 besaßen Jungen doppelt so häufig einen Computer (46%) wie Mädchen (24%) (Feierabend/Klingler 1998); im Jahre 2000 55% der Jungen gegenüber 37% der Mädchen (Feierabend/Klingler 2000). Insgesamt steigt in Bezug auf Computer der Ausstattungsstandard bei Jugendlichen und anteilig stärker bei den weiblichen Jugendlichen (Feier/ Klingler 2000).

Das Ergebnis der Befragung nach situativen Kontexten, in denen sich die Jugendlichen dem PC zuwenden, zeigt auch hier Geschlechterdifferenzen. Jungen geben häufiger an sich dem Computer zuzuwenden, wenn sie Langeweile haben. Von den PC-Nutzenden geben 17% der befragten Jungen an den Computer zu nutzen, wenn sie mit Freunden zusammen sind und ebenfalls 17 Prozent, wenn sie den Wunsch nach Spaß und Unterhaltung haben. Bei den Mädchen liegen die Anteile hier lediglich bei 4% und 3% (Feierabend/Klingler 1998: 488). Jungen verwenden den Computer häufiger zum Spielen und Mädchen eher für Textverarbeitung (Feierabend/Klingler 1998: 490).

Auch die Shell-Studie liefert ähnliche Ergebnisse. 75% der weiblichen befragten Jugendlichen gegenüber 67% der Männlichen nutzen häufig Textverarbeitungsprogramme. Lediglich 39% der jungen Frauen wählen Computerspiele gegenüber 66% der jungen Männer (Fritzsche 2000: 202). Der Shell-Studie zufolge nutzen 34% der männlichen und 25% der weiblichen Befragten das Internet.

3. Wissenschaftliche Evaluation der bundesweiten Initiative „Schulen ans Netz"

Neuere schulbezogene Befunde zu Geschlecht und Computern liegen aus der vom Institut für Schulentwicklungsforschung (IFS) durchgeführten Evaluationsstudie zum bundesweiten Projekt „Schulen ans Netz" (SaN) vor. Seit Anfang des Jahres 1998 wurde die Initiative im Auftrag des Vereins „Schulen ans Netz" e.V. in Bonn in einem zweijährigen Forschungsprojekt von einem Konsortium evaluiert. Die Studie wurde vom Bundesministerium für Bildung und Forschung (BMBF) finanziell gefördert. Das IFS übernahm die Aufgabe, bundesweit den gegenwärtigen Stand der Arbeit mit dem Computer/Internet auf der Ebene der Schulen zu erfassen und Faktoren für die erfolgreiche Implementierung des Internet sowie hemmende Bedingungen und Umstände bei der Arbeit mit den neuen Medien zu identifizieren. Die im Rahmen der Evaluation des IFS ermittelte Datenbasis stellt zum Zeitpunkt des Untersuchungsabschlusses die bisher detaillierteste Datensammlung zur schulischen Internetarbeit in Deutschland dar. Damit trifft sie als erste bundesweite Untersuchung umfassende Aussagen zur Nutzung des Internet an Schulen.

3.1. Stichprobe und Rücklauf

Es wurde ein Forschungsdesign aus einer Kombination quantitativer und qualitativer Methoden der empirischen Sozialforschung entwickelt. Zum Einsatz kamen standardisierte Befragungen von Projektleitungen, Schulleitungen, Lehrpersonen und Schülerinnen und Schülern. In Fallstudien wurden mit Leitfadeninterviews, standardisierten Befragungen und Unterrichtsbeobachtungen weitere Daten auf der Ebene der Einzelschule erhoben.

Es wurden in zwei Befragungswellen mit einem Jahr Abstand vier verschiedene Personengruppen in den Schulen befragt. Zur Feststellung der Ausgangssituation kam 1998 ein Online-Fragebogen zum Einsatz, der sich bundesweit an die Projektleitungen/Koordinatorinnen und Koordinatoren der Internetarbeit allgemein- und berufsbildender Schulen richtete, da anzunehmen ist, dass diese eine zentrale Position im Implementationsprozess der Informationstechnologien in Schulen einnehmen. Aus der Gruppe aller durch SaN geförderten Schulen – zum Zeitpunkt der Befragung insgesamt 6038 – wurde nach dem Zufallsprinzip eine Quotenstichprobe (nach Bundesländern und Schulformen) von 20% (1200 Schulen) gezogen. Die Zusammensetzung des Rücklaufs (43%, n=520) bildete weitestgehend die Struktur der Grundgesamtheit ab. Es ist allerdings anzumerken, dass diese Schulen, die etwa 15% der Gesamtzahl deutscher Schulen ausmachen, in gewisser Weise eine Vorreiterrolle einnehmen und insofern eine Positivauswahl darstellen.

1999 wurde eine zweite Befragungswelle gestartet, und zwar eine kombinierte Schulleiter-/ Lehrer- und Schülerbefragung an Sekundarstufen allgemeinbildender Schulen in Baden-Württemberg, Hamburg, Hessen, Mecklenburg-Vorpommern, Niedersachsen, Nordrhein-Westfalen und Sachsen, um eine umfassendere Sicht über die schulische Internetnutzung zu erhalten. Es wurde eine Zufallsstichprobe von 105 allgemeinbildenden Schulen aus dem Sample der 6038 SaN-Schulen gezogen, die der Koordinatorenbefragung zugrunde lag. 43 der 105 angeschriebenen Schulen beteiligten sich an der Befragung (Rücklauf: 41%). In die Auswertung gingen 29 Schulleitungsfragebögen (11% Frauen und 89% Männer), 248 Lehrerfragebögen (43% Frauen und 56% Männer) und 943 Fragebögen von Schülerinnen (42%) und Schülern (50%) der 9. und 12. Klassen ein.

Tabelle 1: Beteiligung der Untersuchungsgruppen an den Befragungsteilen

	Projektleitungen	Schulleitungen	LehrerInnen	SchülerInnen
Anz. Befragte gesamt	520	29	248	943
weiblich	*424	*3	*106	*398
männlich	*72	*25	*139	*470
Anzahl Schulen	520	29	43	43
Befragungszeitpunkt	1. Welle (1998)	2. Welle (1999)	2. Welle	2. Welle

* Die Differenzen zur Gesamtsumme resultieren jeweils aus fehlenden Angaben.

3.2. Ergebnisse der Evaluation

Die Ergebnisse wurden hinsichtlich der Kategorie Geschlecht analysiert und interpretiert; die prägnantesten werden im folgenden beschrieben (vgl. hierzu auch Weinreich/Schulz-Zander 2000; Hunneshagen/Schulz-Zander/-Weinreich 2000).

3.2.1. Zugang zum Computer und Internet und deren Nutzung

Die befragten Schülerinnen geben seltener als die Schüler an, außerhalb der Schule einen Zugang zum Computer zu haben. 72% der Mädchen gegenüber 87% der Jungen verfügen „immer“ über einen Zugang zum Computer (dreistufige Skala Computernutzung „wann immer ich will“, „nur zu bestimmten Zeiten“, „gar nicht“). Der Unterschied ist statistisch signifikant. Die Schülerinnen verfügen seltener über einen eigenen Rechner (26% der Mädchen und 36% der Jungen; die Feierabend/Klingler-Studie aus 1998 wies demgegenüber 24% der Mädchen und 46% der Jungen aus). Sie nutzen aber häufiger den elterlichen Computer (46% der Mädchen und 32% der Jungen). Ein Vergleich mit den Daten einer repräsentativen IFS-Befragung von Schülerinnen und Schülern zwischen 14 – 16 Jahren in 1998 zeigt, dass die privaten Zugangsmöglichkeiten zum Computer in den westlichen Bundesländern damit in etwa übereinstimmen, und zwar weisen diese 72% Mädchen gegenüber 82% Jungen aus, die einen privaten Zugang zum Computer verfügbar haben (Kanders 2000: 32).

Für 30,4% der Mädchen unserer Befragung fand die erste Computernutzung in der Schule statt, aber nur für 11,7% der Jungen. In Bezug auf den Internetzugang sind die Unterschiede noch gravierender, da hier eine Mehrheit von 55,6% der Mädchen angeben, den ersten Kontakt zum Internet über die Schule bekommen zu haben, während von den Jungen zwei Drittel außerhalb der Schule zum ersten Mal Zugang zum Internet erhielten. Die Unterschiede sind für Computer und Internet im X^2-Test signifikant auf dem Level $p < .05$ (Die Skalierung war: „viel“ =1; „wenig“ = 2; „gar nichts“ = 3). Schüler nutzen den Computer durchgehend häufiger als Schülerinnen: Während nur 12,8% der befragten Mädchen angeben, ihn täglich zu nutzen, sind es bei den Jungen 47,5%. Zwischen den Geschlechtern bestehen signifikante Erfahrungsunterschiede bezüglich der Computer- und Internetnutzung (im X^2-Test signifikant auf dem Level $p < .05$), und zwar haben Mädchen deutlich weniger Vorerfahrung als Jungen. Bezüglich der Dauer der Computernutzung geben 52% der Schülerinnen gegenüber 71% der Schüler an, seit mehr als drei Jahren mit dem Computer zu arbeiten. Die Internetnutzung „seit 1 bis 3 Jahren“ weist ebenfalls deutliche Unterschiede auf: 25% der Mädchen und 42% der Jungen.

Beide Geschlechter geben an, dass sie Grundkenntnisse an erster Stelle durch eigenes Ausprobieren erwerben, die Jungen (79,7%) signifikant häufiger als die Mädchen (50,3%). Jungen erhalten ihre Kenntnisse von Freunden, aus Zeitschriften, durch Computerkurse und durch eigenes Ausprobieren (vgl. Tabelle 2). Die befragten Mädchen erwerben an zweiter Stelle Grundkenntnisse durch den Unterricht (47,6%), an dritter Stelle durch den Vater (23,7%) und an vierter Stelle durch Freunde (21%). Bei den Jungen stehen die Freunde (37%) an zweiter Stelle, Fachzeitschriften (33,7%) an dritter Stelle und erst an vierter Stelle der Unterricht (33%). Mädchen erhalten Grundkenntnisse nach eigenen Angaben signifikant häufiger als Jungen aus dem Unterricht, von den Eltern und von Freundinnen. Die Schule nimmt demzufolge eine wichtige Rolle bei der Kompetenzförderung von Mädchen im informationstechnischen Bereich ein. Beide Geschlechter geben weit weniger häufig an, diese von weiblichen Personen zu erwerben, dies äußern die Jungen verstärkt. Dies kann als ein Indiz gewertet werden, dass dem weiblichen Geschlecht generell weniger Kompetenzen im Umgang mit Informationstechnologien zugetraut werden. Befragt nach der Nutzungsart des Internet geben Jungen für fast alle Anwendungen eine häufigere Nutzung an als Mädchen (vgl. Tabelle 3). Im außerschulischen Bereich nutzen Jungen nach eigenen Angaben durchweg häufiger als Mädchen Computer und Internet.

Tabelle 2: Woher bekommen Sie Grundkenntnisse über den Computer und das Internet?

Angaben in%:	viel	wenig	gar nichts	arithm. Mittel*
aus dem Unterricht	40,3	36,1	23,6	1,83
Schülerinnen	47,6	33,2	19,1	**1,72**
Schüler	33,0	40,0	26,9	**1,94**
von meiner Mutter	6,1	18,8	75,1	2,69
Schülerinnen	10,8	25,7	63,5	**2,53**
Schüler	3,0	12,4	84,6	**2,82**
von meinem Vater	18,7	24,1	57,2	2,39
Schülerinnen	23,7	24,6	51,7	**2,28**
Schüler	15,0	23,7	61,3	**2,46**
von einer Schwester	3,6	10,5	85,8	2,82
Schülerinnen	7,0	12,9	80,1	**2,73**
Schüler	1,6	8,4	90,1	**2,89**
von einem Bruder	13,1	14,5	72,5	2,59
Schülerinnen	14,2	15,2	70,5	**2,56**
Schüler	11,4	14,4	74,2	**2,63**
von Freundinnen	6,7	27,9	65,4	2,59
Schülerinnen	8,8	44,8	46,3	**2,38**
Schüler	4,3	12,0	83,7	**2,79**
von Freunden	29,7	43,5	26,8	1,97
Schülerinnen	21,0	41,6	37,4	**2,16**
Schüler	37,0	44,3	18,6	**1,82**
im Internet-Café	5,2	14,2	80,6	2,75
Schülerinnen	4,5	9,7	85,7	**2,81**
Schüler	5,9	17,6	76,6	**2,71**
aus Fachzeitschriften	22,7	33,9	43,4	2,21
Schülerinnen	7,6	25,8	66,6	**2,59**
Schüler	33,7	39,7	26,7	**1,93**
aus Computerkursen	12,6	17,2	70,2	2,58
Schülerinnen	10,5	11,1	78,4	**2,68**
Schüler	14,2	21,4	64,4	**2,5**
Ausprobieren	69,4	24,8	5,8	1,36
Schülerinnen	50,3	34,6	7,3	**1,49**
Schüler	79,7	15,9	4,3	**1,25**

Quelle: SchülerInnenbefragung (n = 943) * signifikante Unterschiede auf pP.05 sind fett gedruckt

3.2.2. Interesse

Bezüglich der innerschulischen Nutzung geben die Mädchen nur für das Chatten und Newsgroups eine häufigere Nutzung an als die Jungen, während die Jungen sehr viel häufiger angeben, das Internet zur Informationssuche und Softwarebeschaffung zu nutzen.

Tabelle 3: Wozu benutzen Sie das Internet?

	innerhalb der Schule (in%)			außerhalb der Schule (in%)		
	häufig	selten	nie	Häufig	selten	nie
Chatten	10,4	25,7	64,0	15,8	33,2	51,0
Schülerinnen	11,5	26,4	62,1	9,8	26,5	63,7
Schüler	8,8	24,3	66,8	20,9	38,1	41,0
E-Mail	7,6	22,1	57,7	24,5	19,9	55,6
Schülerinnen	7,8	22,9	69,3	17,0	17,0	66,0
Schülerinnen	7,7	20,6	71,7	31,7	21,6	46,7
Newsgroups	1,5	12,4	86,1	3,9	13,4	82,8
Schülerinnen	2,6	10,6	86,8	1,3	8,3	90,4
Schüler	0,8	12,6	86,6	6,4	17,7	75,9
Informationssuche	31,9	34,8	33,3	36,8	24,8	38,4
Schülerinnen	26,9	36,8	36,2	26,3	24,8	48,9
Schüler	35,5	34,3	30,2	46,3	24,5	29,2
Surfen	19,8	28,8	51,5	30,4	25,3	44,3
Schülerinnen	12,5	24,1	63,3	15,2	21,4	63,5
Schüler	25,7	32,3	42,1	43,4	28,3	28,3
Softwarebeschaffung	3,5	9,5	87,0	14,4	16,4	69,2
Schülerinnen	0,7	5,2	94,1	2,2	7,6	90,2
Schüler	5,8	12,4	81,8	23,8	24,3	51,9

Quelle: SchülerInnenbefragung (n = 943)

Befragt nach den Anwendungen des Internet „Chatten", „E-Mail", „Newsgroups", „Informationssuche", „Surfen" und „Softwarebeschaffung" geben die Jungen über fast alle Aktivitäten hinweg eine höhere Nutzung an als die Mädchen. Im t-Test statistisch signifikante Unterschiede treten bei der Informationssuche („häufig": 27% der Schülerinnen zu 36% der Schüler in der Schule, 26% zu 46% außerhalb der Schule), der Softwarebeschaffung (1% zu 6% bzw. 2% zu 24%), dem „Surfen" (13% zu 26% bzw. 15% zu 43%) sowie der außerschulischen E-Mail (17% zu 32%) und dem außerschulischen „Chatten" (10% zu 21%) auf (vgl. Tabelle 3).

Auf die Frage nach der gewünschten inhaltlichen Gestaltung der schulischen Computer- und Internetarbeit ergeben sich hochsignifikante Unterschiede: Während Mädchen kommunikations- und kooperationsbezogene Aktivitäten bevorzugen, sind Jungen eher an technischen Fragestellungen und an Informationsrecherche interessiert. Die Unterschiede zwischen den Geschlechtern sind bis auf die beiden Items „Chatten" und „Etwas über Computeranwendungen erfahren" hochsignifikant (vgl. Tabelle 4).

Etwa die Hälfte der befragten Schülerinnen und Schüler äußerte, dass der Unterricht mit dem Computer großen Spaß macht (vgl. Tabelle 5).

Tabelle 4: Wie sollte der Unterricht mit Computer und Internet gestaltet sein?

Angaben in%	**das sollte mehr gemacht werden**	**das ist in genau dem richtigen Ausmaß**	**das sollte weniger gemacht werden**
Projekte mit ausländischen Gruppen	63,5	23,2	13,2
Schülerinnen	72,6	18,4	9,0
Schüler	54,4	28,2	17,4
Chatten	61,3	27,2	11,6
Schülerinnen	63,2	25,8	11,0
Schüler	59,0	29,0	12,0
Informationen im Internet heraussuchen	72,0	24,4	3,5
Schülerinnen	66,6	29,2	4,2
Schüler	76,4	21,1	2,5
E-Mail-Projekte mit anderen Gruppen	64,1	25,7	10,2
Schülerinnen	72,0	22,7	5,2
Schüler	57,6	28,7	13,6
Technische Grundlagen bearbeiten	49,1	33,4	17,5
Schülerinnen	37,3	35,8	26,9
Schüler	58,8	32,6	8,7
Etwas über Computeranwendungen erfahren	55,1	36,0	9,0
Schülerinnen	50,7	41,0	8,3
Schüler	57,8	33,4	8,8

Quelle: SchülerInnenbefragung (n = 943)

Tabelle 5: Geben Sie bitte an, inwieweit die folgenden Aussagen für Sie zutreffen:

Angaben in%	trifft völlig zu	trifft eher zu	trifft eher nicht zu	trifft nicht zu
Mir macht der Unterricht mit dem Computer Spaß.	53,2	32,1	9,8	5,0
Schülerinnen	44,3	38,6	12,2	4,9
Schüler	61,8	26,9	6,9	4,4
Ich bin für Arbeiten am Computer begabt.	23,8	47,5	23	5,8
Schülerinnen	8,7	49,5	32,4	9,5
Schüler	37,2	46,4	14,4	2,0
Ich bringe beim Arbeiten mit dem Computer gute Leistungen.	30,7	45,6	18,8	4,9
Schülerinnen	17,2	50,0	25,1	7,7
Schüler	43,7	41,5	12,3	2,4
Ich lerne beim Arbeiten mit dem Computer etwas, das ich unmittelbar brauchen kann.	34,2	44,0	16,0	5,8
Schülerinnen	27,8	44,9	19,4	7,9
Schüler	40,4	42,4	13,3	3,9
Ich lerne bei der Computerarbeit etwas, das ich später sehr oft brauchen werde.	37,8	41,3	16,7	4,2
Schülerinnen	33,2	40,5	21,7	4,7
Schüler	43,1	41,3	11,9	3,7
Bei den meisten Lehrerinnen und Lehrern stehe ich gut da.	15,7	50,1	23,5	10,7
Schülerinnen	11,1	54,1	21,6	13,2
Schüler	20,3	47,9	23,0	8,8

Quelle: SchülerInnenbefragung (n = 943)

3.2.3. Selbstkonzept

Die befragten Schülerinnen weisen generell ein Selbstkonzept mit einer geringeren Fähigkeit auf. Obwohl sie in den Kernfächern signifikant bessere Noten als Jungen angeben, schätzen nur 26,8 Prozent der Mädchen ihre allgemeinen Leistungen im oberen Drittel ein. Auch im Umgang mit Computer und Internet schätzen Schülerinnen, aber auch Lehrerinnen ihr Wissen geringer ein als Schüler und Lehrer dies tun und sind unsicherer in der Handhabung der neuen Medien im Unterricht (vgl. Tabellen 6 und 7). Alle Fragen, die Aussagen zur Selbstbeurteilung von IKT-Fähigkeiten treffen, weisen eine statistisch hohe Signifikanz auf (t-test, $p<.01$). Jungen schätzen ihre Fähigkeiten durchgängig in hochsignifikant differierender Weise besser ein. Etwa viermal so viel Jungen wie Mädchen halten sich für begabter. Jungen haben durchweg ein positiveres Selbstbild. Alle in der folgenden Tabelle aufgeführten Unterschiede zwischen den Geschlechtern sind hochsignifikant.

Hier fügt sich das Ergebnis stimmig ein, dass der Erwerb von Grundkenntnissen geschlechterorientiert erfolgt. Beide Geschlechter äußern, dass sie ihr Wissen eher vom männlichen Geschlecht erwerben; sie trauen diesem offensichtlich mehr Kompetenz zu. Dies bezieht sich auch auf die Einschätzung der Kompetenz von Lehrerinnen und Lehrern. Der Aussage, „bei Problemen mit dem Internet wende ich mich an eine Lehrerin" stimmen 23,4 Prozent der Schülerinnen und Schüler zu, 43,8 Prozent hingegen geben an, sich an einen Lehrer zu wenden. Diese Zuschreibung ist bei den Schülern noch stärker ausgeprägt als bei den Schülerinnen.

Tabelle 6: Wir möchten nun wissen, wie gut Sie über den Computer und alles, was damit zusammenhängt, Bescheid wissen.

	darüber weiß ich ...			
Angaben in% (w=398, m=470)	sehr viel	viel	kaum etwas	gar nichts
Wie ich den Computer sinnvoll nutzen kann,				
Schülerinnen	14,3	57,4	26,0	2,3
Schüler	36,7	56,0	6,0	1,3
Wie ich das Internet sinnvoll nutzen kann,				
Schülerinnen	8,8	34,7	41,0	15,5
Schüler	19,8	48,5	25,9	5,8

Quelle: SchülerInnenbefragung (n=943)

Tabelle 7: Wie schätzen Sie ihre Fähigkeiten und Fertigkeiten am Computer/im Internet ein?

Angaben in% (w=106, m=139)					
Ich kann mit dem Computer ... umgehen	sehr gut	gut	befriedigend	ausreichend	mangelhaft
Lehrerinnen	5,7	21,9	40,0	21,9	10,5
Lehrer	15,8	39,6	25,9	9,4	9,4
Ich kann mit dem Internet ... umgehen	sehr gut	gut	befriedigend	ausreichend	mangelhaft
Lehrerinnen	2,2	10,9	30,4	23,9	32,6
Lehrer	8,7	22,0	22,0	26,8	20,5

Quelle: LehrerInnenbefragung (n=243)

3.2.4. Übernahme von Funktionen und Aufgaben

Die Gruppe der befragten Projektleitungen weist einen Frauenanteil von 13,8% auf – ein geringer Prozentsatz angesichts eines Frauenanteils von 59,3% in der gesamten deutschen Lehrerschaft im Jahre 1998 (vgl. BMBF 1998, S. 104 ff.. An mehr als der Hälfte (58,8%) der befragten Schulen wurde nach Angaben der Projektleitungen für die Implementation des Internet ein Projektteam gebildet. In diesen Projektteams sind jeweils doppelt so viele Lehrer wie Lehrerinnen eingebunden (50% gegenüber 25%).

Bei der Frage nach der Wahrnehmung von Aufgaben bzw. Ausübung von Aktivitäten durch Schülerinnen und Schüler zeigen sich im Bereich technischer Kompetenzen deutliche Geschlechtsunterschiede. Nach Angabe der Projektleitungen übernehmen in 21% der Schulen Schüler die Betreuung von Hard- und Software und im Sinne des „teach your teacher“-Konzepts in 24% eine Anleitung von Lehrerinnen und Lehrern, dagegen nehmen nur in 4% der Schulen Schülerinnen Hard- und Softwarebetreuungsaufgaben und in 8% der Schulen eine Anleitung von Lehrpersonen wahr (vgl. Tabelle 8). In den Projektteams zur Internetarbeit an Schulen sind laut Angaben der Projektleitung 20% Schülerinnen und 29% Schüler vertreten.

Diese Befunde zeigen, dass Schülerinnen ebenso wie Lehrerinnen seltener in Funktionsaufgaben eingebunden sind als Schüler und Lehrer. Die Promotoren im schulischen Internet-Bereich sind offenbar vorwiegend männlich.

Tabelle 8: Schülerinnen und Schüler nehmen bei uns innerhalb der Arbeit mit dem Internet folgende Funktionen wahr:

	Angabe in%
Anleitung von Lehrerinnen und Lehrern (teach your teacher-Konzeption)	
durch Schülerinnen	7,9
durch Schüler	24,4
Anleitung von Mitschülerinnen und Mitschülern	
durch Schülerinnen	42,5
durch Schüler	61,5
Betreuung von Hard- und Software der im Internet eingesetzten Rechner	
durch Schülerinnen	3,5
durch Schüler	20,8

Quelle: Projektleitungsbefragung (n = 520)

3.2.5. Schulische Konzepte zur Förderung von Mädchen

Zu fragen ist zunächst, inwieweit die Differenzen zwischen den Geschlechtern von den Lehrpersonen insgesamt wahrgenommen werden.

Befragt danach, ob die Beteiligung von Schülerinnen und Schülern am Computer und im Internet gleich ausgeprägt ist, geben 46% der Projektleiterinnen an, dass dieses Ziel voll bzw. teilweise erreicht wurde. Auf Seiten der Projektleiter bejahen dies ca. 10% mehr (58,3%).

Die Frage, in welchem Umfang die Förderung der Chancengleichheit von Mädchen und Jungen an der Schule verwirklicht wird, beantworten 70,4% der Lehrerinnen und 71,8% der Lehrer mit trifft voll zu und trifft eher zu. 65,1%der Lehrerinnen und 50,1% der Lehrer glauben jedoch, dass Computer und Internet helfen können, die Förderung der Chancengleichheit zu verwirklichen (trifft voll zu/trifft eher zu).

Auf die Frage nach der Wichtigkeit der gleichen Beteiligung von Mädchen am Computer und im Internet, geben 25%der Projektleiter und 40,3% der Projektleiterinnen an, dass sie ihnen wichtig sei. Hier liegen deutlich geschlechtsspezifisch unterschiedliche Wertigkeiten bezüglich einer Mädchenförderung vor.

Die Lehrpersonen wurden befragt, inwieweit sie die Einrichtung von monoedukativen Kursen für eine geeignete Maßnahme zur Förderung der Chancengleichheit halten. Nur ein geringer Teil der Lehrerinnen (7,5%) und Lehrer (16,5%) verfügen über Erfahrungen mit monoedukativem Unterricht. Ca. 40% sprechen sich dagegen aus (41,6% Lehrerinnen und 40,6% Lehrer). An knapp einem Viertel der Schulen (22,5%) bestehen spezielle Aktivitäten zur Förderung von Mädchen im Computerbereich. Diese Maßnahmen beinhalten Internet-AG's oder Projekte für Schülerinnen und zeitweilig geschlechtshomogenen Unterricht im Wahlpflicht- und ITG-Bereich. Darüber hinaus erfolgt eine gezielte Ansprache von Mädchen, bestimmte Aufgaben zu übernehmen, um sie stärker in die Internetarbeit einzubinden oder die Einrichtung von Kursen, die zu gleichen Anteilen mit Mädchen und Jungen besetzt sind.

Ein Teil der Schüler/Schülerinnen spricht sich für die Einrichtung einer Mädchen-AG aus (40% der Mädchen, aber nur 27% der Jungen). Die Frage, ob die Schülerinnen und Schüler eine zeitweilige Trennung während des Unterrichts wünschen, bejahen 10% der Jungen und 20% der Mädchen. Insgesamt haben nur 9,2% der Schülerinnen und Schüler Erfahrungen mit monoedukativem Unterricht.

4. Schlussfolgerungen

Die Befunde zeigen signifikante Differenzen zwischen den Geschlechtern, und zwar bei Lehrpersonen und Schülerinnen und Schülern. Diese Differenzen bestehen in Bezug auf den Computerbesitz, die Nutzung von Computern und Internet, die Einschätzungen der persönlichen computerbezogenen Fähigkeiten, die Einstellungen gegenüber den neuen Medien, aber auch bezüglich der Wahrnehmung von Funktionen, etwa der Projektleitung bzw. der Koordination der Computer- und Internetarbeit oder bei der Hard- und Software-Betreuung durch Schüler und Schülerinnen. Dies führt zur Herstellung von Hierarchien zwischen den Geschlechtern.

Ein durchgängiges Ergebnis aller Untersuchungen seit den 80er Jahren ist, dass Jungen und Männer häufiger einen eigenen Computer besitzen, häufiger und länger den Computer nutzen, eher ein Interesse an technischen Fragestellungen haben, sich häufiger Computerkenntnisse durch eigenes Ausprobieren, über Computer-Fachzeitschriften und Freunde aneignen und Computer häufiger als Gesprächsthema mit Gleichaltrigen wählen als Mädchen und Frauen. Sie schätzen ihre Computerkenntnisse und -fertigkeiten höher ein als die der Mädchen bzw. Frauen und halten sich für begabter im Umgang mit Computern. Diese Befunde sprechen dafür, dass sich eine „männliche Computerkultur" entwickelt hat. Für männliche Jugendliche scheint der Computerbereich ein Feld zu sein, in dem sie gemeinsam mit den Peers ihre Männlichkeit erproben und darstellen können. Dies erfolgt weitgehend unter Ausgrenzung von weiblichen Jugendlichen.

Für die Förderung von Mädchen ist dem Computereinsatz in der Schule eine besondere Bedeutung beizumessen, da sie im außerschulischem Bereich seltener die Möglichkeit der Aneignung von Computererfahrungen wahrnehmen (können). Insbesondere für die Schülerinnen und Schüler, die keinen Zugang zu einem (eigenen) Computer und zum Internet haben, schafft die schulische Nutzung die Möglichkeit, an den Entwicklungen teilzuhaben. Repräsentative Untersuchungen zeigen, dass Mädchen in den letzten Jahren weit stärker den Computer nutzen und Differenzen eher abgebaut werden. Das unterschiedliche Interesse an technischen Fragestellungen bleibt nach wie vor feststellbar. Die Bildungsinstanz Schule hat die Aufgabe Schülerinnen und Schüler gleichermaßen auf die Zukunft vorzubereiten. Die Forderungen nach der Vermittlung von Leitbildern für Mädchen, der Sensibilisierung von Lehrpersonen für Benachteiligungen von Mädchen, der Veränderung von Selbstkonzepten und der Berücksichtigung von Interessen beider Geschlechter bei der inhaltlichen Gestaltung von Unterricht gilt es nach wie vor umzusetzen.

Literatur

BMBF: Bundesministerium für Bildung und Forschung (Hrsg.) 1998: Grund- und Strukturdaten 1998/1999. Bonn

European Commission 1995: Teaching and Learning: towards the learning society. Brussels: EU

Faulstich-Wieland, Hannelore/Dick, Annemarie 1989: Mädchenbildung und neue Technologien – Abschlußbericht der wissenschaftlichen Begleitung zum hessischen Vorhaben, Wiesbaden

Feierabend, Sabine/Klingler, Walter: „Jugend, Information und (Multi-)Media". Rundfunk und Fernsehen 46 (1998): 480-496

Feierabend, Sabine und Klingler, Walter: „Jugend, Information und (Multi-)Media". Media Perspektiven 11/2000, S. 517-527

Fritzsche, Yvonne [u.a.] 2000: Jugend 2000. Hg. Deutsche Shell. Bd. 1. Opladen

Hunneshagen, Heike/Schulz-Zander, Renate/Weinreich, Frank 2000,: Schulen am Netz – Veränderungen von Lehr- und Lernprozessen durch den Einsatz der neuen Medien. In: Rolff/ Bos/ Klemm/ Pfeiffer/ Schulz-Zander (Hrsg.): Jahrbuch der Schulentwicklung, Band 11. Juventa: Weinheim/München, S. 155-180

Janssen Reinen, Ingeborg und Plomp, Tjeerd: Information Technology and gender equality: a contradiction in terminis? In: Computers and Education, Vol. 2/1997.

Kanders, Michael 2000: Das Bild der Schule aus der Sicht von Schülern und Lehrern II. IFS-Verlag: Dortmund

Landesinstitut für Schule und Weiterbildung 1993: Mädchen und neue Technologien. Ein Leitfaden für Lehrerinnen und Lehrer. Soester Verlagskontor

Lang, Manfred und Schulz-Zander, Renate: Informationstechnische Bildung in allgemeinbildenden Schulen – Stand und Perspektiven. In: Rolff, Hans-Günter u.a. (Hrsg.) 1994: Jahrbuch der Schulentwicklung, Band 8. Juventa: Weinheim/München, S. 309 – 353

Metz-Göckel, Sigrid/ Frohnert, Sigrid/ Hahn-Mausbach, Gabriele/ Kauermann-Walter, Jaqueline 1991: Mädchen, Jungen und Computer. Geschlechtsspezifische Sozial- und Lernverhalten beim Umgang mit Computern. Opladen

OECD: Education policy analysis. Paris: Organization for Economic Cooperation and Development. Centre for Educational Research and Innovation 1998.

Schulz-Zander, Renate 1990: Gleichberechtigung von Mädchen und jungen Frauen in der informationstechnologischen Bildung. In: Enders-Dragässer, Uta und Fuchs, Claudia (Hrsg.) 1990: Frauensache Schule. Aus dem deutschen Schulalltag: Erfahrungen, Analysen, Alternativen. Frankfurt am Main, S. 139 – 169.

Schulz-Zander, Renate1992: Für die Gleichstellung von Mädchen und jungen Frauen in der informationstechnischen Bildung. Empfehlungen einer IPN-Curriculum-Konferenz. In: Glumpler, Edith (Hrsg.) 1992: Mädchenbildung – Frauenbildung: Beiträge der Frauenforschung für die LehrerInnenbildung. Bad Heilbrunn/Obb.: Klinkhardt, S. 210 – 220.

Weinreich, Frank/Schulz-Zander, Renate: Schulen ans Netz – Ergebnisse der bundesweiten Evaluation. Ergenisse einer Befragung der Computerkoordinatoren und -koordinatorinnen an Schulen. In: Zeitschrift für Erziehungswissenschaften 4/2000. Berlin, S. 577-593.

Westram, Hiltrud 2000: Internet in der Schule. Opladen

Hiltrud Westram

Schule und das neue Medium Internet – nicht ohne Schülerinnen und Lehrerinnen!

1. *„Schulen ans Netz!“* Eine Initiative für den Einsatz neuer Medien in Schulen

Das Internet als ein Teil der neuen Informations- und Kommunikationstechnologien hat in den letzten Jahren eine solch große Verbreitung erfahren, dass sich mittlerweile auch Schulen seiner bedienen. Von daher sind LehrerInnen dazu aufgerufen, ihren SchülerInnen die sogenannte Medienkompetenz für die Arbeit mit den neuen Medien im allgemeinen und dem Internet im besonderen zu vermitteln.

Schulen sollen die Schülerinnen und Schüler „fit machen für die Informationsgesellschaft“ (Rüttgers 1995). Deutschland brauche „auf dem Weg in die Wissensgesellschaft“ gut ausgebildete, kompetente AbsolventInnen der Bildungssysteme. Es wird sowohl bildungspolitisch als auch ökonomisch argumentiert, dass Deutschland im weltweiten Wettbewerb nur durch exzellent ausgebildete MitarbeiterInnen in den global agierenden, multinationalen Unternehmen mithalten und bestehen könne. Dementsprechend lauten die Forderungen an die Schulen, die von verschiedenen gesellschaftlichen Gruppierungen geäußert und von den Printmedien wiederholt aufgegriffen werden, auf die Herausforderungen zu reagieren und die neuen Informations- und Kommunikationstechnologien in den Unterricht zu integrieren. Den Schulen wird also eine qualifizierte Vermittlung von Medienkompetenz aufgetragen.

Um den Einsatz des Internets zu fördern wurde vom damaligen Bundesbildungsminister Jürgen Rüttgers 1996 zusammen mit Ron Sommer, Chef der Deutschen Telekom, die Initiative *Schulen ans Netz* initiiert und mit finanziellen Mitteln von zunächst 60 Millionen DM ausgestattet. Dadurch konnten sich alle Schulen um die Förderung eines Internet-Zugangs bewerben. Da Bildungspolitik der Kulturhoheit der Länder unterliegt, haben diese die Gelder dann nach dem Königsteiner Schlüssel aufgeteilt und nach eigenen Kriterien an die Schulen gegeben, so auch in Nordrhein-Westfalen. Hier mussten alle interessierten Schulen ein Formblatt ausfüllen, in dem die Namen und Fächer zweier Lehrkräfte (für die Projektleitung) anzugeben waren. Somit standen aussagekräftige repräsentative Daten zur Verfügung, die quantitativ ausgewertet werden konnten (vgl. Teil 3).

Dass die Integration von Medien und Internetarbeit in die Schule nicht problemlos vonstatten gehen kann, spricht Schulz-Zander an (1997). Sie macht darauf aufmerksam, dass bei der Initiative *Schulen ans Netz* technische Fragen im Vordergrund stehen und die Projektziele kaum weiter als bis zur Handhabung der Systeme reichen. Die technischen Aspekte, ihre vielfältigen Probleme und oft unbefriedigenden Lösungsmöglichkeiten haben jedoch (fast) immer – so eine These dieses Beitrages – eine geringe Beteiligung von Lehrerinnen und Schülerinnen zur Folge.

Auch bei einer Wanderung durch die in den Schulen erstellten Internetseiten begegnet man sehr viel mehr Lehrern als Lehrerinnen und auch deutlich mehr Schülern als Schülerinnen. Diese zunächst eher zufälligen Beobachtungen lassen sich durch die quantitative Auswertung der Datensätze in der ersten Bewerbungsrunde für *Schulen ans Netz* bestätigen. Um die geringe Beteiligung sowohl von Lehrerinnen als auch von Schülerinnen beim Einsatz des Internets in der Schule zu ändern, ist es notwendig, den Gründen hierfür nachzugehen und Wege aufzuzeigen, wie dieser Zustand geändert werden kann. [1]

2. Erste Beobachtungen im Netz

Bereits eine oberflächliche Betrachtung der Situation an den Schulen macht deutlich, dass sich in den verschiedenen Bereichen ein Ungleichgewicht bei der Beteiligung beider Geschlechter abzeichnet.

- Da sind sogenannte ExpertInnenrunden von Lehrkräften, die sich früher und intensiver als andere mit Möglichkeiten zur Einführung des Internets in der Schule auseinander setzten. Exemplarisch sei eine Expertentagung aufgeführt, auf der sich zunächst überwiegend Lehrkräfte mit dem Fach Informatik, die „Informatiker“ trafen. Dabei stand die Integration des Internets in die Schulen, d.h. in alle Fächer, zur Diskussion und nicht das Fach Informatik. Die ExpertInnen sollten sich zu Chancen und Hemmnissen bei der Einführung des neuen Mediums in die Schule äußern.
- Fragebögen, die von einer 10. Klassen eines Gymnasiums ausgefüllt wurden, um die Zugangsmöglichkeiten der Jugendlichen und ihre Einstellung zum Internet zu dokumentieren, waren ebenfalls sehr aufschlussreich.

1 Vgl. Westram 2000.

- Beiträge ausgewählter Mailinglisten zum Einsatz des Internets in der Schule wurden auf die unterschiedliche Beteiligung von Lehrerinnen und Lehrern hin analysiert.
- Seiten, mit denen sich Gymnasien im Internet präsentierten, wurden auf das Geschlecht der „Webmaster", die für die Erstellung und Pflege der Seiten verantwortlich sind, hin untersucht. In etwa 75 Prozent der Schulen war das Geschlecht der „Webmaster" männlich, in rund 5 Prozent weiblich, bei den restlichen 20 Prozent ließ sich das Geschlecht durch Namen wie „Internet-AG" o.a. nicht feststellen.

Wenngleich solche Einblicke noch nicht als repräsentativ gelten konnten, wiesen sie kein widersprüchliches Ergebnis auf: Alle festigten die Vermutung, dass auch nicht annähernd gleich viele Lehrerinnen wie Lehrer bzw. Schülerinnen wie Schüler an der schulischen Integration des Internets mitwirkten. Es war ganz deutlich festzustellen, dass sich wesentlich mehr Männer als Frauen im Netz präsent zeigen, sei es in Beiträgen zu Mailinglisten oder bei der Betreuung der schuleigenen Homepage bzw. der Darstellung von Schulen im Netz.

3. Quantitative Auswertung der Daten

Um diese noch unsystematischen Beobachtungen auf ein sicheres und repräsentatives Fundament stellen zu können, wurden alle 1344 Projektanträge, mit denen sich Schulen in Nordrhein-Westfalen in der ersten Runde um Teilnahme bei *Schulen ans Netz – Verständigung weltweit* bewarben, quantitativ ausgewertet. Die Schulen mussten zu diesem Zweck einen Bewerbungsbogen ausfüllen, in dem eine Lehrkraft benannt werden sollte, die für die Leitung der Projekte verantwortlich zeichnete. Sie sollte das Geschlecht und die von ihr unterrichteten Fächer angeben. Damit standen die gewünschten Daten komplett zur Verfügung. Bei der Fallzählung stellte sich eine extreme Ungleichverteilung von Frauen und Männern bei der Projektleitung sowie eine sehr einseitige Fächerverteilung der Lehrkräfte heraus:

- Der Anteil der Lehrerinnen in der Projektleitung betrug weniger als 10 Prozent, obschon insgesamt annähernd gleich viele Frauen wie Männer an Schulen der Sekundarstufe I (Gesamtschule, Gymnasium, Haupt- und Realschule) unterrichten.
- Der Anteil der Lehrkräfte mit Fächern aus dem mathematisch-naturwissenschaftlichen Aufgabenfeld lag bei etwa 80 Prozent. Alle anderen Fachbereiche zusammen teilten sich die restlichen 20 Prozent.
- Besonders krass war die Diskrepanz zwischen dem Anteil der Informatiklehrkräfte an der Schule und dem an der Projektleitung: Am Gymna-

sium unterrichteten 1999 3,6 Prozent der Lehrkräfte das Fach Informatik, bei der Projektleitung nannten über 50 Prozent als eines der Fächer, die sie unterrichten, Informatik.

Schon diese Zahlen legen einen Vergleich mit dem Fach Informatik, in dem die Lehrerinnen und Schülerinnen ähnlich marginal vertreten sind, nahe. Auch ist eine so deutliche Dominanz eines einzelnen Faches außergewöhnlich und in anderem Kontext kaum zu finden. Nach dieser Beschreibung des Ist-Zustandes stellte sich die Frage nach den Ursachen und – natürlich – den Veränderungsmöglichkeiten.

4. Auswertung von Interviews zum Thema

Um die Ursachen des Ist-Zustandes sichtbar zu machen, wurden narrativ-episodische Interviews mit 10 Lehrerinnen und 20 Lehrern, die weder „an der Spitze der Bewegung“ standen noch sich abwartend zurückhielten oder gar die Integration des Internets in die Schulen ablehnten, geführt. Die Befragten standen dem neuen Medium durchweg aufgeschlossen gegenüber, ohne in Euphorie zu verfallen und ohne die sich ergebenden Schwierigkeiten zu negieren – kurzum mit einer Ambivalenz zwischen Begeisterung über die vielen neuen Möglichkeiten und einer kritisch-hinterfragenden Distanz.

Durch die Auswertung der Interviews konnten Gründe für die geringe Beteiligung von Lehrerinnen und Schülerinnen sichtbar gemacht werden. Von den 30 Interviews wurden vier umfangreich ausgewertet und eine Typisierung unterschiedlicher LehrerInnenpersönlichkeiten im Umgang mit dem Internet vorgenommen.

Die Lehrerin Anne A.

Da ist zunächst Anne A. zu nennen, die für die Gruppe der Lehrkräfte steht, die sich neuen Herausforderungen an der Schule stellt und diese im Unterrichtsalltag umsetzt. Diese Gruppe beteiligt sich aktiv an der Weiterentwicklung ihrer Schule und legt dazu viel Eigeninitiative an den Tag. Sie wartet nicht auf Vorgaben der Schulleitung oder gar der Behörde, sondern agiert aus Erfahrung und nach Diskussion und Abstimmung mit KollegInnen. Sie klagt nicht über Unzulänglichkeiten, sondern handelt und versucht, im vorgegebenen Rahmen das bestmögliche Ergebnis zu erzielen.

Für diese Gruppe stehen die Schülerinnen und Schüler im Mittelpunkt ihres Denkens und Handelns. Ihnen möchten sie optimale Startbedingungen in der Schule bieten, um sie bestmöglich für Ausbildung und Beruf vorzubereiten. Lehrerinnen und Lehrer dieser Gruppe haben ein gutes Verhältnis zu den Schülerinnen und Schülern, sie können sich in ihre Lage hineinversetzen und sind bemüht, dort ausgleichend zu wirken, wo das Elternhaus die notwendige Unterstützung versagt; z. B. wenn den Kindern zu Hause kein Computer mit Internetzugang zur Verfügung steht.

Anne A. steht auch für die Gruppe von Lehrerinnen (und Lehrern), für die Chancengerechtigkeit ein Grundsatz ist, den sie verinnerlicht haben und den sie didaktisch und methodisch umzusetzen versuchen. Die Mädchen werden durch zusätzliche, an ihren Bedürfnissen orientierte Kursangebote gefördert. Solche Kurse werden von den Jungen nicht als Nachhilfekurse gesehen, im Gegenteil, sie wünschen ebenfalls solche Kurse. Der Ansatz von Anne A. kann dabei als beispielhaft gelten: Sie lässt die Mädchen – ihren Neigungen entsprechend – chatten, ohne dies abzuwerten oder andere Inhalte ihres Konzepts zu vernachlässigen. Damit gibt sie den Mädchen den notwendigen Freiraum, ohne einen Laisser-faire-Stil zu praktizieren und ohne Abstriche an den Unterrichtsinhalten zu machen. Die Mädchen gewinnen zunehmend Selbstvertrauen und erwerben Kompetenzen im Umgang mit neuen Medien.

Die Lehrerin Gisela G.

Eine zweite Gruppe von Lehrerinnen und Lehrern wird durch Gisela G. personifiziert. Die Informatiklehrerin ist in ihrem Denken und Handeln ambivalent. Sie erweckt zunächst den Eindruck, Innovationen gegenüber positiv eingestellt zu sein, doch umgehend wird dieser Eindruck relativiert und durch kritische Äußerungen kommentiert. Die anfängliche Aufgeschlossenheit gegenüber Neuerungen in der Schule und die vermeintliche Auseinandersetzung mit den an die Schule gestellten Herausforderungen weichen einer skeptischen bis ablehnenden Haltung und anschließend werden die Ansätze als nicht ausgereift und nicht durchdacht zurückgewiesen. Konsequenterweise zeigt sie in ihren Argumentationen eine zwiespältige Haltung gegenüber allem, was im Zusammenhang mit dem Internet steht. Sie problematisiert die Einführung des Internets in der Schule und greift die Bedenken und Sorgen der Kolleginnen und Kollegen auf, die dem Internet distanziert gegenüber stehen, (noch) keinen Gewinn durch seinen Einsatz sehen und dieses Medium mehr oder weniger pauschal ablehnen.

VertreterInnen dieser Gruppe haben wenig Interesse, sich mit den Problemen bei der Installation und Konfiguration der notwendigen Technik auseinander zu setzen – aus ihrer Sicht sollten die erforderlichen technischen Geräte ohne Vorkenntnisse und inhaltliche Auseinandersetzung in Betrieb genommen werden können. Probleme werden nach Möglichkeit an Fachleute, die für das Funktionieren der erforderlichen technischen Ausstattung verantwortlich sein sollen, delegiert. Die Geräte müssen fehlerfrei ihren Dienst tun und ohne eigenes Zutun die gewünschten Funktionen bereitstellen. Diese Gruppe ist nicht bereit, Zeit dafür zu investieren oder umfangreiche Kenntnisse zu erwerben. Sie sieht vor allem eine in ihren Augen kaum beherrschbare Technik sehr kritisch. Die inhaltliche Auseinandersetzung über neue Chancen, die das Internet gegenüber dem Buch bietet, wird weitgehend vermieden, die vorhandenen Freiräume für die eigentliche, pädagogische Arbeit werden nicht genutzt. Es werden anwendungsbezogene Themen in den Vordergrund gestellt und den SchülerInnen hauptsächlich die sogenannte Bedienkompetenz vermittelt.

Gleichzeitig steht Gisela G. für eine Gruppe von Lehrkräften, die sich für die Bedürfnisse der Mädchen verantwortlich fühlt und sich für diese einsetzt. Letztlich bleibt aber ungewiss, ob damit die Mädchen tatsächlich eine qualifizierte Unterstützung erfahren, ob nicht vielmehr durch die sehr kritische Haltung gegenüber technischen Fragen und die starke Betonung von anwendungsbezogenen Aspekten ein bei den Mädchen vorhandenes schon fast traditionell zu nennendes Rollenbild bestätigt und verfestigt wird anstatt zu seiner Auflösung beizutragen.

Der Lehrer Manfred M.

Manfred M. steht für eine Gruppe von Lehrerinnen und Lehrern, die neue Entwicklungen aufmerksam und distanziert zugleich beobachtet und mit Interesse verfolgt. Mit dieser Einstellung nähern sich diese Lehrkräfte auch dem Medium Internet an. Sie haben sich eine skeptisch-kritische und trotzdem aufgeschlossene Haltung bewahrt. Sie gehören nicht zu denjenigen, die neue Ideen in die Schule bringen, blockieren oder bremsen aber auch nicht, wenn KollegInnen neue Ansätze zur Schulentwicklung vorstellen und damit eine schulinterne Diskussion auslösen, wie das durch die Initiative *Schulen ans Netz* geschieht. Mit einer kleinschrittigen Vorgehensweise – „step by step" – eignen sie sich die Möglichkeiten, die das Internet bietet, an, gelangen so letztendlich ohne allzu großen Frust trotzdem zu respektablen Ergebnissen und sammeln (fast nebenbei) wertvolle Erfahrungen. Diese Gruppe gestaltet die programmatische Entwicklung einer Schule maßgeblich mit, weil sie ansprechbar ist und sich nicht verweigert, wenn sie um Unterstützung gebeten wird. Ohne lange zu zögern, lässt sie sich bei Projekten einbinden und arbeitet zuverlässig mit.

Diese Gruppe von Lehrkräften zeigt auf beispielhafte Weise, dass Lehrerinnen und Lehrer beliebiger Fächer das Internet als Medium einsetzen können, dass der Umgang damit *„keine Wissenschaft"* ist, wie Manfred M. selbst formuliert. Die dazu notwendige Technik wird nicht als ein Problem empfunden, da in diesem Fall eine technisch versierte Lehrkraft das Funktionieren des Computernetzes gewährleistet.

Allerdings hat diese Gruppe die Mädchen kaum im Blick, sie sieht – wenn überhaupt – höchstens marginale Unterschiede zwischen Mädchen und Jungen und akzeptiert fraglos den geringen Anteil der Mädchen an Internet-Arbeitsgemeinschaften. Nach Gründen für diese Situation wird nicht geforscht, Initiativen zur Abhilfe fehlen. Werden geschlechtsspezifische Aspekte registriert, so werden diese als eher unbedeutend eingeordnet und auf äußere Bedingungen oder organisatorische Gegebenheiten zurückgeführt.

Der Lehrer Stefan S.

Stefan S. steht für die Gruppe der „InformatikerInnen", der TechnikerInnen also, die – oft an mehreren Schulen – für die Installation, Konfiguration und Wartung der vernetzten Computeranlage verantwortlich sind. Ohne diese Lehrkräfte wären die hier untersuchten Innovationen in der Schule nicht denkbar. Die VertreterInnen dieser Gruppe stellen ihre ganze Energie und Zeit in den Dienst der Initiative und sind erst zufrieden, wenn alle Möglichkeiten, die technisch machbar sind, auch realisiert werden konnten. Sie schaffen damit die denkbar besten Voraussetzungen für ihre KollegInnen, die sich somit um die technische Installation und Konfiguration nicht kümmern müssen und bereits passende Arbeitsumgebungen vorfinden. VertreterInnen dieser Gruppe, wie Stefan S., liegt nicht nur die Technik am Herzen, sie möchten auch Projekte mit Hilfe des Internets durch KollegInnen realisiert wissen. Sie lassen sich nicht beirren, mischen sich in deren Unterricht ein und übernehmen ihn sogar teilweise. Ihre Einstellung zum Internet in der Schule ist durchweg positiv bis begeistert, sie sehen keinen Grund zur Skepsis oder Kritik. Sie haben viele Ideen bezüglich der Einbindung des Internets in den Unterricht, können aber trotzdem nur wenige KollegInnen zur Mitarbeit gewinnen, da für sie naturgemäß vor allem Fragen technischer Details im Vordergrund stehen. Dadurch werden pädagogische Fragestellungen nur ansatzweise diskutiert und didaktisch-methodische Konzepte nicht entwickelt.

Es ist zu fragen, warum ein Informatiker wie Stefan S. die KollegInnen trotz mehrfacher Ansprache nicht überzeugen kann. Einen Grund nennt er selbst: *„Aber die Scheu vor der Technik bei den Kollegen ist so immens!"* – kein Wunder, möchte man meinen, wenn sie so kompliziert erscheint, dass sie – wie oben beschrieben – nur mit großem fortwährendem Engagement beherrscht werden kann. Auch der Versuch, den KollegInnen „goldene Brücken" zu bauen, scheint hier zu scheitern. Ein Grund für dieses Scheitern könnte darin liegen, dass sein Denken und Handeln trotz des Bemühens um inhaltliche Arbeit an der Schule und vieler guter Ideen durch die Technik dominiert wird und die Distanz der KollegInnen bewirkt. Ebenfalls denkbar ist, dass die KollegInnen ganz realistisch den zusätzlichen Zeitaufwand für die Einarbeitung sehen und fürchten, viel Zeit für die Umsetzung der Projekte investieren zu müssen.

Schließlich ist noch ein Aspekt hervorzuheben, der vermutlich die Distanz zum Internet erklärt: Stephan S. verknüpft den Zugang zum Internet mit einer Grundbildung in Informatik, die aber die meisten Frauen nicht voraussetzen können: Im Fach Informatik unterrichten kaum Frauen (am Gymnasium sind etwa acht Prozent weiblich) also werden sie durch solche Ansätze auch nicht eingeschlossen.

Die vier Typen im Vergleich

Manfred M. und Stefan S. verkörpern zwei Gruppen von Lehrkräften, die zwar im Ziel einig sind, in der Vorgehensweise aber kaum weiter voneinander entfernt sein könnten. Mit fast missionarisch zu nennendem Eifer hat Stefan S. die Technik im Blick und ist bestrebt, sämtliche technischen Möglichkeiten zum Nutzen der Schule einzusetzen. Im Gegensatz dazu setzt sich die durch Manfred M. repräsentierte Gruppe mit technischen Fragen so gut wie gar nicht auseinander und lehnt es schlichtweg ab, sich damit zu befassen. Von dieser Gruppe werden technische Kenntnisse auch nicht erwartet: Lehrkräfte mit Fächern aus den sprachlichen oder gesellschaftswissenschaftlichen Bereichen haben schon durch ihre Fächerwahl gezeigt, wo sie ihre Schwerpunkte sehen und können sich darauf zurückziehen. Sie „brauchen so etwas nicht zu können" und können es meist auch nicht – nach eigener, aber auch nach gängiger Meinung in der Gesellschaft. Im Gegensatz dazu steht die Gruppe der „Informatiker", denen die Vernetzung von Computerräumen ohne weiteres zugetraut wird und für die sie sich kompetent oder gar berufen fühlt. So kann sich die durch Manfred M. dargestellte Gruppe ohne jeden Druck mit dem Internet als neuem Medium im Unterricht beschäftigen, ohne dass von ihr „Erfolge" oder präsentierbare Ergebnisse erwartet wird, während die durch Stefan S. vertretene Gruppe einem solchem Druck ausgesetzt ist oder sich ihm selbst aussetzt.

Dies steht im Gegensatz zu der durch Anne A. verkörperten Gruppe, die auch für die technische Realisierung des Computernetzes in der Schule zuständig ist. Bei dieser Gruppe wird deutlich, dass bei einer größeren Gelassenheit gegenüber den gesetzten Ansprüchen auch der Druck geringer wird oder gar nicht vorhanden ist, so dass die Installation und Konfiguration von vernetzten Rechnern in der Schule leichter möglich wird. Ihre kleinschrittige Vorgehensweise ist der Gruppe, für die Manfred M. steht, ähnlich, beide Gruppen treffen sich zudem an weiteren Gemeinsamkeiten: Die Aufgeschlossenheit gegenüber dem Internet, die lockere Umgehensweise damit und die pragmatische, an der Realisierbarkeit gemessene Durchführung von Projekten. Diese beiden Gruppen haben keine überhöhten Zielsetzungen, die irgendwann aufgegeben werden müssen, weil sie sich nicht umsetzen lassen oder nur mit Mühe und großem Aufwand erreicht werden können. Vielmehr verfolgen sie eine überschaubare unspektakuläre Einbindung des Internets in den eigenen Unterricht – frei von missionarischem Eifer. So haben sie trotz der unterschiedlichen Fachgebiete, die sie vertreten, eine ähnliche Umgangsweise mit dem Internet in der Schule und sind damit erfolgreich.

Dagegen sind zwischen den von Anne A. und Stefan S. vertretenen Gruppen größere Unterschiede zu konstatieren, auch wenn beide Gruppen Informatik unterrichten und für die Installation der notwendigen Technik zuständig sind. Im Gespräch mit Anne A. steht das spezifische Arbeitsgebiet weniger im Vordergrund, während bei Stefan S. das Gespräch dadurch geradezu dominiert wird. Hier werden die technischen Möglichkeiten voll ausgeschöpft, das Computernetz wird optimal konfiguriert, dort werden die zum Betrieb des Netzes notwendigen Schritte getan und notfalls wird ausgewichen (z. B. in ein Internet-Café).

Sowohl Anne A. als auch Stefan S. machen die Erfahrung, dass Schülerinnen den Computer mit Begeisterung zur Kommunikation einsetzen. Beide beobachten, dass Mädchen eine große Vorliebe für das Chatten entwickeln und, wenn sie einmal Geschmack daran gefunden haben, gar nicht mehr aufhören möchten. *„Ich musste sie nach Hause jagen"*, sagt Stefan S. und vermittelt dabei einen gewissen Stolz auf „seine" aktiven Mädchen. Anna A. wie auch Stefan S. stehen der Begeisterung für das Chatten eher ablehnend gegenüber und beide versuchen spontan, die Mädchen davon abzubringen. Als das nicht gelingt, gehen sie unterschiedliche Wege: Während Anne A. mit den Mädchen einen Kompromiss schließt – zunächst lernen, dann chatten -, versucht Stefan S. die Mädchen über eine finanzielle Beteiligung für das Chatten zu bremsen, was ihm, da er dem keinen Nachdruck verleiht, nicht gelingt. Erstaunlicherweise lassen sich die Mädchen nicht beirren und erreichen in beiden Fällen ihr Ziel, nämlich in der Schule chatten zu können. Chatten – Kommunikation mit oft fremden Menschen über Monitor und Tastatur – scheint auf Mädchen einen besonderen Reiz auszuüben.

Schließlich hat die von Gisela G. repräsentierte Gruppe manches mit einer der anderen Gruppen gemeinsam; so z. B. die Technikdistanz ähnlich Manfred M. und der von ihm vertretenen Gruppe. In einem Punkt unterscheiden sich die beiden Gruppen allerdings. Einmal stehen die Schülerinnen im Mittelpunkt des Handelns, im anderen Fall werden sie kaum wahrgenommen. Große Unterschiede bestehen auch zu der von Stefan S. vertretenen Gruppe, auch wenn beide Gruppen das Fach Informatik unterrichten. Während sich die eine Gruppe voller Engagement mit technischen Problemen auseinandersetzt, lehnt die andere gerade dies weitgehend ab und fordert als Voraussetzung die Zuweisung professioneller Kräfte, um ein funktionierendes Netzwerk gewährleistet zu wissen.

Besonders interessant ist der Unterschied im Konzept der Mädchenförderung der beiden Frauen. Beide bieten Kurse für Mädchen an, die diese auch annehmen, doch die Reaktionen der Jungen sind höchst unterschiedlich. Während bei Anne A. die Jungen auch solche Kurse wünschen und bedauern, nicht daran teilnehmen zu können, qualifizieren die Jungen bei Gisela G. die Mädchenkurse mitsamt den Mädchen ab *„ihr seid ja viel zu blöd und ihr braucht euren eigenen Kurs, weil ihr mit uns nicht mithalten könnt, ...“* Hier spiegelt sich offensichtlich auch die Einstellung einer der beiden Lehrerinnen gegenüber technischen Fragen. So unterscheidet sich die Vorgehensweise und vor allem das erzielte Ergebnis der beiden Lehrerinnen erheblich durch ihre Einstellung zur Technik sowie zum neuen Medium Internet und dessen schulischer Einführung – und dies, obwohl sie das gleiche Ziel der Mädchenförderung verfolgen.

Eine große Nähe zu den technologischen Zusammenhängen und das größte Wissen dazu besitzt die Gruppe um Stefan S.. Die hier zugehörigen LehrerInnen investieren die meiste Zeit in die Vernetzung und ziehen in weit größerem Maße Außenstehende, wie frühere SchülerInnen, zu Rate. Sie können an kompetenter Stelle als NetzbetreuerInnen eingesetzt werden und man kann sicher sein, dass sie nicht eher aufhören, sich mit technischen Problemen auseinander zusetzen, ehe nicht alles zu voller Zufriedenheit eingerichtet ist und betrieben werden kann. Da die technologische Entwicklung mit hohem Tempo voranschreitet, kann diese Gruppe es sich nicht leisten, bei einmal erworbenem Wissen stehen zu bleiben – sie muss sich ständig weiterbilden, um alle Möglichkeiten ausschöpfen zu können.

Die größte Distanz zu den Technologien finden wir in der durch Manfred M. vertretenen Gruppe. Die hier befragten LehrerInnen sind kaum motiviert, sich Kenntnisse über technische Zusammenhänge anzueignen und lehnt dies kategorisch von Anfang an ab, nicht zuletzt mit dem Hinweis, dass sie als „SprachlerInnen“ nicht über die notwendige technische Basisqualifikation verfügten. Diese Einstellung ist weitgehend Konsens sowohl innerhalb als auch außerhalb der LehrerInnenschaft. Statt dessen wird die Verantwortung für ein lokales Netz in der Schule den „InformatikerInnen“ zugewiesen und somit kann sich diese Gruppe der Planung und Durchführung von Projekten im Internet widmen.

Die zwei Frauen, die das Fach Informatik unterrichten, sind einerseits aufgrund ihres ExpertInnenstatus den technologischen Aspekten näher als die „SprachlerInnen“, dennoch unterscheiden sich die von ihnen praktizierten Ansätze maßgeblich. Während Anne A. eher mit der durch Stefan S. vertretenen Gruppe zu vergleichen ist, wenn auch deutlich distanzierter in ihren Verhaltensweisen bei technischen Problemen der Vernetzung, verhält sich Gisela G. und die durch sie verkörperte Gruppe in ihrer Ablehnung und Abwehr gegenüber technischem Wissen eher wie die „SprachlerInnen“. Diese Gruppe ist nicht bereit, sich die notwendigen Kenntnisse anzueignen, denn hierfür gäbe es Fachleute.

Auch in ihrem Verhalten gegenüber den Kolleginnen und Kollegen unterscheiden sich „SprachlerInnen“ und „InformatikerInnen“. Während die „SprachlerInnen“, da sie *„sich im Internet bewegen“* können, sich bemühen, dieses auch anderen LehrerInnen näher zu bringen, ohne sie mit technischen Fragen zu behelligen (nicht zuletzt können sie gleichzeitig als Beispiel dafür gelten, dass auch „SprachlerInnen“ dies vermögen), sind die „InformatikerInnen“ eher bereit, selbst aktiv für Lehrkräfte aus anderen Fachbereichen zu werden und für sie die Initiative zu ergreifen. Der Kontrast zwischen den beiden durch die Frauen verkörperten Gruppen ist wiederum bemerkenswert: Gisela G. distanziert sich nicht nur von technischen Fragen, sie sieht auch einen großen Graben zwischen sich und der „Männerwelt“. Dagegen ist Anne A. bemüht, sowohl Kolleginnen als auch Kollegen in ihre Arbeit mit einzubeziehen. Alle, die Interesse an der Arbeit mit dem Internet haben, werden von ihr unterstützt. Diese Gruppe bringt das Internet in ihre Schule und ergreift dazu die Initiative mit allen Konsequenzen, die daraus folgen. Sie hat keine „Experten“ an ihrer Schule, die ihr die Arbeit abnehmen oder sie gar ausschließen, sie ist auf sich selbst gestellt.

Schließlich sind die Zugangsmöglichkeiten zum Internet äußerst unterschiedlich: Während die Gruppe der „Informatiker“ um einen optimalen (technischen) Zugang bemüht ist und dafür viel Zeit und Energie investiert, ist die Gruppe, die von Anne A. vertreten wird, schon zufrieden, wenn sie überhaupt einen Zugang hat, auch wenn er noch nicht allen Anforderungen gerecht wird. Noch größere Abstriche am Zugang machen die „SprachlerInnen“: Sie nehmen, was vorhanden ist und arrangieren sich damit. Sie sehen ihre Aufgabe nicht darin, die Zugangsmöglichkeiten zum Netz zu verbessern oder in die Konfiguration einzugreifen, sondern vielmehr in der Auseinandersetzung mit inhaltlichen Fragen.

Die Gruppe, die die größten Probleme sieht, ist die von Gisela G. repräsentierte. Diese Gruppe hat zwar Möglichkeiten des Zugangs zum Internet, steht dem aber mindestens ambivalent, wenn nicht ablehnend gegenüber. Sie sieht viele Schwierigkeiten im Einsatz der notwendigen Technik und wenig daraus resultierenden Nutzen.

5. Ergebnisse

Aus den Interviews lassen sich wichtige Erkenntnisse über die gleichberechtigte Teilhabe von Mädchen und Jungen bei der Einführung des Internets in den Unterricht ableiten. Die zunächst quantitativ erhobenen Daten zeigen eine deutliche Ungleichverteilung zwischen Lehrerinnen und Lehrern sowie zwischen Schülerinnen und Schülern auf. Die Beseitigung dieses Ungleichgewichts kann nur dann erfolgreich sein, wenn die dafür maßgeblichen Ursachen erkannt und revidiert werden.

Monoedukative Kurse

So kristallisierte sich heraus, dass die Beteiligung und das Engagement von Schülerinnen als auch die Akzeptanz monoedukativer Kurse durch Mädchen und Jungen ganz entscheidend von den Persönlichkeiten und Einstellungen der beteiligten Lehrkräfte abhängt. Dementsprechend erzielen die beiden Informatiklehrerinnen Anne A. und Gisela G. mit ihren Kursen, die sie für Mädchen anbieten, höchst unterschiedliche Erfolge. Die Jungen von Anne A. beneiden die Mädchen um deren Chance, in Arbeitsgemeinschaften das Internet kennen lernen zu können, die Jungen von Gisela G. qualifizieren deren Kurse als Nachhilfekurse ab. Begründen lässt sich diese unterschiedliche Beurteilung der Kurse und der beteiligten Lehrerinnen durch die Jungen und Mädchen mit der Einstellung der Lehrerinnen zur technischen Ausstattung und der Vorgehensweise bei technischen Fragen. Ein möglicher Erklärungsansatz ist, dass die Jungen erst dann eine Frau als kompetent ansehen, wenn sie in der Lage ist, das schulische Netz einzurichten und zu warten. Pädagogische Kompetenzen scheinen ihnen nicht zu reichen, zumindest nicht in den Bereichen, die wie das Internet Computer benötigen. Eine distanziertere oder gar ablehnende Haltung lassen sie nicht gelten und interpretieren sie als mangelnde Qualifikation. Aus anderen, hier nicht angeführten Interviews wird deutlich, dass dagegen bei Lehrern nicht vorhandenes Wissen im technischen Bereich akzeptiert wird. Man gewinnt den Eindruck, dass in den schulischen Bereichen, in denen mit Computern gearbeitet wird, Lehrerinnen eine größere Kompetenz als Lehrer nachweisen müssen, um bei SchülerInnen als kompetent anerkannt zu werden.

Beliebte und unbeliebte Fächer

Solange Mädchen mit großer Präferenz Sprachen und Fächer aus dem gesellschaftswissenschaftlichen Aufgabenfeld wählen, kann nur ein kleiner Teil der Mädchen in mathematisch-naturwissenschaftlichen Fächern (mit Ausnahme Biologie) erreicht werden. Der Einsatz des Internets in Fächern wie Informatik oder Physik ist mit Blick auf die Mädchen nicht hilfreich, da sie dort so stark unterrepräsentiert sind, dass nur eine Minderheit erreicht werden könnte. Wird statt dessen das Internet in Fächern eingesetzt, die von Mädchen bevorzugt werden, arbeiten sie genau so selbstverständlich wie ihre SchulkameradInnen mit dem Internet. Beispielhaft lässt sich das an Fächern wie Pädagogik oder Französisch zeigen, die traditionell hohe Anteile von Mädchen haben. So lag im Schuljahr 1999/2000 der Anteil der Mädchen im Leistungskurs Französisch der Jahrgangsstufen 12 und 13 am Gymnasium in NW bei 77% (im Grundkursbereich bei 70%). Sind Jungen derart in der Minderheit, haben sie nur noch geringe Möglichkeiten, den

Unterricht zu dominieren, wie einer Reihe von Interviews zu entnehmen ist. So kann sich ein Lernklima einstellen, das Mädchen und Jungen gleichermaßen motiviert, den Computer in ihrem Unterricht einzusetzen; sei es für einen E-Mail-Kontakt oder für die Präsentation eines Projekts u.a.m. Der Lehrkraft kommt dabei allerdings eine Schlüsselrolle zu: Beauftragt sie entsprechend traditioneller Rollenzuschreibungen nur die wenigen im Kurs anwesenden Jungen mit Arbeiten am Computer, ist die Chance, die das Fach durch seine Vorliebe bei Mädchen bietet, schnell verspielt.

Chatten als Einstieg für Mädchen

Mädchen können durch ihre Begeisterung für das Chatten mit dem Internet bekannt und vertraut gemacht werden. Sowohl Anne A. als auch Stefan S. berichten übereinstimmend, dass die Mädchen mit großer Freude und viel Spaß chatten. Nach anfänglichen Bedenken ließen sie sich auf die Erkenntnis ein, dass auf diese Weise Mädchen an das Internet heran geführt werden können. Da die Mädchen für die Kommunikation über Monitor und Tastatur auf den Computer angewiesen sind, können sie nicht ausweichen und verlieren so die Scheu vor dem Gerät. Durch ihre Neugier beim Chatten erforschen sie quasi nebenbei weitere Anwendungsmöglichkeiten, die ein Computer bietet – wie z.B. den Kontakt per E-Mail.

Ältere Lehrerinnen für die Initiative gewinnen

Die dem Internet aufgeschlossene (kleine) Gruppe der Lehrerinnen gehört eher der Gruppe der älteren Lehrpersonen (mit erwachsenen Kindern) an. Dieses im ersten Moment verblüffende Ergebnis lässt sich durch die Interviews plausibel u.a. so erklären: Hier konnten Jugendliche ihre Mütter am häuslichen Computer oft bei der Installation und Konfiguration der Software unterstützen. Wohnen die Kinder nicht mehr zu Hause, halten sie sich möglicherweise zu Studienzwecken im Ausland auf, dann stehen die Mütter dem Ansinnen ihrer Kinder, neben einem Telefon- und Briefkontakt auch einen E-Mail-Kontakt herzustellen, aufgeschlossen gegenüber. Sie erhalten eine weitere, sehr schnelle und doch leistungsfähige Möglichkeit, einen intensiven Kontakt zu pflegen und aufrechtzuerhalten. Haben sie auf diese Weise den Umgang mit erst einmal eine gewisse Vertrautheit mit dem Internet erlangt, fällt es ihnen leicht, die Möglichkeiten, die das Internet bietet, in der Schule zu nutzen. Da sie durch Wegfall der Erziehungsarbeit und deutliche Reduzierung der Hausarbeit zeitliche Freiräume gewonnen haben, ergreifen sie oftmals die Chance, neue Möglichkeiten des Lehrens und Lernens in die Schule zu bringen und auszuprobieren. Wenn ihnen in der Schule der Zugang zum Computerraum offen steht, können sie sich von den umfangreichen Möglichkeiten überzeugen und für Internet-Projekte gewonnen werden.

Vor diesem Hintergrund sind sie zu einer inhaltlichen Auseinandersetzung mit dem neuen Medium Internet bereit und sehen sich in der Lage, zusammen mit ihren Schülerinnen und Schülern überzeugende Projekte multimedial zu verwirklichen.

Der Schlüssel zum Computerraum

Gerade der Zugang zum Computerraum ist jedoch an manchen Schulen immer noch ein nicht oder nur unzureichend gelöstes Problem. Einerseits wollen die InformatiklehrerInnen (an den Gymnasien in Nordrhein-Westfalen sind davon nur ca. 8 Prozent weiblich), die den Schlüssel für den Computerraum haben, diesen nicht für das ganze Kollegium öffnen – wohl wissend, dass nicht alle Lehrkräfte kompetent mit dem Netz umgehen können oder ihre SchülerInnenschaft nur ungenügend beaufsichtigen. Wenn dadurch das Netz in seiner Funktionalität beeinträchtigt wird, Programme nicht mehr korrekt laufen, Daten nicht mehr zur Verfügung stehen oder sich das Netz gar nicht mehr starten lässt, bleibt den InformatiklehrerInnen in den meisten Fällen nichts anderes übrig, als in der Freizeit Fehler zu suchen und nach Möglichkeit zu beheben.

Vor diesem Hintergrund gehen die LehrerInnen, wenn überhaupt, nur zögerlich und mit großem Bedenken in den Computerraum. Ein abwehrender Informatiklehrer und eine dem Internet distanziert gegenüberstehende LehrerInnenschaft – das sind keine guten Voraussetzungen, unter denen sich Lehrerinnen dem neuen Medium Internet zuwenden. Ohne eine überzeugende Lösung der technischen Betreuung bleiben die Lehrerinnen (und die meisten Lehrer) auf Distanz zum Internet.

Vernetzung

Von der Problematik des verschlossenen Computerraumes lässt sich die Frage, wie in Schulen die professionelle Betreuung eines Computernetzes gelöst werden kann, nicht trennen. In allen Interviews wurde mit Nachdruck darauf hingewiesen, dass ein Rechner mit Internetanschluss für eine ganze Klasse oder gar für die ganze Schule nur unzureichende Arbeitsmöglichkeiten bietet. Nötig sind vernetzte Computerräume mit dem Zugang zum Internet von allen Arbeitsplätzen. Bei deren Einrichtung und anschließenden Betreuung überschatten dann technische Fragen pädagogische Ansätze. Darüber hinaus wird die Sichtweise, die das Internet eng mit dem Fach Informatik verknüpft, zum Hemmschuh bei Fragen zur Didaktik und Methodik beim Einsatz des Internet. Will man erreichen, dass alle am Schulleben Beteiligten sich auch den neuen Medien zuwenden, muss die technische Betreuung ebenso professionell und zuverlässig wie bei der Heizung oder bei der Stromversorgung gewährleistet werden. Damit sollten Fachleute für schulische Netzwerke und nicht Lehrkräfte „nebenbei" beauftragt werden, so dass alle Lehrerinnen (und Lehrer) ohne Scheu im Umgang mit technischen Fragen und ohne Angst vor evtl. auftretenden Problemen das Internet im Fachunterricht einsetzen können. Für kompetente Lehrkräfte sollte die pädagogische Einbindung in den Unterricht vorrangiges Ziel ihrer Arbeit sein.

Sensibilisierung für geschlechtsspezifische Aspekte

Aus den Interviews kristallisierte sich heraus, dass viele Lehrkräfte für geschlechtsspezifischen Prozesse, die bei der Arbeit am Computer ablaufen, kaum sensibilisiert sind. Dementsprechend werden Mädchen deutlich weniger wahrgenommen und ihre Leistungen werden weniger gewürdigt. Sie werden weniger gefordert und ebenso weniger gefördert. Allenfalls werden computerversierte Jungen ermuntert, den Mädchen bei der Arbeit zu helfen, was oft dazu führt, dass das Selbstvertrauen der Jungen weiter wächst, wohingegen das der Mädchen sinkt. Mangelndes Vertrauen in die eigene Leistungsfähigkeit – oft verbunden mit schlechter werdenden Noten – führt sehr schnell zu einer Abwahl des betreffenden Faches. So ist es nicht verwunderlich, dass der Anteil der Mädchen am Grundkurs Informatik von der Jahrgangsstufe 11 bis 13 (im Schuljahr 1999/2000 an Gymnasien in Nordrhein-Westfalen) von 26 auf 10 Prozent zurückging – und das in einer Situation, in der die Mädchen schon von Anfang an deutlich in der Minderheit waren. Nur durch eine mädchengerechte Didaktik und Wissen um die Geschlechterprozesse kann diese Entwicklung gestoppt und umgekehrt werden. Die Widersprüchlichkeit vieler Interviews deutet darauf hin, dass sich viele Lehrkräfte bisher nicht mit dieser Thematik befasst haben. Deshalb sollten durch eine geeignete Lehrerfortbildung neben allen anderen Lehrkräften vor allem die Informatiklehrkräfte ebenso wie die Schulleitung dafür sensibilisiert werden, dass sie eine Förderung von Mädchen ebenso wie von Jungen gezielt unterstützen. Sie können maßgeblich sowohl Lehrerinnen als auch Schülerinnen ermuntern oder daran hindern, das neue Internet einzusetzen.

Zusammenfassung und Ausblick

Insgesamt kann man den Ausführungen entnehmen, dass es Mittel und Wege gibt, Lehrerinnen und Schülerinnen das Internet als neues Medium mit all seinen Möglichkeiten nahe zu bringen und sie davon zu überzeugen, dass der Unterricht hierdurch eine neue Qualität erfahren kann. Der bisher eingeschlagene Weg, das hat die Studie nachgewiesen, ist nicht optimal geeignet, auch Lehrerinnen und Schülerinnen anzusprechen. Erst Maßnahmen wie die oben beschriebenen, können Änderungen im Sinne der Chancengerechtigkeit herbeiführen.

Flankierend müssen schon im Studium Basiskenntnisse im Umgang mit den neuen Medien in allen Fächern erworben werden. Zusätzlich ist eine Sensibilisierung für die in der Schule ablaufenden Geschlechterprozesse erforderlich. Nur so lässt sich der durch die enge Verbindung von Internet mit Informatik geprägte Prozess der schulischen Neu-Konstruktion von Geschlechterdifferenzen in einem Feld, das zunächst keine geschlechtstypischen Zuschreibungen aufwies, aufbrechen.

Literatur

Baacke, Dieter 1998: Medienkompetenz – Herkunft, Reichweite und strategische Bedeutung eines Begriffs. In: Lernort Multimedia. Jahrbuch Telekommunikation und Gesellschaft 1998. Heidelberg.

Ching, C. C/ Kafai,Yasmin B./Marshall, Sheila K. 1998: Give Girls Some Space: Considering Gender in Collaborative Software Programming Activities. In: Ottmann, Thomas; Tomek, Ivan (Hrsg.) Proceedings of the Ed-Medial Ed Telecom Conference Charlottsville.

Clar, Günter/Fuchs, G. 1998: Lernen in der Informationsgesellschaft – Beispiele und Erfahrungen. In: Kubicek, Herbert u.a. (Hrsg.): Lernort Multimedia. Jahrbuch Telekommunikation und Gesellschaft 1998.

Cockburn, Cynthia/Ormod, S. 1997: Wie Geschlecht und Technologie in der sozialen Praxis „gemacht“ werden. In: Dölling, Irene/Krais, Beate: Ein alltägliches Spiel. Geschlechterkonstruktion in der sozialen Praxis. Frankfurt/Main

Flaake, Karin 1998: Weibliche Adoleszenz – Neue Möglichkeiten, alte Fallen? Widersprüche und Ambivalenzen in der Lebenssituation und den Orientierungen junger Frauen. In: Geissler, Birgit/Oechsle, Mechtild: Die ungleiche Gleichheit. Junge Frauen und der Wandel im Geschlechterverhältnis. Opladen

Funken, Chrsitine/Hammerich, Kurt/Schinzel, Britta 1996: Geschlecht, Informatik und Schule. Oder: Wie Ungleichheit der Geschlechter durch Koedukation neu organisiert wird. Sankt Augustin

Goffman, Erwing 1994: Interaktion und Geschlecht. Frankfurt/M.

Hagemann-White, Carol 1993: Die Konstrukteure des Geschlechts auf frischer Tat ertappen? In: Feministische Studien 2/93

Metz-Göckel, Sigrid 1996: Als männlich und weiblich erschuf er sie. Geschlechterdifferenzen und Koedukation. In: Horn, Hermann (Hrsg.): Didaskalos. Studien zum Lehramt in Universität, Schule und Religion. Schriftenreihe der Universität Dortmund, Bd. 37

Metz-Göckel, Sigrid 1997: Geschlechterkulturen in den Schulen und das Tabu der Überlegenheit von Mädchen. In: Lutzau, Mechthild v. (Hrsg.): Frauenkreativität Macht Schule. Weinheim

Nyssen, Elke 1996: Mädchenförderung in der Schule; Ergebnisse und Erfahrungen aus einem Modellversuch. Weinheim

Rasmussen, Bente 1997: Girls and Computer Science: „It's Not Me. I'm Not Interested in Sitting Behind a Machine All Day." In: Grundy Anna F. et al.: Women, Work and Computerization, Springer

Reinmann-Rothmeier, Gabi/Mandl, Heinz 1998: Lernen mit Multimedia in der Schule. In: Kubicek u.a. (Hrsg.): Lernort Multimedia. Jahrbuch Telekommunikation und Gesellschaft 1998

Ritter, Martina 1994: Computer oder Stöckelschuh? Eine empirische Untersuchung über Mädchen am Computer. Frankfurt/New York

Rüttgers, Jürgen 1996: Initiative Schulen ans Netz. Pressemitteilung vom März 1996

Schinzel, Britta 1997: Why has Female Participation in German Informatics Decreased? In: Women, Work and Computerization; Proceedings of the 6th International IFIP-Conference Bonn

Schmidt, C. 1997: „Am Material": Auswertungstechniken für Leitfadeninterviews. In: Friebertshäuser, Barbara/Prengel, Annedore: Handbuch Qualitative Forschungsmethoden in der Erziehungswissenschaft. Weinheim/München

Schmitt, Bettina 1993: Neue Wege – alte Barrieren; Beteiligungschancen von Frauen in der Informatik, Berlin (zugl. Diss. an der TH Darmstadt)

Schulz-Zander, Renate 1997: Medienkompetenz – Anforderungen für schulisches Lernen. In: Deutscher Bundestag (Hrsg.): Medienkompetenz im Informationszeitalter / Enquete-Kommission „Zukunft der Medien in Wirtschaft und Gesellschaft; Deutschlands Weg in die Informationsgesellschaft". Bonn ZV Zeitungs-Verlag Service

Schulz-Zander, Renate 1998a: Multimedia und Netze in Schulen – eine Chance für eine neue Lernkultur? In: Kubicek, Hermann u.a. (Hrsg.): Lernort Multimedia. Jahrbuch Telekommunikation und Gesellschaft 1998

Schulz-Zander, Renate 1998b: Information and Communication Technology Changing Schools and Teacher Education. Beiträge zur Bildungsforschung und Schulentwicklung. IFS-Verlag Dortmund

Spender, Dale 1996: 1. Auffahrt Cyberspace, München Frauenoffensive

Turkle, Sherry (1998): Leben im Netz. Identitäten in Zeiten des Internet. Reinbek bei Hamburg

Volmerg, Birgit u.a. 1996: Ohne Jungs ganz anders? Geschlechterdifferenz und Lehrerrolle am Beispiel eines Schulversuchs. Bielefeld

Westram, Hiltrud 1996: Informatik – ein Fach auch für Mädchen! In: Computer + Unterricht 6 (1996)

Westram Hiltrud 2000: Internet in der Schule – neue Chancen für alle! Opladen

Wetterer, Angelika 1995: Dekonstruktion und Alltagshandeln. Die (möglichen) Grenzen der Vergeschlechtlichung von Berufsarbeit. In: Wetterer, A.: Die soziale Konstruktion von Geschlecht in Professionalisierungsprozessen. Frankfurt/M

Wetzstein, Thomas u.a. 1995: Datenreisende; die Kultur der Computernetze, Opladen

III. Subjektkonstitution und Handlungsspielräume – empirische Dimensionen von Ermöglichung und Verhinderung eigensinniger Lebenspraxis von Frauen[1]

1 Für wertvolle Anregungen bei der Diskussion unserer Ergebnisse auf der Abschlusstagung des Graduiertenkollegs „Geschlechterverhältnis und sozialer Wandel" danken wir Eva Breitenbach und Michael Meuser. Ebenso danken wir Karin Zimmermann und Marita Kampshoff sind für ihr kritisches Gegenlesen und ihre wertvollen Kommentare.

Gabriele Wagner

Subjektkonstitution und Eigensinn – biographisches Handeln zwischen kreativer Grenzüberschreitung und sozialer Strukturierung: Eine Einführung

Ziel unseres Gruppenbeitrags ist es, in Anknüpfung an die Forderungen der „alten“ Frauenforschung die besondere Lebensrealität von Frauen sichtbar zu machen. Die spezifische Lebensrealität von Frauen gründet in besonderen Widerspruchsstrukturen, etwa der ungleichen Vergesellschaftung in das Geschlechterverhältnis oder der Konfrontation mit widersprüchlichen Normen und Zumutungen.

Diese strukturellen Beschränkungen, normativen Widersprüchlichkeiten und ambivalenten Handlungsanforderungen lassen sich nicht nur als Verhinderungen emanzipatorischer Lebenspraxis jenseits traditioneller Rahmungen lesen. Vielmehr sind in Widersprüche und Ambivalenzen immer auch die Bedingungen der Möglichkeit eingelassen, restriktive Begrenzungen kreativ zu überschreiten und so eine eigensinnig-emanzipatorische Lebenspraxis gegenüber strukturellen Ungleichheiten, normativen Zumutungen und kulturell-symbolischen Zuweisungen zu behaupten. Soweit Widersprüche und konfligierende Handlungsanforderungen in biographische Widerständigkeiten, eigensinnige Selbstpositionierungen und entsprechend emanzipatorische Formen der Lebensführung einmünden, verändern sich mit der Zeit auch schrittweise die Lebenslage und die Handlungsspielräume von Frauen. In dieser Perspektive wird sichtbar, dass die Lebenslage von Frauen einerseits nach wie vor durch bestimmte Widersprüche und vornehmlich strukturell gezogene Grenzen gekennzeichnet ist. Deshalb hat sich das Zentralanliegen der alten Frauenforschung – in seinem doppelten Bezug gleichzeitig analytisch nach spezifischen Handlungsbedingungen und –anforderungen wie auch normativ nach besonderen Handlungskompetenzen und erweiterten Handlungsspielräumen zu fragen – weder empirisch noch wissenschaftlich erledigt. Dabei wirft der Blick durch die Zeit aber auch ein Licht darauf, dass sich die Lebenslage von Frauen und ihre Lebensrealität infolge der je eigensinnigen Um- und Kleinarbeitung von Widersprüchen und widerstreitenden Handlungsanforderungen tiefgreifend verändert hat. Oder anders formuliert: Von Frauengeneration zu Frauengeneration sind die „alten“ Fragen neu zu stellen, um so die Analyse zur Seite des Amalgams von Kontinuität und Wandel, von rückwärts- und vorwärtstreibenden Widersprüchen, Konflikten und Ambivalenzen zu öffnen. In dieser Ausleuchtung zeigt sich, dass es mit Blick auf die Vielfalt von Lebenslagen und die damit verbundene Spannbreite biographischer Entwürfe gilt, die Frage nach „der" besonderen Lebensrealität „der" Frauen aufzulösen in eine Vielzahl von Fragen – bis hin zur Frage nach dem Status der Kategorie „Geschlecht". Denn je nach struktureller Positionierung und eigensinniger Selbstpositionierung sind die Fragen, um die es uns hier geht, eben spezifisch anders zu formulieren. Uns ist es wichtig, die Einheit in der Vielfalt und zugleich die Vielgestaltigkeit biographischer Entwürfe jenseits einer Vereinheitlichung in den Blick zu nehmen.

Damit verbindet sich das zweite Anliegen unseres Beitrags. Wir wollen Frauen als eigeninteressierte Akteurinnen und Subjekte des Wandels sichtbar machen. Dabei bewegt sich der Begriff „Eigensinn" auf mehreren Ebenen. Zum einen verweist Eigensinn auf eine Dimension von Handlungsfähigkeit. Damit ein Subjekt handeln kann, muss es zuvorderst Strukturen, normative Rahmungen und Erwartungsfahrpläne interpretieren und auf diese Weise Situationen wie auch relevante Handlungsbedingungen und -anforderungen mehr oder weniger aktiv herstellen. Eigensinn als integraler Bestandteil von „agency" bezieht sich also auf die Tatsache, dass Handeln abgesehen von dem Ausnahmefall extrem durchregulierter, standardisierter Situationen nie in der „Abbildung" aufgeht, sondern in erster Linie „Bildung" im Sinne einer aktiven (Mit-)Herstellung auf der Grundlage je eigener Sinn- und Deutungsleistungen meint. In diesem Bedeutungszusammenhang steht der Begriff „Eigen-Sinn" nicht für ein frei flottierendes Sinnmaterial. Schließlich ist, wie wir in unserem Beitrag noch ausführlich darlegen werden, die Entstehung und Entfaltung subjektiver Deutungen und darüber vermittelter biographischer Handlungsfähigkeiten und der korrespondierenden Chancen, erweiterte Handlungsspielräume für sich zu erobern, ein- und rückgebunden an soziale Handlungsfelder und deren Freiheitsgrade wie Restriktionen. Mithin definieren wir die Vielfalt weiblicher Lebenspraxis nicht als Ausdruck unbegrenzter Möglichkeiten, sondern als Resultat einer komplexen Auseinandersetzung mit gesellschaftlichen Möglichkeiten und subjektiv voraussetzungsvollen Aneignungsmodi von Handlungsspielräumen. Auf einer normativen Ebene bewusster Parteilichkeit lenkt der Begriff „Eigensinn" die Aufmerksamkeit auf die überraschenden und für gesellschaftliche Entwicklung überschüssigen Momente einer emanzipatorischen Lebenspraxis, die ihren Eigensinn gegenüber machtvoll abgezirkelten Handlungsräumen und kulturell-normativ zudiktierten Handlungsanforderungen zu behaupten versucht. Die hier skizzierte Trennung zwischen der analytischen und der normativ-parteilichen Ebene ist freilich nicht trennscharf – und kann es, das zeigen unsere biographischen Fälle, zunehmend weniger sein. Denn ein – möglicherweise zentraler Aspekt – sozialen Wandels ist die Tatsache, dass subjektiver Eigensinn, verstanden als aktive Herstellungsleistung und Auftrag zur Besonderung, in steigendem Umfang strukturell vorausgesetzt und normativ erwartet wird. Soweit aber Eigensinn als biographische Ressource und neue Anforderungsstruktur konvergieren, ist es eine ebenfalls nur empirisch zu beantwortende Frage, worauf sich Eigensinn im emphatischen Wortsinn inhaltlich bezieht und welche Ausdrucksformen wie Handlungsspielräume er für sich (noch?) zu reklamieren vermag.

Aber auch wenn Frauen nicht passive Objekte gesellschaftlicher Prozesse, normativer Zumutungen und institutioneller Regelungen, sondern vielmehr Agentinnen des Wandels sind, heißt das freilich nicht, dass sie die „eisernen Gussformen“ (Durkheim) des Lebens sprengen könnten. Eine solche Lesart der Handlungsspielräume von Frauen wäre gesellschaftstheoretisch naiv und – soweit sich die Rede von der Gestaltungsmacht von Frauen mit einer strukturblinden Individualisierungssemantik verbindet – durchaus auch ideologisch.

Mit der Betonung des empirisch offenen Prozesses möchten wir den Akzent unseres Beitrags auf die Frage legen, wie sich das Verhältnis von Ermöglichung und Verhinderung eigensinniger Lebenspraxis im Dreieck von Handlungsanforderungen, Handlungsfähigkeiten und Handlungsspielräumen sortiert und in welchen Dimensionen diese zentrale Frage zu verhandeln ist. Hier wird sich zeigen, dass Widersprüche und Ambivalenzen bildlich gesprochen zum Teil von „außen“ nach „innen“ gewandert sind. Denn bestimmte Handlungsstrategien, die auf „äußere“ Widerspruchsstrukturen und ambivalente Handlungsanforderungen reagieren, sind in sich insofern widersprüchlich, als sie ihrerseits bestimmte Möglichkeiten eröffnen – um den Preis, andere systematisch zu verschließen.

Die Frage nach dem Verhältnis von Ermöglichung und Verhinderung, nach strukturellen Grenzen und den Chancen wie auch Restriktionen subjektiver Grenzüberschreitungen ist eine empirisch zu beantwortende. Wir greifen hier auf das reichhaltige empirische Material zurück, das wir im Rahmen unserer Arbeiten erhoben und ausgewertet haben. Dieses steckt ein breites Spektrum an Lebensrealitäten von Frauen ab. Dabei möchten wir gerade von der Weite des empirischen Feldes profitieren, um so die Vielzahl und Vielfalt zu berücksichtigender Dimensionen jenseits der bereits wissenschaftlich wohl etablierten herauszuarbeiten.

Bevor wir uns der Empirie zuwenden, möchten wir kurz das Verhältnis von Subjektkonstitution und gesellschaftlichen Rahmungen mit dem Ziel skizzieren, den sozialen Ort zu bestimmen, an dem die Handlungsfähigkeit eigensinniger Subjekte überhaupt entsteht. Denn ohne Handlungsfähigkeit und Eigensinn lässt sich schwerlich die These von Frauen als Akteurinnen sozialen Wandels und Protagonistinnen emanzipatorischer Lebenspraxis sinnvoll aufstellen. Dazu werden wir uns zum einen auf Meads pragmatistische Handlungstheorie beziehen und zum anderen auf Becker-Schmidts Konzept der äußeren und inneren Vergesellschaftung.

Individuierung durch Vergesellschaftung

Mit seinem Konzept der „Individuierung durch Vergesellschaftung" (Habermas 1988) bricht Mead die schlechte Alternative Individuum / Gesellschaft, Struktur / Handlung zugunsten einer Sicht auf, die zeigt, dass dieses Verhältnis ein sich wechselseitig ermöglichendes und sich wechselseitig strukturierendes ist. In der inneren Verwobenheit und Prozesshaftigkeit der Individuierung durch Vergesellschaftung ist in Meads Sicht schon immer die Möglichkeit einer kreativen Überschreitung struktureller wie normativer Grenzen biographischer Projekte eingelassen.

Um sich erst gar nicht in den Spaltungen von Individuum/Gesellschaft oder Struktur/Handlung zu verfangen, setzt Mead bei der Sozialität von Subjektivität schlechthin an. Das Bewusstsein von Anderen ist der Entstehung des individuellen Selbstbewusstseins entwicklungsgeschichtlich vorgelagert. Aus diesem Grund ist Subjektivität nicht anders zu denken als ein- und rückgebunden an gesellschaftliche Strukturen und soziale Erfahrungsräume. Seine zentrale Denkfigur der Sozialität von Subjektivität entwickelt Mead am Mechanismus der Übernahme der Perspektiven konkreter wie verallgemeinerter Anderer. Ein Bewusstsein seiner Selbst erlangt ein Subjekt nur, wenn Andere auf seine Handlungen oder kommunikativen Beiträge reagieren, diesen Bedeutung verleihen und dem Subjekt so ein Bild seiner selbst, das sog. Me zurückspiegeln. Mead hat das auf die knappe Formel gebracht: „Wir müssen andere sein, um wir selbst sein zu können" (Mead 1987a: 327).

Das Selbst ist also durch und durch sozial dimensioniert, weil es konstitutiv auf Me-Erfahrungen bezogen ist, die ihrerseits eingebettet sind in bestimmte soziale Erfahrungsräume. Mit diesem Argument redet Mead weder einer schlichten Spiegelmetapher noch einer eingleisigen Determinationsthese das Wort. Zwar vermag ein Subjekt sein Erleben und Handeln nur aus den Reaktionen Anderer heraus zu verstehen. Aber bei diesen Reaktionen handelt es sich immer um interpretierende Reaktionen, die das Subjekt seinerseits interpretieren muss. Es geht also um die Interpretationen der Interpretationen interaktiv hergestellter, rekursiv aufeinander bezogener Deutungen (Popitz 1992: 116f). Das Selbst wie auch die Handlungsfähigkeit entstehen somit an der Innenseite kommunikativer, sozial vermittelter Erfahrungen und strukturell gerahmter Handlungsmöglichkeiten.

Der Pragmatismus öffnet einen Weg Individuum und Gesellschaft nicht als „Gegenwelten" zu denken, sondern die Differenzen, Interdependenzen und die wechselseitigen Ermöglichungen beider (Re-)Produktionsformen von

Sozialität systematisch in den Blick zu nehmen. In der Argumentationsfigur der „Individuierung durch Vergesellschaftung“ (Habermas 1988) stiften Differenzerfahrungen, Widersprüche und Ambivalenzen das biographische Material für Individuierungsprozesse. Das Selbst bzw. die Identität entwickelt sich in der Auseinandersetzung mit der Vielfalt von Normen, Symbolisierungen, Strukturen, Handlungsmöglichkeiten, Ereignissen, Gefühlen, Gedanken und Erlebnissen, mit denen sich ein Subjekt während der gesamten Dauer seines Lebens konfrontiert sieht. Diese Vielfalt stellt zur Seite der Subjekte die Unzahl der heterogenen Faktoren und in der diachronen Perspektive die wechselnden Umstände dar, die das Me einer Person bestimmen können und zwar in durchaus widersprüchlicher Weise.

Vielfalt stiftet lediglich das Material für Individuierungsprozesse und diese kristallisieren an der Art und Weise, wie sich Subjekte gegenüber der Vielfalt positionieren. Identität beziehungsweise biographische Handlungsfähigkeit ist demnach als Integrationsleistung bestimmt, die differente Anforderungen und heterogene Erwartungen immer wieder balanciert, sich von bestimmten Erwartungen reflexiv verabschiedet oder auch Zonen der Indifferenz gegenüber normativ generalisierten Verhaltenserwartungen oder Erwartungsfahrplänen aufbaut.

Ein so bestimmter, prozesshaft gedachter Begriff von Identität blendet Differenzerfahrungen, Widersprüche und Brüche nicht aus. Darin unterscheidet er sich von solchen Identitätskonzepten, die im Zusammenhang mit postmodernen oder feministischen Theorien ob ihres restriktiven, die Subjekte vereinheitlichenden Charakters kritisiert werden. In Meads Sicht werden Brüche und Differenzerfahrungen immer wieder – und dabei immer wieder neu – durch die „Biographisierung von Erleben und Handeln“ (Brose/-Hildenbrandt 1988) sowie durch „Umschrift und Nachträglichkeit“ (Becker--Schmidt 1994) so einreguliert, dass sich das Subjekt eigensinnig gegenüber gesellschaftlichen Strukturen wie normativen Zumutungen positioniert oder: zumindest positionieren kann (denn ob es das tut oder nicht, entscheidet sich eben im Horizont der je lebensgeschichtlich entfalteten Identität).

Im Anschluss an Mead lässt sich also eine Theorie der fortlaufenden Identitäts(um!)bildung als differenzierter Prozess einer permanenten Veränderung formulieren. Mit dem Begriff der Identität zeichnet der Pragmatismus ein Subjekt aus, das sich seiner (Selbstbestimmungs-)Möglichkeiten reflexiv vergewissert, auf dieser Grundlage Orientierungen entwickelt, Pläne schmiedet, Wünsche hegt, Bedürfnisse hat, Phantasien nachhängt und Ziele setzt – mit einem Wort: das handlungsfähig und eigensinnig im emphatischen Sinne des Wortes ist.

Die Fähigkeit biographisch eigensinnig und kreativ handeln zu können, ist dabei als Teilprozess gesellschaftlicher Prozesse bestimmt. Diese gesellschaftlichen Prozesse ermöglichen in Begriffen von Erfahrungsräumen, Me-Erfahrungen, Perspektiven und Perspektivwechseln das Selbst beziehungsweise die Identität handlungsfähiger Subjekte. Auf der Grundlage ihres Eigensinns, ihrer Handlungsfähigkeit und Kreativität wirken die Subjekte auf Erfahrungsräume und gesellschaftliche Kontexte ein. Oder anders gesagt: Das Subjekt hat die Kompetenzen, die Bedingungen seiner Möglichkeit in bestimmten Grenzen zu verändern – etwa indem es sich mit innovativen Deutungen auf wohl etablierte Erwartungsfahrpläne bezieht, indem es normative Zumutungen kreativ überarbeitet oder indem es strukturelle Vorgaben handelnderweise an ihre Grenzen und so sukzessiv über diese hinaus treibt. In unseren empirischen Fallstudien werden wir weitere Möglichkeiten und Handlungsstrategien herausarbeiten.

In dem Maße aber, in dem das Subjekt die Randbedingungen seines Handelns und die Erfahrungsräume für Prozesse der Identitätsbildung verändert, verändert es sich selbst und „die" Gesellschaft, womit neue oder zumindest veränderte Bedingungen der Möglichkeit eigensinniger Subjektkonstitution geschaffen werden. In dieser doppelt rekursiven Schleife erblickt Mead das emanzipatorische Potenzial seiner Denkfigur der Individuierung durch Vergesellschaftung. Die Subjekte drängen immer wieder auf eine Entschränkung gesellschaftlicher Möglichkeitsräume, die ihrerseits reflexiv auf die Subjekte zurückwirken. Deshalb entsteht infolge veränderter Selbst- und Fremdwahrnehmungen oder erweiterter Handlungsspielräume „ein neues Individuum ganz ebenso wie eine neue soziale Umwelt" (Mead 1987b: 141). Das ist aber auch der Grund dafür, warum etwa die Fragen der „alten" Frauenforschung mit Blick auf die Handlungsspielräume und Handlungsbedingungen von Frauen immer wieder neu und anders zu stellen sind. Soweit zu Meads optimistischer Lesart einer wechselseitigen Steigerung individueller wie gesellschaftlicher Möglichkeiten auf der Grundlage immer wieder und immer wieder anders in Gang kommender Prozesse kreativer Grenzüberschreitungen.

Das Widerstandspotenzial der vergeschlechtlichten Individuierung durch Vergesellschaftung

Wenn nun aber Formen eigensinniger biographischer Handlungs- und Selbststeuerungsfähigkeiten konstitutiv auf Vergesellschaftung bezogen sind, dann kann die Entfaltung dieser Fähigkeiten nicht indifferent gegenüber der Genusgruppenzugehörigkeit sein. Denn Vergesellschaftung heißt eben Vergesellschaftung der Genusgruppen in das Geschlechterverhältnis als Strukturzusammenhang. In diesem Sinne fragt Becker-Schmidts Konzept der „doppelten Vergesellschaftung" von Frauen nach der sich daraus ergebenden Spezifik für die „Entstehung und Entfaltung von Subjektpotenzialen". Um die Entfaltungsbedingungen weiblicher Subjektpotenziale präzise in den Blick zu nehmen, macht Becker-Schmidt (1991) den Unterschied zwischen

„Vergesellschaftung" und „innerer Vergesellschaftung" stark. Während Vergesellschaftung auf Zuweisungs-, Positionierungs- und Kanalisierungsprozesse sowie gesellschaftlichen Strukturen abhebt, über die Individuen in Gesellschaft integriert werden, zielt der Begriff der inneren Vergesellschaftung auf die damit verbundene innere Formung von Subjektpotenzialen. Vergesellschaftung strukturiert die Formgestalt innerer Vergesellschaftung wesentlich mit. Denn die äußere Vergesellschaftung in das Geschlechterverhältnis kanalisiert Männer und Frauen in geschlechtsspezifisch differente Lebenswege und erschließt oder verschließt ihnen so spezifisch unterschiedliche soziale Me-Erfahrungen. Jedoch ist das Verhältnis zwischen äußerer und innerer Vergesellschaftung kein eng gekoppelter Determinationszusammenhang. Denn Me-Erfahrungen und so auch vergeschlechtlichte Me-Erfahrungen werden nicht bruchlos übernommen. Vielmehr werden sie reflexiv in das subjektive Selbstverständnis ein- und dabei eben immer auch umgearbeitet. Man würde sich also einer „widerspiegelungstheoretischen Vereinfachung" (Becker-Schmidt et al. 1983: 22) schuldig machen, würde man den Unterschied zwischen äußerer und innerer Vergesellschaftung aufheben. Genauso kurzschlüssig wäre es andererseits, die wechselseitige Bezogenheit beider Vergesellschaftungsmodi und die sich daraus ergebenden strukturellen Begrenzungen auszublenden. Infolge der Vergesellschaftung von Frauen in das Geschlechterverhältnis zeichnen sich ihre Lebenslagen, Erfahrungs- und Handlungsspielräume durch besondere Widerspruchsstrukturen, durch spannungsgeladene normative wie auch kulturelle Widersprüchlichkeiten und konfligierende, oft sogar einander wechselseitig ausschließende Handlungsanforderungen aus. Diese Konstellation konfrontiert Frauen mit einer Unzahl biographischer Begrenzungen, sozialer Schließungen, materieller Schlechterstellungen und symbolischen Abwertungen. Diese Formen der Ungleichstellung und Ungleichbehandlung lassen sich handelnderweise nicht einfach überspringen.

Gleichzeitig bauen diese Widersprüche und strukturellen Begrenzungen in die Formbestimmtheit weiblicher Lebensführung die Bedingung der Möglichkeit einer widerständigen Lebenspraxis ein. Auf der Subjektseite übersetzen sich die objektiven Widersprüche in Ambivalenzen und Ambitendenzen. Diese sind gleichzeitig Folge struktureller Widersprüche und Ausdruck einer besonderen biographischen Kompetenz von Frauen. Diese Kompetenz ermöglicht es, zwiespältige Situationen durch die lebensgeschichtlich erworbenen Fähigkeiten der Ambivalenz- und Ambiguitätstoleranz konstruktiv zu wenden – etwa indem die Verhältnisse dialektisch gegen ihre Verhinderungen gewendet werden. Wenngleich diese Fähigkeiten je lebensgeschichtlich individuell erworben werden, sind sie im Sinne des Pragmatismus genetisch auf die Strukturen geschlechtsspezifisch-different strukturierter Gesellschaften bezogen. In diesem Zusammenhang spricht Knapp von einem „objektiv gesetzten Möglichkeitsverhältnis" (1990: 44), womit nochmals unterstrichen ist, dass es um Potenziale und Möglichkeiten, nicht um Faktizitäten oder Zwangsläufigkeiten geht.

Fazit

Die hier im Anschluss an Mead und Becker-Schmidt vorgetragenen Überlegungen zur „Individuierung durch vergeschlechtlichte Vergesellschaftung" legen den Akzent also auf die strukturell bedingte Möglichkeit einer eigensinnigen, selbstbewussten und selbstbestimmten Lebenspraxis handlungsfähiger Subjekte. Der hier stark gemachte Eigensinn handlungsfähiger Subjekte ist konstitutiv auf strukturelle wie auch normative Widersprüche bezogen. In diesen Widersprüchen finden eigensinnige Selbstpositionierungen, die Kreativität des Handelns und vielfältige Akte der Distanznahme gegenüber sozialen Erwartungsfahrplänen immer wieder aufs neue ihren Anlass. Gleichzeitig lassen sich diese Widersprüche – auf der Kehrseite der Medaille – eben immer auch als Bedrohung von Selbstbewusstsein und Verhinderung biographischer Projekte jenseits traditioneller, geschlechtsspezifischer Zuweisungen und Begrenzungen lesen. So schränkt die Vergesellschaftung von Frauen in das Geschlechterverhältnis als Strukturzusammenhang die Spielräume selbstbestimmter Lebenspraxis erheblich ein, andererseits drängen gerade die mit den vielfältigen widersprüchlichen Handlungsanforderungen verbundenen unabgegoltenen Autonomieansprüche über Restriktionen und begrenzte Handlungsmöglichkeiten hinaus. Denn strukturelle Widersprüche, konfligierende Handlungsanforderungen und ambivalente Handlungsbedingungen produzieren ständig Überschüsse an kontingenten Möglichkeiten des Subjekts wie der Gesellschaft. Die Kompetenzen, diese Überschüsse in Lebenspraxis zu überführen, sehen sowohl Becker-Schmidt als auch Mead gerade in der gesellschaftlichen Rahmung von Subjektivitätspotenzialen strukturell verankert. Beide weisen gerade die heteronomen Anteile – nämlich die Gesellschaftlichkeit von biographischen Handlungs- und Selbststeuerungsfähigkeiten und Subjektivitätspotenzialen – als Bedingung der Möglichkeit eigensinniger Selbstpositionierungen und der entsprechenden Handlungsfähigkeiten aus.

Während Mead jedoch einseitig den Akzent auf die offenen Grenzen von Individuierungsprozessen legt, muss man mit Becker-Schmidts Unterscheidung zwischen „Vergesellschaftung" und „innerer Vergesellschaftung" auch die begrenzte Offenheit biographischen Handelns mit Blick auf die harten Strukturen der Vergesellschaftung in das Geschlechterverhältnis systematisch in Rechnung stellen. Individuierung durch vergeschlechtlichte Vergesellschaftung zirkelt so einen in sich widersprüchlichen Prozess der gleichzeitigen Ermöglichung und Verhinderung eigensinniger, selbstbestimmter

Lebenspraxis ab – und es ist dann eben eine empirisch zu beantwortende Frage, wie sich dieses Verhältnis sortiert.

Im nächsten Schritt möchten wir das theoretische Argument, dass sich gerade an Widersprüchen Widerstände entzünden, ausdehnen auf die Vielfalt empirischer Widersprüche, Konflikte, Brechungen und zugemuteter Grenzen, die ihrerseits den Eigensinn des Subjekts und seine Fähigkeit zur kreativen Grenzüberschreitung mit-konstituieren. Dabei gilt es nicht nur die Widersprüche genauer in den Blick zu nehmen, sondern auch die Erfahrungsräume und Lebenszusammenhänge von Frauen, ihre Handlungsstrategien und deren Varianzen und besonderen Kontextuierungen.

Ulrike Hänsch

Lesbische Lebensentwürfe zwischen Gleichheitsversprechen und Unlebbarkeit – ein biographisches Beispiel

Ich werde im folgenden am Beispiel der Biographie einer jungen lesbischen Frau Aspekte von Ermöglichung und Verhinderung eines spezifischen weiblichen Lebensentwurfs diskutieren, dem wohl vor allem im Zuge seiner medialen Präsenz in der Öffentlichkeit in den letzten Jahren zunehmend Gleichheit und Anerkennung versprochen bzw. eher bereits attestiert wurde. Bei meinem Thema geht es also um die Frage nach Gleichheit und gesellschaftlicher Anerkennung einer lange als deviant gehandelten Lebensform, die eher mit dem Rand der Gesellschaft assoziiert wurde als mit ihrer Mitte. Im Zuge von Individualisierung und Pluralisierung von Lebens- und Liebesstilen scheinen allerdings die Chancen für Lesben und Schwule, sich von den Rändern ins Zentrum bewegen zu können, enorm gestiegen.

Das Brüchigwerden von Normalbiographien, die Erosion traditioneller Lebensstrukturierungen und eine zunehmende gesellschaftliche Individualisierung sind in der Tat Bedingungen, die lesbische und schwule Biographien auf eine neue Weise ermöglichen. Eine von familiären Strukturen unabhängige, individuelle ökonomische Existenzsicherung sowie die gesellschaftliche Anforderung und Erlaubnis ein „eigenes Leben" zu führen, sind historisch neue und erweiterte Rahmenbedingungen für Biographieentwürfe jenseits traditioneller familiärer Ordnung.

Es wäre aber – und davon zeugen zumindest die von mir untersuchten Biographieverläufe – zuviel der Freude bzw. es wäre eine naive, ideologiegläubige Freude, wenn wir erweiterte Möglichkeitsräume für das Entwickeln lesbischer und schwuler Lebensweisen mit dem Erreichen der Gleichheit von hetero- und homosexuellen Lebensentwürfen verwechseln würden. Denn wirksam wird in den einzelnen Biographieverläufen wird nicht nur dieser – lesbische Lebensweisen ermöglichende – Aspekt gesellschaftlicher Entwicklung in Richtung Individualisierung. Bestimmend und wirksam ist gleichzeitig ein nach wie vor bedeutsames soziales und kulturelles Ordnungssystem, das Zweigeschlechtlichkeit und damit verbunden Heterosexualität zu den Kriterien macht, die die einzelnen Subjekte überhaupt erst als

„menschlich" qualifizieren (vgl. Butler 1997). Heterosexuelle Normen erweisen sich als zählebige Traditionen, die besonders deshalb so wirksam sind, weil sie als strukturierende Elemente von Lebensplanung und Lebensführung weitgehend unsichtbar bleiben.

Erfahrungen von Ermöglichung und Verhinderung

In der Biographie einer jungen lesbisch lebenden Studentin (23 Jahre alt zum Zeitpunkt des Interviews) lassen sich Erfahrungen von Ermöglichung und Verhinderung in einer zeitlichen Abfolge darstellen und in bestimmten Erlebnissen bzw. Szenen verdichten. In der biographischen Erzählung begegnet man zuerst Eindrücken, die auf einen *lesbischen Lebensentwurf als frei wählbare Option* schließen lassen. Die Biographin berichtet über drei relevante Elemente der Ermöglichung:

Als erster Aspekt von Ermöglichung ist ihre Herkunftsfamilie zu nennen. Die Biographin wächst in einer Patchwork-Familie auf, die selbst schon die typischen Brüche und Offenheiten modernisierter Beziehungsformen aufweist, die Beck und Beck-Gernsheim gerade für das intellektuelle Milieu beschreiben (vgl.Beck/Beck-Gernsheim 1990). Die Eltern sind emigrierte Künstler aus dem ehemaligen Jugoslawien. Der Vater der Biographin ist mit ihrer Mutter in dritter Ehe verheiratet und bringt einen Sohn aus der ersten Ehe mit in die neue Familie. Darüber hinaus leben die Eltern mit einem engen Freund des Vaters zusammen. Die Biographin sagt über die Familienform, in der sie aufwächst: „Eigentlich hatte ich drei Eltern" (6). Für die Beziehung zwischen ihrem Vater und seinem Freund wählt sie selbst das Bild, diese Beziehung sei auch wie eine „Ehe" gewesen. Auch homoerotische Anklänge sind in dieser Beziehung denkbar, wenngleich dies nicht explizit thematisiert wird. Das heißt, die Biographin lernt in ihrer eigenen Familie bereits Lebensformen kennen, die jenseits konventioneller Familienkonstellationen liegen, und wächst in diesem Umfeld auf.

An einer anderen Stelle erzählt die Biographin von einem Erlebnis mit ihrem Vater, in dem dieser ihr gegenüber ausdrücklich seine Akzeptanz gegenüber Homosexualität formulierte. „Kann mich dran erinnern, dass mein Vater mir mal, als ich 14 war, gesagt hatte, es wär total okay, wenn irgendwie mein Bruder und ich mal kommen würden und sagen, wir sind homosexuell"(7).

In Deutschland lebt die Familie in dörflicher Umgebung in der Nähe einer Großstadt. In ihrer Jugendzeit ist die Biographin eingebunden in eine Mädchenclique. Diese ist zunächst Unterstützungs- und Experimentierfeld für ihre ersten homoerotischen Versuche und Phantasien und hierin liegt ein dritter ermöglichender Aspekt für eine eigensinnige Lebenspraxis. Ein lesbischer Lebensentwurf scheint in ihren Beschreibungen über die Teenager-Zeit als etwas Kommunizierbares und auch individuell Planbares. So trennt sich die Biographin mit ca. 18 Jahren von ihrem Freund mit dem Entschluss, künftig Frauenbeziehungen führen zu wollen.

Die Erwartung der Biographin, lesbisches Leben frei wählen zu können, gerät allerdings in Widerspruch mit den Erfahrungen, die sie mit ihrer heterosexuellen Umwelt macht, als sie eine erste lesbische Beziehung beginnt. Mit 19 Jahren, als sie noch bei den Eltern lebt, beginnt sie eine Beziehung mit einer jungen Frau aus der Nachbarschaft. Im Verlauf dieser Beziehung macht die Biographin die Erfahrung, dass sie aufgrund ihrer homosexuellen Beziehung sowohl von den Eltern ihrer Freundin als auch von Bekannten und Nachbarn offen verachtet wird. Zudem erlebt sie sich selbst in unerwarteter Weise, als sie aus Angst vor dem Verlust ihrer Beziehung, diese verleugnet und verheimlicht. In eine Biographie, die als eine Geschichte des Gelingens begann, bricht für die Biographin unvorhersehbar eine subjektiv als übermächtig erlebte heterosexuelle Norm hinein – verkörpert durch die Eltern der Freundin, die diese Beziehung verhindern wollen, und durch die soziale Kontrolle dörflicher Nachbarschaft.

Handeln auf der Basis widersprüchlicher Erfahrungen

Interessant ist nun, wie die Biographin diese widersprüchlichen Erfahrungen verarbeitet.

Auffallend sind zwei miteinander verbundene Handlungsweisen, die von ihrem Prinzip her (nicht in der konkreten Ausgestaltung) auch in anderen Biographieverläufen lesbischer Frauen zu rekonstruieren sind.

Auf der sichtbaren materiellen Ebene: Die Biographin verlässt die dörfliche Umgebung und zieht in eine größere Stadt. Dies passt auch zu anderen Aspekten ihrer Entwicklung (etwa dem Beginn eines Studiums). Auf der Basis der *beiden* Erfahrungen, von Verhinderung *und* Unterstützung, sucht die Biographin nach dem Verlassen ihrer alten Umgebung – in einem nunmehr von den Eltern unabhängigen eigenen Leben, in dem sie ihr Umfeld selbst auswählt – soziale Beziehungen, die ihren Lebensentwurf unterstützen und bekräftigen. Sie sucht den Kontakt zu Gleichgesinnten und stellt auf diese Weise ihren Lebensentwurf in eine soziale Umgebung, die nicht länger widersprüchlich ist, sondern eindeutig ermöglichend. Das heißt aber: *Die Biographin muss sich offenbar für das eigene Leben einen neuen sozialen Rahmen suchen.* Und sie findet diesen Rahmen auch. Dies ist die erste Voraussetzung, um ihrem Lebensentwurf in die Richtung eines Gelingens zu lenken. Auf einer übergeordneten Ebene zeigt sich hier, dass es in der Tat bereits die sozialen Räume gibt, in denen lesbische Frauen ihre Lebensentwürfe realisieren können. Gleichzeitig wird deutlich: Wenn ein lesbisches Leben gebaut werden will, muss der Rahmen für das Leben zumeist gewechselt werden. So ist das lesbische Leben immer in gewisser Weise ein „neues" Leben, das eine neue soziale Rahmung braucht.

Berührt wird hier auch eine symbolische Dimension. Denn neben der Suche nach einem neuen sozialen Rahmen für ihr Leben, sieht sich die Biographin zudem mit der Aufgabe konfrontiert, sich in ihrer Identität selbst neu zu bestimmen. Konfrontiert mit einer verachtenden Rede über sich selbst als Homosexuelle, erfindet sie für sich eine neue Geschichte, eine neue Deutung lesbischer Identität, die sie als bestärkende symbolische Rahmung für ihr Leben nutzt. Sich selbst im Zuge des Coming-out neu zu definieren, ist insofern eine notwendige und folgerichtige Überlebensstrategie (vgl. dazu Hänsch 1998). Die Biographin, von der hier berichtet wird, definiert sich dabei mit einem besonderen Selbstbewusstsein. Sie entwirft für ihre Herkunftsfamilie eine Art lesbischer Genealogie, in die sie sich nicht nur einreihen kann, sondern für die sie sich besondere Verdienste erwirbt, indem sie das latente lesbische Begehren ihrer weiblichen Verwandten mit einer manifesten lesbischen Identität gewissermaßen bekrönt. Der bei vielen Lesben übliche Bruch zwischen dem selbst entwickelten Leben und der biographischen Herkunft fällt in dieser Biographiekonstruktion als verunsichernder Faktor weg.

Widersprüchliche Erfahrungen ermöglichen es lesbischen Frauen offenbar, neue Deutungen, neue Wirklichkeitskonstruktionen in die Welt zu setzen, die lesbische Lebensentwürfe anerkennen und die ein tendenziell unlebbares Begehren in eine Sphäre der Lebbarkeit übersetzen. Dass diese anerkennenden Geschichten auch wieder neue Mythen schaffen, ist ein anderes Thema, was uns im übrigen ja von den Konstruktionen heterosexueller Wirklichkeiten auch nicht ganz unbekannt ist.

Lesbische Lebensentwürfe müssen individuell lebbar gemacht werden

Eine heterosexuell normierte Wirklichkeit verweist abweichende Existenzweisen in ein Außen, in einen Bereich, den es eigentlich gar nicht geben kann. Das Herausfallen aus der sozialen Ordnung der Heterosexualität bedeutet zugleich ein Hinüberwechseln in eine Wirklichkeit, die es nach der dominanten Definition von Wirklichkeit auch gar nicht zu geben scheint. Und genau hier sind die „devianten Subjekte", wie Sabine Hark sie nennt, herausgefordert neue soziale Wirklichkeiten zu konstruieren. Denn das Herausfallen aus der Ordnung der heterosexuellen Wirklichkeit erfordert von den Einzelnen – um den Preis ihres Überlebens – das Erfinden von neuen Ordnungen, das Kreieren neuer Wirklichkeiten.

Deutlich wird an dieser Biographie, dass lesbische Lebensentwürfe durch das Handeln der Einzelnen lebbar gemacht werden müssen. Lebensweisen jenseits normativer Heterosexualität sind insofern keine wirklich offenen Optionen, die frei gewählt werden können. Dass Homosexualität in der gesellschaftlichen Rede bisweilen als scheinbar Gleiches verhandelt wird, stellt die Einzelnen zudem vor die komplizierte Aufgabe, eine „Rhetorik der Gleichheit" mit Ungleichheitserfahrungen zu vereinbaren, das heißt Lebensbedingungen zu verarbeiten, die komplexer und widersprüchlicher sind, als dies von einer Gleichheitsrhetorik versprochen wird (vgl. auch Oechsle/Geissler 1997).

In der hier vorgestellten Lebensgeschichte ist der Anteil der ermöglichenden Erfahrungen im Vergleich zu den anderen von mir untersuchten Biographien relativ stark gewichtet. Hier spielt insbesondere das Alter und damit die Generationeneinbettung eine große Rolle. Denn die Biographin wächst in einer Gesellschaft auf, die bereits die „sexuelle Revolution" Ende der 60er Jahre erlebt hat, in der bereits vor der Geburt der Biographin die Frauenbewegung damit begonnen hatte für erweiterte Lebenschancen von Frauen zu streiten, eine Gesellschaft letztlich, in der Lesben innerhalb und durch diese soziale Bewegung gesellschaftlich sichtbarer wurden und an sozialen Verortungsmöglichkeiten gewonnen haben. Die Eltern der Biographin waren besonders als Angehörige eines intellektuell-künstlerischen Milieus in ihrer eigenen Lebensgestaltung stark von den Einflüssen einer seit den 60er Jahren zunehmenden Pluralisierung von Lebensformen geprägt (vgl. Giddens 1993, Beck/Beck-Gernsheim 1990). Bereits durch das Aufwachsen in einer „Patchwork-Familie" hat die Biographin unterschiedliche Lebensformen kennen gelernt. Aufgrund einer anerkennende Haltung der Eltern musste sie nach ihrem Coming-Out keinen Bruch mit dem Elternhaus vollziehen. Sie kann im Gegenteil ganz spezifische, stützende Verbindungslinien zwischen ihrer lesbischen Identität und den Traditionen ihrer Familie ziehen. Inwieweit und mit welchem subjektiven „Erfolg" ein homosexueller Lebensentwurf individuell lebbar gemacht werden kann, ist folglich nicht zuletzt auch eine Frage der Generationeneinbettung.

Die hier skizzierte Lebensgeschichte zeigt auch, dass das Gelingen des einzelnen Lebensentwurfs nicht zuletzt von dem „Talent" der Einzelnen abhängt, sich ein Leben jenseits traditioneller heterosexueller Vorgaben zu konstruieren und die entsprechenden unterstützenden Bedingungen selbst zu schaffen. Die Individuen müssen „Baumeisterinnen des eigenen Lebens" sein – dies gilt in Zeiten zunehmender Individualisierung für die Mehrheit der Bevölkerung und für lesbische (und schwule) Individuen im besonderen Maße. Denn für sie besteht gar nicht erst die Möglichkeit, sich auf traditionelle Vorgaben zurückzuziehen und nach vorgezeichneten Lebenswegen zu suchen. Lesbische und schwule Lebensweisen finden (und fanden schon immer) ohnehin jenseits von Traditionen statt. Die Erosion von Traditionen, sozialen Verbindlichkeiten und Selbstverständlichkeiten bedeutet somit für diese Gruppe zwar durchaus Erweiterung von Handlungsspielraum, sie verschont die Einzelnen allerdings nicht davon, diesen Handlungsspielraum bis in die hinterste Ecke der Biographie selbst ausgestalten zu müssen.

So zeigt Heiner Keupp, dass in den enttraditionalisierten Lebensformen das Potenzial für emanzipative Prozesse enthalten ist, allerdings „ohne dass diese den Subjekten „frei Haus" geliefert werden" (Keupp 1997, 21). Damit die Selbstorganisation des eigenen Lebens gelingen kann, bedarf es spezifischer psychosozialer Kompetenzen. Ob ein lesbischer Lebensentwurf „gelingt", hängt zum Beispiel von der Fähigkeit der Einzelnen ab, sich selbst die für sie passenden sozialen Einbindungen und Netzwerke aufbauen zu können und auch davon, ob sie sich für ihren Lebensentwurf ein Deutungsmuster konstruieren kann, das diesem Entwurf Sinn und Wert verleiht. (Und sie kann dabei nicht auf vorgegebene anerkannte Sinnkonstruktionen rekurrieren.) In der vorgestellten Biographie ist die Biographin zu beidem glänzend in der Lage; durch ihren familiären Hintergrund bringt sie die dazu erforderlichen Voraussetzungen mit. Das notwendig hohe Maß an Eigenaktivität, das die Konstruktion eines lesbischen Lebens sowohl auf materieller wie auf symbolischer Ebene erfordert, ist jedoch nicht selbstverständlich und von allen Individuen gleichermaßen aufzubringen. Die erforderlichen Kompetenzen basieren auf materiellen, sozialen und psychischen Ressourcen, und diese sind – darauf macht Heiner Keupp aufmerksam – sozial höchst ungleich verteilt. Ob lesbische Lebensentwürfe individuell lebbar werden, ob sie zu individuellen Optionen gemacht werden können, ist nicht unwesentlich von lebensgeschichtlichen Voraussetzungen und individuellen Ressourcen abhängig, die nicht zuletzt von den Bedingungen des sozialen Milieus gezeichnet sind, in der die Einzelnen aufwachsen und leben. Das individuelle Gelingen eines nicht-traditionellen Lebensentwurfs, speziell seine spezifische Ausgestaltung, reflektiert insofern stets auch Ungleichheitsstrukturen, auch wenn dies nicht heißt, dass ein Gelingen oder Scheitern eines eigensinnigen Lebensentwurfes von diesen Strukturen determiniert wird.

Sabine Brendel

Die Überschreitung zugewiesener Räume – auch ohne Bildungsaufstieg?

Einleitung

In diesem Beitrag werden Auszüge meiner Forschungsarbeit über Bildungsbiographien junger Frauen aus den ArbeiterInnenschichten des Ruhrgebiets (vgl. Brendel 1998) dargestellt. Welche wesentlichen Aspekte ermöglichen oder behindern die Entstehung von Handlungsfähigkeit? Wie gelingt den jungen Frauen ein eigensinniger Umgang mit vorhandenen Normen und Widersprüchen? Mit diesen Fragen wird der Blickwinkel nicht nur auf das Geschlecht, sondern auch auf die soziale Zugehörigkeit gerichtet. Denn Erfahrungs- und auch Handlungsspielräume sind nicht nur durch Geschlechternormen beeinflusst, sondern zugleich auch durch die realen Bedingungen und normativen Vorstellungen des jeweiligen sozialen Feldes der Akteurin (vgl. auch Frerichs 2000, Geissler/Oechsle 1998, Steinrücke 1996). Diese stecken damit auch den Rahmen ab für Vorstellungen über zukünftige Lebensvorstellungen (Geissler/Oechsle 1996, Schlüter 1999). In dem hier zugrundegelegten Verständnis sind junge Frauen heute Akteurinnen des sozialen Wandels, indem sie in eigensinniger Weise mit real-vorhandenen Normen und erlebten Widersprüchen umgehen und dabei Handlungsfähigkeit erlangen.

Am Beispiel einer jungen Frau („Ilona"), die in den ArbeiterInnenschichten des Ruhrgebiets der 70er bis 90er Jahre aufgewachsen ist, werden die Grenzen, aber auch die Möglichkeiten ihrer Handlungsspielräume aufgezeigt. Zum einen werden am Beispiel dieser Biographie Begrenzungen aufgrund der geschlechts- und milieuspezifischen Zugehörigkeit sichtbar. Andererseits ist Ilona eine junge Frau, die jenseits des konventionellen Weges eines sozialem Aufstiegs über Bildung zunehmend Handlungsfähigkeit entwickelt und dabei die ihr zugewiesenen sozialen Räume und Vorstellungen verlässt.

Zur Biographie Ilonas

Ilona wurde im Jahre 1967 als älteres von zwei Kindern geboren, ihr Bruder kam zwei Jahre später zur Welt. Der Vater wurde schon früh berentet, die Mutter arbeitete in dieser Zeit als Serviererin, während der Vater die Kinder versorgte. Ilona war sechs, als sich die Eltern scheiden ließen. Als der alkoholabhängige Vater die Wohnung verließ, lebte die Familie von Sozialhilfe. Die Biographin hat an diese Zeit kaum Erinnerungen.

Die Biographin beschreibt das Verhältnis zu ihrem Bruder als sehr schwierig. Die beiden Geschwister stritten sich oft, was das Familienklima sehr belastete und zu dem frühen Auszug Ilonas führte. Auch berichtet sie davon, dass die Mutter mit dem Verweis auf ihr Geschlecht von Ilona die Erfüllung familiärer Pflichten und Rücksichtnahme auf den Bruder verlangte: „....dann hab ich halt immer gehört: „Du bist doch nen Mädchen!", so ne. Und dat war klar, ne."

Ilona fand in der Nachbarschaft zwei Mädchen, mit denen sie ihre Freizeit verbrachte. Längerfristige Planungen waren allerdings schwierig, weil beide Freundinnen stark in familiäre Verpflichtungen eingebunden waren. Mit einer dieser Freundinnen gründete Ilona die „Totenkopf-Bande", in der die beiden Mädchen die Oberhäupter waren. Der kleine Bruder Ilonas durfte mitspielen, musste aber als „Fuzzi" stets die unbeliebten Rollen spielen. Im Verlaufe der Schulzeit verlor sich durch den Besuch von unterschiedlichen Schulen und Klassen der gute Kontakt zu den Mädchen der Nachbarschaft.

An ihre ersten Schuljahre kann sich Ilona aufgrund eines, wie sie sagt, „schwarzen Loches" in ihrem Kopf nicht erinnern; sie erzählt aber, dass ihr die Grundschule bis zur dritten Klasse Spaß gemacht hat, während sie danach Probleme mit der Klassenlehrerin hatte und zudem mit Schwierigkeiten im Fach Mathematik kämpfen musste. Aufgrund ihrer mäßigen schulischen Leistungen wurde im allgemeinen Einverständnis entschieden, dass Ilona nach der vierten Klasse in die Hauptschule wechselt. Für Ilona bedeutete der Besuch des Gymnasiums, die gesamte Freizeit mit Lernen zu verbringen. In der Hauptschul-Klasse erfuhr sie keine sozialen Differenzen, hatte aber auch keine feste Klassenfreundin. Sehr schwierig war es für Ilona, vor der gesamten Klasse zu sprechen. In diesen Situationen sprach sie sehr schnell, um baldmöglichst ihre exponierte Stellung aufgeben zu können; musste sie an der Tafel stehen, hatte sie blackouts. Diese Schüchternheit ist ein wesentliches Element des Selbstbildes und Erlebens von Ilona, das sie lange Jahre ihrer Kindheit und Jugend begleitete und bedrückte.

Die Biographin beschreibt ihr schulisches Leistungsvermögen als mäßig, insgesamt wären ihre Leistungen wellenförmig gewesen („auf und ab"), wobei sie vor allem Geschichte und Biologie bevorzugte. Mit der Klassenkameradin N., mit der sie dieselbe Tier- und Naturliebe verband, machte sie in letzten Schuljahren freiwillige Extrastunden in Biologie. Sie fütterten und pflegten die Tiere und arbeiteten im Schulgarten. In dieser Zeit machte ihr die Schule Spaß.

Gegen Schulende verfolgte Ilona bewusst die Strategie, durch intensives Lernen und mit Fleiß die 10B-Qualifikation[1] zu erhalten, um ihre Ausbildungsplatzchancen zu erhöhen. Gerne hätte sie eine Ausbildung zur Landschaftsgärtnerin oder Tierarzthelferin absolviert, ging aber schon früh von diesem Berufswunsch ab, nachdem sie an zwei Ausbildungsstellen zur Gärtnerin abgelehnt worden war. Im Nachhinein betrachtet, erschien ihr auch die Ausbildung zur Tierarzthelferin als zu lang. Vom Berufsinformationszentrum des Arbeitsamtes wurde ihr zudem die relative Aussichtslosigkeit, eine Ausbildungsstelle in diesen Bereichen zu finden, bestätigt und eine Ausbildung in der kaufmännischen Branche nahegelegt. Dies nahm Ilona sofort an. Sie bewarb sich bei mehreren Großfirmen als Bürokauffrau bzw. Bürogehilfin, obgleich ihr dabei sehr bewusst war, dass sie „eigentlich" niemals gerne in den engen, geschlossenen Büroräumen arbeiten würde. Als sie dann von einem Großkonzern in die Ausbildungsklasse der Bürogehilfinnen aufgenommen wurde, war sie dennoch sehr froh, überhaupt einen Ausbildungsplatz gefunden zu haben und konnte dieser Ausbildung auch gute Seiten abgewinnen.

Mit dem Beginn der Ausbildung waren ihre große Schüchternheit sowie ihre Schwächen im Fach Mathematik schlagartig verschwunden. Ilona fühlte sich in der eingeschlechtlichen Berufsschulklasse wohl, obwohl sie anfänglich ziemlichen Respekt vor den besseren Bildungsvoraussetzungen ihrer Klassenkameradinnen („Abiturientinnen") hatte. In der praktischen Ausbildung war sie beflissen, lerneifrig und verfolgte damit das Ziel der Übernahme in den Betrieb. Über den Erfolg ihrer Übernahme in den Betrieb nach der Ausbildung war sie sehr froh und stolz. Seit mehr als zehn Jahren arbeitet Ilona nun in derselben Firma. Ihrer Ansicht nach ist es ihr gelungen, dabei ihre Tierliebe gut in ihr Alltagsleben zu integrieren: Sie hat in ihrer Wohnung einige Tiere und versorgt gemeinsam mit ihrer Freundin N. ein Pony. Darüber hinaus lernt sie neben ihrer Berufsarbeit Sprachen, liest sehr viel und bildet sich dabei vor allem in Geschichte und Archäologie weiter.

In ihrem persönlichen Umfeld ist als einzig deutlich auftauchende Freundin N. zu nennen, mit der die Biographin das Interesse für die Tier- und Naturwelt teilt; zu ihr hat sie großes Vertrauen. Im Alter von ca. 20 Jahren kam Ilona in eine Punk- bzw. Wave-Clique. Mit ihrem dabei angenommenen sehr auffälligen Outfit provozierte Ilona ihre Mitmenschen, nicht zuletzt in der Firma, und wundert sich im Nachhinein selbst über ih-

1 In Nordrhein-Westfalen kann die 10B-Qualifikation an einer Hauptschule absolviert werden und gilt – mit entsprechenden Noten – als Äquivalent zum Schulabschluss der Fachoberschulreife.

ren Mut nach jahrelanger Schüchternheit. In dieser Punk-Clique lernte sie auch ihren zweiten „richtigen“ Freund kennen. Wegen seines „Macho-Gehabes“ und seiner Trinkerei trennte sie sich nach vier Jahren von ihm. Seitdem hat Ilona keine ernsthafte Männerbeziehung und fühlt sich dabei ganz wohl. Denn nun kommt sie nicht in Konflikt mit ihren vielen Interessen und Hobbies und kann ihr eigenes Leben selbstbestimmt führen. Das ist ihr selbst sehr wichtig.

Ilona beschreibt für sich zwei vorstellbare alternative Lebensmodelle: Entweder will sie ein „stinknormales“ Leben mit Partner in einigermaßen wohlhabenden und sicheren Verhältnissen leben. Ebenso kann sie sich aber auch ein Single-Leben vorstellen – mit vielen Reisen, Hobbies und selbstbestimmter Zeitgestaltung. Dieses Modell lebte sie zum Zeitpunkt des Interviews real. Bei beiden Modellen ist es ihr wichtig, eine kontinuierliche Erwerbsarbeit sowie ihre finanzielle und soziale Unabhängigkeit zu bewahren.

Geschlechts- und milieuspezifische Verhinderungen und Ilonas Entwicklung von Bewältigungsstrategien und Handlungsfähigkeit

An dieser Stelle werden in synoptischer Form Aspekte der Verhinderung[2] einer eigensinnigen Lebenspraxis (auch als Ergebnis der Gesamtuntersuchung) dargestellt sowie im besonderen Fall die Handlungsstrategien Ilonas:

Verhinderungen	Ilonas Handlungsstrategien
Auf dem Feld der Schulerfahrungen	
kein persönlicher positiver Bezug zur Grundschullehrerin Randposition in der Klasse keine „beste Freundin" in der Klasse Geschlechtstypische Attributionsmuster: eigene und fremde Abwertung von Leistung kein Aufbau von Selbstbewusstsein und Selbstvertrauen	Ilona war weder im Zentrum des Klassenverbands noch hatte sie enge Bezüge zur Lehrerin Erst durch einen Klassen- und Schulwechsel konnte sie ihre Leistungsfähigkeit wahrnehmen: die Schüchternheit verschwand. Führerin der „Totenkopf-Bande", Bruder als „Fuzzi": Erfahrung von Deutungsmacht. => Steigerung von Selbstbewusstsein und des Wissens um die Handlungsfähigkeit
Auf dem Feld der Berufsorientierung	
Niedriger Bildungsabschluss Geringes Berufsrepertoire (Auswahl) Geringer Überblick über Ausbildungs- und Arbeitsmarkt, wenig Unterstützung bei der Berufswahl Geringe Integrationschancen in den Ausbildungsmarkt Niedrige Chancen auf dem Arbeitsmarkt durch Sackgassenausbildungen und schulische Ausbildungsberufe	Zwar hatte Ilona auch einen niedrigen Bildungsabschluss; jedoch durch ihr Beharren auf eine Ausbildung Bestreben auf einen guten Abschluss und eine Übernahme in den Betrieb kontinuierliche Erwerbsarbeit => gelang ihr eine stetige und erfolgreiche Integration in den Arbeitsmarkt
Auf dem Feld der Lebensentwürfe	
Erwerbstätigkeit der Mutter als Ungelernte: wird weder als qualifizierter Beruf noch in seiner Bedeutung für die Mutter bzw. Familie wahrgenommen kein Erkennen der geschlechtsspezifischen Arbeitsteilung Frauenbenachteiligung wird nicht als System wahrgenommen Konsequenz für den eigenen Lebensentwurf: in der Regel das Drei-Phasen-Modell	Ilonas Mutter arbeitete lange Zeit als Ungelernte, absolvierte aber sehr spät eine Ausbildung: Die Bedeutung der mütterlichen Erwerbstätigkeit für die Aufrechterhaltung der Familie war Ilona sehr deutlich. Sie übernahm früh geschlechtsspezifisch zugewiesene Arbeiten. Ilona erkannte wesentliche Zusammenhänge von Frauenbenachteiligung => Entscheidung für ein „Single-Leben" oder selbstbestimmtes Leben mit Partner.

2 Die hier genannten Faktoren der Behinderung sind Ergebnisse der Auswertung des gesamten Samples, sie treffen nicht nur ausschliesslich auf Ilona zu.

Im Ergebnis der Untersuchung wird deutlich, dass Ilona – mit Blick auf die Subjektkonstitution unter den Bedingungen der Begrenzungen – immer mehr Handlungsspielräume erobern und dabei ein sich stets erweiterndes Handlungswissen erwerben konnte. Erlebte Widersprüche und Ambivalenzen führten zur Stärkung ihres Selbstbewusstseins: So z.B. die Erfahrung, sich in der Berufsschulklasse im Vergleich zu anderen Mitschülerinnen gut behaupten zu können – trotz eines geringeren Bildungsniveaus und entgegen der eigenen Erwartungen. Dieses Erleben widersprach dem bisherigen Gefühl des „Klein-Sein's", das aus der jahrelangen äußerer Nicht-Anerkennung und eigener Akzeptanz dieses Urteils erwuchs und sich u.a. in massiver Schüchternheit äußerte[3].

Die nunmehr neue Erfahrung verstärkte im Sinne eines Katalysators das Zutrauen in ihre eigenen Fähigkeiten. Diese Kompetenzen wurden Ilona in der Ausbildung und der anschließenden Erwerbstätigkeit von anderen (Arbeitgeber, KollegInnen) gespiegelt und mit zunehmender Sicherheit in der langjährigen und selbst so eingeschätzten erfolgreichen Berufstätigkeit weiter verstärkt. Erst die Stärkung und Versicherung durch Dritte ermöglichten Ilona also eine eigenwillige Handlungsfähigkeit sowie die Reflexion über Ambivalenzen vorgegebener Lebensentwürfe (das „Dahinterschauen" – etwa hinter normsetzende öffentliche Idealbilder eines traditionellen Familien- und Liebesglücks).

Erst das Gefühl von Stärke und Handlungsfähigkeit sowie das kritische Hinterfragen des Vorgegebenen beförderte bei Ilona die Entwicklung eines für dieses Milieu unüblichen Lebensentwurfs. Erlebte und sodann erkannte Widersprüche führten bei ihr also zu Strategien, mit denen sie die ihr zur Verfügung stehenden Mittel nutzte und immer weitere suchte (z.B. Fremdsprachen und Literatur). Dabei traf sie Entscheidungen, die sie den von ihr favorisierten Lebensmöglichkeiten und -umständen näher brachten – so die Natur- und Tierliebe sowie eine größtmögliche Freiheit und finanzielle Sicherheit.[4]

Schluss

In dieser Biographie wurden zwei gesellschaftliche Lagen als die Norm(en) bestimmende Struktur zugleich betrachtet – die soziale Herkunft und die geschlechtliche Zugehörigkeit in einem heterosexuell dominierten Umfeld.

3 Diese Schüchternheit fand ich in ausgeprägter Weise und bei fast allen interviewten ArbeiterInnentöchtern auf.

4 Auf die äußeren positiven Bedingungen, welche Ilona – als Beispiel – darin unterstützten, zunehmend handlungswillig und -fähig zu werden und die in ähnlicher Form auch bei der gesamten Untersuchung systematisch herausgearbeitet wurden, kann ich an dieser Stelle aufgrund der Platzmangels nicht eingehen (vgl. Kapitel 5, in: Brendel 1998).

Denn nicht nur durch ihre soziale Herkunft, sondern auch durch ihr Geschlecht erfuhr die Probandin Begrenzungen. Ihr Handlungsspielraum war anfänglich nur sehr gering und auch klassische Institutionen (wie Schule und Berufsberatung) taten in ihren jeweiligen Aktionsfeldern das Übrige, um den Status Quo aufrecht zu erhalten. So wischten die Berufsberater Ilonas eigentliche berufliche Interesse vom Tisch und verwiesen sie in für junge Frauen klassische Arbeitsfelder. Durch eine Vielfalt solcher Interaktionen (auch in der Schule kümmerte sich niemand um ihre extreme Schüchternheit) wurde Ilona auf einen ihr gesellschaftlich zugewiesen Platz verwiesen.

Zugleich wuchs sie jedoch auch in einer Zeit und Region auf, in der die Bildungseuphorie auch weite Teile des ArbeiterInnenmilieus erreichte und zum Bildungs- und Aufstiegswillen vieler ArbeiterInnen – oder zumindest ihrer Kinder – führte. Die Gründung von Gesamtschulen einerseits, ein relativ durchlässiges Schulwesen andererseits und die Erfahrung einer Generationenfolge von selbstverständlicher weiblicher und mütterlicher Erwerbsarbeit bildeten den sozialen und geistigen Kontext für Ilonas Aufwachsen.

Das ist die eine, die kontextuelle Seite in Ilonas Biographie. Bei der Betrachtung der subjektiven Seite wird deutlich, wie diese junge Frau durch die Erfahrung von eigener Stärke und Handlungsmacht die ihr zugewiesenen Räume überschreiten konnte. Dabei hat sie in einem interaktionistischem Sinn in der Auseinandersetzung mit der sie umgebenden Umwelt (Mead 1987, Krappmann 1993) und denen dort vorliegenden materiellen wie immateriellen Bedingungen ihre Lebensentwürfe deutlich konstituiert. Die Erfahrung eigener Handlungsfähigkeit und gestalterischen Macht motivierte sie dabei zu immer weiteren Grenzüberschreitungen. Auch Ilona litt wie viele ihrer Herkunfts- und Geschlechtsgenossinnen am mangelnden Selbstbewusstsein, das sich in extremer Schüchternheit zeigte und Ausdruck deutlich erfahrener Begrenzungen war. Hier war eindeutig die Bestärkung durch andere Menschen notwendig, um das „Me“ (nach Mead 1987) von subjektivierten Beschränkungen freizulegen. Doch auch die alternativen Lebensentwürfe, die dank der Frauen- und anderen sozialen Bewegungen seit den 70er Jahren „im Raum schweben“, standen für Ilona nicht so einfach zur Verfügung; sie musste diese vielmehr (oder zumindest einen Teil davon) individuell erst entdecken und für sich und in ihrer Wirkung auf andere spiegelnd ausprobieren, was auch auf die dafür erforderlichen subjektiven Ressourcen (wie Reflexions- und Kommunikationsvermögen) der Probandin verweist.

Am Beispiel von Ilona wird auch deutlich, dass für diese Spiegelung andere Subjekte vorhanden sein müssen, Menschen, die eine Offenheit für neue Formen von Handlungen, Strategien, aber auch Lebensentwürfe vermitteln – und dadurch für diese jungen Frauen erst den sicheren Boden bereiten, auf dem Neues ausprobiert werden kann. Dies gilt um so eher, je stärker traditionelle Normen (bestimmt von sozialer Lage und Geschlecht) und soziale Risiken[5] vorhanden sind. Erst diese Voraussetzungen ermöglichten Ilona im Rahmen ihrer Subjektkonstitution die Ausweitung ihrer Handlungsstrategien, die Verfolgung eigener Interessen und damit die Gestaltung ihres Lebens in ihrem eigenen Sinn in kreativer und selbstbewusster Weise.

5 Bei Ilona's Familie war das Risiko eines sozialen Abstiegs groß: der frühberentete, alkoholabhängige Vater, das Leben von Sozialhilfe und der damit verbundene Geldmangel der Familie. Daher verwundert es auch nicht, dass für Ilona ein wichtiges Lebensmotiv die Wahrung ihrer finanziellen Unabhängigkeit und Sicherheit ist.

Bettina Fritzsche

Fan-kultureller Eigensinn zwischen Kindheit und Jugend

Die Widersprüchlichkeit der Anforderungen und Erwartungen, die die moderne Lebensrealität von Frauen strukturieren, kann – im Sinne der Meadschen Gedanken zur Vergesellschaftung – als Anlass von Handlungsfähigkeit und Eigensinn begriffen werden, diese Widersprüchlichkeit stellt jedoch immer auch eine potenzielle Quelle von Überforderung und Verunsicherung dar. Gerade in Bezug auf heranwachsende Mädchen, die gewissermaßen am Anfang einer lebenslangen Auseinandersetzung mit der normativen Fracht ihrer Geschlechtsidentität stehen, ist die Gefahr der Verunsicherung immer wieder hervorgehoben worden. So beschreiben etwa Lyn Brown und Carol Gilligan (1997) auf der Grundlage ihrer Längsschnittsstudie in einem us-amerikanischen Internat die Adoleszenz von Mädchen als Zeit, die von Bindungskrisen und Störungen in der Selbsteinschätzung geprägt ist. Auch in der deutschsprachigen Forschung wird die Konfrontation mit dem kulturellen Ideal der Weiblichkeit als behindernd für die Identitätsbildung und als Ursache der Abschwächung des Selbstbewusstseins von Mädchen eingeschätzt (Hagemann-White 1998: 32) und von einer „Tendenz zur Selbstzurücknahme" in dieser Lebensphase gesprochen (Flaake 1998: 47). Gleichzeitig bietet die Zeit der Ablösung von der Familie und der Umbrüche jedoch auch die Möglichkeit zur Entfaltung kreativer Potenziale (vgl. Flaake/King 1993: 30). Die produktive und lustvolle Seite der Adoleszenz hat gerade im Hinblick auf Mädchen in der bisherigen Forschung noch wenig Beachtung gefunden. Eine Möglichkeit, die kreativen Aspekte des Überganges vom Kinder- zum Erwachsenenstatus zu erfassen, bietet sich meines Erachtens in der verstärkten Perspektive auf jugendkulturelle Aktivitäten. Ausgehend von dieser These soll im folgenden insbesondere die Kultur von Pop-Fans in den Blick genommen werden.

Zahlreiche Kinder und Jugendliche bezeichnen sich heutzutage als Fans von Britney Spears, den Backstreet Boys oder anderen Pop-Stars und Bands. Sie sind engagierte KonsumentInnen von BRAVO und MTV und befinden sich innerhalb ihrer peer-group in einem lebhaften Austausch über Themen der Pop-Welt. Da die Fans der von den Jugendmedien vermarkteten Popstars zu einem Großteil Mädchen im Alter von 8-16 Jahren sind, lässt sich meiner Meinung nach in diesem Zusammenhang von einer mädchentypischen Jugendkultur sprechen. Inwiefern stellt diese ein Forum zur Verhandlung widersprüchlicher geschlechts- und entwicklungstypischer Anforderungen dar und welche Chancen bietet sie zur Entfaltung eines kreativen Umgangs mit diesen Widersprüchen? [1]

Aus dieser Fragestellung heraus soll im Folgenden zunächst auf die Prozesse der Aneignung einer Band durch das langsame Hineinwachsen in die Fan-Kultur eingegangen werden, die sich als performative Suchbewegung beschreiben lassen.

Fast keine meiner Interviewpartnerinnen beschrieb ihre Begeisterung für eine bestimmte Band als die entscheidende Motivation für ihren Einstieg in die Fan-Kultur. Der Beschluss Fan zu werden, gründet statt dessen zumeist in der Beobachtung fan-kultureller Praktiken von anderen Mädchen und dem hieraus resultierenden Wunsch, selbst daran teilzuhaben. Ein wichtiges Element der Fan-Kultur ist das Sammeln von CD's, von Fan-Artikeln der Band und von Expertenwissen. Je mehr Sammelobjekte angeschafft wurden, desto mehr kann auch an regen Praktiken des Tauschens und Austausches in der geschlechtshomogenen Peer-group teilgenommen werden. Diese sind Teil etablierter und teilweise ritualisierter Praktiken in der Mädchengruppe. (So kann beispielsweise beim alltäglichen Telefonat mit der besten Freundin dann immer auch über die Backstreet Boys gesprochen werden.) Eine andere, für viele meiner Interviewpartnerinnen zentrale Aktivität ist die tänzerische Imitation der Stars. Auf der Grundlage von Videoaufnahmen der Bands bereiten sie eigene Aufführungen vor, wobei ihre Choreographien auch von der Vorlage abweichen und selbst erdachte Figuren enthalten. Diese kreative Seite ihrer „Anähnlichung“ sowie deren körperliche Ebene machen deutlich, dass es sich hierbei um keine bloße Nachahmung, sondern um einen mimetischen Prozess handelt.[2] Als besonders wichtigen Aspekt dieses Prozesses charakterisieren die Fans die Entscheidung, welches der jeweiligen Bandmitglieder sie sich als Vorbild auswählen. Hierbei geht es nicht nur darum, welcher Typ am besten gefällt, sondern auch, welcher Typ am ehesten zur eigenen Person passt. (Eine meiner Interviewpartnerinnen beschrieb beispielsweise, dass sie zwar „Baby Spice“ am liebsten mag, im Laufe der Proben jedoch feststellte, dass sie „Scary Spice“ besser nachmachen kann.)

---

1 Grundlage meiner Ausführungen sind narrative Interviews und Gruppendiskussionen mit jugendlichen weiblichen Fans von Girlgroups und Boygroups.

2 Gebauer/Wulf (1998: 11) zufolge sind soziale Akte dann mimetisch, wenn sie 1. auf andere Bewegungen Bezug nehmen, 2. körperliche Aufführungen sind und 3. sowohl eigenständige Handlungen sind, als auch auf andere Akte oder Welten Bezug nehmen. Zum Begriff der Anähnlichung vgl. auch Wulf 1998.

Das Interesse an diesen verschiedenen kulturellen Praktiken hat in den Beschreibungen der Fans häufig Vorrang gegenüber dem Interesse an der jeweiligen Band. So sagte mir ein Mädchen, es sei deswegen wichtig, sich eine Band auszusuchen, die auch gut aussieht, weil man sich sonst keine Poster aufhängen könne. Einige Interviewpartnerinnen betonten, wie naiv sie zum Zeitpunkt ihres Entschlusses Fan zu werden, noch waren. Der tatsächliche Sinn des Fan-Seins und die Gründe der Begeisterung für eine bestimmte Band können erst nach dem Einstieg in die Fan-Praktiken und durch diese deutlich werden.

Dieser Umstand qualifiziert die Fan-Kultur als performative Handlung. Ich beziehe mich hierbei auf die Überlegungen von Hans J. Wulff, der an die sprachphilosophische Definition John Austins eines performativen Aktes anknüpft. Eine performative Äußerung lässt sich im Sinne Austins dadurch erkennen, dass sie das vollzieht, was sie benennt (z.B. die Worte des Pfarrers: „ich taufe dich auf den Namen John“). Wulff betont den Nutzen des Performativitätskonzeptes bei der Analyse kultureller Phänomene und auch von Praktiken, die über den Sprechakt hinausgehen, wobei er die performative Handlung beschreibt als „Tätigkeit, die ihre Sinnhorizonte durch sich selbst hervorbringt“ (Wulff 1998: 219). Wie bei einer konstruktivistischen Perspektive wird hier die Aufmerksamkeit auf die Herstellung sozialer Realitäten durch die Alltagspraktiken der Einzelnen gelenkt. Während der Konstruktivismus diese Realitäten als Ergebnis einer durchgeführten Konstruktion begreift, wird im Performativitätskonzept jedoch die analytische Trennung zwischen einer Handlung und deren Ergebnis aufgehoben. Wie der Taufspruch des Pfarrers, muss auch der performative Handlungsakt an bestimmte Konventionen anknüpfen, um verständlich zu sein, er zielt aber nicht notwendig auf deren Re-etablierung ab, sondern lässt sich eher als Suchbewegung zwischen der Reproduktion von Normen und ihrer Veränderung bezeichnen.[3]

Bei der Fan-Kultur handelt es sich insofern um eine performative Suchbewegung, als sie sich als Praktik beschreiben lässt, die nicht aus einer eindeutigen Motivation resultiert, sondern deren Sinn sich erst im Vollzug ergibt. Die beschriebene Aneignung der Band über repetetive Tausch- und Sammelpraktiken sowie über den mimetischen Prozess der „Anähnlichung“ an andere Mädchen oder an Bandmitglieder erlaubt eine behutsame und spielerische Annäherung an den Fan-Status. Dieser bezieht meines Erachtens seine Attraktivität daraus, dass er mit anderen Subjektpositionen assoziiert wird, bzw. als deren Platzhalter fungiert. Die Fan-Kultur wird in diesem Sinne auf sehr unterschiedliche Weise als Ressource bei der Auseinandersetzung mit normativen Erwartungen genutzt. So beschreiben etwa viele Boygroup-Fans ihre Begeisterung für die jeweilige Band als Chance, erste

3 vgl. hierzu auch Butler 1997, S. 21-49

Erfahrungen mit der romantischen Liebe zum anderen Geschlecht sammeln zu können, ohne bereits die Tücken einer Beziehung in Kauf nehmen zu müssen. Für sie stellt das Fan-Sein eine vergleichsweise risikofreie Möglichkeit dar, die weibliche Position in einem Szenario der heterosexuellen Liebe einzunehmen. Für andere Fans von Boygroups und auch von Mädchenbands symbolisieren die Stars bestimmte Eigenschaften und Potenzen, die sie anhand der mimetischen Fan-Praktiken nachvollziehen. Dieses ist zum Beispiel der Fall bei der 12-jährigen Bianca.

Das Besondere an den Spice Girls ist für Bianca, dass sie es *als Frauen* geschafft haben, sich durchzusetzen, sie empfindet sie als stärkere Persönlichkeiten als die Boygroups, die aus ihrer Sicht nur gestellt sind, während die Spice Girls sich trauen, so zu sein, wie sie sein wollen.[4] Darüber hinaus schätzt sie an ihnen, dass sie alle verschiedene Charaktere haben, wobei auch jede ihren eigenen guten Geschmack hat. Letzteres ermöglicht es ihr, sich im modischen Bereich bei ihnen „was abzugucken". Die Aneignung der Band erfolgt in der Mädchenclique: mit ihren Freundinnen tanzt Bianca zur Musik der Band, wobei sie jeweils unterschiedliche Spice Girls imitiert, insofern also verschiedene Stile mimetisch erprobt. Sie trifft sich mit ihrer „Mini-Spice Girls-Bande" in einer selbstgebauten Höhle auf dem Hängeboden, wo die Mädchen gemeinsam ihren Spice Girls-Ordner ansehen und über alles mögliche reden. Sie betont jedoch, dass es ihr bei aller Bewunderung der Spice Girls doch am Wichtigsten ist, ihren eigenen Charakter „herauszufinden". Die Auseinandersetzung mit der Handlungsanforderung einen individuellen Charakter und auch Stil herauszubilden, zieht sich durch das ganze Interview. Biancas Suche nach Authentizität wird gleichzeitig konterkariert durch die empfundene Unmöglichkeit sich normativen Vorgaben zu entziehen. Diesen Konflikt thematisiert sie zum Beispiel in der folgenden Passage:

„Ich meine, es gibt halt sone Mädchen, und auch Jungs, die sich halt, zum Beispiel von der *Mode* beeinflussen lassen, zum Beispiel dass sie jetzt alle, irgendwie, n East Pack Rucksack haben, ich mein, ich hab *auch* einen, aber, ich mein, irgendwie wird man ja trotzdem auch immer n bisschen beeinflusst von der Mode oder so aber, wenn ich mir, zum Beispiel, ich fand den auch *schön* den Rucksack, und es gibt ja auch jetzt auch diese Schuhe, des sind diese, so ziemlich klobig, und, die sind ja auch *total* in und so und die kauf ich mir aber nicht, weil ich sie einfach nicht schön finde."

Bianca strebt einen souveränen Umgang mit der widersprüchlichen Aufforderung von Modeindustrie und Werbung an – eine Aufforderung, die suggeriert, sich zwar an ihre Vorgaben zu halten, aber gleichzeitig einen möglichst individuellen eigenen Stil zu entwickeln. Ein anderer moralischer Anspruch, den sie an sich selber formuliert, ist es, Charakterstärke zu be-

---

4 Diese Beschreibung tauchte in variierenden Formulierungen in fast allen meiner Interviews mit Spice Girls-Fans auf.

weisen, in dem sie sich für Schwächere einsetzt, wobei sie anschaulich schildert, wie schwierig es ist, hierfür den Mut aufzubringen. Das Fan-Sein eröffnet ihr auf verschiedene Weise die Möglichkeit, eine eigene Position innerhalb dieser Erwartungen zu finden:

In Biancas Beschreibung der Spice Girls wird deutlich, dass es diesen in ihren Augen gelungen ist, die Aufgabe der Herausbildung eines eigenen Charakters erfolgreich zu bewältigen. Die performativen kulturellen Praktiken in der Mädchenclique einschließlich des kindlichen Höhlenbauens bieten ihr einen vertrauten und geschützten Rahmen, in dem sie sich ihren Symbolen für die erfolgreiche Bewältigung adoleszenzspezifischer Handlungsanforderungen annähern kann. Gleichzeitig gibt ihr die Fan-Kultur Rückhalt bei konkreten Bewährungsproben im Alltag. So beschreibt sie die Spice Girls als ihre Therapie, die ihr zum Beispiel die Kraft gibt, sich gegen einen ungerechten Lehrer aufzulehnen und somit ihrem Anspruch nachzukommen, im Einsatz für Schwächere Charakterstärke zu beweisen.

Biancas Aneignung der Band mit Hilfe der Fan-Kultur ist ihr somit insbesondere bei der Bewältigung der Handlungsanforderung von Nutzen, einen eigenen Geschmack und Stil und eben auch einen eigenen – möglichst starken – Charakter herauszubilden. Als widersprüchlich erlebt sie hierbei weniger die Kluft zwischen ihren eigenen Wünschen einerseits und normativen Einschränkungen andererseits, sondern vielmehr die Norm selbst, die sowohl Eigensinn und Authentizität als auch die Einhaltung bestimmter Vorgaben von ihr verlangt. Eher als von einem Modediktat lässt sich heute vielleicht von einem Authentizitätsdruck sprechen, der einen individuellen Stil bei der Auswahl global vermarkteter Konsumgüter verlangt. Bianca ist bewusst, dass sie diesem Widerspruch nicht entkommen kann und sie findet mit Hilfe der Spice Girls einen Weg, sich verschiedene Stil-Varianten mimetisch anzueignen und schließlich diejenige für sich zu finden, die den größten ästhetischen Genuss mit sich bringt. Gleichzeitig erlaubt ihr diese Mimesis, an der von den Spice Girls proklamierten „Girlpower" teilzuhaben und öffentlich Stärke zu demonstrieren.

Zwar richten sich, wie Bianca betont, modische Anforderungen an beide Geschlechter und nicht nur Mädchen müssen Selbstbehauptungsstrategien gegenüber Lehrern entwickeln. Dennoch ist es entscheidend für sie, dass die Spice Girls *als Frauen* Charakterstärke repräsentieren. Die mit der Girlgroup assoziierten Eigenschaften der Authentizität (die in der Verschiedenheit der Künstlerinnen offenbar wird) und der Durchsetzungskraft sind jedoch offenbar noch immer nicht selbstverständlich mit Weiblichkeit in Verbindung zu bringen. Gerade eine Popgruppe, die von einem repräsentationsanalytischen Standpunkt her als besonders kommerziell und normativ ausgerichtet betrachtet werden kann, wird von den Mädchen im Sinne eigensinniger Selbstpositionierungen für sich genutzt. Mit Hilfe dieses Symbols können sie verschiedene Entwürfe des eigenen, zukünftigen Ichs spielerisch nachempfinden und probeweise ausfüllen, um sie schließlich anzunehmen, partiell anzunehmen oder auch zu verwerfen. Und hierbei muss es nicht nur um eine Anpassung an normative Vorgaben gehen, sondern es kann durchaus auch eine Auflehnung gegen Autoritäten vorbereitet werden.

Eszter Belinszki, Claudia Nagode

„Seiltanzen zwischen Differenz und Gleichheit" – Frauen in verschiedenen Berufsfeldern

Unser Text beschäftigt sich mit eigensinnigen Positionierungen von Frauen in dem Feld Beruf und Profession. Wir nähern uns der im theoretischen Vorspann eingeleiteten Frage nach Ermöglichungen und Verhinderungen bzw. nach individueller Handlungsfähigkeit unter widersprüchlichen Handlungsanforderungen am Beispiel zweier hochqualifizierter Berufe empirisch an. Dabei beziehen wir uns nicht in erster Linie auf Beiträge der Professions- oder Organisationsforschung, sondern wählen Beruf als einen bedeutsamen Teil von Subjektkonstitution als Ausgangspunkt unserer Überlegungen. Im Berufsfeld entwickelt sich das berufliche Selbstkonzept als ein Teil von Subjektkonstitution anhand des Wechselverhältnisses mit strukturellen und normativen Rahmungen. Wir richten unser Augenmerk auf die ermöglichenden und verhindernden Handlungspotenziale in diesem Kontext.

Dabei gehen wir davon aus, dass Subjekte im Berufsfeld auf Strukturen und auf ein Bündel von Normen treffen, die nur wenig konsistent miteinander sind. Widersprüche lassen sich dabei allerdings nicht nur im Berufsfeld selber, z.B. in Form von widersprüchlichen Normen und Routinen, Strukturen und Erwartungen, sondern auch im Verhältnis zu anderen Lebensbereichen finden. Hier äußern sie sich u.a. als differente Wertorientierungen oder als Frage nach der Vereinbarkeit von Beruf und Familie. Wir werden am Beispiel der Berufsbereiche Integrationspädagogik und Journalismus aufzeigen, wie gerade zutiefst widersprüchliche Handlungsanforderungen potenzielle Handlungsspielräume eröffnen können, und dass ausgehend von der Notwendigkeit mit diesen Widersprüchen umzugehen, Handlungsfähigkeit entsteht.

Auf den ersten Blick scheinen die beiden ausgewählten Berufsfelder kaum Berührungspunkte aufzuweisen. Betrachtet man das Ziel der Tätigkeiten, die gesellschaftliche Relevanz, die Struktur des Berufsfeldes, die Art und Weise der Ausübung oder die Routine der Arbeit, könnte der Kontrast kaum größer sein. Wenn wir aber unser Augenmerk auf die Grundstruktur des normativen Widerspruches richten, der beiden Berufsfeldern zugrunde liegt – und zwar nicht im allgemeinen, sondern kontextualisiert, d.h. exemplarisch anhand einiger Elementen der Berufskonzepte deutscher Integrationspädagoginnen und ungarischer Journalistinnen – zeigen sich eindeutige Gemeinsamkeiten.[1]

Berufsfeld Integrationspädagogik

Integrationspädagogik bezeichnet die gemeinsame Beschulung von Kindern und Jugendlichen mit und ohne Behinderungen. Bislang erfolgte die Unterrichtung von Kindern mit Behinderungen in speziellen Institutionen wie Sonderkindergärten oder -schulen. Inzwischen besuchen mehr als 10% dieser SchülerInnen Regelschulen, also Grund- oder weiterführende Schulen. Die Schulklassen, in denen behinderte und nichtbehinderte Kinder gemeinsam arbeiten, werden von mehreren pädagogischen Fachkräften (GrundschullehrerIn, SonderschullehrerIn, Erzieherin) interdisziplinär betreut. Damit trifft eine heterogene SchülerInnen- auf eine heterogene LehrerInnenschaft. In diesem Berufsfeld ist also der pädagogische, professionelle Umgang mit Differenzen strukturell angelegt. Getragen wird diese Auseinandersetzung um Heterogenität vom normativen Ideal der Gleichheit, das der Idee der Integrationspädagogik zugrunde liegt. Die Integrationspädagogik intendiert nämlich gleiche Bildungs- und Lebenschancen für alle SchülerInnen auf der Basis ihren unterschiedlichen Fähigkeiten. Gleichheit ist hier also im Sinne von Chancengleichheit zu verstehen.

Zwischen dem normativen Ideal der Gleichheit und der strukturell angelegten Differenz innerhalb der integrativen Schulklassen stehen die Menschen, die professionell in diesem Feld tätig sind. Sie vermitteln anhand von Unterrichtsmethodik und -didaktik täglich zwischen Differenz und Gleichheit, indem sie z.B. Unterrichtssituationen initiieren. Die Gestaltung des Lernfeldes entscheidet darüber, welche SchülerInnen in diesem Lernfeld lernen können. Zeitweise können alle SchülerInnen einer Klasse gemeinsam arbeiten, z.T. ist eine Trennung der Gesamtgruppe in Kleingruppen inten-

---

1 Die empirische Basis für diesen Beitrag liefern die Dissertationsprojekte von Claudia Nagode „Grenzenlose Konstruktionen - konstruierte Grenzen? Behinderung und Geschlecht aus der Sicht von LehrerInnen in der Integrationspädagogik“ und Eszter Belinszki über „Geschlechterverhältnisse im Journalismusberuf in Ungarn“. Das erkenntnisleitende Interesse richtet sich in beiden Projekten auf die Konstruktion von Geschlecht und Beruf, bzw. im Falle der Integrationspädagogik auf die Konstruktion von Behinderung, als einer Grundkategorie des Berufes. Die beiden Autorinnen arbeiten mit leitfadengestützten Interviews: Interviewt wurden in dem einen Projekt 20 Grundschul- und Sonderschullehrerinnen, die in Integrationsklassen gearbeitet haben, bzw. arbeiten, und in dem anderen 24 ungarische JournalistInnen, alle RedakteurInnen in den Redaktionen von politischen, Wirtschafts- und Nachrichtensendungen im Ungarischen Hörfunk.

diert. Kleingruppen können dabei auf der Grundlage verschiedener Maßstäbe gebildet werden, entscheidend kann die Behinderung der SchülerInnen, ihr Geschlecht, ihre Interessenlage o.ä. sein. Was als ausschlaggebendes Kriterium für die Gruppenbildung gilt und was sich damit auch als Differenzkriterium in einer Schulklasse etabliert, obliegt der Entscheidung der pädagogischen Fachkräfte. Sie vermitteln damit zwischen dem normativen Ideal der Gleichheit und der strukturell vorgegebenen Differenz, indem sie alle SchülerInnen mit ihren unterschiedlichen Fähigkeiten in verschiedene Unterrichtssituationen einbinden. In einem späteren Abschnitt werden die Umstände der Gruppenbildung mit ihren Folgen für die Lehrerinnen aus der empirischen Perspektive beleuchtet.

Berufsfeld Journalismus

Die Berufsbezeichnung „JournalistIn" umfasst eine breite Vielfalt unterschiedlicher Tätigkeitsfelder: Je nach thematischer Orientierung, Ressort oder Medium arbeiten die Personen unter unterschiedlichen Rahmenbedingungen, entsprechend unterschiedlich ist ihr Arbeitsalltag strukturiert, benötigen sie unterschiedliche Fähigkeiten und Kenntnisse etc. Betrachtet man die Geschlechterverhältnisse in diesem sehr heterogenen Berufsfeld, zeigen sich ähnliche geschlechtsspezifische Ungleichheiten wie in anderen hochqualifizierten Berufen: von Lohnunterschieden bis hin zur horizontalen und vertikalen Segregation in der Themenwahl, im Medium etc. (vgl. u.a. Lünenborg 1997). Je prestigeträchtiger eine Zeitung oder eine Rundfunkanstalt, bzw. ein Ressort ist, je besser – damit einhergehend – die Verdienstmöglichkeiten sind, je größer der potenziell angesprochene RezipientInnenkreis ist, oder je mehr Entscheidungsmacht über Inhalt und MitarbeiterInnen mit einer Position einhergeht, desto weniger Frauen sind dort zu finden. Vor diesem Hintergrund scheint das Feld des Ungarischen Hörfunks ein besonders interessantes zu sein. Dieser öffentlich-rechtliche Rundfunksender ist einer der renommiertesten in Ungarn. Er beschäftigt sich in erster Linie mit Berichterstattung über Politik und Wirtschaft, also mit den Bereichen im Journalismus, die traditionell als „harte Bereiche" bezeichnet werden und als „Männerdomänen" gelten. Nun arbeiten in diesem Sender, ganz besonders in den Redaktionen für politische und Wirtschaftssendungen bzw. Nachrichtenmagazine überdurchschnittlich viele Frauen. (Vásárhelyi 1999: 21) Bezogen auf die ReporterInnen wird sogar über eine Feminisierung des Berufs gesprochen. Die Frauen, die als Redakteurinnen oder Redaktionsleiterinnen arbeiten, sind größtenteils landesweit bekannte und anerkannte Journalistinnen, die sowohl im Publikum als auch in der Fachöffentlichkeit ein hohes Ansehen und Popularität genießen. Die zentrale Frage in diesem

Beitrag ist allerdings nicht, warum Frauen in Ungarn schon seit vielen Jahren vor der Wende aber auch danach Zugang zu einem prestigeträchtigen und auf der politischen Ebene so bedeutsamen Beruf, wie dem Journalismus bekamen, sondern eher, welche Bedeutung für die JournalistInnen Geschlechterdifferenz und –gleichheit hat, in einem Berufsfeld mit hohem Frauenanteil und mit einem Mythos der Geschlechterneutralität. Kann man vor dem Hintergrund von 40 Jahren Sozialismus über eine Verwirklichung des Gleichheitsgedankens in diesem Beruf sprechen oder bildet Geschlechterdifferenz weiterhin die Grundstruktur der Konstruktion von Beruf in den Deutungen der JournalistInnen? Wie sich anhand der Interviews herauskristallisiert, kann man keineswegs von einer „Entgeschlechtlichung" des Berufes sprechen. In der bipolaren Struktur der Zweigeschlechtlichkeit bildet dieser Beruf keinen Zufluchtsort, sondern bietet vielmehr einen Rahmen, in dem Differenzannahmen mit dem Mythos der Geschlechterneutralität verdeckt werden, auch, wenn durch die Präsenz von Frauen die Ungleichheit der Geschlechter doch eine alltägliche Erfahrung beider Geschlechter ist.

Differenzerfahrung und normative Gleichheit

Die Struktur des normativen Widerspruchs beider Berufsfelder lässt sich auf die Gegenüberstellung von Differenz und Gleichheit im Hinblick auf Realitätsannahme und normative Erwartung zurückführen. Die Wahrnehmung der Behinderung bzw. der Geschlechterverhältnisse und deren soziale Konsequenzen wird von Seiten der einzelnen InterviewpartnerInnen von der Differenzannahme geleitet. Die Dimensionen, auf die die Differenzannahme bezogen wird, sind in beiden Berufsfeldern verschieden: Für die Integrationspädagogik ist das Vorhandensein bzw. Nicht-Vorhandensein von Behinderung eine ausschlaggebende, z.T. andere Unterschiede dominierende Differenzierung. Für Journalistinnen bedeutet die Geschlechtszugehörigkeit die Trennungslinie, die in ihren Interpretationen nie vollständig überwunden werden kann. Gemeinsam ist diesen Differenzannahmen, dass sie als „faktisch" begründet angesehen werden. In den Augen der interviewten Personen ist der Unterschied zwischen behinderten oder nichtbehinderten Menschen sowie zwischen den Geschlechtern immer naturbedingt und im Körper festgeschrieben.

Die Berufung auf die körperliche Grundlage der Differenzannahme bedeutet nicht nur, dass es – zumindest theoretisch – möglich ist, die Zugehörigkeit zu dem einen oder anderen Pol der Dichotomie Behinderung – Nichtbehinderung oder Frau – Mann eindeutig festzustellen, sondern auch eine gewisse Unveränderbarkeit oder Unausweichlichkeit. Diese Einstellung zu der Geschlechterzugehörigkeit als „objektivem Fakt" wurde in heute schon

schon als klassisch geltenden ethnomethodologischen Studien von Garfinkel (1967: 122-128) bzw. von Kessler und McKenna (1978: 113-114) beschrieben und als Konstrukt enthüllt. Diese kritischen Arbeiten bilden den Ausgangspunkt für das Denken über Geschlecht als soziale Konstruktion innerhalb der Frauen- und Geschlechterforschung. Nun lässt sich aber diese konstruktivistische Perspektive auch auf andere Arten von dichotomen Differenzkonstruktionen, wie in diesem Beispiel auf Behinderung anwenden. Die offizielle Definition von Behinderung durch die Weltgesundheitsorganisation dokumentiert die Unterteilung von Behinderung in eine körperliche Schädigung, die lebenslang und unveränderbar ist und die sozialen Folgen dieser Schädigung, die in der Einschränkung der Teilhabe an der Gesellschaft liegen und damit zu einer Behinderung führen (Sander 1997: 103). Diese Unterteilung ist also nicht „naturgegeben", sondern als Ergebnis von Aushandlungsprozessen zu betrachten, eben als soziale Konstruktion. Körperliche Schädigungen gehen in dieser Denkweise also einer sozialen Behinderung voraus. Damit wird eine Dichotomie konstruiert, die der Trennung einer unveränderbaren körperlichen Geschlechtlichkeit (sex) mit ihren sozialen Folgen der Geschlechtsrollenzuschreibung (gender) entspricht.

Rekonstruiert man also die „Binnenperspektive" der AkteurInnen, so stellt man fest, dass dieser Annahme von „real" existierender, biologisch-körperlich festgeschriebener Differenz in beiden Berufsfeldern eine Gleichheitsnorm gegenüber steht. In der Integrationspädagogik ist es Teil des beruflichen Programms – und damit auch wesentlicher Bestandteil des beruflichen Selbstverständnisses – die Wirkungen körperlich bedingter Behinderungen auf der sozialen Ebene zu minimieren, um eine möglichst weitgehende Integration in die Gesellschaft zu erreichen. Bei den ungarischen Journalistinnen ist dies zwar etwas anders gelagert, aber es findet sich eine ähnliche Gleichheitsnorm. Diese ist jedoch nicht in dem Beruf selber verankert sondern im politischen System. Dieses ist geprägt durch die 40-jährige Geschichte eines Landes im System des Sozialismus, in dessen ideologischer Basis die Gleichheit der Geschlechter eine grundlegende Rolle gespielt hat. Wie widersprüchlich die Ideologie selber war, wie sie für andere (Macht)-Zwecke instrumentalisiert wurde, und was für Konsequenzen das für die Umsetzung hatte, wird in vielen Studien aus unterschiedlichen Aspekten beleuchtet. Für den vorliegenden Beitrag ist vor allem relevant, dass die Geschlechtergleichheit trotz Widersprüchlichkeiten eine gesellschaftliche Verankerung fand, die sich als normative Zielsetzung darstellt. Die Gleichheit der Geschlechter in

Frage zu stellen, ist in den sozialen und intellektuellen Kreisen, in denen sich die befragten JournalistInnen bewegen, weder für Frauen noch für Männer möglich. Gerade für Frauen würde dies bedeuten, ihre eigene berufliche Position und damit auch ihr Selbstverständnis hinterfragbar zu machen.

Differenzannahme und Gleichheitsnorm sind letzten Endes aus der kritisch-wissenschaftlichen Perspektive betrachtet beides ideologisch gefärbte Konstruktionen. Allerdings sind diese ideologischen Wurzeln im Falle der Gleichheitsnorm besser sichtbar, während – wie oben beschrieben – ein zentrales Element der Differenzannahme gerade das ist, dass die Konstruiertheit verschleiert wird.

In den beiden dargestellten Berufsfeldern besteht ein breiter Interpretationsraum dessen, was unter Gleichheit zu verstehen ist. Das normative Ziel der Verwirklichung von Gleichheit besitzt zwar einen zwingenden Charakter, legt jedoch die ausschlaggebenden Elemente von Differenz nicht eindeutig fest. Dennoch stehen sowohl die Integrationspädagoginnen als auch die Journalistinnen in unseren empirischen Beispielen vor der Notwendigkeit, im Spannungsfeld von Differenz und Gleichheit Strategien zu entwickeln, um handlungsfähig zu bleiben. Hier zeigt sich ein grundlegender Unterschied zwischen den beiden Gruppen, nämlich im Hinblick auf ihre Positionierung im hierarchisch geprägten Differenzverhältnis: Integrationspädagoginnen werden als zumeist Nichtbehinderte dem hierarchisch höher gewerteten Pol bipolarer Konstruktion von Behinderung und Nichtbehinderung zugeordnet. Im Gegensatz dazu sind die befragten Journalistinnen als Frauen diejenigen, die von ihrer ungleichen (benachteiligten) Position heraus eine Verbesserung anstreben. Inwieweit diese unterschiedliche Positionierung Auswirkungen auf die individuellen und professionellen Strategien des Umgangs mit Gleichheit und Differenz hat, wird mit der folgenden Darstellung der empirischen Ergebnisse sichtbar.

Legitime und illegitime Bereiche der Differenz

In beiden Berufsfeldern zeichnen sich ähnliche Strategien ab. So wird in beiden Feldern die Naturbedingtheit der Differenz zwar nicht in Frage gestellt, der Glaube an die Gleichheit auf der sozialen Ebene aber immer wieder betont. Um auf der Basis einer unvermeidlichen Differenz trotzdem im Sinne der Gleichheit agieren zu können, legen die Interviewpartnerinnen legitime und illegitime Bereiche der Differenz fest. In den legitimen Bereichen können sie sich von Handlungsanforderungen zur Herstellung der Gleichheit frei machen und sind nicht gezwungen, die Existenz von Differenz per se in Frage zu stellen. In den Bereichen, in denen die normative Gleichheit greift, wo Differenzen also nicht mehr legitim sind, können sie trotzdem handlungsfähig bleiben. Wo genau diese Bereiche angesiedelt sind, inwieweit eine Minimalisierung der Auswirkung von Differenz denkbar ist, bis zu welchem Punkt Gleichheit vordrängen kann und ab wann die Unausweichlichkeit der Differenz beginnt – all diese Fragen bilden den Spielraum individueller Interpretationen. Hier liegen die subjektiv wahrgenommenen Handlungsräume, innerhalb derer die Interviewpartnerinnen ihre individuellen Handlungsstrategien im Berufsfeld entwickeln.

Journalistinnen: Beruf als Ort der Geschlechtergleichheit

Der Kontext, in dem die befragten Personen beiderlei Geschlechts eine völlige Gleichheit der Geschlechter befürworten oder fordern (je nach persönlichem Engagement), ist die Ausübung des journalistischen Berufes. Es herrscht Konsens darüber, dass es in Ungarn unter den gegebenen soziohistorischen Rahmenbedingungen für Frauen möglich ist, im Journalismusberuf Fuß zu fassen und sogar Karriere zu machen. Im Gegensatz zu der Mehrheit der befragten Männern, die eher die Chancengleichheit als ein wesentliches Merkmal des Journalismusberufes in Ungarn und insbesondere des Ungarischen Hörfunks sehen, weisen die meisten interviewten Frauen jedoch darauf hin, dass es sehr wohl geschlechterspezifische Unterschiede gibt, da Frauen in weniger günstigen Positionen seien. In den Interviews gibt es nun verschiedene Argumentationen darüber. In einem Argumentationsstrang geht es darum, dass eine Frau mehr Arbeit leisten muss, um anerkannt zu werden, als ein männlicher Kollege. In einem anderen wird die ungleiche Verteilung der hierarchischen Positionen angesprochen: Es gibt kaum Frauen in den oberen Hierarchiestufen, und obwohl unter den ReporterInnen die weiblichen KollegInnen in deutlicher Mehrzahl sind, ist der Frauenanteil unter den RedakteurInnen niedrig. Darüber hinaus sei es nach Aussage der interviewten Journalistinnen für Frauen schwieriger, Zugang zu Sendungen mit hohem Prestige zu finden.

Die Wahrnehmung von Ungleichheit in sich scheint in diesen Fällen keine Verletzung der deklarierten Gleichheitsnorm zu sein. Dies ist deshalb wichtig, weil in den Argumentationen von befragten Männern eher das Gegenteil feststellbar ist: Für sie ist das Ansprechen ungleicher Verhältnisse gleichbedeutend damit, auch selber in den Verdacht zu kommen, sich diskriminierend zu verhalten.

Der Aspekt der persönlichen Involviertheit in die ungleichen Strukturen spielt bei den Interviewpartnerinnen eine zentrale Rolle. Zwei dominante Agrumentationsmuster kristallisieren sich in diesem Kontext heraus. Gemeinsam ist ihnen, dass sich die Frauen von der Genusgruppe abgrenzen, indem sie sich als „untypische“ Frauen definieren. Diese Abgrenzung kann zugleich auch eine Abgrenzung von der Problematik der Geschlechterungleichheit generell bedeuten. Die „Nicht-Betroffenheit“ gewinnt einen zentralen Stellenwert. Eine „untypische“ Frau zu sein bedeutet in diesem Kontext, dass sie im Beruf sogar bessere Chancen hat als viele männlichen Kollegen, und von der Diskriminierung qua Geschlecht nicht betroffen ist. Das geht aber nicht mit einer In-Frage-Stellung ihre Weiblichkeit einher, sondern spricht der Geschlechtszugehörigkeit nur die Relevanz in den einzelnen, persönlichen Fällen bei der Ausübung des Journalismusberufes ab.

In einem anderen Argumentationsmuster geht es nicht um Nachteile, sondern gerade um die Vorteile der Frauen durch die Zurschaustellung des attraktiven weiblichen Körpers. Ein Teil der Frauen betonten, dass sie diese Vorteile im Gegensatz zu anderen Kolleginnen in der Berufsausübung nicht benutzen. Dies bedeutet aber auch bei ihnen keine Distanzierung von der eigenen Weiblichkeit. Auch hier geht es nur um Frau-Sein im Beruf. Aber im Gegensatz zu dem ersten Argumentationsmuster ist die persönliche Betroffenheit durch die Geschlechterdiskriminierung für sie zentral: Sie bekommen weniger Anerkennung, ihre Leistungen werden von Kollegen nicht gewürdigt, unter anderem deshalb, weil sie Frauen sind.

Das „rein" Berufliche wird also in beiden Argumentationen als Ort der Geschlechtergleichheit betrachtet, wobei das die Wahrnehmung und Thematisierung von Ungleichheit – zumindest in dem Gespräch mit der Forscherin – nicht beeinträchtigt. Es wird aber auch deutlich, dass die persönlichen Strategien der Frauen doch auf der Basis einer Differenzannahme verbleiben: Die Unterscheidung zwischen den beiden Genusgruppen wird nicht für die Gleichheit aufgehoben, nur die eigene Position, als Zugehörige der Gruppe „Frau" wird relativiert. Mit der Abgrenzung von der Gruppe wird allerdings nicht das eigene Geschlecht in Frage gestellt, ganz im Gegenteil. Das Er- und Ausleben der eigenen Weiblichkeit wird in den Interviews immer wieder bestätigt. So geschieht dies auch in einem Gebiet der legitimen Differenz, der Vereinbarkeit von Beruf und Familie.

Vereinbarkeit von Beruf und Familie als Ort der legitimen Geschlechterdifferenz

Das Führen eines erfüllten Familienlebens neben dem Beruf erscheint als geschlechterneutrales Problem. So wird es auch von den meisten Männern thematisiert. Bei ihnen ist die Frage zentral, wie es in einem Beruf wie dem Journalismus, der als eine Passion verstanden wird, die das ganze Leben erfüllt, möglich ist, doch ein Balance mit dem Privatleben aufrechtzuerhalten. Zu einem „Frauenproblem" wird die Vereinbarkeit von Familie und Beruf erst dann, wenn die Fokussierung auf der Arbeit liegt, die in der Familie geleistet werden muss. Dadurch entsteht die hohe Doppelbelastung, die aber, wie es von InterviewpartnerInnen beiderlei Geschlecht dargestellt wird, individuell von den Frauen geregelt werden muss.

Die befragten Frauen thematisieren das Verhältnis Beruf versus Familie eher ausgehend von der persönlichen Seite. Eine ähnliche Betonung der „Omnipräsenz" des Berufes im Leben wie bei den befragten Männern ist bei ihnen kaum zu beobachten. Sie betonen weniger die allgemeinen Aspekte der Vereinbarkeitsproblematik, auch wenn viele von ihnen doch darauf hinweisen, dass diese in erster Linie Frauen betrifft. Die interviewten Frauen sind alle der Meinung, dass sie in ihrem eigenen Leben das Problem erfolgreich gelöst haben. Die Lösungsstrategien sind individuell unterschiedlich und zeigen eine große Vielfalt auf. Eine mögliche Lösung ist durch den Verzicht auf Bedürfnisse denkbar, ein anderer dadurch, dass die Arbeit mit anderen Personen geteilt wird. Die alltägliche Praxis der Frauen ist natürlich keine reine Form dieser beiden Aspekten, sondern eher deren Mischung. Anhand von vier Beispielen illustrieren wir die unterschiedlichen Optionen.

Frau Sch. stellt in diesem Kontext die Toleranz ihrer Familie in den Mittelpunkt: Die Kinder akzeptierten ihr Engagement für den Journalismus, und dass sie viel Zeit und Energie in ihr berufliches Vorankommen investiere. Sie gerät damit in die Position der „Gewinnerin", die jedoch nach ihrer Aussage auf dem Verzicht der anderen Familienmitglieder beruht.

Im Gegensatz zu Frau Sch., bei der die Verwirklichung der eigenen Ziele zentral ist, lösen sich die individuellen Bedürfnisse von Frau G. im Pendeln zwischen Beruf und Familie völlig auf. Sie bemüht sich, eine gute Journalistin zu sein und wenn sie nicht arbeitet, kümmert sie sich um die Kinder. Sie thematisiert das Verhältnis von Beruf und Familie auch nicht unter dem Aspekt der doppelten Belastung. Ihre eigene Überbelastung durch ihre Arbeit spricht sie zwar als physische Überbelastung an, letztlich deutet sie es aber eher als Zeichen ihrer überdurchschnittlichen Leistung, und nicht als Verlust oder Selbstausbeutung.

Frau W. erzählt, dass sie in der Anfangsphase ihrer Karriere, als ihre Kinder noch klein waren, mit Hilfe ihres Mannes das Problem der Doppelbelastung gelöst hat. Er arbeitete in einem Beruf mit relativ flexibler Zeiteinteilung. Später übernahmen auch die Kinder Aufgaben im Haushalt. Das ermöglichte Frau W. auch nach ihrer Scheidung die Fortsetzung ihres beruflichen Engagements. Für sie ist Organisationsgeschick ein zentraler Punkt in der Vereinbarkeit von Beruf und Familie. Sie thematisiert zwar den Aspekt der Belastung, betrachtet es aber als Preis, den eine Frau für die Selbständigkeit und -verwirklichung im Beruf zahlen muss.

Frau F. ist die einzige unter den Interviewpartnerinnen, die die Thematisierung der Frage nach Vereinbarkeit von Beruf und Familie ablehnt. Sie weist nur kurz darauf hin, dass sie das Problem als überdimensional dargestellt empfindet. In ihrer Familie übernimmt eine bezahlte Haushaltshilfe die Hausarbeit.

Die Vereinbarkeit von Beruf und Familie muss also von Frauen individuell gelöst werden, wie in allen Fällen deutlich wird. Die befragten Männer messen dabei anscheinend die größere Relevanz der Frage bei, welche Auswirkung auf die Arbeitsergebnisse sichtbar werden. Die Frauen sehen ihr Leben als erfolgreiche Lösung des Problems, aber richten ihren Blick nicht auf eine kollektive Ebene. Strukturelle Aspekte, wie die ungleiche Arbeitsteilung in der Familie bleiben in allen Argumentationen ausgeschlossen. Für die Perspektive der Männer ist weiterhin charakteristisch, dass sie ausgehend von ihrer beruflichen Position her beurteilen, wie die Frauen das Problem lösen, und in diesem Kontext gewissermaßen die Interessen des Hörfunks vertreten. Sie sind bemüht, die negativen Auswirkungen einer schlecht gelösten Vereinbarkeit in Grenzen zu halten, bzw. die Potenziale guter Lösungen auszuschöpfen (z.B. dadurch, dass sie qualifizierte weibliche Arbeitskräfte in die Nachrichtenredaktion aufnehmen, wenn sie ihre Vereinbarkeitsproblematik nach der Beurteilung der Männer zufriedenstellend regeln können).

Wie lässt sich also das Balancieren zwischen Differenz und Gleichheit im Beruf der Journalistinnen zusammenfassen? Differenz wird als naturgegeben und unvermeidbar betrachtet. Weiblichkeit aber wird nicht zwangsläufig als „Mangelzustand“ betrachtet, sondern wird von den befragten Frauen aufgewertet, ganz besonders als Teil der eigenen Persönlichkeit. Dies bedeutet für sie, dass das Führen eines vollständigen Lebens nur dann möglich ist, wenn sie (in der Familie) Platz für das Ausleben ihrer eigenen Weiblichkeit bekommen. Damit wird Geschlechterdifferenz fest in den Lebensentwürfen verankert. Das bietet eine sichere Grundlage, auf der aufbauend dennoch 'Orte der Gleichheit' gefordert werden können. Für diese Orte ist es nach der Auffassung der Interviewpartnerinnen charakteristisch, dass dort die Eigenschaften, die mit dem Geschlecht verbunden sind, nicht von Bedeutung sind, das Geschlecht also keine Relevanz hat. Da diese Orte geschlechterneutral eingeordnet werden, werden die doch wahrgenommenen Geschlechterungleichheiten nicht als strukturell-systematisch, sondern als individuell bedingt aufgefasst. Dementsprechend sind die Handlungsoptionen für diese Frauen immer nur auf der Basis der individuellen Lebensführung und -konzipierung denkbar. Damit bleibt der Blick auf den strukturellen Charakter der Ungleichheit versperrt, so dass die interviewten Frauen in der individuellen Natur ihrer Problematik gefangen bleiben und sich damit keine Möglichkeiten für kollektives Handeln eröffnen. So wird immer „nur“ ihr eigenes Leben als Beispiel für die erfolgreiche Lösung des Problems, Orte der Gleichheit zu schaffen, präsentiert. Der gesellschaftliche Konsens darüber, dass die Geschlechterfrage gelöst sei, die diskriminierenden Strukturen in der Gesellschaft also generell abgeschafft seien, wirkt aber auch entlastend für diese Frauen, weil sie nicht in vorgegebenen Grenzen denken müssen, sondern von der Möglichkeit der Verwirklichung eigener Konzepte in der Lebenspraxis ausgehen können. Die Suche nach individuellen Lösungsalternativen bietet den Raum für eine besondere Art der kreativen Eigensinnigkeit, sie ermöglicht neue Handlungsoptionen, um unter unterschiedlichen Voraussetzungen für die individuell unterschiedlichen Bedürfnisse ein optimales Arrangement zu finden.

Integrationslehrerinnen: Intellektuelle Fähigkeiten als legitime Orte der Differenz

Bei der Unterrichtsgestaltung steht, wie oben bereits angesprochen, die Frage im Vordergrund, welche Inhalte und Arbeitsformen für welche SchülerInnen als förderlich angesehen werden. In Integrationsklassen besteht aufgrund der (zeitweisen) Doppelbesetzung der Klassen die Möglichkeit, mit einzelnen SchülerInnengruppen zu arbeiten und diese, wenn Gruppenräume vorhanden sind, auch räumlich zu trennen. Diese Möglichkeit stellt Integrationslehrerinnen vor die Frage, wann und nach welchen Kriterien sie eine Unterteilung der Klasse in Kleingruppen für sinnvoll erachten. Das hin- und herpendeln zwischen verschiedenen Arbeitsformen, Methoden und Arbeitsgruppen wird von den Lehrerinnen als „Seiltanzen" beschrieben. Sie verhandeln dabei die oben bereits beschriebenen widersprüchlichen Voraussetzungen der Integrationspädagogik: Der Unterschiedlichkeit der SchülerInnen und dem integrationspädagogischen Anspruch an größtmögliche Gemeinsamkeit. Kein Aspekt soll vernachlässigt werden: Weder wollen die Lehrerinnen einen Unterricht durchführen, der nur wenige SchülerInnen erreicht, weil er nicht alle Voraussetzungen der SchülerInnen berücksichtigt, noch wollen sie über der Betonung der Gemeinsamkeit Einzelinteressen vernachlässigen. Immer wieder stellt sich ihnen also die Frage nach Entscheidungskriterien für Differenzierungsmaßnahmen innerhalb der Klasse. Anhand des empirischen Materials lässt sich eine deutliche Schwerpunktsetzung bei der Entscheidungsfindung benennen: Als grundlegendes Kriterium für die Gruppenbildung lässt sich die Bewertung kognitiver Fähigkeiten einzelner SchülerInnen ausmachen. Dabei muss die Zuschreibung von intellektuellen Fähigkeiten nicht an eine Behinderung gekoppelt sein. Nicht Behinderung stellt also das zentrale Differenzkriterium dar, sondern die intellektuellen Fähigkeiten (auch wenn sich hier häufig Überschneidungen finden). Daher erfolgt die Trennung der Gesamtgruppe häufig nicht zu Beginn einer Unterrichtseinheit sondern erst dann, wenn sich größere Differenzen zwischen den SchülerInnen abzeichnen. Exemplarisch aufgezeigt werden kann dies in den Ausführungen einer Lehrerin: „Wir haben viel gemischten Unterricht von den behinderten und den nichtbehinderten Kindern zusammen gemacht. Gerade so zu Einführungsphasen. Allerdings, wenn du dann weiter in ein Thema reinkommst, kannst du ja auch nicht mehr alle gemeinsam unterrichten und dann ist es manchmal auch schwierig gewesen in einem Raum zu unterrichten. Dann haben wir nach Leistungsgruppen getrennt" (Anja B., Grundschullehrerin). Zu Beginn einer Lernphase steht die gemeinsame Entdeckung des Themas im Vordergrund, so dass hier alle SchülerInnen gemeinsam unterrichtet werden können. In späteren Phasen des Unterrichts wird nach dem Leistungsprinzip differenziert. Zwar spielt auch die Auswahl der Unterrichtsthemen oder das Verhalten einzelner SchülerInnen bei der Gruppenbildung eine Rolle, diese ist jedoch den intellektuellen Fähigkeiten meist untergeordnet. Allerdings finden sich selbst in der Unterteilung nach kognitiven Fähigkeiten wiederum Aspekte von Gemeinsamkeit. Obwohl die SchülerInnen getrennt unterrichtet werden, betonen mehrere Lehrerinnen, dass es für das Gefühl der Gemeinsamkeit von SchülerInnen wichtig ist, an einem gemeinsamen Thema zu arbeiten: „So ein Thema wie Lektürearbeit, da liest die eine noch ein Kinderbuch während die anderen schon Erwachsenenbücher lesen. Die muss natürlich anders betreut werden, statt Interpretation macht die dann halt eine Inhaltsanalyse eines Kapitels oder so. Aber sie nimmt an dem Thema der Klasse teil" (Franziska D., Sonderschullehrerin). Hier kommt allmählich wieder der Gleichheitsaspekt hinter den Differenzkriterien zum Vorschein. Neben der Trennung nach intellektuellen Fähigkeiten als legitimem Ort der Differenz zeigt sich das normative Ideal der Gleichheit im Hinblick auf die gemeinsame Beschäftigung mit Unterrichtsinhalten.

Orte der Gleichheit

In den empirischen Beispielen zeigt sich, dass sich die Zielperspektive der Gleichheit als normatives Ideal der Integrationspädagogik in all den Bereichen findet, in denen intellektuelle Fähigkeiten eine untergeordnete Rolle spielen wie z.B. Verhalten, Freundschaften, Bewegung, Musik, lebenspraktische Fertigkeiten, etc. Diese Bereiche werden von den Lehrerinnen genutzt, um die Differenzierungen aufgrund der intellektuellen Fähigkeiten auszugleichen: „Wir haben zum Beispiel auch solche Gruppen, wenn es um lebenspraktische Übungen ging oder kochen, da haben wir immer geguckt, dass wir gemischt haben, dass wir mindestens ein oder zwei leistungsstärkere Kinder dazugenommen haben, damit die auch weiterhin Kontakt zueinander hatten. Und das war auch bei diesen Kindern immer sehr beliebt" (Christine H., Grundschullehrerin). Zusätzlich zu diesen gemeinsamen Unterrichtseinheiten benennt eine andere Lehrerin noch einen weiteren Aspekt. Auch wenn die SchülerInnen an verschiedenen Inhalten arbeiten, sitzen sie für einen längeren Zeitraum an festen Tischgruppen, um den Kontakt miteinander zu fördern: „Gruppentische gehören mit zum Konzept der Schule. Jeweils fünf, sechs Schülerinnen und Schüler sitzen in gemischter Form zusammen, also sowohl Mädchen und Jungen, als auch Kinder mit und ohne Behinderungen und auch lernstarke und lernschwache Kinder“ (Doris E., Sonderschullehrerin). Die Bereiche, in denen kognitive Fähigkeiten nur untergeordnet relevant sind, nutzen die Lehrerinnen, um die Gemeinsamkeit der SchülerInnen untereinander zu fördern und Ausgrenzungstendenzen entgegenzuwirken. Die damit intendierten sozialen Prozesse setzen dabei auf Gemeinsamkeit der SchülerInnen untereinander und erlauben keine Trennung aufgrund eines von den Lehrerinnen vorgegebenen Kriteriums.

Die Diskrepanz zwischen dem normativen Ideal der Gleichheit und den stattfindenden Differenzierungsprozessen innerhalb der Integrationspädagogik fordert den Lehrerinnen eine eigene Positionierung ab. In ihrem Prozess des Seiltanzens müssen sie einen Standpunkt beziehen, um handlungsfähig zu bleiben und das bedeutet in diesem Zusammenhang, dass sie ein Differenzkriterium als legitimes benennen. Intellektuelle Fähigkeiten, die die befragten Frauen als Differenzkriterium benannt haben, sind dabei nicht automatisch an die Behinderung von SchülerInnen geheftet.

Zu fragen ist nun, welche verhindernden oder ermöglichenden Folgen die Bildung eines neuen Differenzkriteriums für die Lehrerinnen hat.

Verhindernd kann das Differenzkriterium „intellektuelle Fähigkeiten“ wirken, wenn durch das Setzen eines Kriteriums erneut Ausgrenzungsmechanismen stattfinden, die die Integrationspädagogik aufzulösen hoffte – auch wenn sich diese Prozesse von ihrer Gebundenheit an Behinderung lösen. Individuelles Entwicklungspotenzial der SchülerInnen könnte dann durch mögliche Vorabdefinitionen verdeckt bleiben.

Drei ermöglichende Aspekte sind zu benennen, von denen sich die ersten beiden der individuellen Ebene der Lehrerinnen zuordnen lassen, die dritte jedoch das Funktionieren der Integrationspädagogik auf übergeordneter Ebene thematisiert. Der erste ermöglichende Faktor liegt in der differenzierten Wahrnehmung von Behinderung. Behinderung wird für Ausgrenzungsprozesse nicht mehr automatisch relevant. Relevant erscheint sie nur noch dann, wenn sie mit mangelnden intellektuellen Fähigkeiten gleichgesetzt wird. Ermöglicht werden damit verschwimmende Grenzen zwischen Behinderung und Nichtbehinderung, so wie die Integrationspädagogik sie auch intendiert. Damit einhergehend – und dies ist der zweite ermöglichende Faktor – eröffnet diese Festlegung den Lehrerinnen eine weitgehende Freiheit in der Gestaltung der Bereiche, die von sozialen Fähigkeiten oder Anforderungen dominiert sind. Hier müssen sie nicht mehr nach Differenzen fragen, um arbeitsfähig zu bleiben, sondern können individuelle Stärken und Schwächen als bereichernd für soziale Prozesse annehmen. Drittens – und dies ist für die Integrationspädagogik von zentraler Bedeutung – ermöglicht die Verlagerung des Differenzkriteriums das Funktionieren der Integrationspädagogik innerhalb eines leistungsbezogenen hierarchischen Schulsystems. Werden die mangelnden intellektuellen Fähigkeiten individuell von den Lehrerinnen als legitimer Ort der Differenz festgelegt, kollidiert dies nicht mit den Vorgaben des Schulsystems.

Unterschiede und Gemeinsamkeiten in den beiden Berufsfeldern

In diesem Beitrag wurde anhand empirischer Beispiele aus zwei Berufen gezeigt, wie Frauen in ihren Berufsfeldern eigensinnige Positionierungen vornehmen. Als gemeinsames Strukturmerkmal der beiden Berufe dient der Widerspruch zwischen einem normativen Ziel der Gleichheit bei der gleichzeitigen Annahme von Differenz. Die wesentliche Strategie, die die befragten Personen in beiden Kontexten entwickelt haben, baut auf der Vorstellung der Unterscheidung zwischen legitimen und illegitimen Bereichen der Gleichheit und Differenz auf: Die interviewten ungarischen Journalistinnen verweisen auf die Gleichheitsnorm im Beruf, die Unterschiede zwischen den Geschlechtern per definitionem dethematisiert. Dem stellen sie einen legitimen Bereich der Geschlechterdifferenz gegenüber – die Zuständigkeit der Frauen für die Vereinbarkeit von Familie und Beruf. Die Integrationspädagoginnen argumentieren mit Differenzannahmen bezüglich der kognitiven Fähigkeiten von SchülerInnen. Andere Bereiche aber, in denen kognitive Fähigkeiten untergeordnet sind wie z.B. Interaktion, Verhaltensweisen, lebenspraktischen Fertigkeiten etc., unterliegen dem Geltungskreis der Gleichheitsansprüche. Sie werden als separat von den kognitiven/intellektuellen Unterschieden betrachtet.

Ein wesentlicher Unterschied zwischen den beiden Berufsfeldern besteht darin, welche Position die Kategorie „Behinderung“ bzw. „Geschlecht“ einnimmt. Für die Integrationspädagogik hat die Kategorie „Behinderung“ einen konstituierenden Charakter, in dem sie auf eine Unterscheidung referiert, von der der Sinn des Berufes unmittelbar ableitbar ist. Damit gewinnt sie eine enorme Bedeutung für das Professionsverständnis. Im Journalismus besitzt die Kategorie „Geschlecht“ auch eine zentrale Rolle innerhalb des Professionsverständnisses. Ihr „sinnstiftender“ Charakter wird jedoch in den Hintergrund gestellt. Hier geht es gerade darum, die Relevanz dieser Kategorie möglichst zu verschleiern.

Zur Diskussion steht noch die Frage, welche Folgen die unterschiedliche Positionierung der befragten Personen innerhalb des im Berufsfeld jeweilig ausschlaggebenden hierarchischen Differenzverhältnisses „Geschlecht“ bzw.

„Behinderung“ für ihre individuellen und professionellen Strategien hat. Die Integrationspädagoginnen als diejenigen, die zu dem hierarchisch höher gestellten Pol, zur „Nicht-Behinderung“ gehören, und deren Position andererseits aber auch durch Hierarchiestrukturen entlang der Trennungslinien „LehrerIn-SchülerIn“ bzw. „Erwachsene-Kind“ weiter gestärkt wird, können das Differenzkriterium definieren. So wird Behinderung als allgemeingültige Differenzierungskategorie hinterfragt, und eine neue Dimension, die „kognitiven Fähigkeiten“ als handlungsleitendes Unterscheidungskriterium eingeführt. Mit dieser Verlagerung eröffnet sich für die Integrationspädagoginnen ein weit größerer Interpretationsraum, in dem sie diesen neuen Begriff mit eigenem Inhalt füllen können. Die ungarischen Journalistinnen, als Zugehörige zum hierarchisch schwächer gestellten Pol „weiblich“, haben keine entsprechende Definitionsmacht, es steht ihnen nur offen, die Bedeutung der Differenz individuell zu relativieren. Geschlecht als Differenzkriterium wird also nicht generell in Frage gestellt, die Trennungslinie wird nicht verlagert (z.B. zwischen JournalistInnen mit und ohne Kinder, da Familienstand eine unmittelbare Auswirkung auf die Relevanz der Vereinbarkeitsproblematik haben kann). Möglich ist für sie nur ein Hinterfragen der Relevanz von Geschlechterzugehörigkeit in bestimmten Kontexten.

Mechtild Oechsle

Handlungsspielräume von Frauen – ein abschließender Kommentar

Die vorliegenden Beiträge, alle aus empirischen Dissertationsprojekten entstanden, vermitteln faszinierende Einblicke in das Selbstverständnis und die Lebensführung heutiger Frauengenerationen. Die verschiedenen Fallbeispiele, so heterogen sie vielleicht auf den ersten Blick sein mögen, verkörpern doch nicht zufällig ein breites Spektrum an Lebensrealität von Frauen, eine Vielfalt weiblicher Lebenspraxis, die charakteristisch für die Ausdifferenzierung der Lebenslagen von Frauen Ende des 20. Jahrhunderts ist.

Die empirischen Fälle geben Einblicke in nach wie vor bestehende strukturelle Beschränkungen und normative Zwänge weiblicher Lebensgestaltung; sie zeigen Frauen aber auch als handelnde Subjekte, als individuelle und kollektive Akteurinnen, die die gegebenen Rahmenbedingungen durchaus eigensinnig interpretieren und dadurch Spielräume für eigenes Handeln gewinnen. Die Lebensführung von Frauen ist heute offener geworden, mit mehr Optionen und weniger Beschränkungen qua Geschlecht. Die Benachteiligung durch Geschlecht bricht sich an anderen Differenzierungslinien, wird durch diese abgeschwächt, manchmal auch verstärkt, und sie ist weitgehend delegitimiert. Das hat Vor- und Nachteile für Frauen: die offizielle Gleichheitsrhetorik stützt ihren Anspruch auf Teilhabe an allen Lebensbereichen, macht aber die nach wie vor bestehende Ungleichheitsstrukturen unsichtbarer und ihre Thematisierung schwieriger. Die Fallbeispiele zeigen verschiedene Dimensionen der Verhinderung selbstbestimmter Lebenspraxis von Frauen, sie zeigen aber auch, wie Frauen die strukturellen Begrenzungen und normativen Zwänge in differenzierter Weise wahrnehmen und wie sie sich damit auseinandersetzen.

Dimensionen der Verhinderung

Die Rekonstruktion der biographischen Erfahrungen einer jungen lesbischen Frau durch Hänsch macht deutlich, wie bestimmte sexuelle Präferenzen immer noch mit Erfahrungen von Diskriminierung verbunden sind. Sexuelle Orientierungen und die damit verbundenen Lebensentwürfe, die von der Norm der Heterosexualität abweichen, sind trotz aller kulturellen Liberalisierung immer noch nicht in gleicher Weise lebbar wie heterosexuelle Orientierungen und Lebensentwürfe. Trotz aller kulturellen Öffnungen kann von einer wirklichen Gleichheit hetero- und homosexueller Lebensentwürfe nicht die Rede sein. Nach wie vor ist die Norm der Heterosexualität so dominant, dass eine von dieser Norm abweichende Lebenspraxis zu einem Herausfallen aus der sozialen Ordnung der Heterosexualität führt und die betroffenen Individuen mit höchst komplexen Handlungsanforderungen konfrontiert. Ob es den Frauen gelingt, ihre lesbischen Lebensentwürfe auch lebbar zu machen, hängt nicht zuletzt von lebensgeschichtlichen Voraussetzungen und individuellen Ressourcen ab, die jedoch nicht unabhängig von sozialen Milieus sind.

Die Bildungs- und Erwerbsbiographie von Ilona verweist auf die sich verschränkende ungleichheitsgenerierende Wirkung von Klassen- und Geschlechtszugehörigkeit in den Lebensläufen von Arbeitertöchtern aus dem Ruhrgebiet. Brendel macht damit auf eine Dimension sozialer Ungleichheit aufmerksam, die der Blick auf die Frauen als die Gewinnerinnen der Bildungsexpansion nicht selten verstellt. Auch wenn Frauen im Vergleich mit den Männern bei den Bildungsabschlüssen gleichgezogen haben bzw. die Männer sogar überholt haben, so können doch nicht alle Frauen diese Bildungschancen gleichermaßen nutzen. Ihre Bildungschancen sind, in Abhängigkeit von ihrer sozialen Herkunft, ungleich verteilt. Auch Bildungs- und Erwerbschancen, soweit sie für Frauen prinzipiell offen stehen, müssen individuell wahrgenommen und angeeignet werden; hierzu sind soziale und kulturelle Ressourcen erforderlich, über die Ilona aufgrund ihrer doppelten Positionierung als Frau und als Arbeitertochter nur sehr begrenzt verfügt. Ihre Biographie zeigt die schrittweise Erweiterung von Handlungsspielräumen bei strukturell eng gezogenen Grenzen und mit vergleichsweise geringen sozialen und kulturellen Ressourcen.

Auch kulturelle Leitbilder erweisen sich oft als Hemmnis für eine selbstbestimmte Lebenspraxis.

Besonders in der Forschung über weibliche Adoleszenz wird häufig auf die restriktiven Wirkungen traditioneller Weiblichkeitsbilder hingewiesen. Die Konfrontation mit solchen kulturellen Leitbildern wird als schwächend und behindernd für das Selbstbewusstsein und die Identitätsentwicklung von Mädchen eingeschätzt. Adoleszenz wird als Phase der Selbstzurücknahme und der Anpassung an traditionelle Weiblichkeitsbilder interpretiert. Fritzsches Rekonstruktion einer fan-kulturellen Biographie zeigt die widersprüchlichen Handlungsanforderungen in dieser biographischen Phase an der Schwelle zur Adoleszenz, aber auch Versuche der eigensinnigen Selbstpositionierungen mit Hilfe fan-kultureller Praktiken.

Erwerbsarbeit und Beruf sind die Bereiche, in denen sich der tiefgreifende Wandel weiblicher Lebensführung wie die Kontinuität von Diskriminierung und Benachteiligung gleichermaßen zeigen. Zwar kann heute von einem kollektiven Ausschluss von Frauen aus hochqualifizierten Berufen nicht mehr die Rede sein, aber immer noch bleibt die Integration begrenzt, sind Frauen mit Prozessen des doing gender in Professionen und Organisationen konfrontiert, die sie auf schlechter bezahlte und hierarchisch niedere Positionen verweisen. Dies hat nicht nur mit Geschlechterkonstruktionen innerhalb des Berufsbereiches zu tun, sondern auch mit Vereinbarkeitskonstruktionen zwischen Beruf und Familie. Belinszki und Nagode untersuchen das professionelle Handeln von Frauen in zwei Berufsfeldern und machen sichtbar, welch widersprüchliche Handlungsanforderungen aus diesem Nebeneinander von Gleichheits- und Differenzkonstruktionen resultieren.

Alle vier vorgestellten Beispiele zeigen also typische, nach wie vor wirksame Begrenzungen weiblicher Lebensführung im Zusammenhang mit sexueller Orientierung, sozialer Herkunft, Weiblichkeitsbildern und sozialer Schließung in bestimmten Professionsfeldern. Die Wirkung dieser strukturellen Begrenzungen ist allerdings nicht deterministisch; sie wird vielfach gebrochen und modifiziert durch eigensinnige Deutungen, die ihrerseits kreatives Handeln ermöglichen. Typisch für die Handlungskontexte, in denen die hier dargestellten Frauen sich als Akteurinnen bewegen, ist eine spezifische Widerspruchsstruktur zwischen Gleichheitsansprüchen und Gleichheitsversprechen auf der einen Seite und Erfahrungen von Ungleichheit und Diskriminierung auf der anderen Seite. Die Widersprüchlichkeit der Handlungsanforderungen begrenzt und schränkt Frauen ein, eröffnet aber auch Handlungsspielräume für die Frauen – sofern diese in der Lage sind, die Kontexte ihres Handelns eigensinnig zu interpretieren, zu gestalten und damit auch zu überschreiten. Ganz entscheidend für die Handlungsfähigkeit der Frauen sind die sozialen, kulturellen und biographischen Ressourcen, auf die sie zurückgreifen können.

Dimensionen der Ermöglichung

Lesbische Biographien der jüngeren Frauengeneration, wie sie von Hänsch analysiert werden, zeigen, welche Ressourcen den jungen Frauen eine Realisierung ihrer lesbischen Lebensentwürfe ermöglichen. Zum einen sind es die durch die lesbische Frauenbewegung geschaffenen neuen sozialen Räume sowie generell veränderte gesellschaftliche Rahmenbedingungen, die Handlungsspielräume für Lebensentwürfe jenseits traditioneller Normalbiografien bereitstellen. Von besonderer Bedeutung für die Erweiterung von Handlungsspielräumen ist die Fähigkeit, neue symbolische Rahmungen für die eigene Geschichte zu schaffen, biographische Erfahrungen in einem anderen Kontext zu (re)interpretieren, gewissermaßen eine eigene Genealogie und neue soziale Ordnungen zu erfinden. Hinzu kommen psychosoziale Kompetenzen, die es den einzelnen ermöglichen, aktiv soziale Einbindungen und Netzwerke aufzubauen, sich als „Baumeisterinnen des eigenen Lebens" zu betätigen. Solche Ressourcen und Kompetenzen ermöglichen es lesbischen Frauen, kreativ mit widersprüchlichen Anforderungen umzugehen und Handlungsspielräume zu erweitern. Allerdings, darauf weist Hänsch hin, sind diese Kompetenzen und Ressourcen sozial höchst ungleich verteilt und reflektieren insofern auch Ungleichheitsstrukturen, wenngleich sie mehr und mehr als individuelle Fähigkeiten wahrgenommen werden.

Eine geradezu „klassische" Dimension der Ermöglichung selbstbestimmter Lebenspraxis ist ökonomische Unabhängigkeit durch eine erfolgreiche Integration in Erwerbsarbeit. Die von Brendel nachgezeichnete Biographie einer jungen Frau aus dem Arbeitermilieu des Ruhrgebiets zeigt in beeindruckender Weise, wie sich zunächst sehr enge Handlungsspielräume durch eine kontinuierliche und erfolgreiche Integration in den Arbeitsmarkt schrittweise erweitern. Diese gelungene Integration ist nicht nur Resultat der vorhandenen Gelegenheitsstrukturen, sondern verdankt sich ganz wesentlich den Handlungsstrategien der jungen Frau, die trotz eines niedrigen Bildungsabschlusses und einer beruflichen Ausbildung in einem Sackgassenberuf eine kontinuierliche Erwerbsarbeit und finanzielle Unabhängigkeit anstrebt und auch realisiert. Unterstützend kommt die Anerkennung ihrer Fähigkeiten in der Ausbildung und im Betrieb und eine gelungene Balance zwischen Erwerbsarbeit und privatem Lebensbereich hinzu.

Weiblichkeitsbilder, mit denen Mädchen und junge Frauen heute konfrontiert sind, sind uneindeutiger und widersprüchlicher denn je und stellen besondere Anforderungen an die Interpretations- und Handlungsfähigkeit der jüngeren Frauengeneration. Sie müssen sich mit den verschiedenen Leitbildern und deren ambivalenten Botschaften auseinandersetzen und diese in ihr Selbstbild und ihre Handlungsorientierungen integrieren. Die Adoleszenz stellt hier eine besonders sensible biographische Phase dar und die Frage danach, was Mädchen eine selbstbestimmte und kreative Auseinandersetzung mit kulturellen Leitbildern von Weiblichkeit ermöglicht, ist von zentraler Bedeutung für die hier verhandelte Frage nach den Dimensionen von Ermöglichung und Verhinderung eigensinniger Lebenspraxis von Frauen Die Analyse fan-kultureller Praktiken von Mädchen im Übergang von der Kindheit in die Jugendphase, wie sie Fritzsche vornimmt, zeigt, wie das

Fan-Sein und die damit verbundenen sozialen und kulturellen Praktiken ein Forum zur Verhandlung widersprüchlicher geschlechts- und entwicklungstypischer Anforderungen darstellt und wie es von den Mädchen als Ressource für die erfolgreiche Bewältigung dieser Anforderungen genutzt werden kann.

Wie setzen sich Frauen mit geschlechtsspezifischen Ungleichheiten im Beruf auseinander, welche Deutungen und Handlungsstrategien entwickeln sie angesichts des spannungsreichen Nebeneinander von Differenz- und Gleichheitskonstruktionen in bestimmten Berufsfeldern und wie bewältigen sie die widersprüchlichen Anforderungen zwischen Beruf und privatem Lebensbereich? Die Analyse von Belinszki und Nagode, die die Konstruktion von Geschlecht und Beruf in zwei Professionen untersuchen, zeigen Frauen als durchaus aktive und kreative Konstrukteurinnen von (Geschlechter-)Differenz und (Geschlechter-)Gleichheit, die legitime und illegitime Bereiche der Differenz definieren und im Balancieren zwischen Gleichheit und Differenz durchaus auch Handlungsoptionen für ihr professionelles Handeln wie für ihre private Lebensführung gewinnen. Das „Seiltanzen" zwischen verschiedene Gleichheits- und Differenzkonstruktionen – je nach Kontext und Anforderungen – wird von den Autorinnen als spezifische Handlungskompetenz beschrieben, die es Frauen ermöglicht, gegenüber widersprüchlichen Handlungsanforderungen handlungsfähig zu bleiben. Das Ignorieren struktureller Ungleichheiten mit Hilfe von (illusionären) Gleichheitskonstruktionen wie die Festschreibung legitimer Geschlechterdifferenzen mag problematisch erscheinen; aber es bringt die Frauen in eine Akteursposition (Metz-Göckel 1998), von der aus sie sowohl ihre subjektiven Spielräume erweitern wie (längerfristig) die Geschlechterverhältnisse verändern können.

Auch wenn die Dimensionen der Ermöglichung eigensinniger Lebenspraxis in den einzelnen Fallbeispielen recht unterschiedlich gewichtet sind, so vermitteln die dargestellten Fälle doch einen Eindruck von wesentlichen Kompetenzen und Ressourcen, über die Frauen verfügen (müssen), wenn sie unter Bedingungen struktureller Begrenzungen und widersprüchlicher Anforderungen (erfolgreich) biographisch handeln wollen. Zu nennen sind hier die Integration in Erwerbsarbeit, ökonomische Unabhängigkeit, Anerkennung in wichtigen sozialen Kontexten, Einbindung in lebensweltliche Zusammenhänge und dadurch vermittelte symbolische Ressourcen,

Fähigkeit zur biographischen Bilanzierung und Selbstdeutung, ein hohes Maß an Eigenaktivität, Möglichkeiten der spielerischen Auseinandersetzung mit Weiblichkeitsbildern, ein flexibler Umgang mit Gleichheits- und Differenzkonstruktionen u.a.m.

Handlungsspielräume von Frauen entstehen nicht frei flottierend, losgelöst von Gelegenheitsstrukturen und sozialen Handlungsfeldern, aber als „emergierende Gelegenheiten" (Meuser) sind sie doch nicht unabhängig vom Handeln der Frauen, dies zeigen die verschiedenen Beiträge in aller

Deutlichkeit. Macht es Sinn, dieses im Meadschen Sinne durchaus kreative Handeln der Frauen als eigensinnige, selbstbestimmte, gar emanzipatorische Lebenspraxis zu bewerten oder sollten wir uns darauf beschränken, dieses Handeln ohne eine solche normative Bewertung als biographisches Handeln unter Bedingungen einer widersprüchlichen Modernisierung weiblicher Lebensführung (Geissler/Oechsle 1996) zu analysieren? Meuser hat in seiner Kommentierung der Beiträge dahingehend argumentiert, dass es wenig Sinn macht, die Lebenspraxis der Frauen anhand eines von außen angelegten Maßstabs als mehr oder weniger eigensinnig beurteilen zu wollen. Statt dessen schlägt er vor, die jeweilige Lebenspraxis in Relation zu den Widerständen zu sehen, die jeweils überwunden werden müssen, und in diesem eher neutralen Sinne von eigensinniger Lebenspraxis zu sprechen.

Wie immer man die in den verschiedenen Fallbeispielen dargestellte Lebenspraxis der Frauen beurteilt, ob relational zu den Widerständen oder in Bezug auf implizite oder explizite Maßstäbe von Emanzipation, auf jeden Fall zeigen die Beispiele, dass von Frauen heute aktives biographisches und alltägliches Handeln im Sinne einer Selbststeuerungsfähigkeit gefordert ist und dass die Ressourcen dafür sozial ungleich verteilt sind.

Literatur

Beck, Ulrich/Beck-Gernsheim, Elisabeth 1990: Das ganz normale Chaos der Liebe, Frankfurt a. M.

Becker-Schmidt, Regina 1991: Individuum, Klasse, Geschlecht aus der Perspektive der Kritischen Theorie. In: Zapf, Wolfgang (Hrsg.): Die Modernisierung moderner Gesellschaften. Verhandlungen des 25. Deutschen Soziologentages in Frankfurt am Main 1990. Frankfurt am Main; New York, S. 383-394

Becker-Schmidt, Regina 1994: Diskontinuität und Nachträglichkeit. Theoretische und methodische Überlegungen zur Erforschung weiblicher Lebensläufe. In: Diezinger, Angelika et al. (Hrsg.): Erfahrung mit Methode. Wege sozialwissenschaftlicher Frauenforschung. Freiburg i. Brsg., S. 155-182

Becker-Schmidt, Regina/Brandes-Erlhoff, Uta/Rumpf, Mechtild/Schmidt, Beate 1983: Arbeitsleben – Lebensarbeit. Konflikte und Erfahrungen von Fabrikarbeiterinnen. Bonn

Brendel, Sabine 1998: Arbeitertöchter beißen sich durch. Bildungsbiographien und Sozialisationsbedingungen junger Frauen aus der Arbeiterschicht. Weinheim

Brose, Hanns-Georg/Hildenbrand, Bruno 1988: Biographisierung von Erleben und Handeln. In: dies. (Hg.): Vom Ende des Individuums zur Individualität ohne Ende. Opladen, S. 11-32

Brown, Lyn/Gilligan, Carol 1997: Die verlorene Stimme. Wendepunkte in der Entwicklung von Mädchen, Frankfurt/Main

Butler, Judith 1997: Körper von Gewicht, Frankfurt/Main

Flaake, Karin 1998: Weibliche Adoleszenz – neue Möglichkeiten, alte Fallen? Widerspüche und Ambivalenzen in der Lebenssituation und den Orientierungen junger Frauen. In: Oechsle, Mechtild/Geissler, Birgit (Hrsg.) Die ungleiche Gleichheit. Junge Frauen und der Wandel im Geschlechterverhältnis. Opladen, S. 43-65

Flaake, Karin; King, Vera 1993: Psychosexuelle Entwicklung, Lebenssitutaion und Lebensentwürfe junger Frauen. Zur weiblichen Adoleszenz in soziologischen und psychoanalytischen Theorien. In: Flaake, Karin; King, Vera (Hrsg.): Weibliche Adoleszenz. Zur Sozialisation junger Frauen. Frankfurt a.M.

Frerichs, Petra 2000: Klasse und Geschlecht als Kategorien sozialer Ungleichheit, in: Kölner Zeitschrift für Soziologie und Sozialpsychologie, Jg. 52, Heft 1, S. 36-59

Garfinkel, Harold 1967: Studies in Ethnomethodology. Englewood Cliffs, N.J.: Prentice-Hall

Gebauer, Gunter/Wulf, Christoph 1998: Spiel Ritual Geste. Mimetisches Handeln in der sozialen Welt. Reinbek bei Hamburg

Geissler, Birgit/Oechsle, Mechthild 1996: Lebensplanung junger Frauen. Zur widersprüchlichen Modernisierung weiblicher Lebensläufe. Weinheim

Giddens, Anthony 1993: Wandel der Intimität. Sexualität, Liebe und Erotik in modernen Gesellschaften, Frankfurt a.M.

Habermas, Jürgen 1988: Individuierung durch Vergesellschaftung. Zu George Herbert Meads Theorie der Subjektivität. In: ders.: Nachmetaphysisches Denken. Philosophische Aufsätze. Frankfurt am Main, S. 187-241

Hagemann-White, Carol 1998: Identität-Beruf-Geschlecht. In: Oechsle, Mechtild/-Geissler, Birgit (Hrsg.) Die ungleiche Gleichheit. Junge Frauen und der Wandel im Geschlechterverhältnis. Opladen, S. 27-41

Hänsch, Ulrike 1998: Biographische Aneignungsweisen. Zur Bedeutung feministischer Diskurse in Lebensgeschichten lesbischer Frauen. In: Ferdinand, Ursula/-Pretzel, Andreas/Seeck, Andreas (Hrsg.): Verqueere Wissenschaft?, Münster, S. 61-74

Kessler, Suzanne J./McKenna, Wendy 1978: Gender: An Ethnomethodological Approach. New York: Wiley

Keupp, Heiner 1989: Auf der Suche nach der verlorenen Identität, in: Keupp, Heiner/Bilden, Helga (Hrsg.): Verunsicherungen – das Subjekt im gesellschaftlichen Wandel, Göttingen

Ders. 1997: Diskursarena Identität: Lernprozesse in der Identitätsforschung, in: Keupp, Heiner/Höfer, Renate (Hrsg.): Identitätsarbeit heute. Klassische und aktuelle Perspektiven der Identitätsforschung, Frankfurt a.M., S. 11-39

Knapp, Gudrun-Axeli 1990: Zur widersprüchlichen Vergesellschaftung von Frauen. In: Hoff, Ernst-E. (Hrsg.): Die doppelte Sozialisation Erwachsener. Zum Verhältnis von beruflichem und privatem Strang. Weinheim; München, S. 17-52

Krappmann, Lothar 1993: Soziologische Dimension der Identität. Stuttgart

Lünenborg, Margret 1997: Journalistinnen in Europa. Opladen

Mead, George Herbert 1987a: Die Genesis der Identität und die soziale Kontrolle. In: ders.: Gesammelte Aufsätze, Band 1, hrsg. v. Hans Joas,. Frankfurt a.M., S. 299-328

Mead, George Herbert 1987b: Die Definition des Psychischen. In: ders.: Gesammelte Aufsätze, Band 1, hrsg. v. Hans Joas. Frankfurt a.M., S. 83-148

Metz-Göckel, Sigrid 1998: Mikropolitik in den Geschlechterbeziehungen: Selbstvertrauen, Anerkennung und Entwertung. In: Oechsle, Medchtild/Geissler, Birgit (Hrsg.): Die ungleiche Gleichheit. Junge Frauen und der Wandel im Geschlechterverhältnis, Opladen, S. 259-279

Oechsle, Mechthild/Geissler, Birgit 1997: Junge Frauen heute. Zur widersprüchlichen Modernisierung der weiblichen Lebensführung, in: Gradwanderung H.5

Dies. 1998: Die ungleiche Gleichheit. Junge Frauen und der Wandel im Geschlechterverhältnis, Opladen

Sander, Alfred 1997: Behinderungsbegriffe und ihre Konsequenzen für die Integration. In: Eberwein, Hans (Hrsg.): Handbuch Integrationspädagogik. Kinder mit und ohne Behinderung lernen gemeinsam. Weinheim und München, S. 99-107

Schlüter, Anne 1999: Bildungserfolge. Opladen

Steinrücke, Magareta 1996: Klassenspezifische Lebensstile und Geschlechterverhältnis, in: Schwenk, Otto G. (Hrsg.): Lebensstile zwischen Sozialstrukturanalyse und Kulturwissenschaft, Opladen, S. 203-219

Vásárhelyi, Mária 1999: Újságírók, sajtómunkások, napszámosok. Budapest: Új Mandátum

Wulf, Christoph 1998: Mimesis in Gesten und Ritualen. In: Fischer-Lichte, Erika; Kolesch, Doris (Hrsg.) Paragrana. Internationale Zeitschrift für historische Anthropologie: Kulturen des Performativen. Band 7: Heft 1, S. 241-263

Wulff, Hans J. 1998: Störmanöver. In: Fischer-Lichte, Erika; Kolesch, Doris (Hrsg.) Paragrana. Internationale Zeitschrift für historische Anthropologie: Kulturen des Performativen. Band 7:1, Heft 1, S. 215-220

Zu den Autorinnen:

Christine Bauhardt, Dr. phil., Politologin und Raumplanerin, z.Zt. Gastprofessur „Gender Planning – Frauen- und Geschlechterforschung in der Raum- und Umweltplanung“ an der Technischen Universität Berlin. 1994 Promotion an der Universität Gesamthochschule Essen zum Zusammenhang von Stadtentwicklung und Verkehrspolitik aus feministischer Perspektive. Prämie des Deutschen Instituts für Urbanistik (difu) für die Dissertation. Buchveröffentlichungen zu den Themen Stadtentwicklung und Verkehrspolitik, Geschlecht und Raumplanung, Migration und feministische Politikwissenschaft.

Ruth Becker, seit 1993 Professorin für Frauenforschung und Wohnungswesen in der Raumplanung an der Universität Dortmund. Studium der Volkswirtschaftslehre, Wirtschaftspolitik und Statistik an verschiedenen Universitäten, Promotion und Habilitation an der Universität Kassel, Fachbereich Stadt- und Landschaftsplanung. Forschungs- und Lehrtätigkeit an verschiedenen Universitäten sowie freiberuflich zu den Themen Wohnungsmarkt und -politik, Bodenmarkt, Stadtökonomie und feministische Raumplanung. Derzeit Koordination des Netzwerks Frauenforschung NRW. Seit vielen Jahren politisch und emotional mit der autonomen Frauen- und Lesbenbewegung verbunden.

Eszter Belinszki, Studium der Wirtschaftswissenschaften, Soziologie und Deutsch auf Lehramt an der Universität für Wirtschaftswissenschaften in Budapest/Ungarn. Wissenschaftliche Mitarbeiterin am Interdisziplinären Frauenforschungszentrum an der Universität Bielefeld, promoviert über Geschlechterverhältnisse im Journalismusberuf.

Sabine Brendel, Dr. phil., Dipl.-Päd. Arbeitet seit 1999 am Hochschuldidaktischen Zentrum der Universität Dortmund in Forschung und Lehre. Arbeitsschwerpunkte sind geschlechtsspezifische Sozialisation, Bildungs- und Hochschulforschung, Schreibdidaktik und neue Lehr- und Lernformen.

Yvonne P. Doderer, Stadtplanerin und Architektin; Promotion bei Prof. Dr. Ruth Becker, Fachbereich Raumplanung, Fachgebiet Frauenforschung und Wohnungswesen in der Raumplanung, Universität Dortmund; Arbeitet parallel zum wissenschaftlichen im künstlerischen und kulturellen Feld.

Steffani Engler, Priv.-Doz., Dr. phil., Studium der Soziologie und Erziehungswissenschaft in Marburg, von 1986 bis 1991 als wissenschaftliche Mitarbeiterin im Projekt „Studium & Biographie" (Hochschulforschung) an der Universität Marburg und Siegen, von 1992 bis 1998 Wissenschaftliche Assistentin an der Professur für Frauenforschung an der WWU-Münster. Zur Zeit wissenschaftliche Mitarbeiterin am HDZ in Dortmund und mit der Evaluation der Lehr- Lernkonzepte der Internationalen Frauenuniversität (ifu) befasst. Arbeits- und Forschungsgebiete: Soziologie der Geschlechterverhältnisse, Hochschul- und Wissenschaftsforschung, Bildungssoziologie, Soziologische Theorie, insbesondere Arbeiten zu Pierre Bourdieu.

Ute Luise Fischer, Studium der Ökonomie und Industriesoziologie, wissenschaftliche Mitarbeiterin am Lehrstuhl Arbeitssoziologie in der Wirtschafts- und Sozialwissenschaftlichen Fakultät der Universität Dortmund. Promotion über die Entwicklung der Frauenerwerbsarbeit im Transformationsprozess der neuen Bundesländer. Weitere Arbeitsschwerpunkte sind: Regionalanalysen, Normalitätsentwürfe, Deutungsmusteranalysen zur Bewährungsdynamik in der Arbeitsgesellschaft.

Bettina Fritzsche, Dipl. Päd., wissenschaftliche Mitarbeiterin am Institut für Schulpädagogik und Bildungssoziologie der Freien Universität Berlin. Promotion zur Kultur jugendlicher weiblicher Pop-Fans. Arbeitsschwerpunkte: Geschlechterforschung, qualitative Sozialforschung, Cultural Studies, Poststrukturalismus.

Ulrike Hänsch, Dipl. Soz.Wiss., Veröffentlichungen im Bereich Lesbenforschung und Queer, Neue Frauenbewegung und Frauenprojekte; Promotion im Themenfeld Biographie – Sexualität – Geschlecht (Universität Dortmund)

Beate Kortendiek, Dr. rer. soz., Jg. 1960. Studium der Sozialwissenschaften an der Gesamthochschule Duisburg. Tätig in Praxisfeldern der Jugend-, Familien- und Frauenarbeit. Promotion an der Universität Bielefeld. Lehrbeauftragte an der Universität Gesamthochschule Duisburg im Fach „Soziale Arbeit und Erziehung". Forschungsschwerpunkte: Mutterschaft und Mütterzentren; Geschlechterkonstruktionen und Familienkonzepte, Mädchen- und Frauenprojekte. Seit 1998 Koordinatorin für das „Netzwerk Frauenforschung NRW" an der Universität Dortmund.

Ellen Kuhlmann, Dr. soz. Gesundheitswissenschaftlerin, Krankenschwester. Wissenschaftliche Assistentin in der Abteilung „Geschlechterpolitik im Wohlfahrtsstaat", Zentrum für Sozialpolitik der Universität Bremen. Sie bearbeitet das Projekt „Flexibilisierung und Gendering von Erwerbsformen im Gesundheitssektor". Arbeitsschwerpunkte: Profession, Organisation und Geschlecht, Gesundheitsstrukturwandel, Körperkonzepte, prädiktive Genetik.

Edelgard Kutzner ist Soziologin und arbeitet an der Sozialforschungsstelle in Dortmund über Organisation und Geschlecht. Ihre Arbeitsschwerpunkte liegen in der Umstrukturierung von Organisationen, Partizipation im Betrieb, betrieblichen und gewerkschaftlichen Interessenvertretung, Gruppen- und Teamarbeit, Arbeitszeit.

Ilse Lenz, Prof., seit 1992 Professorin für Soziologie (Geschlechter- und Sozialstrukturforschung) an der Ruhr-Universität Bochum und kooptiert an der Fakultät für Ostasienwissenschaft der Ruhr-Universität Bochum; koordiniert (zusammen mit Dr. Paula Villa).die Marie-Jahoda Gastprofessur für internationale Frauenforschung an der RUB/ im Netzwerk Frauenforschung NRW. Forschungsschwerpunkte sind Globalisierung und Geschlecht, Arbeitsmarkt und Geschlecht, Frauenbewegungen im internationalen Vergleich, Theorien zu Geschlecht und Ethnizität, politische Soziologie. Längere Forschungsaufenthalte in Ostasien, u.a. an der Ochanomizu Universität und der Tokyo Universität, Tokyo. Sprecherin der Sektion Frauenforschung in der Deutschen Gesellschaft für Soziologie (1995 – 1999). Mitherausgeberin der Reihe „Geschlecht und Gesellschaft“ im Leske-und Budrich Verlag. Verheiratet, ein Kind.

Sigrid Metz-Göckel, Prof. Dr. phil., Studium der Volkswirtschaftslehre, Soziologie, Psychologie in Mainz, Frankfurt und Gießen. Seit 1976 Hochschullehrerin und Leiterin des Hochschuldidaktischen Zentrums der Universität Dortmund. Sprecherin des Graduiertenkollegs „Geschlechterverhältnis und sozialer Wandel. Handlungsspielräume und Definitionsmacht von Frauen“. Mitarbeit in der Internationalen Frauenuniversität (ifu) während der EXPO 2000 in Hannover und verantwortlich für die Evaluation. Zahlreiche Veröffentlichungen zur Hochschul- und Frauenforschung. Letzte Veröffentlichungen zu den Themen: Frauenuniversitäten, Hochschulreform und Geschlecht, Lehrbuch zur Frauen-/ Geschlechterforschung.

Ursula Müller, Prof., seit 1989 Professorin für Sozialwissenschaftliche Frauenforschung an der Fakultät für Soziologie, Geschäftsführende Leiterin des Interdisziplinären FrauenForschungszentrums (IFF), einige aktuelle Forschungsprojekte: Evaluierung der „Grundsätze zur Frauenförderung“ an den Hochschulen des Landes NRW, Asymmetrische Geschlechterkultur an der Hochschule und Frauenförderung als Prozess (Projekt zum organisationellen Lernen über subtile Diskriminierungen in der Hochschule), Zum Umgang mit „diversity“ in Arbeits- und Bildungsorganisationen (Projekt am IFF, in Zusammenarbeit mit Prof. Dr. Katrin Hansen, FH Gelsenkirchen, und Prof. Ulrike Detmers, FH Bielefeld).

Claudia Nagode, Dr. phil., Sonderpädagogin, Promotion zum Thema „Grenzenlose Konstruktion – konstruierte Grenzen? Behinderung und Geschlecht aus der Sicht der Integrationspädagogik“; Arbeitsschwerpunkte liegen in der Frauenforschung in der Behinderten- und Integrationspädagogik;

Veröffentlichungen zu integrationspädagogischer Lehramtsausbildung und Konstruktionen von Behinderung.

Mechtild Oechsle, Soziologin, Dr. phil, Professorin für Sozialwissenschaft am Zentrum für Lehrerbildung der Universität Bielefeld; zuvor langjährige Forschungstätigkeit im Bereich Biographie- und Lebenslaufforschung, Jugend- und Arbeitssoziologie. Aktuelle Forschungsarbeiten und Veröffentlichungen zu: Modernisierung weiblicher Lebensführung, Berufsorientierung und Lebensplanung von Frauen, Geschlechterkonstruktionen im Lehrerberuf, politische Bildung und Geschlechterverhältnis.

Birgit Riegraf, Dr. phil., wissenschaftliche Assistentin an der Fakultät für Soziologie der Universität Bielefeld. Arbeitsschwerpunkte: Frauen- und Geschlechterforschung, z.Zt. Habilitation zur „Modernisierung des Staates im internationalen Vergleich aus Sicht der Frauen- und Geschlechterforschung“ (Arbeitstitel).

Eva Schäfer, Dr. phil., Sozialwissenschaftlerin und Literaturwissenschaftlerin; Veröffentlichungen zu Geschlechterverhältnissen, Frauenbewegung DDR, Queer Theory, Transformationsforschung; jüngste Buchveröffentlichung: Beger/Genschel/Hark/Engel/Schäfer (Hrsg.) 2000: Queering Demokratie. Sexuelle Politiken – politische Rechte und gesellschaftliche Teilhabe. Berlin; z.Zt. Forschungen zum Thema „Biographie-Transformation-Geschlecht. Individuelle Deutungsmuster und Handlungsformen ostdeutscher Frauen“.

Renate Schulz-Zander, Prof.'in Dr., seit 1992 Professorin für Bildungsforschung mit dem Schwerpunkt Informations- und Kommunikationstechnologische Bildung (Universität Dortmund); Leiterin des Instituts für Schulentwicklungsforschung (IFS) und des Pädagogischen Computerzentrums (PCS), seit 2000 National Research Coordinator Deutschlands der Second Information Technologies in Education Studies (SITES) der International Association for the Evaluation of Educational Achievement (IEA); Forschungs- und Entwicklungsprojekte in der Schulforschung und der Lehrerausbildung mit dem Schwerpunkt Medien und Informations- und Kommunikationstechnologien.

Anja Szypulski, M.A., Studium der Soziologie, Geschichte und Pädagogik in Münster und Wien, seit 1998 wiss. Mitarbeiterin am Fachgebiet Frauenforschung und Wohnungswesen in der Raumplanung der Universität Dortmund. Arbeitsschwerpunkte: Geschichte der Frauenbewegung, Geschichte der Sexualwissenschaften und Soziologie des Wohnens. Zus. mit Ilse Lenz Herausgeberin einer Bibliographie zu internationalen Frauenbewegungen.

Hildegard Theobald, Dr. phil., Jahrgang 1957, Erzieherin, Diplom-Psychologin. Promotion im Fach Politikwissenschaft zu dem Thema Geschlechterverhältnisse und Wohlfahrtsstaat im deutsch-schwedischen Vergleich. Zur Zeit Tätigkeit am Wissenschaftszentrum Berlin für Sozialforschung mit den Forschungsschwerpunkten Wohlfahrtsstaat, Arbeitsmarkt und Genderforschung.

Gabriele Wagner, Dr. phil., wissenschaftliche Angestellte an der Fakultät für Soziologie der Universität Bielefeld. Arbeitsschwerpunkte: Arbeitssoziologie, soziologische Theorie, Biographie- und Lebenslaufforschung, Geschlechterforschung.

Sylvia M. Wilz, Dr. phil., Soziologin mit den Arbeitsschwerpunkten Arbeits- und Industriesoziologie, Organisationssoziologie, Frauen- und Geschlechterforschung. Zur Zeit wissenschaftliche Mitarbeiterin im DFG-Projekt „Geschlechterkonstruktionen im Organisationswandel am Beispiel Polizei" an der Fakultät für Soziologie der Universität Bielefeld.

Hiltrud Westram, Dr. päd., Studium der Fächer Mathematik, Informatik, Physik und Pädagogik in München, Aachen und Dortmund. Promotion zum Thema „Internet in der Schule". Langjährige Unterrichtstätigkeit und mittlerweile Schulleiterin eines Gymnasiums. Von 1996 bis 1999 maßgebliche Beteiligung bei der Einführung des Internets an Schulen und Moderatorin bei der Initiative „Schulen ans Netz"; verheiratet, zwei Kinder.

Karin Zimmermann, Dr. phil., Studium der Politikwissenschaft in Marburg und Berlin (Freie Universität) mit anschließendem Zusatzstudium der qualitativen Methoden in den Sozialwissenschaften. Ab 1996 Stipendiatin im DFG-Graduiertenkolleg „Geschlechterverhältnis und sozialer Wandel". Seit 1998 wissenschaftliche Mitarbeiterin am Hochschuldidaktischen Zentrum der Universität Dortmund mit dem Arbeitsschwerpunkt im Bereich der Gender-, Wissenschafts- und Hochschulforschung.

Made in the USA
Las Vegas, NV
12 November 2024

11566413R00193